Die Rechtsbeständigkeit von Steuerverwaltungsakten und finanzgerichtlichen Urteilen bei Verstößen gegen Unionsrecht

FINANZ- UND STEUERRECHT IN DEUTSCHLAND UND EUROPA

Herausgegeben von Klaus-Dieter Drüen,
Hanno Kube und Rainer Wernsmann

Band 42

Zur Qualitätssicherung und Peer Review der vorliegenden Publikation

Die Qualität der in dieser Reihe erscheinenden Arbeiten wird vor der Publikation durch Herausgeber der Reihe geprüft.

Notes on the quality assurance and peer review of this publication

Prior to publication, the quality of the work published in this series is reviewed by editors of the series.

Sven Sobanski

Die Rechtsbeständigkeit von Steuerverwaltungsakten und finanzgerichtlichen Urteilen bei Verstößen gegen Unionsrecht

PETER LANG

Bibliografische Information der Deutschen Nationalbibliothek
Die Deutsche Nationalbibliothek verzeichnet diese Publikation in der Deutschen Nationalbibliografie; detaillierte bibliografische Daten sind im Internet über http://dnb.d-nb.de abrufbar.

Zugl.: Hannover, Univ., Diss., 2019

Gedruckt auf alterungsbeständigem, säurefreiem Papier.
Druck und Bindung: CPI books GmbH, Leck

D 89
ISSN 1863-141X
ISBN 978-3-631-80269-4 (Print)
E-ISBN 978-3-631-80290-8 (E-PDF)
E-ISBN 978-3-631-80291-5 (EPUB)
E-ISBN 978-3-631-80292-2 (MOBI)
DOI 10.3726/b16174

Peter Lang – Berlin · Bern · Bruxelles · New York ·
Oxford · Warszawa · Wien

Diese Publikation wurde begutachtet.

www.peterlang.com

Meinen Eltern

Vorwort

Die vorliegende Arbeit wurde im Sommersemester 2019 von der Juristischen Fakultät der Gottfried Wilhelm Leibniz Universität Hannover als Dissertation angenommen. Literatur und Rechtsprechung konnten bis Januar 2019 berücksichtigt werden.

Mein Dank gilt an erster Stelle meinem Doktorvater, Herrn Prof. Dr. Hermann Butzer, für seine freundliche Unterstützung und seine konstruktiven Anmerkungen, durch die er entscheidend zum Gelingen meiner Arbeit beigetragen hat.

Bedanken möchte ich mich auch bei Herrn Prof. Dr. Veith Mehde für die zügige Erstellung des Zweitgutachtens.

Zugleich geht mein Dank an Herrn Prof. Dr. Klaus-Dieter Drüen, Prof. Dr. Hanno Kube und Prof. Dr. Rainer Wernsmann für die Aufnahme meiner Arbeit in diese Schriftenreihe.

Ich danke zudem meiner Frau Mareike Dohme, die mir den notwendigen Rückhalt gegeben, diese Arbeit fertigzustellen. Gewidmet ist diese Arbeit meinen Eltern Christel und Wolfgang Sobanski, meinen Großeltern Christa und Hans Kroll sowie meiner Tante Gabriele Koza, denen ich nicht genug danken kann.

Sven Sobanski
Köln, im August 2019

Inhaltsverzeichnis

Abkürzungsverzeichnis

a. A.	andere Auffassung
a. F.	alte Fassung
ABl.	Amtsblatt der Europäischen Union
Abs.	Absatz
AEUV	Vertrag über die Arbeitsweise der Europäischen Union
AO	Abgabenordnung
AO-StB	Der AO-Steuer-Berater
AöR	Archiv des öffentlichen Rechts
Art.	Artikel
ATAD	Anti Tax Avoidance Directive
BayVBl.	Bayerische Verwaltungsblätter
BB	Betriebs-Berater
Bd.	Band
Begr.	Begründer
Beschl.	Beschluss
BFH	Bundesfinanzhof
BFHE	Sammlung der Entscheidungen des Bundesfinanzhofs
BFH/NV	Sammlung der nicht veröffentlichten Entscheidungen des Bundesfinanzhofs
BFH/PR	Entscheidungen des Bundesfinanzhofs für die Praxis der Steuerberatung
BGB	Bürgerliches Gesetzbuch
BGBl.	Bundesgesetzblatt
BGH	Bundesgerichtshof
BMF	Bundesministerium der Finanzen
Bp	Betriebsprüfung
BRD	Bundesrepublik Deutschland
BStBl.	Bundessteuerblatt
BT-Drs.	Bundestags-Drucksache
Buchst.	Buchstabe
BVerfG	Bundesverfassungsgericht
BVerfGE	Entscheidungen des Bundesverfassungsgerichts
BVerfGG	Bundesverfassungsgerichtsgesetz
BVerwG	Bundesverwaltungsgericht
BVerwGE	Entscheidungen des Bundesverwaltungsgerichts
bzw.	beziehungsweise
dass.	dasselbe
DB	Der Betrieb
ders.	derselbe
d. h.	das heißt

dies.	dieselbe/dieselben
DJT	Deutscher Juristentag
DÖV	Die Öffentliche Verwaltung
DStJG	Deutsche Steuerjuristische Gesellschaft
DStR	Deutsches Steuerrecht
DStRE	Deutsches Steuerrecht – Entscheidungsdienst
DStZ	Deutsche Steuer-Zeitung
DV	Deutsche Verwaltung
DVBl.	Deutsches Verwaltungsblatt
ECLI	European Case Law Identifier
EDV	elektronische Datenverarbeitung
EFG	Entscheidungen der Finanzgerichte
EG	Europäische Gemeinschaft oder Vertrag zur Gründung der Europäischen Gemeinschaft
EGAO	Einführungsgesetz zur Abgabenordnung
EGMR	Europäischer Gerichtshof für Menschenrechte
EGV	Vertrag zur Gründung der Europäischen Gemeinschaft
EMRK	Konvention zum Schutz der Menschenrechte und Grundfreiheiten
EStG	Einkommensteuergesetz
EU	Europäische Union
EuGH	Europäischer Gerichtshof
EuG	Gericht der Europäischen Union
EU-Grundrechtecharta	Charta der Grundrechte der Europäische Union
EuR	Europarecht
EURLUmsG	Gesetz zur Umsetzung von EU-Richtlinien in nationales Steuerrecht und zur Änderung weiterer Vorschriften
EuRS	Europäischer Rechtsschutz
EUV	Vertrag über die Europäische Union
EuZW	Europäische Zeitschrift für Wirtschaftsrecht
EV	Vertrag zwischen der Bundesrepublik Deutschland und der Deutschen Demokratischen Republik über die Herstellung der Einheit Deutschlands
EWG	Europäische Wirtschaftsgemeinschaft
f.	folgend
ff.	folgende
FG	Finanzgericht
FGO	Finanzgerichtsordnung
FR	Finanzrundschau
FS	Festschrift
FVG	Gesetz über die Finanzverwaltung
GA	Generalanwalt/Generalanwältin
GG	Grundgesetz

GmbH	Gesellschaft mit beschränkter Haftung
GmbHR	GmbH-Rundschau
GrS	Großer Senat
HFR	Höchstrichterliche Finanzrechtsprechung
HHSp	Hübschmann/Hepp/Spitaler
Hrsg.	Herausgeber
IFSt	Institut Finanzen und Steuern
i. S. d.	im Sinne des/der
i. S. v.	im Sinne von
IStR	Internationales Steuerrecht
i. V. m.	in Verbindung mit
IWB	Internationale Wirtschaftsbriefe
Jura	Juristische Ausbildung
JZ	JuristenZeitung
KSt	Körperschaftsteuer
KStG	Körperschaftsteuergesetz
MwStSystRL	Mehrwertsteuersystem-Richtlinie
n. F.	neue Fassung
NJW	Neue Juristische Wochenschrift
NJW-RR	Neue Juristische Wochenschrift Rechtsprechungs-Report
Nr.	Nummer
Nrn.	Nummern
NV	Naamloze Vennootschap (Aktiengesellschaft niederländischen Rechts)
NVwZ	Neue Zeitschrift für Verwaltungsrecht
NWB	Neue Wirtschafts-Briefe
PrGBl.	Gesetz-Sammlung für die Königlichen Preußischen Staaten
PrOVG	Preußisches Oberverwaltungsgericht
PrOVGSt	Entscheidungen des Preußischen Oberverwaltungsgerichts in Staatssteuersachen
RAO	Reichsabgabenordnung
RGBl.	Reichsgesetzblatt
RL	Richtlinie
Rn.	Randnummer(n)
Rs.	Rechtssache(n)
S.	Seite
SEStEG	Gesetz über steuerliche Begleitmaßnahmen zur Einführung der Europäischen Gesellschaft und zur Änderung weiterer steuerrechtlicher Vorschriften
SGB X	Zehntes Buch Sozialgesetzbuch
SGG	Sozialgerichtsgesetz
Slg.	Sammlung der Entscheidungen des EuGH

sog.	so genannt/genannte/genanntes
Sp.	Spalte
Srl	Società a responsabilità limitata (Kapitalgesellschaft italienischen Rechts)
StAnpG	Steueranpassungsgesetz
steueranwalt	Steueranwaltsmagazin
SteuerStud	Steuer und Studium
SteuK	Steuerrecht kurzgefaßt
StuB	Steuern und Bilanzen
StuW	Steuer und Wirtschaft
TK	Tipke/Kruse
u. a.	und andere/unter anderem
Uabs.	Unterabsatz
UR	Umsatzsteuerrundschau
Urt.	Urteil
UStG	Umsatzsteuergesetz
v.	vom/vor
verb. Rs.	verbundene Rechtssachen
VerfRS	Verfassungsrechtschutz
VerwArch	Verwaltungsarchiv
vgl.	vergleiche
VO	Verordnung
Vor	Vorbemerkungen
VwGO	Verwaltungsgerichtsordnung
VwVfG	Verwaltungsverfahrensgesetz
VwZG	Verwaltungszustellungsgesetz
z. B.	zum Beispiel
ZPO	Zivilprozessordnung

1. Teil: Einleitung

Als sich *Enno Becker* im Spätherbst 1918 an die Arbeiten zum Entwurf der Reichsabgabenordnung 1919[1] machte und hierdurch die Grundlage für das heutige Steuerverfahrens- und Steuerprozessrecht schuf, war weder daran zu denken, dass das deutsche Steuerrecht mit einem übergeordneten Unionsrecht in Konflikt treten könnte, noch, dass Steuerbescheide einmal ausschließlich automationsgestützt und nicht mehr durch einen den Einzelfall bearbeitenden Finanzbeamten erlassen würden. Trotz dieses epochalen Wandels der rechtlichen und tatsächlichen Gegebenheiten sind die Regelungen über die Rechtsbeständigkeit von Steuerverwaltungsakten und finanzgerichtlichen Urteilen seit 1919 im Wesentlichen unverändert geblieben. Zumindest im Wortlaut der einschlägigen Vorschriften finden sich keinerlei Anzeichen dafür, dass auch das Steuerverfahrens- und Steuerprozessrecht unter dem Einfluss des Unionsrechts steht. In gleicher Weise hat die fortschreitende Digitalisierung der Gesellschaft und der Arbeitswelt nur bedingt Einfluss auf die Regelungen zur Rechtsbeständigkeit der Steuerverwaltungsakte genommen: Durch das Gesetz zur Modernisierung des Besteuerungsverfahrens vom 18.7.2016[2] wurden bei den Korrekturvorschriften für Steuerbescheide lediglich kleinere Ergänzungen vorgenommen. 1

Wenn sich die vorliegende Untersuchung vor diesem Hintergrund vornehmlich der Frage widmet, welchen Einfluss das Unionsrecht auf die Rechtsbeständigkeit von Steuerverwaltungsakten und finanzgerichtlichen Urteilen hat, wird sie sich hierbei – wie jede andere Untersuchung, die sich mit dem Einfluss des Unionsrechts auf nationales Recht auseinandersetzt – der allgemeinen Herausforderung stellen müssen, dass es sich beim Unionsrecht um kein in sich widerspruchsfreies, zeitlos gültiges System handelt. Das Unionsrecht ist vielmehr als eine gewachsene Rechtsmaterie anzusehen, die durch in sich „verschraubte“ Rechtstraditionen, Regelungsebenen und verschiedene institutionelle Entwicklungen gekennzeichnet ist.[3] Für den Bereich des deutschen Steuerrechts gilt ebenso wie für andere Rechtsgebiete, dass dessen Beeinflussung durch das Unionsrecht als „work in progress“ beschrieben werden kann. Die Beeinflussung schreitet nicht gleichmäßig voran, sondern es lassen sich bestimmte Phasen unterscheiden, in denen es vornehmlich auf einzelnen Gebieten des materiellen Steuerrechts zu einer Vertiefung der Integration gekommen ist.[4] 2

---

1 RGBl. 1919, S. 1993.

2 BGBl. I 2016, S. 1679.

3 *Haltern*, Europarecht I, 2017, S. VII.

4 Im Grunde lassen sich auf dem Gebiet des Steuerrechts drei Phasen eines europäischen Integrationsprozesses unterscheiden: In der *ersten Phase* (1958–1992) fand eine Integration vor allem auf dem Gebiet der indirekten Steuern (Umsatzsteuer und bestimmte Verbrauchsteuern) durch den Erlass von Richtlinien statt. Diese

A. Ausgangslage und Bedeutung des Themas

3 Die schrittweise Vertiefung der europäischen Integration auf dem Gebiet des Steuerrechts führte dazu, dass sich auch in Bezug auf die Diskussion der Bestandskraft von Steuerverwaltungsakten verschiedene Stadien unterscheiden lassen. Die Impulse zu dieser Diskussion gaben vor allem drei Fälle, in denen es um die Vereinbarkeit von materiell-rechtlichen Regelungen des deutschen Steuerrechts mit dem Unionsrecht ging. Diese drei Impulse sollen im Folgenden kurz dargestellt werden.

I. Europäischer Gerichtshof und Europäische Kommission als Impulsgeber der Diskussion

4 Der erste Diskussionsimpuls ging im Jahr 2005 von der Entscheidung des Europäischen Gerichtshofs in der Rs. *Linneweber/Akritidis*[5] aus. Diese Entscheidung hatte zur Folge, dass die Umsätze, die aus dem Betrieb von Geldspielgeräten mit Gewinnmöglichkeit außerhalb öffentlicher Spielbanken erzielt wurden, von der deutschen Umsatzsteuer befreit werden mussten. Unternehmer, die solche Geldspielgeräte betrieben und deren Umsätze bislang der Umsatzsteuer unterworfen wurden,

---

Fokussierung lässt sich darauf zurückführen, dass die Volkswirtschaften der Mitgliedstaaten anfangs wenig miteinander verflochten waren und im Vordergrund der freie Waren- und Dienstleistungsverkehr stand, der typischerweise durch Regelungen über die indirekten Steuern beeinträchtigt wird. In der *zweiten Phase* (ungefähr 1986–2010) kam es vornehmlich durch Entscheidungen des Europäischen Gerichtshofs über die Vereinbarkeit nationaler Steuernormen mit den Grundfreiheiten zu einer Integration auf dem Gebiet der direkten Steuern. Lediglich punktuell wurden für dieses Rechtsgebiet Sekundärrechtsakte geschaffen. In der *dritten Phase* (seit 1992) fand eine Integration im verfahrensrechtlichen Bereich durch den Austausch von Informationen im Wege der Amtshilfe sowie im Bereich der direkten Steuern durch die Vermeidung von Steuerdumping über das unionsrechtliche Beihilfeverbot statt.

5 EuGH, Urt. v. 17.2.2005, Rs. C-453/02 und 462/02 – *Linneweber/Akritidis*, Slg. 2005, I-1151. § 4 Nr. 9 Buchst. b) UStG a. F. sah lediglich eine Befreiung für Umsätze vor, die in öffentlichen Spielbanken mit Glücksspielen oder Geldspielgeräten mit Gewinnmöglichkeit erzielt wurden. Die außerhalb solcher Spielbanken erzielten Umsätze unterlagen jedoch der Umsatzsteuer. Der Europäische Gerichtshof stellte fest, dass der deutsche Gesetzgeber in § 4 Nr. 9 Buchst. b) UStG a. F. die Vorgaben der 6. Richtlinie 77/388/EWG zur Harmonisierung der Rechtsvorschriften der Mitgliedstaaten über die Umsatzsteuern fehlerhaft umgesetzt hatte (EuGH, Urt. v. 17.2.2005, Rs. C-453/02 und 462/02 – *Linneweber/Akritidis*, Slg. 2005, I-1151 Rn. 30). Es liege ein Verstoß gegen den Grundsatz der steuerlichen Neutralität vor, da Betreiber von Geldspielgeräten mit Gewinnmöglichkeit in Spielhallen und öffentliche Spielbanken, die Geldspielgeräte mit Gewinnmöglichkeit betrieben, gleichartige Leistungen erbringen würden mit der Folge, dass ihre im Wettbewerb stehenden Dienstleitungen für Zwecke der Umsatzbesteuerung gleich zu behandeln seien.

beantragten daraufhin die Änderung der ihnen gegenüber ergangenen Umsatzsteuerbescheide. Soweit diese Steuerbescheide zum Zeitpunkt der Antragstellung nicht mehr unter dem Vorbehalt der Nachprüfung standen, lehnten die Finanzbehörden jedoch eine solche Änderung der Umsatzsteuerbescheide unter Verweis auf deren Bestandskraft ab. Hiergegen gerichtete Klagen blieben ohne Erfolg.[6] Die entsprechenden Revisionen wies der Bundesfinanzhof mit der Begründung zurück, dass ein bestandskräftiger Steuerbescheid – auch unter Berücksichtigung des aus Art. 10 EGV (nunmehr Art. 4 Abs. 3 AEUV) folgenden Effektivitätsgebots – nicht änderbar sei, wenn das nationale Recht hierfür – wie in §§ 172 ff. AO – keine Rechtsgrundlage vorsieht.[7] Von einem Vorabentscheidungsersuchen an den Europäischen Gerichtshof sah der Bundesfinanzhof ab. Die hiergegen erhobenen Verfassungsbeschwerden wegen der Verletzung des Rechts auf den gesetzlichen Richter gemäß Art. 101 Abs. 1 Satz 2 GG hat das Bundesverfassungsgericht nicht zur Entscheidung angenommen. Zwar ging es davon aus, dass der Europäische Gerichtshof zur Durchbrechung der Bestandskraft von Steuerverwaltungsakten, die Verstöße gegen Unionsrecht beinhalten, nicht erschöpfend Stellung genommen habe; der Bundesfinanzhof habe jedoch den ihm zukommenden Beurteilungsspielraum nicht in unvertretbarer Weise überschritten.[8]

Den zweiten Impuls setzten in den Jahren 2004 und 2007 die Ent- 5
scheidungen des Europäischen Gerichtshofs in den Rs. *Manninen*[9] und

6 Vgl. BFH, Urt. v. 23.11.2006, V R 51/05, BStBl. II 2007, 433; BFH, Urt. v. 16.9.2010, V R 57/09, BStBl. II 2011, 151; FG Köln, Urt. v. 26.2.2010, 2 K 1226/07, EFG 2010, 1388; FG Münster, Urt. v. 13.8.2009, 5 K 2022/07 U, EFG 2010, 354; FG Niedersachsen, Urt. v. 9.11.2005, 5 K 249/05, EFG 2006, 295.

7 BFH, Urt. v. 23.11.2006, V R 67/05, BStBl. II 2007, 436 (439); BFH, Urt. v. 16.10.2010, V R 57/09, BStBl. II 2011, 151 Rn. 47.

8 BVerfG, Beschl. v. 4.9.2008, 2 BvR 1321/07, HFR 2009, 179 (180); BVerfG, Beschl. v. 29.5.2012, 1 BvR 640/11, NVwZ 2012, 1033 (1034).

9 EuGH, Urt. v. 7.9.2004, Rs. C-319/02 – *Manninen*, Slg. 2004, I-7498, mit dem ein Verstoß des finnischen Körperschaftsteueranrechnungsverfahrens gegen die Kapitalverkehrsfreiheit festgestellt wurde. Das finnische Recht sah vor, dass einer dort unbeschränkt steuerpflichtigen Person nur dann einen Anspruch auf eine Steuergutschrift für eine Dividende zustand, wenn die ausschüttende Kapitalgesellschaft ihren Sitz in Finnland hatte. Der Anspruch war jedoch ausgeschlossen, wenn die ausschüttende Kapitalgesellschaft ihren Sitz in einem anderen Mitgliedstaat hatte. Darin sah der Europäische Gerichtshof einen Verstoß gegen Unionsrecht (EuGH, Urt. v. 7.9.2004, Rs. C-319/02 – *Manninen*, Slg. 2004, S. I-7498 Rn. 55). Bereits nach dieser Entscheidung des Europäischen Gerichtshofs war absehbar, dass das deutsche Körperschaftsteueranrechnungsverfahrens ebenfalls nicht mit dem Unionsrecht vereinbar ist. Sie wurde deshalb in der Literatur zum Anlass genommen, um die Auswirkungen auf die Bestandskraft deutscher Steuerbescheide zu diskutieren (vgl. *Balster/Petereit*, DStR 2004, 1985; *Eicker/Ketteler*, BB 2005, 131; *Gosch*, DStR 2004, 1988; *Intemann*, NWB 2005, 691; *Hamacher/Hahne*, DB 2004, 2386; *Ritzer/Stangl*, DStR 2004, 2176; *de Weerth*, DStR 2004, 1992).

Meilicke[10], aus denen sich ein Verstoß des deutschen Körperschaftsteueranrechnungsverfahrens gegen Unionsrecht ergab. Daran schloss sich die Frage an, ob die Korrektur bereits ergangener Einkommensteuerbescheide nebst der mit ihnen verbundenen Anrechnungsverfügung als allgemeiner Steuerverwaltungsakt möglich ist und welche Voraussetzungen hierfür erfüllt sein müssen. Diese Fragen führten zur Entscheidung des Europäischen Gerichtshofs in der Rs. *Meilicke II*[11], mit welcher die eine kurze Zeit nach dem Urteil des Europäischen Gerichtshofs in der Rs. *Manninen* vorgenommene Änderung der Abgabenordnung als nicht mit dem Unionsrecht vereinbar angesehen wurde. Durch diese Gesetzesänderung sollte verhindert werden, dass es infolge der Entscheidungen des Europäischen Gerichtshofs in den Rs. *Manninen* und *Meilicke* zu einer Korrektur von Steuerbescheiden rückwirkend bis zum Jahr 1977 kommen konnte. Zur Begründung führte der Europäische Gerichtshof in seiner Entscheidung in der Rs. *Meilicke II* aus, dass es in Ermangelung einer einschlägigen Unionsregelung zwar Sache des jeweiligen Mitgliedstaats sei, die Verfahrensmodalitäten festzulegen, welche den Schutz der dem Bürger[12] aus dem Unionsrecht erwachsenden Rechte gewährleisten sollen (Grundsatz der Verfahrensautonomie der Mitgliedstaaten); jedoch dürften diese Modalitäten nicht ungünstiger sein als diejenigen, die gleichartige Sachverhalte innerstaatlicher Art regeln (Äquivalenzgrundsatz), und sie dürften die Ausübung der durch die Unionsrechtsordnung verliehenen Rechte nicht praktisch unmöglich machen oder übermäßig erschweren (Effektivitätsgebot).[13] Die letztgenannte Vorgabe des Unionsrechts sei

10 EuGH, Urt. v. 6.3.2007, Rs. C-292/04 – *Meilicke*, Slg. 2007, I-1872, welches das deutsche Körperschaftsteueranrechnungsverfahren betraf. Nach dem im Regelfall bis zum Veranlagungszeitraum 2001 geltenden Anrechnungssystem war vorgesehen, dass eine Ausschüttung, die eine deutsche Kapitalgesellschaft an ihren Anteilseigner leistet, mit einer tariflichen Körperschaftsteuer von 30% belastet wird. Der Anteilseigner hatte diese Ausschüttung im Rahmen seiner Einkommensteuererklärung grundsätzlich als Einkünfte aus Kapitalvermögen gemäß §§ 2 Abs. 1 Satz 1 Nr. 5, 20 Abs. 1 Nr. 1 EStG anzusetzen. Gleichzeitig sah § 20 Abs. 1 Nr. 3 EStG a. F. vor, dass die anrechenbare Körperschaftsteuer ebenfalls zu den Einkünften aus Kapitalvermögen gehörte. Nach § 36 Abs. 2 Nr. 3 EStG a. F. war eine Anrechnung der Körperschaftsteuer auf die Einkommensteuer nur möglich, wenn die Ausschüttung von einer deutschen Kapitalgesellschaft erfolgte. Demzufolge kamen unbeschränkt steuerpflichtige Personen in den Genuss dieser Steuergutschrift, wenn sie eine Ausschüttung von einer deutschen Kapitalgesellschaft erhielten, jedoch dann nicht, wenn die Ausschüttung durch eine ausländische Kapitalgesellschaft erfolgte. Der Europäische Gerichtshof sah hierin einen Verstoß gegen die Kapitalverkehrsfreiheit. Auch für die Ausschüttungen von Kapitalgesellschaften mit Sitz in einem anderen Mitgliedstaat hätte Deutschland eine Steuergutschrift gewähren müssen.

11 Vgl. EuGH, Urt. v. 30.6.2011, Rs. C-262/09 – *Meilicke II*, ECLI: EU: C:2011:438.

12 Aus Gründen der besseren Lesbarkeit wird im Folgenden ausschließlich die männliche Form verwendet. Es können dabei aber sowohl männliche als auch weibliche Personen gemeint sein.

13 EuGH, Urt. v. 30.6.2011, Rs. C-262/09 – *Meilicke II*, ECLI: EU: C:2011:438 Rn. 55.

bei der strittigen Regelung der Abgabenordnung nicht beachtet worden.[14] Es ist wohl der Eigenart der gelagerten Fälle geschuldet, dass diese Entscheidung in der Praxis keine größere Auswirkung hatte und sich für die Kläger eher als Pyrrhussieg[15] darstellte. So hatten die Kläger im Ausgangsverfahren trotz der von ihnen erstrittenen positiven Entscheidungen des Europäischen Gerichtshofs keinen Erfolg. Sowohl das Finanzgericht Köln als auch der Bundesfinanzhof lehnten eine Anrechnung von ausländischer Körperschaftsteuer ab, da ein Nachweis der tatsächlich entrichteten ausländischen Körperschaftsteuer fehle.[16]

Der dritte Diskussionsimpuls zur Frage der Bestandskraft von Steuerverwal- 6
tungsakten bei Verstößen gegen Unionsrecht setzte die Europäische Kommission mit einer Entscheidung, die den möglichen Verstoß des § 8c Abs. 1a KStG gegen das in Art. 107 Abs. 1 AEUV enthaltene Verbot staatlicher Beihilfen betrifft. Die Kommission hatte im Jahr 2011 die sog. Sanierungsklausel des § 8c Abs. 1a KStG in einer Negativentscheidung als verbotene Beihilfe eingestuft und Deutschland dazu aufgefordert, bereits gewährte Beihilfen zurückzufordern.[17] Eine hiergegen gerichtete Klage Deutschlands wurde wegen Verfristung als unzulässig verworfen.[18] Die gegen den Beschluss der Kommission eingereichten Klagen von Unternehmen wies das Gericht der Europäischen Union als unbegründet ab.[19] Im Rechtsmittelverfahren erklärte der Europäische Gerichtshof den Beschluss der Kommission schließlich für nichtig, weil die Kommission bei ihrer Prüfung, ob eine verbotene Beihilfe vorliegen würde, Fehler gemacht habe.[20] Damit ist jedoch nicht – wie hier betont werden soll, aber zugleich nicht näher erörtert werden muss – entschieden worden, dass es sich bei der Sanierungsklausel des § 8c Abs. 1a KStG nicht um eine verbotene Beihilfe handelt. Unabhängig von dieser materiellen Beurteilung stellt sich in der Praxis jedenfalls die Frage, nach welcher Rechtsvorschrift eine Korrektur des als beihilfewidrig erkannten Steuerbescheids möglich ist und ob in der Folge eine dem Steuerpflichtigen bereits gewährte Beihilfe durch die deutsche Steuerbehörden zurückgefordert werden kann. Denn auch in diesem Fall hält das deutsche Recht – zumindest nach bisheriger Lesart – in §§ 172 ff. AO keine

---

14 EuGH, Urt. v. 30.6.2011, Rs. C-262/09 – *Meilicke II*, ECLI: EU: C:2011:438 Rn. 58.

15 Vgl. *Gosch*, BFH/PR 2015, 266 (267); *de Weerth*, DB 2007, 614 (615).

16 BFH, Urt. v. 15.1.2015, I R 69/12, BFH/NV 2015, 1037 (1042); FG Köln, Urt. v. 27.8.2012, 2 K 2241/02, EFG 2012, 2300 (2302).

17 Kommission, Beschl. v. 26.1.2011 über die staatliche Beihilfe Deutschlands, C 7/10, ABl. 2011, Nr. L 235/26.

18 EuG, Beschl. v. 18.12.2012, T-205/12 – *Deutschland/Kommission*, ECLI: EU: T: 2012:704; bestätigt durch: EuGH, Beschl. v. 3.7.2014, Rs. C-102/13 P – *Deutschland/Kommission*, ECLI: EU: C:2014:2054.

19 EuG, Urt. v. 4.2.2016, Rs. T-620/11 – *GFKL Financial Services AG*, ECLI: EU: T: 2016:59; EuG, Urt. v. 4.2.2016, T-287/11 – *Heitkamp Bauholding*, ECLI: EU: T: 2016:60.

20 EuGH, Urt. v. 28.6.2018, Rs. C-203/16 P – *Dirk Andres/Kommission*, ECLI: EU: C:2018:505 Rn. 107; ders., Urt. v. 28.6.2018, Rs. C-209/16 P – *Deutschland/Kommission*, ECLI: EU: C:2018:507 Rn. 104.

Rechtsgrundlage dafür bereit. Möglicherweise ist – so jedenfalls entsprechend den Entscheidungen des Finanzgerichts Düsseldorf und des Bundesfinanzhofs – eine solche Rechtsgrundlage in Art. 16 Abs. 3 der VO (EU) Nr. 2015/1589 zu finden.[21]

7 Die dargestellten drei Impulse betreffen die Rechtsbeständigkeitsfrage unionsrechtswidriger Steuerverwaltungsakte in verschiedener Art und Weise, da es um unterschiedliche Steuerarten geht, auf welche das Unionsrecht in vielgestaltig einwirkt. Der erste, vom Europäischen Gerichtshof gegebene Impuls (Rs. *Linneweber/Akritidis*) betraf Verstöße, die auf einer fehlerhaften Umsetzung von sekundärem Unionsrecht im Bereich der Umsatzsteuer beruhen. Beim zweiten Impuls (Rs. *Manninen* und Rs. *Meilicke*) ging es um die Nichtbeachtung der vom primären Unionsrecht gesetzten Schranken in Gestalt der Grundfreiheiten im Bereich der Einkommensteuer. Der dritte, von der Negativentscheidung der Europäischen Kommission ausgehende Impuls betraf einem möglichen Verstoß gegen das unionsrechtliche Beihilfeverbot im Bereich der Körperschaftsteuer.

II. Stand der Forschung

8 Die durch diese Impulse ausgelösten Überlegungen brachten neben einer Vielzahl von Aufsätzen[22] fünf umfangreichere Untersuchungen hervor, die sich mit der Rechtsbeständigkeit von unionsrechtswidrigen *Steuerverwaltungsakten* auseinandersetzen. Die in der vorliegenden Arbeit ebenfalls behandelte Frage der Rechtsbeständigkeit von finanzgerichtlichen *Urteilen*, die gegen Unionsrecht verstoßen, ist dahingegen bis heute noch nicht Gegenstand einer Untersuchung gewesen.

9 Die erste Untersuchung zur Rechtsbeständigkeit von unionsrechtswidrigen Steuerverwaltungsakten legte im Jahr 2008 *Ulf Lange*[23] mit seiner unter Betreuung von *Rainer Wernsmann* an der Universität Passau entstandenen Dissertation „Der Anspruch auf Erstattung gemeinschaftsrechtswidrig erhobener Steuern" vor. Im Vordergrund dieser Untersuchung steht der Versuch, die bisherige Rechtsprechung des Europäischen Gerichtshofs auf eine dogmatisch überzeugende Grundlage zu stellen. *Ulf Lange* setzt sich zunächst mit der ständigen Rechtsprechung

21 Vgl. BFH, Beschl. v. 30.1.2009, VII B 181/08, juris, Rn. 9; FG Düsseldorf, Beschl. v. 8.8.2008, 4 V 2676/08 A VM, juris, Rn. 31; diese Entscheidungen ergingen zu einer Steuervergünstigung im Verbrauchsteuerrecht, welche als verbotene Beihilfe eingeordnet wurde. Der Bundesfinanzhof und zuvor das Finanzgericht haben als Rechtsgrundlage für die Änderung des Steuerbescheids auf Art. 14 Abs. 3 der VO (EG) Nr. 659/1999, also auf die Vorgängervorschrift zu Art. 16 Abs. 3 der VO (EU) Nr. 2015/1589, zurückgegriffen.

22 Vgl. die bereits zitierten Beiträge: *Balster/Petereit*, DStR 2004, 1985; *Eicker/Ketteler*, BB 2005, 131; *Gosch*, DStR 2004, 1988; *Intemann*, NWB 2005, 691; *Hamacher/Hahne*, DB 2004, 2386; *Ritzer/Stangl*, DStR 2004, 2176; *de Weerth*, DStR 2004, 1992; statt vieler weiterer: *Sobanski*, DStR 2011, 1485.

23 *Lange*, Der Anspruch auf Erstattung gemeinschaftsrechtswidrig erhobener Steuern, 2008.

des Europäischen Gerichtshofs auseinander, wonach es Sache der Mitgliedstaaten sein soll, die Erstattung von unter Verstoß gegen Unionsrecht erhobenen Steuern zu regeln.[24] Eine Einschränkung dieser Verfahrensautonomie durch den Äquivalenzgrundsatz und das Effektivitätsgebot lehnt er mit dem Argument ab, dass die normative Verortung dieser Einschränkungen in Art. 10 EG (nunmehr Art. 4 Abs. 3 EUV) ohne materielle Kontur sei und so nicht die erforderliche Klarheit, Konstanz und Vorhersagbarkeit aufweise. Er schlägt aber – anders als der Europäische Gerichtshof – eine konsequente Anwendung des Vorrangs des Unionsrechts vor und nimmt den Standpunkt ein, dass jede Steuererhebung, die auf der Primärebene gegen Unionsrecht verstoße, auf der Sekundärebene grundsätzlich durch die Erstattung der unter Verstoß gegen Unionsrecht erhobenen Steuern rückgängig zu machen sei.[25] Der unionsrechtliche Erstattungsanspruch finde seine Rechtsgrundlage dabei in derjenigen Bestimmung des Unionsrechts, die verletzt worden sei. Diese verletzte Bestimmung verbiete nicht nur die Erhebung der Steuer, sondern enthalte gleichzeitig das Gebot der Erstattung.[26] Die Bestandskraft der Steuerbescheide stelle eine Beschränkung dieses unionsrechtlichen Erstattungsanspruchs dar, die als zwingender Grund des Allgemeinwohls anzusehen sei und darum einen tauglichen Rechtfertigungsgrund darstelle.[27] Bei der erforderlichen Abwägung verbleibe den Mitgliedstaaten ein weitreichender Entscheidungsspielraum, den der deutsche Gesetzgeber bei seinen Regelungen zur Bestandskraft in nicht zu beanstandender Weise genutzt habe. Auf einzelne Korrekturvorschriften und ihre Vereinbarkeit mit dem Unionsrecht geht *Ulf Lange* nicht ein. Außen vor bleibt zudem eine Auseinandersetzung damit, ob für Verstöße gegen das unionsrechtliche Beihilfeverbot Besonderheiten gelten. Zur Rezeption der Dissertation *Langes* kann darauf hingewiesen werden, dass sich der Europäische Gerichtshof der von *Ulf Lange* geäußerten Kritik nicht angenommen hat. Er bleibt bei seiner ständigen Rechtsprechung, dass es Sache der Mitgliedstaaten ist, unter Wahrung des Äquivalenzgrundsatzes und des Effektivitätsgebots die Verfahrensmodalitäten für die Erstattung von unionsrechtswidrig erhobenen Steuern zu regeln.[28]

Die zweite Untersuchung, auf die hier bei der Schilderung des Forschungs- 10
standes hinzuweisen ist, stammt aus dem Jahr 2009. Darin beschäftigt sich *Sabine*

---

24 *Lange*, Der Anspruch auf Erstattung gemeinschaftsrechtswidrig erhobener Steuern, 2008, S. 72; vgl. hierzu: EuGH, Urt. v. 30.6.2011, Rs. C-262/09 – *Meilicke II*, ECLI: EU: C:2011:438 Rn. 55.

25 *Lange*, Der Anspruch auf Erstattung gemeinschaftsrechtswidrig erhobener Steuern, 2008, S. 195.

26 *Lange*, Der Anspruch auf Erstattung gemeinschaftsrechtswidrig erhobener Steuern, 2008, S. 51.

27 Vgl. hierzu und zum Folgenden: *Lange*, Der Anspruch auf Erstattung gemeinschaftsrechtswidrig erhobener Steuern, 2008, S. 196 f.

28 EuGH, Urt. v. 30.6.2011, Rs. C-262/09 – *Meilicke* II, ECLI: EU: C:2011:438 Rn. 55; EuGH, Urt. v. 30.6.2016, Rs. C-200/14 – *Câmpean*, ECLI: EU: C:2016:494 Rn. 38 f.

Lehnert[29] in ihrer unter Betreuung von *Thomas Puhl* an der Universität Mannheim entstandenen Dissertation „Die Korrektur von gemeinschaftsrechtswidrigen Beihilfen in Form von Steuervergünstigungen“ mit dem speziellen Problem der beihilfewidrigen Steuerverwaltungsakte. Nach einer Darstellung des unionsrechtlichen Beihilferegimes geht sie schwerpunktmäßig auf die Anwendbarkeit der einzelnen Korrekturnormen der Abgabenordnung ein und arbeitet aus einem Vergleich der §§ 48, 49 VwVfG mit §§ 130, 131 AO heraus, dass die Korrektur eines *allgemeinen Steuerverwaltungsakts*, der gegen das unionsrechtliche Beihilfeverbot verstößt, gestützt auf § 130 Abs. 1 AO nach den gleichen Maßstäben erfolgen kann, wie es bei verwaltungsrechtlichen Leistungssubventionen der Fall ist.[30] Bei *Steuerbescheiden*, die gegen das unionsrechtliche Beihilfeverbot verstoßen, sieht *Lehnert* die deutsche Festsetzungsfrist als unionsrechtlich problematisch an. So sah der im Jahr des Erscheinens der Untersuchung geltende Art. 15 Abs. 1 der VO (EG) Nr. 659/1999[31] eine Frist von zehn Jahren zur Rückforderung der Beihilfe vor, wohingegen die reguläre Festsetzungsfrist nach § 169 Abs. 2 Satz 1 Nr. 2 AO nur vier Jahre beträgt. *Sabine Lehnert* löst diese Fälle über den Anwendungsvorrang des Unionsrechts mit der Folge, dass die deutschen Regelungen zur Festsetzungsverjährung nicht anzuwenden seien.[32] Indem ihrer Ansicht nach die Rückforderungsentscheidung der Kommission als Grundlagenbescheid anzusehen ist, kommt es darauf aber nicht an. Denn die Festsetzungsfrist endet nach § 171 Abs. 10 Satz 1 AO nicht vor Ablauf von zwei Jahren nach Bekanntgabe der Rückforderungsentscheidung durch die Kommission, so dass eine Korrektur des beihilfewidrigen Steuerbescheids nach § 175 Abs. 1 Satz 1 Nr. 1 AO somit realisierbar ist.[33] Weitere Korrekturnormen sollen – so *Lehnert* – keine Anwendung finden.[34] Festzuhalten ist, dass sich *Sabine Lehnerts* Untersuchung ausschließlich mit dem speziellen Problemkreis der Korrektur *beihilfewidriger* Steuerverwaltungsakte beschäftigt. Auf Fragen der Korrektur von Steuerverwaltungsakten bei anderen Verstößen gegen Unionsrecht geht sie nicht ein. Zudem wurde zwischenzeitlich das Beihilferecht auf Unionsebene überarbeitet; insbesondere wurden die Regelungen zum Beihilfeverfahren in der VO (EU) Nr. 2015/1589 neu gefasst.[35] Auf diese Entwicklung konnte in der Untersuchung nicht eingegangen werden.

---

29 *Lehnert*, Die Korrektur von gemeinschaftsrechtswidrigen Beihilfen in Form von Steuervergünstigungen, 2009.

30 *Lehnert*, Die Korrektur von gemeinschaftsrechtswidrigen Beihilfen in Form von Steuervergünstigungen, 2009, S. 165.

31 Nunmehr: Art. 17 Abs. 1 der VO (EU) Nr. 2015/1589.

32 *Lehnert*, Die Korrektur von gemeinschaftsrechtswidrigen Beihilfen in Form von Steuervergünstigungen, 2009, S. 171; in diesem Sinne: BFH, Beschl. v. 30.1.2009, VII B 181/08, juris, Rn. 15; FG Düsseldorf, Beschl. v. 8.8.2008, 4 V 2676/08 A VM, juris, Rn. 38.

33 *Lehnert*, Die Korrektur von gemeinschaftsrechtswidrigen Beihilfen in Form von Steuervergünstigungen, 2009, S. 196.

34 *Lehnert*, Die Korrektur von gemeinschaftsrechtswidrigen Beihilfen in Form von Steuervergünstigungen, 2009, S. 205.

35 ABl. 2015, L 248, 9.

Die dritte Untersuchung zur Rechtsbeständigkeit von unionsrechtswidrigen 11 Steuerverwaltungsakten, ebenfalls aus dem Jahr 2009, ist die von *Anna Saßenroth* unter Betreuung von *Dieter Birk* an der Westfälischen Wilhelms-Universität Münster entstandene Dissertation „Die Bestandskraft deutscher Steuerbescheide im Licht der Rechtsprechung des EuGH". Anders als *Sabine Lehnert* sowie *Ute Geisenberger*[36] und *Friederike Grube*[37], auf deren Untersuchungen im Anschluss noch einzugehen sein wird, fokussiert *Saßenroth* sich dabei nicht auf beihilfewidrige Steuerbescheide, sondern nimmt – obschon diese Einschränkung nicht ausdrücklich erfolgt – zu *anderen Verstößen gegen Unionsrecht* Stellung. Sie kommt dabei zu dem Ergebnis, dass eine Korrektur dieser (nicht beihilfe-, aber aus anderen Gründen unionsrechtswidrigen) Steuerbescheide weitestgehend ausgeschlossen sei, da die Korrekturregelungen – mit Ausnahme des § 175 Abs. 2 Satz 2 AO – mit den unionsrechtlichen Vorgaben der Äquivalenz und der Effektivität vereinbar seien. Allenfalls im Einzelfall könnten diese Grundsätze bei Vorliegen besonderer Umstände eine Durchbrechung der Bestandskraft gebieten.[38] *Anna Saßenroth* sieht es als nicht geklärt an, wann solche Umstände vorliegen könnten. Die vorliegende Rechtsprechung des Europäischen Gerichtshofs sei nämlich stark durch die jeweiligen Umstände des Sachverhalts geprägt, wobei der Ineffektivität des Rechtsschutzes, den der Mitgliedstaat dem Steuerpflichtigen gewährt, eine besondere Bedeutung zukomme.[39] Die Unvereinbarkeit des § 175 Abs. 2 Satz 2 AO mit dem Unionsrecht begründet sie mit einem Verstoß gegen das Effektivitätsgebot. Die Regelung sei in zeitlichem und inhaltlichem Zusammenhang mit der Entscheidung des Europäischen Gerichtshofs in der Rs. *Manninen* in das deutsche Gesetz eingefügt worden, um in ähnlich gelagerten Fällen künftige Anträge auf Korrektur unionsrechtswidriger Steuerbescheide zu verhindern. Es fehle an einer insoweit gebotenen Übergangsregelung.[40] *Anna Saßenroths* Untersuchung ging zwar zeitlich der Entscheidung des Europäischen Gerichtshofs in der Rs. *Meilicke II*[41] voran. Der Verstoß des § 175 Abs. 2 Satz 2 AO gegen Unionsrecht wurde jedoch bereits von ihr herausgearbeitet. Nicht in der Untersuchung von *Saßenroth* behandelt wird dagegen – darauf war schon hingewiesen worden – der Fall der Verstöße gegen

36 *Geisenberger*, Der Einfluss des Europarechts auf steuerliches Verfahrensrecht, 2010.

37 *Grube*, Der Einfluss des unionsrechtlichen Beihilfeverbots auf das deutsche Steuerrecht, 2014.

38 *Saßenroth*, Die Bestandskraft deutscher Steuerbescheide im Licht der Rechtsprechung des EuGH, 2009, S. 122.

39 *Saßenroth*, Die Bestandskraft deutscher Steuerbescheide im Licht der Rechtsprechung des EuGH, 2009, S. 151.

40 *Saßenroth*, Die Bestandskraft deutscher Steuerbescheide im Licht der Rechtsprechung des EuGH, 2009, S. 119, unter Verweis auf: EuGH, Urt. v. 11.7.2002, Rs. C-62/00 – *Marks & Spencer*, Slg. 2002, I-6348 Rn. 36 ff.; ders., Urt. v. 24.9.2002, Rs. C-255/00 – *Grundig italiana*, Slg. 2002, I-8014 Rn. 14.

41 EuGH, Urt. v. 30.6.2011, Rs. C-262/09 – *Meilicke* II, ECLI: EU: C:2011:438.

das Verbot staatlicher Beihilfen und der Fall der Korrektur von unionsrechtswidrigen Steuerverwaltungsakten, die keine Steuerbescheide sind.

12 Als weitere (teilweise) einschlägige Untersuchung ist die Arbeit von *Ute Geisenberger* zu nennen. *Geisenberger* setzt sich in ihrer unter Betreuung von *Wolfgang Kessler* an der Albert-Ludwigs-Universität Freiburg entstandenen und 2010 publizierten Dissertation mit dem Thema „Der Einfluss des Europarechts auf steuerliches Verfahrensrecht“ auseinander. Anders als es der Titel vermuten lässt, begrenzt sich die Arbeit – genauso wie die bereits angesprochene Untersuchung von *Sabine Lehnert* – auf die Frage der Bestandskraft von *Steuerbescheiden*, die gegen das unionsrechtliche *Beihilfeverbot* verstoßen. *Ute Geisenberger* lehnt Art. 14 Abs. 3 der VO (EG) Nr. 659/1999 als mögliche Rechtsgrundlage für eine Rückforderung ab.[42] Eine Korrektur könne auf § 172 Abs. 1 Satz 1 Nr. 2 Buchst. a) AO gestützt werden, wenn der Steuerpflichtige dem zustimme.[43] Sie vertritt – wie bereits *Sabine Lehnert* – den Standpunkt, dass die Negativentscheidung der Kommission als Grundlagenbescheid i. S. d. § 175 Abs. 1 Satz 1 Nr. 1 AO anzusehen ist, so dass eine Korrektur jedenfalls über diese Regelung herbeigeführt werden könnte.[44] Darüber hinaus stelle eine bestandskräftige Negativentscheidung der Kommission ein rückwirkendes Ereignis i. S. d. § 175 Abs. 1 Satz 1 Nr. 2 AO dar, so dass hiernach eine weitere Korrekturmöglichkeit bestünde.[45] Letztendlich kommt *Ute Geisenberger* zu dem Ergebnis, dass zwar Korrekturmöglichkeiten für beihilfewidrige Steuerbescheide bestehen, diese Korrekturmöglichkeiten jedoch nicht ideal sind. Sie befürwortet deshalb, de lege ferenda eine explizite Korrekturvorschrift für Steuerbescheide zu schaffen, welche an das Vorliegen einer Negativentscheidung mit Rückforderungsentscheidung nach Art. 14 VO (EG) Nr. 659/1999 anknüpft.[46] Zusammenfassend ist in Erinnerung zu halten, dass sich *Ute Geisenbergers* Untersuchung auf Verstöße gegen das Beihilfeverbot beschränkt. Eine Stellungnahme zur Bestandskraft von Steuerverwaltungsakten bei anderen Verstößen gegen Unionsrecht liegt nicht vor. Zudem erfolgte die Untersuchung – wie bei *Sabine*

---

42 *Geisenberger*, Der Einfluss des Europarechts auf steuerliches Verfahrensrecht, 2010, S. 78; a. A.: BFH, Beschl. v. 30.1.2009, VII B 181/08, juris, Rn. 9; FG Düsseldorf, Beschl. v. 8.8.2008, 4 V 2676/08 A VM, juris, Rn. 31.

43 *Geisenberger*, Der Einfluss des Europarechts auf steuerliches Verfahrensrecht, 2010, S. 107.

44 *Geisenberger*, Der Einfluss des Europarechts auf steuerliches Verfahrensrecht, 2010, S. 155; ebenso: *Lehnert*, Die Korrektur von gemeinschaftsrechtswidrigen Beihilfen in Form von Steuervergünstigungen, 2009, S. 196.

45 *Geisenberger*, Der Einfluss des Europarechts auf steuerliches Verfahrensrecht, 2010, S. 167; a. A.: *Lehnert*, Die Korrektur von gemeinschaftsrechtswidrigen Beihilfen in Form von Steuervergünstigungen, 2009, S. 200.

46 *Geisenberger*, Der Einfluss des Europarechts auf steuerliches Verfahrensrecht, 2010, S. 189 f., wo sie einen Entwurf zu einer entsprechenden gesetzlichen Regelung nebst dazugehörigen Verwaltungsvorschriften formuliert.

Lehnert – vor der Überarbeitung des Beihilferechts auf Unionsebene. Die neuere Entwicklung zum Beihilferecht konnte deshalb keinen Eingang finden.

In der fünften, hier zu nennenden Untersuchung aus dem Jahr 2014 beschäftigt 13
sich *Friederike Grube* in ihrer – wie schon die Arbeit von *Ulf Lange* – unter Betreuung von *Rainer Wernsmann* an der Universität Passau entstandenen Dissertation „Der Einfluss des unionsrechtlichen Beihilfenverbots auf das deutsche Steuerrecht" im Schwerpunkt mit dem Verhältnis von unionsrechtlichem *Beihilfeverbot* und materiellem Steuerrecht. *Grube* geht hierbei am Rande ebenfalls auf die Frage der Rückforderung von rechtswidrig gewährten Beihilfen ein. Ebenso wie *Ute Geisenberger* lehnt sie Art. 14 Abs. 3 der VO (EG) Nr. 659/1999 als mögliche Rechtsgrundlage für eine Rückforderung ab.[47] Sie arbeitet sodann heraus, dass die in der Abgabenordnung vorgesehenen Korrekturmöglichkeiten – anders als *Sabine Lehnert* und *Ute Geisenberger* annehmen – nicht zur Aufhebung oder Änderung eines beihilfewidrigen Steuerbescheids herangezogen werden können. Folglich dürfe der abgabenrechtliche Erstattungsanspruch des § 37 Abs. 2 AO nicht einschlägig sein. Eine unionsrechtskonforme Auslegung der deutschen Korrekturvorschriften lehnt *Grube* – wegen des Eingriffscharakters des Steuerbescheids unter Verweis auf den Vorbehalt des Gesetzes sowie das verfassungsrechtliche Bestimmtheitsgebot – ab.[48] Um den hiermit einhergehenden Widerspruch zu den Vorgaben des Unionsrecht, das in Art. 14 Abs. 3 der VO (EG) Nr. 659/1999 zwingend die Möglichkeit einer Rückforderung beihilfewidrige gewährter Steuervergünstigungen vorsieht, zu beseitigen, regt *Friederike Grube* an, dass der deutsche Gesetzgeber für diese Fälle aus Gründen der Rechtssicherheit und Rechtsklarheit eine nationale Korrekturvorschrift schaffen soll.[49] Bis dahin könne eine Korrektur der beihilfewidrigen Steuerbescheide „mit dem schlichten Hinweis auf den unbedingten Anwendungsvorrang des Unionsrechts, der zwingend die Rückforderung unionsrechtswidriger Steuervergünstigungen gebietet", erfolgen. Auch *Friederike Grubes* Untersuchung erfolgte somit *vor* der Überarbeitung des Beihilferechts auf Unionsebene. Die neuere Entwicklung im Beihilferecht konnte demnach ebenfalls nicht Grundlage dieser Untersuchung sein. Ebenso wenig geht sie auf die Bestandskraft von Steuerverwaltungsakten bei anderen Verstößen gegen Unionsrecht ein.

---

47 *Grube*, Der Einfluss des unionsrechtlichen Beihilfeverbots auf das deutsche Steuerrecht, 2014, S. 70; ebenso: *Geisenberger*, Der Einfluss des Europarechts auf steuerliches Verfahrensrecht, 2010, S. 78; a. A.: BFH, Beschl. v. 30.1.2009, VII B 181/08, juris, Rn. 9; FG Düsseldorf, Beschl. v. 8.8.2008, 4 V 2676/08 A VM, juris, Rn. 31.

48 *Grube*, Der Einfluss des unionsrechtlichen Beihilfeverbots auf das deutsche Steuerrecht, 2014, S. 71; a. A.: *Geisenberger*, Der Einfluss des Europarechts auf steuerliches Verfahrensrecht, 2010, S. 155, 167; *Lehnert*, Die Korrektur von gemeinschaftsrechtswidrigen Beihilfen in Form von Steuervergünstigungen, 2009, S. 196.

49 *Grube*, Der Einfluss des unionsrechtlichen Beihilfeverbots auf das deutsche Steuerrecht, 2014, S. 76, wobei sie auf die Formulierung einer entsprechenden Regelung verzichtet.

B. Ziele und Gegenstand der Untersuchung

14 Die Auswertung der bisher vorliegenden Untersuchungen zeigt, dass es an einer Untersuchung fehlt, welche sich umfassend mit der Bestandskraft von Steuerverwaltungsakten auseinandersetzt. Noch gar nicht behandelt ist die Frage der Rechtskraft von finanzgerichtlichen Urteilen bei Verstößen gegen Unionsrecht. Was die Bestandskraft von Steuerverwaltungsakten bei Unionsrechtsverstößen angeht, hat die Zusammenschau der einschlägigen Dissertationen Folgendes ergeben: *Ulf Lange* geht in seiner Untersuchung nicht näher auf die Regelungen zur Bestandskraft von Steuerverwaltungsakten ein (Rn. 9). *Anna Saßenroth* beschäftigt sich ausschließlich mit unionsrechtswidrigen Steuerbescheiden und nimmt nicht dazu Stellung, ob möglicherweise Besonderheiten für Steuerbescheide, die gegen das unionsrechtliche Beihilfeverbot verstoßen, bestehen (Rn. 11). *Sabine Lehnert*, *Ute Geisenberger* und *Friederike Grube* setzen sich demgegenüber nur mit der Bestandskraft von Steuerverwaltungsakten, die gegen das unionsrechtliche Beihilfeverbot verstoßen, auseinander. Die bisher vorliegenden Untersuchungen betreffen daher jeweils nur eine von zwei möglichen Fallgruppen: Entweder Verstöße gegen das unionsrechtliche Beihilfeverbot oder andere Verstöße gegen Unionsrecht. Eine umfassende Untersuchung der Rechtsbeständigkeit von Steuerverwaltungsakten erscheint somit schon deshalb lohnend, weil die vorgestellten Untersuchungen bei beiden Fallgruppen, teilweise sogar innerhalb einer Fallgruppe, zu unterschiedlichen Ergebnissen kommen. Zudem erscheint die Rechtsprechung des Europäischen Gerichtshofs – zumindest auf den ersten Blick – nicht frei von Widersprüchen. So finden sich Judikate, in denen die Bestandskraft von Verwaltungsakten bei Verstößen gegen Unionsrecht abgelehnt wird[50], während andere die Bestandskraft von Verwaltungsakten auch bei Verstößen gegen Unionsrecht respektieren[51]. Ein ähnliches Bild zeigt bei der Rechtskraft von Gerichtsurteilen, wo sich ebenfalls solche Judikate finden lassen, die gegen eine Rechtskraft sprechen[52], und andere, bei denen es bei der Rechtskraft der Gerichtsentscheidung bleiben soll[53].

15 Mit der vorliegenden Untersuchung wird angesichts des bisherigen Diskussionsstandes das übergeordnete Ziel verfolgt, ein umfassendes System der Rechtsbeständigkeit von Steuerverwaltungsakten und finanzgerichtlichen Urteilen bei Verstößen gegen Unionsrecht zu erarbeiten. Insbesondere soll durch den breiteren Zugang (Bestandskraft von Steuerverwaltungsakten, die gegen das

---

50 Vgl. EuGH, Urt. v. 20.3.1997, C-24/95 – *Alcan*, Slg. 1997. I-1607; ders., Urt. v. 29.4.1999, Rs. C-224/97 – *Ciola*, Slg. 1999, I-2530.

51 Vgl. EuGH, Urt. v. 16.12.1976, Rs. 33/76 – *Rewe Zentralfinanz*, Slg. 1976, 1989; ders., Urt. v. 19.9.2006, verb. Rs. C-392/04 und 422/04 – *i-21 Germany und Arcor*, Slg. 2006, I-8591.

52 Vgl. EuGH, Urt. v. 18.7.2007, Rs. C-119/05 – *Lucchini*, Slg. 2007, I-6228; ders., Urt. v. 3.9.2009, Rs. 2/08 – *Fallimento Olimpiclub*, ECLI: EU: C:2009:506.

53 Vgl. EuGH, Urt. v. 16.3.2006, Rs. C-234/04 – *Kapferer*, Slg. 2006, I-2605; ders., Urt. v. 6.10.2015, Rs. C-69/14 – *Târşia*, ECLI: EU: C:2015:662 Rn. 41.

unionsrechtliche Beihilfenverbot verstoßen; Bestandskraft von Steuerverwaltungsakten, die gegen andere Normen des Unionsrechts verstoßen; Rechtskraft finanzgerichtlicher Urteile, die gegen das Beihilfeverbot verstoßen; Rechtskraft finanzgerichtlicher Urteile, die gegen andere Bestimmungen des Unionsrechts verstoßen) versucht werden zu zeigen, welches Muster möglicherweise hinter den teils differierenden Entscheidungen des Europäischen Gerichtshofs steht, um das Ergebnis zukünftiger Entscheidungen abschätzbar zu machen.

Hierfür bietet es sich an, in zwei Schritten vorzugehen: 16

1. Zunächst soll das System der Rechtsbeständigkeit von Steuerverwaltungsakten und finanzgerichtlichen Urteilen dargestellt werden. Die Grundlegung der entsprechenden Vorschriften erfolgte – wie einleitend erwähnt – vor etwa 100 Jahren, also zu einer Zeit, zu der ein Einfluss des Unionsrechts auf das deutsche Steuerrecht nicht absehbar war (Rn. 1). Deshalb wird in diesem ersten Schritt der Einfluss des Unionsrechts ausgeblendet; es wird nur um die Rechtsbeständigkeit von Steuerverwaltungsakten und finanzgerichtlichen Urteilen bei Verstößen gegen deutsches Recht gehen.
2. Im zweiten Schritt soll untersucht werden, ob und gegebenenfalls welche Veränderungen sich an diesem System der Rechtsbeständigkeit von Steuerverwaltungsakten und finanzgerichtlichen Urteilen unter dem Einfluss des Unionsrechts ergeben. Es soll überprüft werden, ob das System modifiziert werden muss oder Konflikte zwischen Unionsrecht und deutschem Steuerrecht innerhalb dieses Systems gelöst werden können. Zugleich muss die Frage beantwortet werden, ob die Rechtsbeständigkeit von Steuerverwaltungsakten und finanzgerichtlichen Urteilen bei Verstößen gegen Unionsrecht unabhängig von der konkreten Norm, gegen die verstoßen wurde, ist oder ob sich hierbei Unterschiede feststellen lassen.

Indem sich die weitere Untersuchung also auf die Rechtsbeständigkeit von Steuerverwaltungsakten und finanzgerichtlichen Urteilen fokussiert, wird die von *Ulf Lange* gewählte, noch weit davor ansetzende Vorgehensweise hier nicht verfolgt. *Ulf Lange* hat sich – das sei hier nochmals herausgestellt – mit der Frage der Erstattung von unter Verstoß gegen Unionsrecht erhobenen Steuern beschäftigt und ist davon ausgegangen, dass im Regelfall jede Steuererhebung, die gegen Unionsrecht verstößt, durch die Erstattung der erhobenen Steuern rückgängig zu machen ist (Rn. 9). Seine These geht also dahin, dass aus der verletzten Norm des Unionsrechts grundsätzlich ein unionsrechtlicher (ungeschriebener) Erstattungsanspruch folgt. Dieser Anspruch sei allerdings nicht unbeschränkt. So stelle der Gedanke der Rechtssicherheit als Fundamentalprinzip des Unionsrechts einen zwingenden Grund des Allgemeinwohls dar, der eine Beschränkung des Erstattungsanspruchs rechtfertige.[54] Die Bestandskraft eines Steuerbescheids sei Ausdruck 17

54 *Lange*, Der Anspruch auf Erstattung gemeinschaftsrechtswidrig erhobener Steuern, 2008, S. 170.

dieses Gedankens der Rechtssicherheit. Folglich hängt nach *Langes* Ansicht die Entscheidung über die Erstattung unionsrechtswidrig erhobener Steuern von der Bestandskraft des unionsrechtswidrigen Steuerbescheids ab. Am Ende fokussiert es sich daher auch bei *Lange* auf die in dieser Untersuchung behandelte Thematik der Rechtsbeständigkeit von Steuerverwaltungsakten, die aus diesem Grunde – ergänzt um die Rechtsbeständigkeit der finanzgerichtlichen Urteile – hier direkt in den Mittelpunkt gestellt werden soll.

18 Eine andere Vorgehensweise erscheint auch nicht aus der Erwägung heraus gerechtfertigt, dass die Rechtsgrundlage für die Erstattung der unionsrechtswidrig erhobenen Steuern in dieser Untersuchung nicht in der verletzten Bestimmung des Unionsrechts (so *Ulf Lange*), sondern im abgabenrechtlichen Erstattungsanspruch des § 37 Abs. 2 AO gesehen wird. Diese Auffassung lässt sich – das sei hier als Ergebnis der vorliegenden Untersuchung vorweggenommen – damit begründen, dass es in Ermangelung einer Kompetenz der Union zur Regelung des Steuerverfahrens Sache der Mitgliedstaaten ist, das Verfahren zur Erstattung von unter Verstoß gegen Unionsrecht erhobenen Steuern zu regeln.[55] § 37 Abs. 2 AO stellt eine solche mitgliedstaatliche Regelung dar. Nach ihr kommt eine Erstattung von erhobenen Steuern in Betracht, wenn die Erhebung ohne rechtlichen Grund erfolgt ist. Zwar ist die Auslegung des Tatbestandsmerkmals „ohne rechtlichen Grund" in Literatur und Rechtsprechung umstritten. Doch gleich, ob bei der Auslegung der materiellen Rechtsgrundtheorie[56] oder der formellen Rechtsgrundtheorie[57] gefolgt wird, hängt die Durchsetzung des Erstattungsanspruchs in jedem Fall von der Bestandskraft des Steuerverwaltungsakts ab.[58] Die Stabilisierungs- und Legalisierungsfunktion des Steuerverwaltungsakts bewirkt nämlich, dass seine Bestandskraft nicht minder im Falle seiner Rechtswidrigkeit der Durchsetzung des abgabenrechtlichen Erstattungsanspruchs entgegensteht. Es bleibt demzufolge dabei, dass die Rechtsbeständigkeit von Steuerverwaltungsakten und finanzgerichtlichen Urteilen sofort in den Fokus gestellt werden kann.

19 Die vorliegende Untersuchung wird sich dabei auf Steuerbescheide über Einkommensteuer oder Körperschaftsteuer sowie auf Steuerbescheide über Umsatzsteuern beschränken. Diese Auswahl erfolgt einerseits aufgrund der Überlegung, dass es sich bei der Einkommensteuer und der Umsatzsteuer um die beiden

---

55 EuGH, Urt. v. 6.7.1995, Rs. C-62/93 – *BP Soupergaz*, Slg. 1995, I-1907 Rn. 40 f.; EuGH, Urt. v. 30.6.2016, Rs. C-200/14 – *Câmpean*, ECLI: EU: C:2016:494 Rn. 37 ff.; *Drüen/Kahler*, StuW 2005, 171 (181); *Grube*, Der Einfluss des unionsrechtlichen Beihilfeverbots auf das deutsche Steuerrecht, 2014, S. 71; *Hahn*, DStZ 2003, 489 (490).

56 *Drüen*, in: TK, AO/FGO (2014), § 37 AO Rn. 27; *Hein*, DStR 1990, 301 (304).

57 *Blesinger*, in: Kühn/v. Wedelstädt, AO/FGO, 2015, § 37 AO Rn. 10; *Schmieszek*, in: Gosch, AO/FGO (2011), § 37 AO Rn. 26.

58 BFH, Urt. v. 29.10.2002, VII R 2/02, BStBl. II 2003, 43 (45); BFH, Urt. v. 15.10.1997, II R 56/94, BStBl. II 1997, 796 (798); *Drüen/Kahler*, StuW 2005, 171 (182); *Hahn*, IStR 2005, 145 (147); *Krumm*, IWB 2005, 443 (446).

ertragreichsten Steuern und daher für die öffentlichen Haushalte in Deutschland wichtigsten Einnahmequellen handelt und die Körperschaftsteuer als Steuer vom Einkommen der Körperschaften eine notwendige Ergänzung zur Einkommensteuer als Steuer vom Einkommen der natürlichen Personen darstellt. Andererseits bilden Einkommen- und Körperschaftsteuer auf der einen Seite und die Umsatzsteuer auf der anderen Seite von ihrem Wesen her in vielen Bereichen Komplementäre. So ist die Einkommen- bzw. Körperschaftsteuer direkte Steuer, Besitzsteuer sowie Veranlagungs- und Abzugssteuer; die Umsatzsteuer ist demgegenüber als indirekte Steuer, Verkehr- oder Verbrauchsteuer sowie Anmelde- bzw. Fälligkeitssteuer einzuordnen. Darüber hinaus sei hinsichtlich der finanzgerichtlichen Urteile angemerkt, dass sich die Untersuchung hier auf solche Urteile konzentriert, die in einem Verfahren ergehen, das einen Steuerverwaltungsakt zum Gegenstand hat. Damit soll die Voraussetzung dafür geschaffen werden, mögliche Interdependenzen zwischen Bestandskraft und Rechtskraft aufzuzeigen.

C. Terminologie

Bevor die Untersuchung im nächsten Teil inhaltlich beginnt, empfiehlt es sich, 20
noch einige Begrifflichkeiten klarzustellen. Es handelt sich dabei um die Begriffsgruppe Rechtsbeständigkeit, Bestandskraft und Rechtskraft, die Begriffsgruppe Steuerverwaltungsakt, allgemeiner Steuerverwaltungsakt und Steuerbescheid sowie die Begriffsgruppe finanzgerichtliche Urteile, Urteile der Finanzgerichte und Urteile des Bundesfinanzhofs.

Der Begriff der Rechtsbeständigkeit wird als Oberbegriff für die später näher 21
bestimmten Begriffe der Bestandskraft (Rn. 30 ff.) und Rechtskraft (Rn. 47 ff.) verwendet. „Rechtsbeständigkeit" meint, dass die als solche bezeichneten Steuerverwaltungsakte und finanzgerichtlichen Urteile vor den Gesetzen Bestand haben, also bindend sind und nicht geändert werden können. Bestandskraft bezeichnet die Rechtsbeständigkeit von Steuerverwaltungsakten, Rechtskraft die Rechtsbeständigkeit von finanzgerichtlichen Urteilen.

Der Begriff des Steuerverwaltungsakts wird als besondere Kennzeichnung der 22
Verwaltungsakte verwendet, die von Finanzbehörden in Abgabenangelegenheiten i. S. d. § 347 Abs. 2 AO erlassen werden. Er findet seine gesetzliche Grundlage in §§ 118 ff. AO. Zu den Steuerverwaltungsakten gehören als besondere Steuerverwaltungsakte auch „Steuerbescheide". „Steuerbescheide" sind nach § 155 Abs. 1 Satz 1 AO Verwaltungsakte, mit denen Steuern festgesetzt werden. Zu den Steuerbescheiden gehören auch solche Steuerverwaltungsakte, die kraft gesetzlicher Anordnung den Steuerbescheiden gleichgestellt sind.[59] Für alle anderen Steuerverwaltungsakte, die keine Steuerbescheide sind und diesen auch nicht gleichgestellt

59 Wenn im Folgenden von Steuerbescheiden die Rede ist, sollen aus Gründen der besseren Lesbarkeit von dieser Formulierung die den Steuerbescheiden gleichgestellten Steuerverwaltungsakte mitumfasst sein.

werden, wird hier der Begriff des allgemeinen Steuerverwaltungsakts verwendet. Im Rahmen der vorliegenden Untersuchung werden sich die zur Veranschaulichung gewählten Beispiele für allgemeine Steuerverwaltungsakte im Wesentlichen auf Haftungsbescheide nach § 191 Abs. 1 Satz 1 AO, Stundungsbescheide i. S. d. § 222 Satz 1 AO und Erlassbescheide nach § 227 AO beschränken.

23 Der Begriff der finanzgerichtlichen Urteile meint in dem in dieser Untersuchung verwendeten Sinn als Oberbegriff sowohl Urteile der Finanzgerichte als auch Urteile des Bundesfinanzhofs, welche in Abgabenangelegenheiten i. S. d. § 33 Abs. 2 FGO ergehen. Zu den „Urteilen der Finanzgerichte" gehören im Einzelnen Gerichtsbescheide i. S. d. § 90a FGO und Urteile i. S. d. § 95 FGO, welche in Klageverfahren, die Steuerverwaltungsakte zum Gegenstand haben, erlassen werden. Zu den „Urteilen des Bundesfinanzhofs" zählen Gerichtsbescheide nach § 121 Satz 1 i. V. m. § 90a FGO, Beschlüsse nach § 126a FGO, mit denen die Revision als unbegründet zurückgewiesen wird, sowie Urteile i. S. d. § 126 Abs. 2 und Abs. 3 FGO, mit denen der Bundesfinanzhof über die Revision entscheidet.

2. Teil: Die Rechtsbeständigkeit von Steuerverwaltungsakten und finanzgerichtlichen Urteilen bei Verstößen gegen deutsches Recht

24 Um das bereits dargelegte Ziel der Untersuchung zu erreichen, nämlich ein umfassendes System der Rechtsbeständigkeit von Steuerverwaltungsakten und finanzgerichtlichen Urteilen bei Verstößen gegen Unionsrecht zu erarbeiten (Rn. 15), bietet es sich an, in zwei Schritten vorzugehen: Im nun folgenden ersten Schritt soll das System der Rechtsbeständigkeit von Steuerverwaltungsakten und finanzgerichtlichen Urteilen *bei Verstößen gegen deutsches Recht* dargestellt werden; erst im zweiten Schritt wird die Rechtsbeständigkeit deutscher Steuerverwaltungsakte und finanzgerichtlicher Urteile *bei Verstößen gegen Unionsrecht* erörtert werden (vgl. Rn. 16). Dieses schrittweise Vorgehen beruht auf der Überlegung, dass die Grundlegung der Vorschriften über die Rechtsbeständigkeit von Steuerverwaltungsakten und finanzgerichtlichen Urteilen in der Reichsabgabenordnung 1919 zu einer Zeit erfolgte, als der Einfluss eines übergeordneten Unionsrechts auf das deutsche Steuerrecht nicht absehbar war (Rn. 1). Insofern beruhen diese Regelungen auf anderen Überlegungen als der Deliberation, welchen Einfluss Verstöße gegen supranationales Recht auf die Rechtsbeständigkeit haben könnten. Da sich an der Grundkonzeption der Vorschriften über die Rechtsbeständigkeit von Steuerverwaltungsakten und finanzgerichtlichen Urteilen – dieses sei an dieser Stelle als Ergebnis bereits vorweggenommen – in den vergangenen 100 Jahren wenig geändert hat, dient der erste Schritt dazu, die hinter diesen Regelungen stehenden Grundüberlegungen herauszuarbeiten, bevor im zweiten Schritt der von diesen Regelungen nach ihrer Grundkonzeption nicht vorgesehene Fall der Kollision eines Steuerverwaltungsakts oder eines finanzgerichtlichen Urteils mit dem übergeordneten Unionsrecht behandelt wird. Dadurch soll auch deutlich werden, warum Verstöße gegen Unionsrecht eine besondere Herausforderung für das System der Rechtsbeständigkeit von Steuerverwaltungsakten und finanzgerichtlichen Urteilen darstellen. Mit dieser Vorgehensweise unterscheidet sich die vorliegende Untersuchung von den bereits dargestellten Untersuchungen (Rn. 8 ff.) von *Ulf Lange*, *Sabine Lehnert*, *Anna Saßenroth*, *Ute Geisenberger* und *Friederike Grube*, die auf eine derartige Darstellung der Grundkonzeption der Rechtsbeständigkeit von Steuerverwaltungsakten und – da nicht zum Untersuchungsgegenstand gehörend – finanzgerichtlichen Urteilen verzichten.

25 Im Rahmen der nun folgenden Darstellung des Systems der Rechtsbeständigkeit von Steuerverwaltungsakten und finanzgerichtlichen Urteilen bei Verstößen gegen deutsches Recht werden zunächst dessen Grundlagen behandelt (dazu A.), bevor es um die heute geltenden Regelungen zur Bestandskraft von

Steuerverwaltungsakten in der Abgabenordnung (dazu B.) und zur Rechtskraft von finanzgerichtlichen Urteilen in der Finanzgerichtsordnung (dazu C.) gehen wird.

A. Grundlagen der Rechtsbeständigkeit von Steuerverwaltungsakten und finanzgerichtlichen Urteilen

26 Die Darlegung der Grundlagen für die Rechtsbeständigkeit von Steuerverwaltungsakten und finanzgerichtlichen Urteilen beginnt mit einer näheren Bestimmung der unter dem Oberbegriff der Rechtsbeständigkeit (Rn. 21) zusammenzufassenden Begriffe der Bestandskraft und der Rechtskraft (dazu I.). Diese Begriffsbestimmung ist notwendig, um im Folgenden die Regelungen identifizieren zu können, aus denen sich das System der Rechtsbeständigkeit von Steuerverwaltungsakten und finanzgerichtlichen Urteilen ergibt. Denn weder für den Begriff der Bestandskraft noch für den Begriff der Rechtskraft existiert eine Legaldefinition. Ausgehend von der Begriffsbestimmung wird nachfolgend ein Überblick über die historische Entwicklung der Regelungen zur Rechtsbeständigkeit im Bereich des Steuerrechts (dazu II.) gegeben. Da das Grundgesetz jünger als die Grundkonzeption der Regelungen zur Rechtsbeständigkeit in der Reichsabgabenordnung 1919 ist, werden die verfassungsrechtlichen Vorgaben erst im Anschluss an die Darstellung der historischen Entwicklung erörtert (dazu III.).

I. Begriffsbestimmung

27 Eine begriffliche Unterscheidung der Rechtsbeständigkeit von (Steuer-)Verwaltungsakten und (finanz-)gerichtlichen Urteilen in Bestandskraft bei (Steuer-)Verwaltungsakten und Rechtskraft bei (finanz-)gerichtlichen Urteilen etablierte sich erst in der Zeit nach dem Zweiten Weltkrieg. Dabei ist der Begriff der Bestandskraft jünger als der der Rechtskraft. Er wurde erstmals im Allgemeinen Verwaltungsrecht von *Hans Julius Wolff*[60] verwendet und Anfang der 1960er Jahre von *Klaus Tipke*[61] für das Steuerrecht übernommen. *Tipke* verwendete diesen Begriff im Rahmen der Auseinandersetzung mit den Korrekturregelungen der Reichsabgabenordnung. Bis dahin war sowohl für (Steuer-)Verwaltungsakte als auch für (finanz-)gerichtliche Urteile der Begriff der Rechtskraft gebräuchlich.[62]

28 Die begriffliche Unterscheidung zwischen Bestandskraft und Rechtskraft rührt daher, dass sich nach Auffassung von *Hans Julius Wolff* der Begriff der Rechtskraft wenig für das nicht-prozessuale Verwaltungsrecht eignet. Denn der Begriff der Rechtskraft setze stillschweigend voraus, dass ein Gericht seine Entscheidung nicht zurücknehmen könne und dass eine Wiederaufnahme des Verfahrens nur

---

60 *Wolff*, Verwaltungsrecht I, 1956, S. 227.

61 *Tipke*, StuW 1960, 809 (812); *ders.*, in: TK, RAO, 1961, § 93 RAO Rn. 2.

62 Vgl. *Tipke*, StuW 1960, 809 (811).

auf Antrag in einem besonderen Verfahren möglich sei.[63] Im Verwaltungsverfahren sei hingegen die Korrektur eines Verwaltungsakts durch die erlassende Behörde mit Wirkung ex tunc mitunter auch ohne Antrag des Betroffenen möglich. Diese graduellen Unterschiede würden durch eine differenzierte Begriffsverwendung sichtbar.

Dieser Argumentation schloss sich *Klaus Tipke* an, als er den Begriff der 29 Bestandskraft für das Steuerrecht übernahm. Für ihn hatte der Begriff der Rechtskraft im Prozessrecht ebenfalls zur Voraussetzung, dass das Gericht das Urteil nicht selbst zurücknehmen konnte, wenn nicht die Voraussetzungen für eine Wiederaufnahme des Verfahrens vorlägen. Indem nun Steuerverwaltungsakte, wenn auch meist nur unter besonderen Voraussetzungen, von der Finanzbehörde korrigiert werden könnten, sei es dieser Differenzierung zuträglich, für Steuerverwaltungsakte ebenfalls den Terminus Bestandskraft zu verwenden.[64]

1. Der Begriff der Bestandskraft bei Steuerverwaltungsakten

In den nunmehr sechzig Jahren seines Bestehens ist der Begriff der Bestandskraft 30 vornehmlich auf dem Gebiet des Allgemeinen Verwaltungsrechts Gegenstand einer Fülle von Arbeiten und Einzeluntersuchungen[65] gewesen. Dabei existierten noch bis Mitte der 1980er Jahre eine Vielzahl von Begrifflichkeiten, was teilweise als „Labyrinth der Meinungen“[66], als „Gestrüpp der Begriffe“[67] oder als „unentwirrbare Gemengelage“[68] tituliert wurde. Seitdem finden sich kaum noch Beiträge, die sich mit dem Terminus der Bestandskraft auseinandersetzen. Im Steuerrecht war eine ähnliche Diskussion schon vorher nicht mehr zu beobachten. Dieser Umstand mag daran liegen, dass das steuerliche Verfahrensrecht bereits durch die Reichsabgabenordnung vom 13.12.1919[69] gesetzlich geregelt wurde, wohingegen derartige gesetzliche Regelungen im Bereich des Allgemeinen Verwaltungsrechts erst durch das Verwaltungsverfahrensgesetz vom 25.5.1976[70] erfolgt sind.

Eine Bestimmung des Begriffs der Bestandskraft ist dennoch weiterhin 31 notwendig, weil es sowohl im Verwaltungsverfahrensgesetz als auch in der

---

63 *Wolff*, Verwaltungsrecht I, 1956, S. 227.

64 *Tipke*, StuW 1960, 809 (812); *ders.*, in: TK, RAO, 1961, § 93 RAO Rn. 2; ebenso: *v. Wedelstädt*, in: Gosch, AO/FGO (2017), § 172 AO Rn. 3.

65 *Ehlers*, in: FS Erichsen, 2004, S. 1; *Erichsen/Knoke*, NVwZ 1983, 185; *Ipsen*, DV 1984, 169; *Kopp*, DVBl. 1983, 392; *Merten*, NJW 1983, 1993.

66 *Forsthoff*, Lehrbuch des Verwaltungsrechts, 1973, S. 253. *Tipke* wollte diese Formulierung unter Verweis auf die Kodifizierung der Korrekturmöglichkeiten von Steuerverwaltungsakten in der Reichsabgabenordnung 1919 für das Steuerrecht nicht gelten lassen (vgl. *Tipke*, NJW 1962, 1040 [1041]).

67 *Ipsen*, DV 1984, 169.

68 *Knöpfle*, BayVBl. 1982, 225.

69 RGBl. 1919, S. 1993.

70 BGBl. I 1976, S. 1253.

Abgabenordnung – wie bereits angesprochen – an einer Legaldefinition fehlt. An der Existenz dieses Begriffs kann heute jedoch kein Zweifel mehr bestehen.[71] Denn der Gesetzgeber hat diesen Begriff sowohl in die Gesetzestexte des Verwaltungsverfahrensgesetzes als auch der Abgabenordnung aufgenommen.[72] Erhellendes lässt sich diesem Umstand jedoch kaum entnehmen, weil sich die Normen, in deren Zusammenhang der Gesetzgeber den Begriff der Bestandskraft verwendet hat, von ihrem Gehalt her unterscheiden. Während §§ 172 ff. AO ausschließlich Normen enthalten, welche die Korrektur von Steuerbescheiden regeln, finden sich in §§ 43 ff. VwVfG Vorschriften unterschiedlichster Art. So ist dort u. a. die Wirksamkeit, die Erledigung und die Nichtigkeit von Verwaltungsakten (§§ 43 ff. VwVfG), die Rücknahme und der Widerruf (§§ 48, 49 VwVfG) sowie das Wiederaufgreifen des Verfahrens (§ 51 VwVfG) geregelt. Folglich lässt sich nur sagen, dass – bei einer einheitlichen Begriffsbestimmung im Allgemeinen Verwaltungsrecht und im Steuerverfahrensrecht – die Bestandskraft irgendwo im Spannungsfeld von Wirksamkeit und Abänderbarkeit (Korrektur) liegen muss.[73]

32 Wenn also anzunehmen ist, dass sich die Bestandskraft nunmehr irgendwo in diesem Spannungsfeld befindet, so lässt sich daraus zunächst ableiten, dass die Wirksamkeit eines (Steuer-)Verwaltungsakts als grundlegende Voraussetzung der Bestandskraft anzusehen ist.[74] Darüber hinaus hat sich in Anlehnung an das Prozessrecht sowohl im Allgemeinen Verwaltungsrecht als auch im Steuerverfahrensrecht eine Trennung zwischen formeller und materieller Bestandskraft eingebürgert. Es darf dabei allerdings nicht verkannt werden, dass die Bestandskraft – worauf *Hans Julius Wolff* (vgl. Rn. 28) und *Klaus Tipke* (Rn. 29) schon zu Recht hinwiesen – zwar Ähnlichkeiten mit der Rechtskraft von Gerichtsurteilen aufweist, aufgrund der zwischen beiden Rechtsformen vorhandenen Unterschiede der Begriff der Rechtskraft aber nur mit Vorsicht zu der hier interessierenden Begriffsbestimmung herangezogen werden kann.[75] Denn anders als Gerichtsverfahren sind Verwaltungsverfahren Massenverfahren mit zwangsweise größerer Fehleranfälligkeit, so dass die Gefahr fehlerhafter und infolgedessen rechtswidriger

---

71 So stritt vor Inkrafttreten des Verwaltungsverfahrensgesetzes und der Abgabenordnung z. B. *Forsthoff*, Lehrbuch des Verwaltungsrechts, 1973, S. 252, dem Begriff der Bestandskraft noch seine Berechtigung ab.

72 So lautet die Überschrift des Teil III Abschnitt 2 des VwVfG „Bestandskraft des Verwaltungsakts". Kürzer hat sich der Gesetzgeber bei seiner Wahl der Überschrift zu den §§ 172–177 AO im Vierten Teil Dritter Abschnitt 1. Unterabschnitt gefasst. Dort heißt es schlichtweg: „III. Bestandskraft".

73 *Juntunen*, Die Einwirkung des Gemeinschaftsrechts auf die Bestandskraft von Verwaltungsakten und die Rechtskraft von Gerichtsurteilen, 2009, S. 18; *Maurer/Waldhoff*, Allgemeines Verwaltungsrecht, 2017, § 10 Rn. 12.

74 *Juntunen*, Die Einwirkung des Gemeinschaftsrechts auf die Bestandskraft von Verwaltungsakten und die Rechtskraft von Gerichtsurteilen, 2009, S. 19.

75 *Kopp*, DVBl. 1983, 392; *Koenig*, in: Koenig, AO, 2014, Vor §§ 172–177 AO Rn. 3.

Entscheidungen größer ist als im gerichtlichen Verfahren.[76] Hinzu kommt, dass im Gerichtsverfahren der Richter am Rechtsverhältnis der Parteien als unbeteiligter Dritter in fremder Sache teilnimmt, während im Verwaltungsverfahren die Behörde als Beteiligte in eigener Sache tätig wird.[77] Außerdem stellt die Rechtsprechung im materiellen Sinne eine Deduktion aus dem Gesetz dar, wohingegen die Verwaltungstätigkeit zumindest im Rahmen von Ermessensentscheidungen als Dezision charakterisiert werden kann.[78] Deshalb liegen wesentliche Voraussetzungen, die eine hohe Rechtsbeständigkeit, sprich Rechtskraft, von Urteilen rechtfertigen, im Verwaltungsverfahren nicht vor; demzufolge verbieten sich vorschnelle Folgerungen aus dem Prozessrecht.[79]

Die *Wirksamkeit* ist also – wie bereits ausgeführt – zunächst Grundvoraussetzung jeder Bestandskraft. Denn etwas Unwirksames bzw. Nichtiges kann nicht Bestand haben.[80] Wirksamkeit bedeutet, dass die im Verwaltungsakt getroffene Regelung existent wird und in Kraft tritt sowie kraft ihres Charakters als Regelung Rechtsverhältnisse begründet, ändert oder aufhebt. Zudem bedeutet Wirksamkeit, dass die Rechtswirkungen für die (Finanz-)Behörden bindend sind und nicht ohne Weiteres verändert werden dürfen.[81] 33

Formelle Bestandskraft meint die Unanfechtbarkeit des Verwaltungsakts mit ordentlichen Rechtsbehelfen.[82] Sie liegt vor, wenn der Anfechtungsberechtigte zulässigerweise auf einen Rechtsbehelf verzichtet oder einen Rechtsbehelf zurückgenommen hat, wenn die Rechtsbehelfsfrist abgelaufen ist und innerhalb dieser Frist kein Rechtsbehelf eingelegt wurde, wenn ein Rechtsbehelfsverfahren durch 34

76 *Erichsen/Knoke*, NVwZ 1983, 185 (188); *Loose*, in: TK, AO/FGO (2017), Vor § 172 AO Rn. 1.

77 *Erichsen/Knoke*, NVwZ 1983, 185 (188); *Maurer/Waldhoff*, Allgemeines Verwaltungsrecht, 2017, § 10 Rn. 15.

78 *Merten*, NJW 1983, 1993 (1995).

79 Abzugrenzen vom Begriff der Bestandskraft sind die Begriffe der Feststellungs- und der Tatbestandswirkung. Während sich die Bestandskraft auf das dem Verwaltungsakt zugrunde liegende Rechtsverhältnis zwischen Behörde und Verfahrensbeteiligten sowie etwaigen Drittbetroffenen beschränkt, beziehen sich Tatbestands- und Feststellungswirkung auf die Bindung nichtbetroffener Dritter (z. B. andere Behörden oder Gerichte), welche nicht selbst zur Aufhebung des Verwaltungsakts befugt sind (*Erichsen/Knoke*, NVwZ 1983, 185 [189]).

80 Vgl. für den Bereich des Allgemeinen Verwaltungsrechts: *Juntunen*, Die Einwirkung des Gemeinschaftsrechts auf die Bestandskraft von Verwaltungsakten und die Rechtskraft von Gerichtsurteilen, 2009, S. 19; vgl. für den Bereich des Steuerrechts: *v. Wedelstädt*, in: Gosch, AO/FGO (2017), § 172 AO Rn. 5.

81 Zum Allgemeinen Verwaltungsrecht: *Ehlers*, in: FS Erichsen, 2004, S. 9; zum Steuerrecht: *Fritsch*, in: Koenig, AO, 2014, § 124 AO Rn. 1; *Werth*, in: Kühn/v. Wedelstädt, AO/FGO, 2015, § 124 AO Rn. 1.

82 Zum Allgemeinen Verwaltungsrecht: *Erichsen/Knoke*, NVwZ 1983, 185 (186); zum Steuerrecht: BFH, Urt. v. 11.12.1997, V R 50/94, BStBl. II 1998, 420 (422); *Loose*, in: TK, AO/FGO (2017), Vor § 172 AO Rn. 1.

Erledigungserklärung beendet wurde, wenn ein Gesetz die Unanfechtbarkeit anordnet oder wenn Rechtsbehelfe verwirkt sind.[83] Der Eintritt der formellen Bestandskraft bestimmt sich daher nach verfahrensrechtlichen Aspekten.

35 Der Begriff der *materiellen Bestandskraft* lässt demgegenüber eine ähnlich klare Kontur vermissen. Sowohl in der verwaltungsrechtlichen als auch in der steuerrechtlichen Dogmatik fehlt es bislang an einer allgemein anerkannten Definition.[84] Es kann als gesichert angesehen werden, dass die materielle Bestandskraft mit dem Eintritt der Unanfechtbarkeit, mithin mit dem Eintritt der formellen Bestandskraft verbunden ist.[85] Weithin wird materielle Bestandskraft als inhaltliche Verbindlichkeit des (Steuer-)Verwaltungsakts umschrieben.[86] Es soll darauf ankommen, inwieweit ein formell bestandskräftiger (Steuer-)Verwaltungsakt „unabänderlich" ist bzw. nur nach Maßgabe besonderer gesetzlicher Bestimmungen korrigiert werden kann.[87] Zum Teil werden materielle Bestandskraft und Aufhebbarkeit des (Steuer-) Verwaltungsakts daher als Komplementärbegriffe verwendet.[88]

36 Diese soeben dargelegte, zwischen Bestandskraft und Rechtskraft und im Folgenden zwischen formeller und materieller Bestandskraft differenzierende Terminologie ist nicht ohne Widerspruch geblieben. Zweifel an der Differenzierung zwischen Bestandskraft und Rechtskraft äußert *Ferdinand Kopp*[89], der auch im Hinblick auf Verwaltungsakte den bei Urteilen gebräuchlichen Terminus „Rechtskraft" bevorzugt. Denn die Rechtsbeständigkeit von Urteilen und Verwaltungsakten habe letztlich ihren Grund in denselben Erfordernissen der Rechtssicherheit,

---

83 Zum Allgemeinen Verwaltungsrecht: *Erichsen/Knoke*, NVwZ 1983, 185 (186); *Merten*, NJW 1983, 1993 (1995); zum Steuerrecht: *Koenig*, in: Koenig, AO, 2014, Vor §§ 172–177 AO Rn. 3.

84 Vgl. für den Bereich des Allgemeinen Verwaltungsrechts: *Erichsen/Knoke*, NVwZ 1983, 185 (187); *Merten*, NJW 1983, 1993 (1996); vgl. für den Bereich des Steuerrechts: *Musil*, DStZ 2005, 362 (363); *Koenig*, in: Koenig, AO, 2014, Vor §§ 172–177 AO Rn. 4; *v. Wedelstädt*, in: Gosch, AO/FGO (2017), § 172 AO Rn. 7.

85 Zum Allgemeinen Verwaltungsrecht: *Ehlers*, in: FS Erichsen, 2004, S. 13; *Juntunen*, Die Einwirkung des Gemeinschaftsrechts auf die Bestandskraft von Verwaltungsakten und die Rechtskraft von Gerichtsurteilen, 2009, S. 19; zum Steuerrecht: *Söhn*, in: HHSp, AO/FGO (2013), § 118 AO Rn. 368; *v. Wedelstädt*, in: Gosch, AO/FGO (2017), § 172 AO Rn. 7.

86 Vgl. für das Allgemeine Verwaltungsrecht: *Erichsen/Knoke*, NVwZ 1983, 185 (187); *Juntunen*, Die Einwirkung des Gemeinschaftsrechts auf die Bestandskraft von Verwaltungsakten und die Rechtskraft von Gerichtsurteilen, 2009, S. 19; vgl. für das Steuerrecht: *Bartone*, in: Kühn/v. Wedelstädt, AO/FGO, 2015, Vor §§ 172–177 AO Rn. 12; *Seer*, in: Tipke/Lang, Steuerrecht, 2018, § 21 Rn. 80; *v. Wedelstädt*, in: Gosch, AO/FGO (2017), § 172 AO Rn. 7.

87 Vgl. für das Allgemeine Verwaltungsrecht: *Maurer/Waldhoff*, Allgemeines Verwaltungsrecht, 2017, § 10 Rn. 19; vgl. für das Steuerrecht: *Söhn*, in: HHSp, AO/FGO (2013), § 118 AO Rn. 368.

88 *Maurer/Waldhoff*, Allgemeines Verwaltungsrecht, 2017, § 10 Rn. 19.

89 *Kopp*, DVBl. 1983, 392 (400).

des Rechtsfriedens und der Verfahrensökonomie. Die sich daraus und aus den konkreten Vorschriften des Prozessrechts ergebende Parallelität in den Folgerungen rechtfertige es nicht, die im Prinzip gleichen Erscheinungen mit unterschiedlichen Begriffen zu belegen.

Inhaltliche Kritik an der Unterscheidung zwischen formeller und materieller 37
Bestandskraft übt *Jörn Ipsen*[90]. Für ihn bedeutet Bestandskraft die allseitige, verfahrensbeschränkte Verbindlichkeit eines Verwaltungsakts. Das Gegensatzpaar „formelle" und „materielle" Bestandskraft sei ein Fossil, welches zivilprozessualen Ursprungs und von der Verwaltungsrechtsdogmatik konserviert worden sei. So habe nach der früher vertretenen materiellen Rechtskrafttheorie gegolten, dass sich die Rechtskraft prozessrechtlich wie materiell-rechtlich auswirke. Prozessual sollte das Urteil unanfechtbar sein; materiell bestätigte oder veränderte es das materielle Recht.[91]

Ferdinand Kopp ist entgegenzuhalten, dass die Rechtskraft von Urteilen und die 38
Bestandskraft von Verwaltungsakten zwar dieselben Wurzeln haben, der Oberbegriff der Rechtsbeständigkeit die Zusammengehörigkeit beider jedoch ausreichend dokumentiert. Darüber hinaus gebieten die Unterschiede zwischen Urteilen und Verwaltungsakten in der Art und Weise ihres Zustandekommens, es für die sich in puncto Rechtsbeständigkeit fortsetzenden graduellen Unterschiede eine ausdifferenzierte Terminologie zu verwenden: Rechtskraft meint die Rechtsbeständigkeit der Urteile; Bestandskraft die Rechtsbeständigkeit der Verwaltungsakte. Abschließend sei darauf hingewiesen, dass sich in den Verfahrensgesetzen und Prozessordnungen sowohl der Begriff der Bestandskraft (Rn. 31) als auch der Begriff der Rechtskraft[92] findet, wobei Bestandskraft nur in Zusammenhang mit (Steuer-)Verwaltungsakten und Rechtskraft nur in Zusammenhang mit (finanz-)gerichtlichen Urteilen verwendet wird.

Bei seiner Ablehnung der Unterscheidung zwischen formeller und materiel- 39
ler Bestandskraft gibt *Jörn Ipsen* unnötigerweise eine Unterscheidung zwischen verfahrensrechtlicher und inhaltlicher Rechtsbeständigkeit auf. Verfahrensrechtlich (formell) ist davon auszugehen, dass ein Verwaltungsakt Bestand haben wird, wenn keine förmlichen Rechtsbehelfe mehr möglich sind. Solange steht dieser Verwaltungsakt allerdings – zumindest für den Adressaten – vollumfänglich zur Disposition. Die inhaltliche (materielle) Rechtsbeständigkeit richtet demgegenüber nach anderen Gesichtspunkten. Die überzeugenderen Argumente sprechen nach alledem dafür, es bei der weit verbreiteten Unterscheidung zwischen formeller und materieller Bestandskraft zu belassen.

---

90 *Ipsen*, DV 1984, 169 (178).

91 *Ipsen*, DV 1984, 169 (179 f.).

92 Vgl. für das Zivilprozessrecht: §§ 705, 318, 322, 325 ZPO; für das Verwaltungsprozessrecht: § 121 VwGO, § 173 VwGO i. V. m. §§ 705, 318, 322 ZPO; für den Finanzgerichtsprozess: § 110 FGO, § 155 FGO i. V. m. §§ 705, 318, 322 ZPO.

40 Bleibt zum Abschluss der Bestimmung des Begriffs der Bestandskraft die Frage, ob sich der Begriff der materiellen Bestandskraft näher beschreiben lässt, als dieses weithin erfolgt. Materielle Bestandskraft wird dabei – wenig konkret – als inhaltliche Verbindlichkeit des (Steuer-)Verwaltungsakts umschrieben (Rn. 35). Um sich dem Begriff der materiellen Bestandskraft nun weiter zu nähern, sei der Blick noch einmal auf das Spannungsfeld von Wirksamkeit und „Abänderbarkeit" (Rn. 31) geworfen und zwar auf die bisher nicht näher beleuchteten Korrekturmöglichkeiten von (Steuer-)Verwaltungsakten. Das Verhältnis von Korrekturvorschriften zur materiellen Bestandskraft wird nämlich unterschiedlich beurteilt. Dass ein Zusammenhang vorhanden ist, steht letztlich außer Frage. Umstritten ist aber, welche Funktion die Korrekturvorschriften hinsichtlich der Bestandskraft haben. So werden §§ 48, 49 VwVfG teilweise als Grenze[93], teilweise auch als Durchbrechung der Bestandskraft[94] angesehen. Hinsichtlich der §§ 172 ff. AO findet sich hauptsächlich die Bezeichnung als Durchbrechung der Bestandskraft.[95]

41 Nach dem natürlichen Sprachgebrauch muss es zunächst als sinnwidrig erscheinen, einen (Steuer-)Verwaltungsakt als bestandskräftig zu bezeichnen, der gerade keinen (sicheren) Bestand hat, sondern von der Behörde korrigiert werden kann. In den Gesetzesmaterialien zur Korrekturnorm des § 172 AO findet sich die Aussage, dass diese Regelung bestimme, inwieweit Steuerbescheide bestandskräftig sind.[96] Dies spricht dafür, die Korrekturvorschriften als Grenze der materiellen Bestandskraft anzusehen.

42 Sofern nunmehr in die Betrachtung der Begriff der inhaltlichen Verbindlichkeit einbezogen wird, mithin die Frage, inwieweit die (Finanz-)Behörde sowie der Adressat und etwaige Drittbetroffene an diesen (Steuer-)Verwaltungsakt dauerhaft gebunden sind, kann festgestellt werden, dass alle Seiten einen (Steuer-)Verwaltungsakt zu befolgen haben, solange dieser wirksam ist. Seine Bindung endet, wenn und soweit der (Steuer-)Verwaltungsakt korrigiert wird. Hinsichtlich der Vorschriften, die Rechtsgrundlage einer solchen Korrektur sein können, lassen sich zwei Gruppen unterscheiden. Die erste Gruppe bilden Korrekturvorschriften, bei denen die (Finanz-)Behörde bei Vorliegen der Tatbestandsvoraussetzungen die Korrektur des (Steuer-)Verwaltungsakts zwingend durchführen muss.[97] Typischerweise handelt es sich hierbei um Voraussetzungen, die erst nach dem Erlass des

---

93 *Ipsen*, DV 1984, 169 (184); *Erichsen/Knoke*, NVwZ 1983, 185 (189); so wohl auch der historische Gesetzgeber: BT-Drs. VI/1982, S. 152.

94 *Kopp*, DVBl. 1983, 392 (399).

95 *Bartone*, in: Kühn/v. Wedelstädt, AO/FGO, 2015, Vor §§ 172–177 AO Rn. 1; *v. Groll*, in: HHSp, AO/FGO (2016), Vor §§ 172–177 AO Rn. 25; *Koenig*, in: Koenig, AO, 2014, Vor §§ 172–177 AO Rn. 5; *Rüsken*, in: Klein, AO, 2016, § 172 AO Rn. 5; *Seer*, in: Tipke/Lang, Steuerrecht, 2018, § 21 Rn. 80; *v. Wedelstädt*, in: Gosch, AO/FGO (2017), § 172 AO Rn. 7; a. A.: *Söhn*, in: HHSp, AO/FGO (2013), § 118 AO Rn. 375, der die Korrektur als zeitliche Grenze auffasst.

96 BT-Drs. VI/1982, S. 152.

97 Z. B. §§ 173, 173a, 174, 175, 175a, 175b AO.

(Steuer-)Verwaltungsakts eintreten wie nachträgliches Bekanntwerden, Erlass oder Änderung eines Grundlagenbescheids, rückwirkendes Ereignis, Abschluss einer Verständigungsvereinbarung. Die zweite Gruppe bilden Korrekturvorschriften, bei denen die Korrektur im Ermessen der (Finanz-)Behörde steht oder nur auf Antrag oder mit Zustimmung des Adressaten erfolgen darf.[98]

Muss die (Finanz-)Behörde den (Steuer-)Verwaltungsakt bei Vorliegen bestimmter Voraussetzungen korrigieren und treten die Voraussetzungen typischerweise nach Erlass des (Steuer-)Verwaltungsakts ein, dann ist das Ende der inhaltlichen Verbindlichkeit abhängig vom Eintreten dieser Voraussetzungen. Folglich erscheint es vorzugswürdig, diese Fälle als Durchbrechung der materiellen Bestandskraft anzusehen. 43

Steht die Korrektur im Ermessen der (Finanz-)Behörde oder bedarf es zur Korrektur eines Antrags oder einer Zustimmung des Adressaten, dann steht die inhaltliche Verbindlichkeit zur Disposition der (Finanz-)Behörde bzw. des Adressaten. Beide können sich von seiner Verbindlichkeit lösen, müssen es aber nicht. Für diese Gruppe liegt es ebenfalls näher, die Korrekturvorschriften als Durchbrechung der Bestandskraft zu bezeichnen. 44

Ausgehend von diesem Verständnis lässt sich die materielle Bestandskraft näher bestimmen. Wenn die Korrekturvorschriften eine Durchbrechung der Bestandskraft ermöglichen, sind diese Vorschriften für die Bestimmung des Begriffs der Bestandskraft selbst nicht heranzuziehen. Es kommt also nicht auf seine „Unabänderlichkeit“ an, sondern nur auf seine Verbindlichkeit, sprich die von ihm ausgehenden Bindungswirkungen. Materielle Bestandskraft und Aufhebbarkeit des (Steuer-)Verwaltungsakts sind folglich nicht als Komplementärbegriffe zu verstehen. Der Unterschied der materiellen Bestandskraft zur Wirksamkeit besteht dann darin, dass sich die Bindungswirkungen durch den Eintritt der formellen Bestandskraft verfestigen. 45

Nach alledem ist ein (Steuer-)Verwaltungsakt als bestandskräftig zu bezeichnen, wenn dieser wirksam sowie formell und materiell bestandskräftig ist. Die *formelle Bestandskraft* setzt seine Unanfechtbarkeit voraus. Die *materielle Bestandskraft* tritt mit der formellen Bestandskraft ein und bezeichnet die allseitige Bindungswirkung für die (Finanz-)Behörde sowie den Adressaten und etwaige Drittbetroffene an seinen Rechtsfolgenausspruch. Die Korrekturvorschriften stellen nach der hier vertretenen Auffassung Fälle der *Durchbrechung der materiellen Bestandskraft* dar. 46

2. *Der Begriff der Rechtskraft bei finanzgerichtlichen Urteilen*

Die Bestimmung des Begriffs der Rechtskraft von (finanz-)gerichtlichen Urteilen bereitet im Vergleich zur vorangegangenen Bestimmung des Begriffs der Bestandskraft weniger Schwierigkeiten. Die Prozessordnungen enthalten diesen Begriff an verschiedenen Stellen, ohne dass sich eine Legaldefinition finden 47

98 Z. B. §§ 48, 49 VwVfG, §§ 130, 131 AO, § 172 AO.

lässt.[99] Allgemein anerkannt ist jedoch, dass zwischen formeller und materieller Rechtskraft zu unterscheiden ist.

48 Ein (finanz-)gerichtliches Urteil ist *formell rechtskräftig*, wenn es unanfechtbar ist, also nicht mehr mit ordentlichen Rechtsmitteln (z. B. Revision, Nichtzulassungsbeschwerde) angefochten werden kann, entweder weil überhaupt keine Rechtsmittel mehr gegeben sind, die Partei hierauf verzichtet hat, ein eingelegtes Rechtsmittel zurückgenommen worden ist oder das Rechtsmittel nach Verstreichen der Einlegungsfrist nicht mehr zulässig ist.[100] Die formelle Rechtskraft meint also – ebenso wie die formelle Bestandskraft – nicht die Unabänderlichkeit überhaupt, sondern nur diejenige, die Folge der Unzulässigkeit von Rechtsmitteln ist.[101] Ihr Eintritt bestimmt sich nach verfahrensrechtlichen Aspekten.

49 Die *materielle Rechtskraft* meint die Maßgeblichkeit des Inhalts der Entscheidung für die Beteiligten und ihre Rechtsnachfolger.[102] Sie hat zur Aufgabe, der möglichen Gefahr einer zweiten, widersprechenden Entscheidung zu begegnen. Alle Beteiligten müssen die Entscheidung gegen sich gelten lassen und können keine erneute Entscheidung in derselben Sache beanspruchen (res iudicata).[103] Wie bei der Bestandskraft wird auch hier die formelle Rechtskraft als Voraussetzung für die materielle Rechtskraft angesehen.[104] So bezeichnet die materielle Rechtskraft die inhaltliche Bindungswirkung in persönlicher, sachlicher und zeitlicher Hinsicht.[105]

---

99 Vgl. für das Zivilprozessrecht: §§ 705, 318, 322, 325 ZPO; für das Verwaltungsprozessrecht: § 121 VwGO, § 173 VwGO i. V. m. §§ 705, 318, 322 ZPO; für den Finanzgerichtsprozess: § 110 FGO, § 155 FGO i. V. m. §§ 705, 318, 322 ZPO.

100 Zum Steuerrecht: *Seer*, in: TK, AO/FGO (2014), § 110 FGO Rn. 1; *ders.*, in: Tipke/Lang, Steuerrecht, 2018, § 22 Rn. 264; zum Verwaltungsprozessrecht: *Detterbeck*, Streitgegenstand und Entscheidungswirkungen im Öffentlichen Recht, 1995, S. 88, der hinzufügt, dass die für das gesamte deutsche Prozessrecht geltenden Begrifflichkeiten außer Streit stehen; *Juntunen*, Die Einwirkung des Gemeinschaftsrechts auf die Bestandskraft von Verwaltungsakten und die Rechtskraft von Gerichtsurteilen, 2009, S. 66.

101 *Rosenberg/Schwab/Gottwald*, Zivilprozessrecht, 2018, § 150 Rn. 1; *Lange*, in: HHSp, AO/FGO (2015), § 110 FGO Rn. 14.

102 *Lange*, in: HHSp, AO/FGO (2015), § 110 FGO Rn. 7; zum Verwaltungsprozessrecht: *Detterbeck*, Streitgegenstand und Entscheidungswirkungen im Öffentlichen Recht, 1995, S. 88.

103 *Rosenberg/Schwab/Gottwald*, Zivilprozessrecht, 2018, § 150 Rn. 2; *Ratschow*, in: Gräber, FGO, 2015, § 110 FGO Rn. 12.

104 *Seer*, in: Tipke/Lang, Steuerrecht, 2018, § 22 Rn. 264; zum Verwaltungsprozessrecht: *Detterbeck*, Streitgegenstand und Entscheidungswirkungen im Öffentlichen Recht, 1995, S. 88; *Juntunen*, Die Einwirkung des Gemeinschaftsrechts auf die Bestandskraft von Verwaltungsakten und die Rechtskraft von Gerichtsurteilen, 2009, S. 65.

105 BVerfG, Beschl. v. 8.2.2001, 2 BvF 1/00, BVerfGE 103, 111 (139).

Die Rechtfertigung der materiellen Rechtskraft ist bis heute nicht abschließend geklärt.[106] Ausgehend von der überwiegend vertretenen prozessualen Rechtskrafttheorie[107] stellt ein Urteil nur fest, was rechtens ist, schafft aber – anders als bei der materiellen Rechtskrafttheorie – kein Recht. Deshalb erschöpft sich die materielle Rechtskraft darin, dass die Beteiligten und die Gerichte für den Fall einer erneuten Auseinandersetzung an das Urteil verfahrensrechtlich gebunden sind. 50

3. *Zwischenergebnis*

Als Zwischenergebnis lässt sich zur Begriffsbestimmung demnach festhalten, dass die weithin verbreitete begriffliche Unterscheidung der Rechtsbeständigkeit von (Steuer-)Verwaltungsakten und (finanz-)gerichtlichen Urteilen aufgrund der zwischen beiden Rechtsformen bestehenden Unterschiede gerechtfertigt ist (Rn. 32, 38): *Bestandskraft* meint die Rechtsbeständigkeit der (Steuer-)Verwaltungsakte; *Rechtskraft* die Rechtsbeständigkeit der (finanz-)gerichtlichen Urteile. Sowohl hinsichtlich der Bestandskraft als auch in Bezug auf die Rechtskraft kann zwischen formeller und materieller Rechtsbeständigkeit unterschieden werden. Die *formelle Bestandskraft* tritt mit der Unanfechtbarkeit des (Steuer-)Verwaltungsakts ein, d. h. wenn keine ordentlichen Rechtsbehelfe mehr gegeben sind (Rn. 34). Mit der formellen Bestandskraft einher geht die *materielle Bestandskraft*, welche als allseitige Bindungswirkung des (Steuer-)Verwaltungsakts für die (Finanz-)Behörde sowie den Adressaten und etwaige Drittbetroffene zu definieren ist (Rn. 46). Die *formelle Rechtskraft* liegt vor, wenn ein (finanz-)gerichtliches Urteil unanfechtbar ist, also nicht mehr mit ordentlichen Rechtsbehelfen angegriffen werden kann (Rn. 48). Mit der formellen Rechtskraft tritt die *materielle Rechtskraft* ein, welche die Maßgeblichkeit des Inhalts der Entscheidung für die Beteiligten und ihre Rechtsnachfolger meint (Rn. 49). Auch wenn sich die Definitionen gleichen bzw. ähneln, so unterscheiden sich (Steuer-)Verwaltungsakte und (finanz-)gerichtliche Urteile in ihrem Grad an Rechtsbeständigkeit. 51

II. Historische Entwicklung der Regelungen zur Rechtsbeständigkeit von Steuerverwaltungsakten und finanzgerichtlichen Urteilen

Nachdem die Begriffe der Bestandskraft und der Rechtskraft näher bestimmt wurden, soll es nunmehr um die historische Entwicklung der diese Begriffe ausfüllenden Rechtsvorschriften gehen. Die Einbeziehung der historischen 52

106 Vgl. *Rosenberg/Schwab/Gottwald*, Zivilprozessrecht, 2018, § 152 Rn. 3; *Ratschow*, in: Gräber, FGO, 2015, § 110 FGO Rn. 10.

107 *Rosenberg/Schwab/Gottwald*, Zivilprozessrecht, 2018, § 152 Rn. 5; *Brandt*, in: Gosch, AO/FGO (2016), § 110 FGO Rn. 81; *Ratschow*, in: Gräber, FGO, 2015, § 110 FGO Rn. 10.

Entwicklung erscheint deshalb lohnend, weil – wie an späterer Stelle noch gezeigt wird (Rn. 152 ff.) – die Abgabenordnung in Bezug auf die Durchbrechung der Bestandskraft zwischen *Steuerbescheiden* und *allgemeinen Steuerverwaltungsakten* differenziert und sich diese Differenzierung nach Ansicht von *Heinrich Wilhelm Kruse*[108] und *Roman Seer*[109] nur rechtshistorisch erklären lässt. Daher soll in den Blick genommen werden, was den historischen Gesetzgeber dazu veranlasst hat, in der Reichsabgabenordnung 1919 diese Unterscheidung vorzunehmen.

53 Die Konzeption der Regelungen der Reichsabgabenordnung 1919 baute dabei auf bereits vorhandenen Überlegungen auf, welche nicht spezifisch steuerrechtlicher Natur waren. Denn bis zum Ende des Ersten Weltkriegs existierte noch keine Trennung zwischen Allgemeinem Verwaltungsrecht und Steuerverfahrensrecht. Vielmehr wurde das Steuerrecht häufig im Rahmen der staats- und verwaltungsrechtlichen Literatur mitbehandelt.[110] Diese Verbindung wurde erst durch das Inkrafttreten der Reichsabgabenordnung 1919 selbst gelöst. Um also zum Verständnis der Regelungen der Reichsabgabenordnung 1919 beizutragen, soll nun zunächst auf ältere Überlegungen zur Bestandskraft von (Steuer-)Verwaltungsakten und zur Rechtskraft von Gerichtsurteilen (dazu 1.) eingegangen werden. Daran schließt sich eine Darstellung an, inwieweit diese Überlegungen sich in den Regelungen zur Bestandskraft von Steuerverwaltungsakten in der Reichsabgabenordnung 1919 wiederfinden und wie die weitere Entwicklung verlief (dazu 2.). Schließlich erfolgt eine Betrachtung der Umsetzung der Rechtskraft finanzgerichtlicher Urteile durch die Reichsabgabenordnung 1919 und deren weitere Entwicklung (dazu 3.).

1. *Ältere Überlegungen zur Rechtsbeständigkeit von Verwaltungsakten und Gerichtsurteilen*

54 Als *Enno Becker* sich an die Arbeiten zum Entwurf der Reichsabgabenordnung 1919 machte, konnte er zumindest hinsichtlich der Rechtskraft von gerichtlichen Entscheidungen auf Kodifizierungen zurückgreifen. Als Vorlagen dienten insoweit die Zivilprozessordnung vom 30.1.1877[111] und die Strafprozessordnung vom 1.2.1877[112] in der jeweils geltenden Fassung. In Bezug auf die Rechtsbeständigkeit von (Steuer-)Verwaltungsakten musste *Enno Becker* in Ermangelung einer Kodifizierung vor allem auf die dazu ergangene Rechtsprechung und vorliegende Literatur zurückgreifen.

55 Dabei kann als Erster *Edmund Bernatzik*[113] genannt werden, der sich für den österreichischen Rechtsraum in seiner im Jahr 1886 erschienenen Monographie

---

108 *Kruse*, Steuerrecht I, 1991, S. 284 f.

109 *Seer*, in: Tipke/Lang, Steuerrecht, 2018, § 21 Rn. 383.

110 Vgl. *Mayer*, Deutsches Verwaltungsrecht I, 1914, S. 330 ff.

111 RGBl. 1877, S. 83.

112 RGBl. 1877, S. 253.

113 *Bernatzik*, Rechtsprechung und materielle Rechtskraft, 1886, S. 63.

damit auseinandersetzte, dass auch Verwaltungsakte ähnlich wie Gerichtsentscheidungen in Rechtskraft oder in einer dieser vergleichbaren Rechtsbeständigkeit erwachsen können. Grundlegend war dafür die von ihm vorgenommene Unterscheidung der Tätigkeit von Behörden in eine Rechtsprechungstätigkeit und eine Verwaltungstätigkeit im engeren Sinne. Eine Rechtsprechungstätigkeit läge dann vor, wenn Behörden in einem konkreten Rechtsverhältnis feststellten, was rechtens sei. Indem es der Rechtsprechung zu eigen sei, eine verbindliche Entscheidung im Einzelfall herbeizuführen und so für Rechtssicherheit zu sorgen, seien Rechtsprechung und Rechtskraft Begriffe, die unzertrennlich miteinander verknüpft seien.[114] Sofern eine Behörde demnach eine Rechtsprechungstätigkeit ausübte, sollten deren Entscheidungen in gleicher Weise wie Gerichtsurteile in Rechtskraft erwachsen.

Das Bedürfnis, Verwaltungsakte im österreichischen Rechtsraum mit einer 56
erhöhten Rechtsbeständigkeit auszustatten, resultierte daher, dass das damalige österreichische Recht außer dem Verwaltungsgerichtshof keine Verwaltungsgerichte kannte.[115] Demgegenüber existierte im reichsdeutschen Rechtsraum bereits eine zweistufige Verwaltungsgerichtsbarkeit, so dass ein vergleichbar starkes Bedürfnis nach einer stärkeren Rechtsbeständigkeit von Verwaltungsakten nicht bestand.

So ging *Otto Mayer*[116] auch davon aus, dass die Rechtsbeständigkeit eines Ver- 57
waltungsakts in Zusammenhang mit dem Verfahren seines Zustandekommens stehe, also nicht bereits einem Verwaltungsakt immanent sei. Die erhöhte Rechtsbeständigkeit habe zur Voraussetzung, dass die Entscheidung entsprechend dem Grundsatz res iudicata facit ius inter partes das Erzeugnis eines Parteiverfahrens sei.[117] Er begriff diese Rechtsbeständigkeit zum einen formell als Unangreifbarkeit der Entscheidung, zum anderen materiell als endgültige Festlegung des Rechtsverhältnisses. Indem die Voraussetzungen eines Parteiverfahrens beim Erlass eines Verwaltungsakts üblicherweise nicht vorlägen, komme ihm auch keine Rechtskraft zu.[118]

Die Lehren *Otto Mayers* wurden in der Folgezeit durch *Karl Kormann*[119] ver- 58
feinert, der ein bis in Einzelheiten durchdachtes System der Korrekturvorschriften entwickelte. Hinsichtlich der Rechtsbeständigkeit von Verwaltungsakten unterschied *Kormann* drei Kategorien: frei widerrufliche Verwaltungsakte, beschränkt widerrufliche Verwaltungsakte und sog. Formalakte. Zur ersten Kategorie der frei widerruflichen Verwaltungsakte gehörten solche Verwaltungsakte, deren

---

114 *Bernatzik*, Rechtsprechung und materielle Rechtskraft, 1886, S. 114.
115 *Forsthoff*, Lehrbuch des Verwaltungsrechts, 1973, S. 254.
116 *Mayer*, AöR 21 (1907), 1 (6).
117 *Mayer*, Deutsches Verwaltungsrecht I, 1914, S. 170; *ders.*, AöR 21 (1907), 1 (6).
118 *Mayer*, Deutsches Verwaltungsrecht I, 1914, S. 169 f.
119 *Goutier*, Die Änderung von Steuerverwaltungsakten nach der AO 1977, 1983, S. 35; *Holz*, Zur materiellen Bestandskraft von Steuerverwaltungsakten, 1993, S. 7.

Korrektur nach pflichtgemäßem Ermessen im öffentlichen Interesse erfolgen konnte.[120] Der freie Widerruf konnte hierbei zum einen auf einem Widerrufsvorbehalt beruhen, zum anderen käme er aber auch kraft allgemeiner Grundsätze in Betracht. Der Grad der Rechtsbeständigkeit war bei diesen Verwaltungsakten folglich niedrig. Beschränkt widerrufliche Verwaltungsakte, welche die zweite Kategorie bildeten, dürften nur bei Vorliegen bestimmter Voraussetzungen korrigiert werden. So sollte der Widerruf an den Wegfall bestimmter Voraussetzungen, an eine Anfechtung oder an eine Verwirkung anknüpfen.[121] Diese Verwaltungsakte wiesen daher eine höhere Rechtsbeständigkeit auf. Zur dritten Kategorie der sog. Formalakte zählten Urteile, Rentenfeststellungsbescheide, Enteignungsbeschlüsse sowie die Verleihung bzw. Aberkennung der Staatsangehörigkeit.[122] Eine Korrektur sollte hier nur nach den Restitutionsvorschriften der ZPO bzw. StPO möglich sein. Nach *Karl Kormanns* Auffassung sollten Steuerbescheide ebenfalls zu den sog. Formalakten zählen und demzufolge eine besonders hohe Rechtsbeständigkeit aufweisen.[123]

59 Die erhöhte Rechtsbeständigkeit der Steuerbescheide rechtfertigte sich nach Auffassung von *Kormann* mit dem Verfahren ihrer Entstehung. Deshalb sei an dieser Stelle kurz auf das Steuerveranlagungsverfahren nach dem Preußischen Einkommensteuergesetz vom 24.6.1891[124] (EStG 1891) eingegangen. Dieses Verfahren war prozessmäßig strukturiert, indem es als Verfahrensbeteiligte auf der einen Seite den Steuerpflichtigen, auf der anderen Seite den Vorsitzenden der Veranlagungs- bzw. Berufungskommission als Vertreter des Staatsinteresses (§§ 35 Abs. 1, 42 EStG 1891) vorsah. Der Steuerpflichtige hatte am Veranlagungsverfahren insbesondere durch die Abgabe einer Steuererklärung (§§ 24, 25 EStG 1891) sowie durch das Erteilen von Auskünften (§ 38 Abs. 2 Satz 1 EStG 1891) mitzuwirken. Demgegenüber waren sowohl die Veranlagungs- als auch die Berufungskommission zur Vernehmung von Zeugen und Sachverständigen sowie zu sonstigen Beweiserhebungen berechtigt (§§ 38 Abs. 2 Satz 2, 43 Abs. 2 EStG 1891). Die Veranlagungskommission erließ nach Abschluss ihrer Ermittlungen den Steuerbescheid, gegen welchen sowohl dem Steuerpflichtigen als auch dem Vorsitzenden der Veranlagungskommission als Vertreter des Staatsinteresses als Rechtsbehelf die Berufung zustand. Für deren Entscheidung war die Berufungskommission zuständig (§ 40 Abs. 1 EStG 1891). Gegen die Berufungsentscheidung konnten sowohl der Steuerpflichtige als auch der Vorsitzende der Berufungskommission Beschwerde

120 Vgl. hierzu und zum Folgenden: *Kormann*, System der rechtsgeschäftlichen Staatsakte, 1910, S. 330–334.

121 *Kormann*, System der rechtsgeschäftlichen Staatsakte, 1910, S. 355 f.

122 Vgl. hierzu und zum Folgenden: *Kormann*, System der rechtsgeschäftlichen Staatsakte, 1910, S. 366–370.

123 *Tipke*, StuW 1960, 809 (813); *ders.*, NJW 1962, 1040 (1041).

124 PrGBl. 1891, S. 175.

zum Preußischen Oberverwaltungsgericht einlegen (§ 44 Abs. 1 EStG 1891).[125] Das Veranlagungsverfahren wies einstweilen große Ähnlichkeit mit einem kontradiktorischen Parteiverfahren auf, so dass es als gerechtfertigt erschien, den in diesem Verfahren ergangenen Steuerbescheid entsprechend dem Grundsatz res iudicata facit ius inter partes einen höheren Grad an Rechtsbeständigkeit zuzusprechen.

Dieser Gedanke kommt ebenso in einer Entscheidung des Preußischen Oberverwaltungsgerichts zum Ausdruck, die zu § 80 EStG 1891 erging.[126] Allein dem Wortlaut dieser Regelung folgend wäre eine Nachbesteuerung bei zu niedriger Steuerfestsetzung möglich gewesen. Nach der Rechtsprechung des Preußischen Oberverwaltungsgericht war diese Regelung allerdings in der Weise einschränkend auszulegen, dass eine Korrektur des Steuerbescheids weder durch eine von der früheren Rechtsauffassung abweichende rechtliche Beurteilung noch durch die Bezugnahme auf solche Tatsachen, die bereits vor dem Abschluss des Veranlagungsverfahrens einschließlich des Ablaufs der Rechtsmittelfrist der Finanzbehörde bekannt gewesen sind, gerechtfertigt werden konnte. Grundlage einer Korrektur könnten nur neue, bisher nicht bekannte Tatsachen sein.[127] Nach §§ 35, 42 EStG 1891 hätten die Vorsitzenden der Veranlagungs- bzw. Berufungskommission als Vertreter des Staatsinteresses nämlich die Pflicht, Rechtsbehelfe einzulegen, wenn die Entscheidung der Veranlagungs- bzw. Berufungskommission aufgrund der der jeweiligen Kommission bekannten Umstände anders hätte ausfallen müssen, insbesondere eine höhere Steuerfestsetzung hätte erfolgen müssen. Wenn es den Vorsitzenden nunmehr freistehen solle, Rechtsbehelfe gegen die zu niedrigere Steuerfestsetzung zu unterlassen und stattdessen eine höhere Steuerfestsetzung im Wege der Nachbesteuerung nachzuholen, liefen §§ 35, 42 EStG 1891 leer.[128] 60

2. *Kodifizierung der Bestandskraft von Steuerverwaltungsakten durch die Reichsabgabenordnung 1919 und die weitere Entwicklung*

Auf diesen älteren Überlegungen baute die Reichsabgabenordnung 1919 auf 61
und schuf damit für den Bereich des Steuerrechts allgemeingültige Regelungen hinsichtlich der Rechtsbeständigkeit von *Steuerbescheiden* und *allgemeinen Steuerverwaltungsakten*. Die Grundkonzeption dieser Regelungen ist trotz der Neufassung durch die Reichsabgabenordnung vom 22.5.1931[129] (RAO 1931) sowie

125 Vgl. die Darstellung des Veranlagungsverfahrens bei: *Goutier*, Die Änderung von Steuerverwaltungsakten nach der AO 1977, 1983, S. 29 f.

126 PrOVG, Entscheidung v. 4.12.1899, J.N. VI.8/V.7 – Rep. VI 2–5/98, PrOVGSt 8, 265.

127 PrOVG, Entscheidung v. 4.12.1899, J.N. VI.8/V.7 – Rep. VI 2–5/98, PrOVGSt 8, 265 (272).

128 PrOVG, Entscheidung v. 4.12.1899, J.N. VI.8/V.7 – Rep. VI 2–5/98, PrOVGSt 8, 265 (271).

129 RGBl. I 1931, S. 161.

weiterer zahlreicher Änderungen bis zum Inkrafttreten der Abgabenordnung vom 16.3.1976[130] (AO 1977) unverändert geblieben.[131]

a) Entwurf der Reichsabgabenordnung 1919 durch Enno Becker

62 Beim Entwurf der Reichsabgabenordnung 1919 griff *Enno Becker* auf die – wie er selbst formulierte – „lichtvollen Arbeiten" *Otto Mayers* (Rn. 57) und *Karl Kormanns* (Rn. 58 f.) zurück.[132] Nicht minder zu vernachlässigen ist der Einfluss des EStG 1891, insbesondere der zur Rechtsbeständigkeit der Einkommensteuerbescheide ergangenen Rechtsprechung (Rn. 60). Die Reichsabgabenordnung 1919 knüpfte daher vor allem an die Formalakts- oder Rechtskraftlehre an. Kennzeichnend ist hierfür die – bereits angesprochene und bis heute unverändert gebliebene – Unterscheidung zwischen *Steuerbescheiden* und *allgemeinen Steuerverwaltungsakten.*[133]

63 Da ein Steuerverwaltungsakt nur in Bestandskraft erwachsen kann, wenn er *wirksam* ist (Rn. 33), ist als erste für die Bestimmung der Bestandskraft wichtige Regelung § 73 Abs. 1 Satz 1 RAO 1919 zu nennen. Danach wurden Steuerverwaltungsakte[134] dadurch wirksam, dass sie demjenigen zugingen, für den sie ihrem Inhalt nach bestimmt waren (Bekanntgabe). Die Vorschrift galt sowohl für *Steuerbescheide* als auch für *allgemeine Steuerverwaltungsakte.*

64 Die *formelle Bestandskraft* ist definiert als Unanfechtbarkeit des Steuerverwaltungsakts (Rn. 34). Hier ist festzustellen, dass die Reichsabgabenordnung 1919 – anders als heutzutage – kein einheitliches Anfechtungssystem vorsah. Vielmehr wurde zwischen Rechtsbehelfen[135] gegen *allgemeine Steuerverwaltungsakte* und Rechtsbehelfen gegen *Steuerbescheide* unterschieden.

65 Gegen *allgemeine Steuerverwaltungsakte* stand dem Steuerpflichtigen nach § 281 RAO 1919 die Möglichkeit der Beschwerde offen. Sie war nach § 230 RAO 1919 innerhalb eines Monats einzulegen. Wollte die Finanzbehörde einer Beschwerde

130 BGBl. I 1976, S. 613.

131 *Goutier*, Die Änderung von Steuerverwaltungsakten nach der AO 1977, 1983, S. 48.

132 Vgl. *Becker*, RAO, 1926, § 78 Rn. 1.

133 *Goutier*, Die Änderung von Steuerverwaltungsakten nach der AO 1977, 1983, S. 49; *Holz*, Zur materiellen Bestandskraft von Steuerverwaltungsakten, 1993, S. 12.

134 Die Norm des § 73 Abs. 1 S. 1 RAO 1919 verwendet anstelle des Begriffs „Verwaltungsakt" oder „Steuerverwaltungsakt" den Begriff der „Verfügung (Entscheidungen, Beschlüsse, Anordnungen)". Um die Entwicklungen deutlicher zu machen und zur Vermeidung einer durch den Gebrauch unterschiedlicher Begriffe ausgelösten Unübersichtlichkeit sollen hier und im Folgenden jeweils die derzeit gebräuchlichen Formulierungen verwendet werden.

135 Die Reichsabgabenordnung 1919 verwendete noch den Begriff „Rechtsmittelverfahren" und zählte hierzu u. a. auch das Einspruchsverfahren (vgl. § 218 RAO 1919). Da es sich bei dem Einspruch nach heutigem Verständnis nicht um ein Rechtsmittel, sondern um einen sonstigen förmlichen Rechtsbehelf handelt, sollen aus Gründen einer einheitlichen Terminologie die heutigen Begriffe gebraucht werden.

nicht abhelfen, dann hatte die Behörde diese Beschwerde der nächstoberen Behörde, nämlich dem Landesfinanzamt, zur Entscheidung vorzulegen.[136] Die Beschwerdeentscheidung des Landesfinanzamts war gemäß § 282 Abs. 4 RAO 1919 grundsätzlich unanfechtbar. Etwas anderes galt nach § 283 Abs. 1 RAO 1919 ausnahmsweise in den Fällen, in denen der allgemeine Steuerverwaltungsakt mit Zwang durchgesetzt werden konnte. Dann konnte der Steuerpflichtige gegen den allgemeinen Steuerverwaltungsakt mit einer Rechtsbeschwerde vor dem Reichsfinanzhof vorgehen, welche ebenfalls nach § 230 RAO 1919 innerhalb eines Monats einzulegen war. Im Regelfall trat die formelle Bestandskraft eines allgemeinen Steuerbescheids demnach mit Ablauf der Rechtsbehelfsfrist gegen den allgemeinen Steuerverwaltungsakt oder mit Bekanntgabe der Beschwerdeentscheidung des Landesfinanzamts, da diese unanfechtbar war, ein.

Gegen *Steuerbescheide*[137] sah die Reichsabgabenordnung 1919 als Rechtsbehelf 66
das Berufungsverfahren (§§ 217 Nr. 1, 218 RAO 1919) vor. Der Steuerpflichtige konnte gegen Steuerbescheide den Rechtsbehelf des Einspruchs einlegen, über den das Finanzamt selbst zu entscheiden hatte (§§ 217 Nr. 1, 218 Var. 1 RAO 1919). Gegen die Einspruchsentscheidung des Finanzamts stand ihm der Rechtsbehelf der Berufung zu, über die das Finanzgericht[138] zu befinden hatte (§§ 217 Nr. 1, 218 Var. 2 RAO 1919). In beiden Fällen betrug die Rechtsbehelfsfrist nach § 230 RAO 1919 einen Monat. Nach Ablauf dieser Frist war der Steuerbescheid unanfechtbar, mithin formell bestandskräftig.

Eine positive Regelung zur *materiellen Rechtsbeständigkeit*, also zur allsei- 67
tigen Bindungswirkung für die Finanzbehörde, den Adressaten und etwaige

---

136 Es ist in diesem Zusammenhang daran zu erinnern, dass die Verwaltung des Großteils der Steuern, insbesondere der Einkommen-, Körperschaft- und Umsatzsteuer, der Reichsfinanzverwaltung oblag. Die Reichsfinanzverwaltung war dreistufig aufgebaut. An der Spitze stand der Reichsminister der Finanzen (§ 8 Abs. 2 Satz 1 RAO 1919). Die zweite Ebene bildeten die Landesfinanzämter (§ 8 Abs. 2 Satz 2 RAO 1919). Auf der dritten Ebene waren schließlich die Finanzämter angesiedelt (§ 8 Abs. 2 Satz 2 RAO 1919). Bei den Landesfinanzämtern und den Finanzämtern handelte es sich um Reichsbehörden.

137 Soweit es sich nicht um Steuerbescheide, die Zölle und Verbrauchsabgaben betrafen, handelte (vgl. § 217 Nr. 1 RAO 1919).

138 Hinsichtlich der Stellung der Finanzgerichte als Teil der Judikative konnten angesichts des Umstands Zweifel (kritisch: *Sunder-Plassmann*, in: HHSp, AO/FGO [2012], FGO Einführung Rn. 44; *Birk*, DStR 2018, 1 [1]) aufkommen, als dass § 14 Abs. 1 RAO 1919 vorsah, dass diese Finanzgerichte den Landesfinanzämtern angegliedert waren. Es wurden Kammern gebildet, die in der Besetzung von fünf Mitgliedern zu entscheiden hatten, von denen drei ehrenamtlich tätig waren. Eines der Mitglieder sollte nach Möglichkeit dem Beruf oder Erwerbszweig des Steuerpflichtigen angehören (§ 14 Abs. 2 und Abs. 3 RAO 1919). Die Mitglieder waren als solche unabhängig und nur dem Gesetz unterworfen (§ 14 Abs. 4 RAO 1919). Damit ist eine Zuordnung zum Bereich der Judikative durchaus als vertretbar anzusehen.

Drittbetroffene (Rn. 46), existierte in der Reichsabgabenordnung 1919 nicht. Geregelt waren allerdings die Fälle, in denen die materielle Bestandskraft durch eine Korrektur des Steuerverwaltungsakts durchbrochen werden konnte. Bei diesen Korrekturmöglichkeiten unterschied die Reichsabgabenordnung 1919 – wie bereits angedeutet – grundsätzlich zwischen *Steuerbescheiden* und *allgemeinen Steuerverwaltungsakten*. Die Unterscheidung galt jedoch nicht für Schreibfehler, Rechenfehler und ähnliche offenbare Unrichtigkeiten, die nach § 74 Abs. 3 RAO 1919 jedenfalls korrigiert werden konnten. Nach der in § 75 RAO 1919 enthaltenen Grundregel war eine Finanzbehörde grundsätzlich dazu berechtigt, einen Steuerverwaltungsakt zu korrigieren, wenn sie diesen Steuerverwaltungsakt nachträglich für ungerechtfertigt erachtete (freie Korrigierbarkeit). Diese Regelung betraf in erster Linie nur *allgemeine Steuerverwaltungsakte*. Enthielt ein solcher allgemeiner Steuerverwaltungsakt die Festsetzung einer sog. Ungehorsamsfolge (z. B. eines Zwangsmittels), durfte nach § 77 RAO 1919 eine Korrektur nur zugunsten des Steuerpflichtigen erfolgen. Ging es um einen begünstigenden Steuerverwaltungsakt[139], war eine Korrektur nach § 78 Abs. 1 RAO 1919 nur zulässig, wenn der Steuerverwaltungsakt von einer sachlich unzuständigen Stelle erlassen wurde, wenn sich die für seinen Erlass maßgeblichen tatsächlichen Verhältnisse geändert hatten bzw. das Vorhandensein dieser tatsächlichen Verhältnisse aufgrund unrichtiger oder irreführender Angaben des Steuerpflichtigen irrig angenommen wurde oder wenn der Steuerpflichtige die ihm bei Gewährung einer Vergünstigung auferlegten Bedingungen bzw. Verpflichtungen nicht erfüllt oder eine nachträglich geforderte Sicherheit nicht geleistet hatte. Nach § 78 Abs. 2 RAO 1919 war es der Finanzbehörde zudem möglich, einen begünstigenden Steuerverwaltungsakt zu korrigieren, wenn der Steuerpflichtige diesen Steuerverwaltungsakt durch unlautere Mittel wie Täuschung, Zwang oder Bestechung veranlasst hat. Bei *allgemeinen Steuerverwaltungsakten* galt daher der Grundsatz der freien Korrigierbarkeit. Dieser Grundsatz wurde jedoch in bestimmten Fällen zugunsten des Steuerpflichtigen eingeschränkt. Im Sinne der Formalakts- oder Rechtskraftlehre (Rn. 58) stellten die Regelungen für *allgemeine Steuerverwaltungsakte* demzufolge eine Kombination der Überlegungen zu den frei widerruflichen Verwaltungsakten und zu den beschränkt widerruflichen Verwaltungsakten dar.

68 Bei *Steuerbescheiden* ging die Reichsabgabenordnung 1919 einen anderen Weg. Hier folgten die Regelungen den Überlegungen zu den Formalakten im Sinne der Formalakts- oder Rechtskraftlehre (Rn. 58). Eine Korrektur[140] war demnach nur möglich, wenn

139 Die Regelung des § 78 Abs. 1 RAO 1919 sprach an dieser Stelle von einer „Anerkennung, Genehmigung, Bewilligung oder Erlaubnis…, die den Beteiligten Befugnisse oder Vergünstigungen gewährt oder sie von Pflichten befreit".

140 In den Fällen des § 212 RAO 1919 spricht das Gesetz von einer Neuveranlagung.

- der Steuerbescheid Zölle oder Verbrauchsabgaben betraf (§ 76 Abs. 1 Nr. 1 RAO 1919),
- der Steuerpflichtige einer Korrektur zustimmte, wobei nach Unanfechtbarkeit des Steuerbescheids diese Korrektur nur noch zuungunsten des Steuerpflichtigen zulässig war (§ 76 Abs. 1 Nr. 2 RAO 1919),
- die Steuer zu niedrig festgesetzt wurde und die Festsetzungsverjährung nicht mehr als ein Jahr betrug (§ 212 Abs. 1, 2 RAO 1919 im Umkehrschluss),
- die Steuer zu niedrig festgesetzt wurde und neue Tatsachen oder Beweismittel bekannt wurden, die eine höhere Steuerfestsetzung rechtfertigten (§ 212 Abs. 2 RAO 1919),
- bei einer Nachprüfung durch eine Aufsichtsbehörde Fehler aufgedeckt wurden, deren Korrektur eine höhere Steuerfestsetzung rechtfertigte, es sei denn, es handelte sich um Steuern von Einkommen und Vermögen mit Ausnahme der Erbschaftsteuer (§ 212 Abs. 3 RAO 1919),
- bei einer Nachprüfung durch eine Aufsichtsbehörde Fehler aufgedeckt wurden, die eine niedrigere Steuerfestsetzung rechtfertigten (§ 213 RAO 1919),
- das Gesetz wegen bedingter, befristeter oder sonst ungewisser Verhältnisse die Steuerfestsetzung aussetzte oder eine vorläufige Steuerfestsetzung vorsah und die Ungewissheit beseitigt war (§ 214 Abs. 1 RAO 1919) oder
- wenn ein Tatbestandsmerkmal, dessen Vorliegen das Gesetz für die Besteuerung forderte, nachträglich mit Wirkung für die Vergangenheit weggefallen war (§ 214 Abs. 2 RAO 1919).

Die unterschiedliche Rechtsbeständigkeit von *Steuerbescheiden* und *allgemeinen* 69
Steuerverwaltungsakten, aber auch zwischen verschiedenen Steuerbescheiden wurde mit den Unterschieden in den Ermittlungs- und Steuerfestsetzungsverfahren gerechtfertigt, die ihrem Erlass vorausgingen. So erfolgte vor dem Erlass eines Bescheids, der Zölle und Verbrauchsteuern betraf, nur eine summarische Sachverhaltsprüfung. Deshalb ermöglichte § 76 Abs. 1 Nr. 1 RAO 1919 eine Korrektur ohne weitere tatbestandliche Voraussetzung.[141] Dagegen galten für andere Steuerbescheide, insbesondere für solche über Besitz- und Verkehrssteuern, die genannten weiteren Einschränkungen. Denn diesen Steuerbescheiden ging ein in §§ 204–205 RAO 1919 geregeltes Ermittlungs- und Festsetzungsverfahren voran. Die Finanzbehörde hatte dabei die steuerpflichtigen Fälle zu erforschen und von Amts wegen die tatsächlichen und rechtlichen Verhältnisse zugunsten wie zuungunsten des Steuerpflichtigen zu ermitteln, die für die Steuerpflicht und die Bemessung der Steuer wesentlich waren (§ 204 RAO 1919). Ausgangspunkt war die vom Steuerpflichtigen eingereichte Steuererklärung i. S. d. § 168 RAO 1919, welche von der Finanzbehörde überprüft wurde und die bei Lücken oder Unklarheiten den Steuerpflichtigen aufzufordern hatte, diese Lücken oder Unklarheiten

141 *Friedrich*, DStJG 11 (1988), 97 (101); *Holz*, Zur materiellen Bestandskraft von Steuerverwaltungsakten, 1993, S. 12.

zu beseitigen (§ 205 Abs. 1 RAO 1919). Erst daran schloss sich gegebenenfalls ein Ermittlungsverfahren im engeren Sinne an, bei dem die Finanzbehörde zunächst „in Verhandlungen" mit dem Steuerpflichtigen einzutreten hatte (§ 205 Abs. 2 bis 4 RAO 1919), bevor andere Personen (z. B. Sachverständige, dritte Personen) hinzugezogen werden konnten (§§ 206 ff. RAO 1919). Die Zuständigkeit für die Steuern vom Einkommen und Besitz lag hierbei mit Ausnahme der Erbschaftsteuer bei sog. Steuerausschüssen, die bei den Finanzämtern gebildet wurden (§ 25 RAO 1919). Ihre Mitglieder wurden mindestens zu Zweidrittel von Organen der Selbstverwaltung (in der Regel Gemeinderat und berufsständische Vertretungen) bestimmt (§ 26 Abs. 2 RAO 1919). Diese Steuerausschüsse verkörperten in der Reichsbehördenorganisation den Gedanken der bürgerlichen Selbstverwaltung.[142] Daneben konnten noch vom Leiter des Landesfinanzamtes ernannte Mitglieder treten (§ 26 Abs. 3 Satz 2 RAO 1919). Den Vorsitz führte der Vorsteher des Finanzamtes (§ 30 Abs. 2 RAO 1919). Die Mitglieder waren bei ihrer Entscheidung an keine Weisungen gebunden.

70 Das Ermittlungsverfahren war demgemäß durch ein gemeinsames Zusammenwirken von Finanzbehörde und Steuerpflichtigem gekennzeichnet.[143] Dieses Verfahren sollte eine erschöpfende Sachverhaltsaufklärung gewährleisten und in ziemlich hohem Maße Gewähr dafür bieten, dass die Steuerbescheide inhaltlich richtig waren und weitgehend das letzte Wort in eadem re darstellen konnten.[144] Durch die Einbeziehung der weisungsfreien Steuerausschüsse sollte ihren Entscheidungen, wie sie in den von ihnen erlassenen Steuerbescheiden Ausdruck fanden, größeres Gewicht zukommen.[145] Da sich der Steuerpflichtige und der Vorsteher des Finanzamtes als Vertreter des öffentlichen Interesses (vgl. § 245 RAO 1919) hier ebenfalls gegenüber standen, war auch dieses Verfahren prozessmäßig ausgestaltet, so dass der Auffassung *Karl Kormanns* folgend eine erhöhte Rechtsbeständigkeit dieser Steuerbescheide gerechtfertigt war.

b) Neufassung der Reichsabgabenordnung 1931

71 Die Neufassung der Reichsabgabenordnung 1931 führte in Bezug auf die Bestandskraft von *allgemeinen Steuerverwaltungsakten* und *Steuerbescheiden* zu keinen wesentlichen rechtlichen Änderungen.[146] Unverändert blieb die Regelung zur

142 *Hensel*, Steuerrecht, 1933, S. 112.

143 *Hensel*, Steuerrecht, 1933, S. 146.

144 *Tipke*, in: TK, RAO, 1961, § 93 RAO Rn. 5; *Holz*, Zur materiellen Bestandskraft von Steuerverwaltungsakten, 1993, S. 12.

145 BVerfG, Beschl. v. 20.6.1967, 2 BvL 10/64, BVerfGE 22, 106 (111).

146 *Arndt*, Rücknahme und Widerruf von Verwaltungsakten – Aufhebung und Änderung von Steuerbescheiden, 1998, S. 37; *Goutier*, Die Änderung von Steuerverwaltungsakten nach der AO 1977, 1983, S. 48; *Holz*, Zur materiellen Bestandskraft von Steuerverwaltungsakten, 1993, S. 13.

Wirksamkeit von Steuerverwaltungsakten[147], die sich nunmehr in § 91 RAO 1931 wiederfand.

Ebenso blieb es für die Bestimmung des Eintritts der *formellen Bestandskraft*, 72 also der Unanfechtbarkeit des Steuerverwaltungsakts, bei der Differenzierung zwischen *allgemeinen Steuerverwaltungsakten* und *Steuerbescheiden*. Denn die Unterscheidung zwischen dem für *Steuerbescheide* geltenden Berufungsverfahren (§§ 228 ff. RAO 1931) und dem für allgemeine Steuerverwaltungsakte geltenden Beschwerdeverfahren (§§ 237, 303 ff. RAO 1931) wurde fortgeführt. Die einheitliche Rechtsbehelfsfrist betrug nach § 245 RAO 1931 weiterhin einen Monat.

Gleichfalls enthielt auch die Reichsabgabenordnung 1931 keine positive Rege- 73 lung zur *materiellen Bestandskraft*. Hinsichtlich der Durchbrechung der materiellen Bestandskraft durch Korrektur des Steuerverwaltungsakts führte die Reichsabgabenordnung 1931 die Unterscheidung zwischen *Steuerbescheiden* und *allgemeinen Steuerverwaltungsakten* fort. Diese Unterscheidung galt nach wie vor nicht für Schreibfehler, Rechenfehler und ähnliche offenbare Unrichtigkeiten, die jedenfalls nach § 92 Abs. 3 RAO 1931 korrigiert werden konnten. Für *allgemeine Steuerverwaltungsakte* galt nach § 93 RAO 1931 weiterhin der Grundsatz der freien Korrigierbarkeit. Dieser wurde wiederum gemäß § 95 RAO 1931 zugunsten des Steuerpflichtigen eingeschränkt, wenn der Steuerverwaltungsakt eine sog. Ungehorsamsfolge festsetzte. Ebenso war die Korrektur begünstigender Steuerverwaltungsakte nach § 96 RAO 1931 nur bei Vorliegen bestimmter Voraussetzungen möglich.

Bei *Steuerbescheiden* war nach der Reichsabgabenordnung 1931 eine Korrektur 74 nunmehr möglich, wenn

- der Steuerbescheid Zölle oder Verbrauchsabgaben betraf (§ 94 Abs. 1 Nr. 1 RAO 1931),
- der Steuerpflichtige einer Korrektur zustimmte, wobei nach Unanfechtbarkeit des Steuerbescheids diese Korrektur nur noch zuungunsten des Steuerpflichtigen zulässig war (§ 94 Abs. 1 Nr. 2 RAO 1931),
- neue Tatsachen oder Beweismittel nachträglich bekannt wurden, die eine höhere Steuerfestsetzung rechtfertigten (§ 222 Abs. 1 Nr. 1 RAO 1931),
- durch eine Buch- oder Betriebsprüfung neue Tatsachen oder Beweismittel bekannt wurden, die eine niedrigere Steuerfestsetzung rechtfertigten (§ 222 Abs. 1 Nr. 2 RAO 1931),
- bei einer Nachprüfung durch eine Aufsichtsbehörde Fehler aufgedeckt wurden, deren Korrektur eine höhere Steuerfestsetzung rechtfertigte, es sei denn, es handelte sich um Steuern von Einkommen und Vermögen mit Ausnahme der Erbschaftsteuer (§ 222 Abs. 1 Nr. 3 RAO 1931),

---

147 Auch die Reichsabgabenordnung 1931 verwendet anstelle des Begriffs „Verwaltungsakt“ oder „Steuerverwaltungsakt“ weiterhin den Begriff der Verfügung.

- bei einer Nachprüfung durch eine Aufsichtsbehörde Fehler aufgedeckt wurden, die eine niedrigere Steuerfestsetzung rechtfertigten (§ 222 Abs. 1 Nr. 4 RAO 1931),
- das Gesetz wegen bedingter, befristeter oder sonst ungewisser Verhältnisse die Steuerfestsetzung aussetzte oder eine vorläufige Steuerfestsetzung vorsah und die Ungewissheit beseitigt war (§ 225 Abs. 1 RAO 1931) oder
- wenn ein Tatbestandsmerkmal, dessen Vorliegen das Gesetz für die Besteuerung forderte, nachträglich mit Wirkung für die Vergangenheit weggefallen war (§ 225 Abs. 2 RAO 1931).

Im Wesentlichen entsprachen die Regelungen zur Korrektur von Steuerbescheiden daher wie bisher denen der Reichsabgabenordnung 1919.[148] Neu hinzugekommen war § 222 Abs. 1 Nr. 2 RAO 1931, der die Korrektur zugunsten des Steuerpflichtigen bei einer Buch- oder Betriebsprüfung ermöglichte.

75 Besondere Erwähnung verdient noch das in der Folgezeit erlassene Steueranpassungsgesetz vom 16.10.1934[149], welches die Korrekturmöglichkeiten für *Steuerbescheide* erweiterte. § 4 Abs. 3 Nr. 2 StAnpG bestimmte nämlich, dass eine Steuerfestsetzung zu korrigieren war, wenn ein Merkmal, das Voraussetzung für die Steuerschuld, die Steuerbefreiung, eine Steuerermäßigung oder eine sonstige Steuervergünstigung war, nachträglich mit Wirkung für die Vergangenheit wegfiel. Hiernach konnte anders als noch bei § 214 Abs. 2 RAO 1919 bzw. § 225 Abs. 2 RAO 1931 die Korrektur auch erfolgen, wenn es um Steuerbefreiungen, Steuerermäßigungen und sonstige Steuervergünstigungen ging.[150] Als weitere Korrekturmöglichkeit kam § 5 Abs. 5 StAnpG hinzu, der die Korrektur von Steuerfestsetzungen ermöglichte, soweit bei nichtigen Rechtsgeschäften das bereits eingetretene wirtschaftliche Ergebnis nachträglich wieder beseitigt oder ein Rechtsgeschäft mit Erfolg angefochten wurde. Die soeben genannte Erweiterung der Korrekturmöglichkeiten änderte dabei nichts an der grundsätzlichen Differenzierung zwischen *Steuerbescheiden* und *allgemeinen Steuerverwaltungsakten.* Insgesamt unterscheiden sich die Regelungen zur formellen und materiellen Bestandskraft in der Reichsabgabenordnung 1931 und im Steueranpassungsgesetz daher nur unwesentlich von ihren Vorgängerregelungen in der Reichsabgabenordnung 1919.

c) Neukonzeption durch die Abgabenordnung 1977

76 Anders stellt sich das Verhältnis zwischen den Regelungen der Bestandskraft in der Abgabenordnung 1977 und in der Reichabgabenordnung 1931 dar. Die

---

148 *Arndt*, Rücknahme und Widerruf von Verwaltungsakten – Aufhebung und Änderung von Steuerbescheiden, 1998, S. 37; *Goutier*, Die Änderung von Steuerverwaltungsakten nach der AO 1977, 1983, S. 48; *Holz*, Zur materiellen Bestandskraft von Steuerverwaltungsakten, 1993, S. 13.

149 RGBl. I 1934, S. 925.

150 *Holz*, Zur materiellen Bestandskraft von Steuerverwaltungsakten, 1993, S. 14.

Abgabenordnung 1977 ist nicht nur als eine Weiterentwicklung der bisherigen Vorschriften anzusehen. Vielmehr wurde das Anfechtungssystem geändert und die Korrekturvorschriften wurden neu konzipiert.[151] Hintergrund der Einführung der Abgabenordnung 1977 war nämlich, dass die Reichsabgabenordnung 1931 wegen verschiedener Nebengesetze (u. a. Steueranpassungsgesetz) ihre Funktion als Mantelgesetz eingebüßt hatte und die Systematik verbessert werden sollte.[152] Die Neubekanntmachung der Abgabenordnung vom 1.10.2002[153] hat danach zu keinen wesentlichen Änderungen mehr geführt. Die Darstellung der heute geltenden Regelungen ist daher insgesamt einem gesonderten Abschnitt vorgehalten (Rn. 136 ff.).

3. Kodifizierung der Rechtskraft von finanzgerichtlichen Urteilen durch die Reichsabgabenordnung 1919 und die weitere Entwicklung

Die erste Kodifizierung von Bestimmungen über die Rechtskraft von finanzge- 77
richtlichen Urteilen erfolgte durch die Reichsabgabenordnung 1919, welche u. a. Regelungen über das Verfahren vor den Finanzgerichten und dem Reichsfinanzhof enthielt. Diese Regelungen wurden in weiten Teilen unverändert in die Reichsabgabenordnung 1931 übernommen. Bereits durch die Finanzgerichtsordnung 1966 fand allerdings eine Verselbständigung dieser Vorschriften statt, so dass spätestens zu diesem Zeitpunkt die weitere Entwicklung der Rechtskraft im steuerrechtlichen Bereich einen eigenständigen Weg einschlug.

a) Entwurf der Reichsabgabenordnung 1919 durch Enno Becker

Wenn diese Entwicklung nun nachgezeichnet wird, ist zunächst darauf hinzuwei- 78
sen, dass der an verschiedenen Stellen in der Reichsabgabenordnung 1919[154] verwendete Begriff der Rechtskraft sowohl für Steuerverwaltungsakte als auch für finanzgerichtliche Urteile verwendet wurde. Denn eine begriffliche Differenzierung zwischen Bestandskraft und Rechtskraft setzte sich erst in der Zeit nach dem Zweiten Weltkrieg durch (Rn. 27). Unabhängig davon werden im Folgenden jedoch nur solche Regelungen behandelt, welche die Rechtskraft im heute gebräuchlichen Sinne regeln.

Dazu zählen zuerst die Regelungen zur *formellen Rechtskraft* eines finanzgericht- 79
lichen Urteils, also zu dessen Unanfechtbarkeit (Rn. 48). Hierzu ist an die bereits im Rahmen der formellen Bestandskraft dargestellte Zweiteilung des Rechtsbehelfsverfahrens zu erinnern (Rn. 64).

---

151 *Holz*, Zur materiellen Bestandskraft von Steuerverwaltungsakten, 1993, S. 15.

152 *Arndt*, Rücknahme und Widerruf von Verwaltungsakten – Aufhebung und Änderung von Steuerbescheiden, 1998, S. 41; *Goutier*, Die Änderung von Steuerverwaltungsakten nach der AO 1977, 1983, S. 1.

153 BGBl. I 2002, S. 3869.

154 Vgl. §§ 5 Abs. 3, 200 Abs. 1 Satz 2, 433 Abs. 1 Sätze 2 und 4, Abs. 3 RAO 1919.

80 Gegen *allgemeine Steuerverwaltungsakte* gab es nach § 224 RAO 1919 den bereits beschriebenen Rechtsbehelf der Beschwerde. Wollte ein Finanzamt, gegen dessen allgemeinen Steuerverwaltungsakt Beschwerde eingelegt wurde, dieser Beschwerde nicht abhelfen, so hatte das Finanzamt nach § 282 Abs. 1 Satz 2 RAO 1919 die Beschwerde dem Landesfinanzamt vorzulegen. Dessen Beschwerdeentscheidung war gemäß § 282 Abs. 3 RAO 1919 grundsätzlich unanfechtbar. In Rechtskraft konnte diese Beschwerdeentscheidung schon begrifflich nicht erwachsen, da es sich bei dieser Entscheidung nicht um eine gerichtliche, sondern weiterhin um eine behördliche Entscheidung handelte. Der Weg vor den Reichsfinanzhof war nach § 283 RAO 1919 jedoch dann eröffnet, wenn die im allgemeinen Steuerverwaltungsakt enthaltene Regelung nach § 202 RAO 1919 durch Zwangsgeld[155] oder Ersatzvornahme[156] erzwungen werden konnte. Für diesen Fall sollten die Vorschriften der noch darzustellenden Rechtsbeschwerde nach § 284 RAO 1919 entsprechende Anwendung finden. Die Entscheidung des Reichsfinanzhofs war unanfechtbar, folglich formell rechtskräftig.

81 Bei *Steuerbescheiden* sah die Reichsabgabenordnung 1919 als Rechtsbehelfe im Berufungsverfahren nach §§ 217 Nr. 1, 218 RAO 1919 gegen die Einspruchsentscheidung des Finanzamts die Berufung beim Finanzgericht (§ 218 Var. 2 RAO 1919) und gegen die Berufungsentscheidung des Finanzgerichts die Rechtsbeschwerde beim Reichsfinanzhof (§ 218 Var. 3 RAO 1919) vor. Die Rechtsbehelfsfrist betrug nach § 230 RAO 1919 einheitlich einen Monat. Der Ablauf der Rechtsbehelfsfrist war – bei Ausbleiben einer Rechtsbeschwerde – der Zeitpunkt, zu dem die finanzgerichtliche Entscheidung formell rechtskräftig wurde. Eine Entscheidung des Reichsfinanzhofs war mangels Anfechtungsmöglichkeit sofort formell rechtskräftig.

82 Hinsichtlich der *materiellen Rechtskraft*, also der Maßgeblichkeit ihres Inhalts für die Beteiligten und ihre Rechtsnachfolger (Rn. 49), ließ sich § 76 Abs. 3 RAO 1919 entnehmen, dass finanzgerichtliche Entscheidungen nicht zurückgenommen oder geändert werden durften. Diese Vorschrift wurde vor allem so verstanden, dass sie einer Zurücknahme oder Änderung der eigenen Entscheidung durch das Finanzgericht bzw. den Reichsfinanzhof entgegenstehe. Sie sollte jedoch grundsätzlich nicht eine Korrektur nach §§ 212 ff. RAO 1919 ausschließen, da § 76 Abs. 2 RAO 1919 die Anwendung der Korrekturvorschriften trotz Vorliegens einer Rechtsbehelfsentscheidung vorsehe.[157] Begründet wurde diese Auslegung damit, dass das Rechtsbehelfsverfahren (auch vor den Finanzgerichten) seinem wesentlichen Kern nur eine Fortsetzung des Steuerfestsetzungsverfahrens sei. Zwar hätten die Finanzgerichte, soweit sie Tatsacheninstanz seien, die Pflicht zur Aufklärung des Sachverhalts von Amts wegen (§ 228 RAO 1919); diese Anforderung dürfe jedoch nicht überspannt

155 Die Reichsabgabenordnung 1919 verwendete anstelle des Begriffs des Zwangsgelds den der Geldstrafe.

156 Die Reichsabgabenordnung 1919 umschrieb den Begriff der Ersatzvornahme mit Ausführung auf Kosten des Pflichtigen.

157 RFH, Urt. v. 20.5.1931, VI A 687/30, RFHE 29, 61 (62).

werden. Denn das steuerliche Ermittlungsverfahren sei kein staatsanwaltschaftliches Ermittlungsverfahren. Zudem würde eine Überspannung der Aufklärungspflichten des Finanzgerichts den Steuerpflichtigen über Gebühr belasten.[158]

Allerdings war nach der Rechtsprechung des Reichsfinanzhofs die Abänderungsbefugnis durch die finanzgerichtliche Entscheidung begrenzt.[159] Diese Annahme wurde dadurch begründet, dass die „moderne staatsrechtliche Anschauung" zwischen Verwaltung und Rechtsprechung unterscheide. Der Rechtsprechung sei dabei die Aufgabe zugewiesen, in geordneten Verfahren vor eigens dazu bestimmten, nur dem Gesetz unterworfenen Gerichten die Entscheidung von Streitigkeiten nach rechtlichen Gesichtspunkten zu treffen. So komme es auch in den Regelungen der Reichsabgabenordnung 1919 zum Ausdruck. Ein Eingreifen der Verwaltung in die Rechtsprechung sei jedoch nicht vorgesehen. Soweit eine richterliche Entscheidung vorliege, binde deren Ergebnis in gleicher Weise die Verwaltung. Hierbei sei ein allgemein anerkannter Grundsatz, dass die Rechtskraft den Anspruch umfasse, über den entschieden sei, nicht hingegen die Erwägungen, welche die Entscheidungsgründe bildeten. Daraus wurden zwei Grenzen der Änderungsbefugnis abgeleitet. 83

Zum einen sollte eine Korrektur des Steuerbescheids nach §§ 212 Abs. 3, 213 RAO 1919 ausgeschlossen sein, wenn es sich dabei um die Korrektur eines rechtlichen Fehlers handelt.[160] Denn es würde dem Wesen einer richterlichen Entscheidung widersprechen, den gleichen Sachverhalt zum Gegenstand einer erneuten rechtlichen Würdigung durch die Verwaltung zu machen (ne bis in idem).[161] 84

Zum anderen sollte ebenso eine Korrektur wegen neuer Tatsachen ausgeschlossen sein, wenn diese Tatsachen dem Finanzamt vor Rechtskraft der finanzgerichtlichen Entscheidung und so frühzeitig bekannt geworden waren, dass sie vom Finanzamt noch in dem finanzgerichtlichen Verfahren hätten geltend gemacht werden können.[162] Denn es könne für die Anwendbarkeit der Korrekturvorschriften keinen Unterschied machen, ob gegen eine Einspruchsentscheidung keine weiteren Rechtsbehelfe erhoben oder ob die eingelegten Rechtsbehelfe abgewiesen wurden.[163] Darüber hinaus entspreche es dem Grundsatz der Gleichmäßigkeit der Besteuerung, einen Steuerbescheid zu korrigieren, wenn sich später herausstelle, dass die Angaben des Steuerpflichtigen unrichtig gewesen seien oder sonst Tatsachen bekannt würden, die eine höhere Steuerfestsetzung rechtfertigten.[164] 85

158 RFH, Urt. v. 20.5.1931, VI A 687/30, RFHE 29, 61 (64).
159 RFH, Urt. v. 25.3.1927, II A 66/27, RFHE 21, 85 (87).
160 RFH, Urt. v. 4.2.1921, II A 45/21, RFHE 4, 308 (309); ders., Urt. v. 25.3.1927, II A 66/27, RFHE 21, 85 (88).
161 RFH, Urt. v. 25.3.1927, II A 66/27, RFHE 21, 85 (88); zur Rechtslage nach der Reichsabgabenordnung 1931: *Vogel*, Verhandlungen des 46. DJT (1966), Bd. 1 Teil 5, S. 44; *ders.*, DStR 1966, 387.
162 RFH, Urt. v. 28.3.1930, V A 1040/29, RFHE 26, 277 (278); ders., Urt. v. 20.5.1931, VI A 687/30, RFHE 29, 61 (64).
163 RFH, Urt. v. 20.5.1931, VI A 687/30, RFHE 29, 61 (62), was sich nur rechtfertigen lässt, wenn nicht zwischen Bestandskraft und Rechtskraft unterschieden wird.
164 RFH, Urt. v. 20.5.1931, VI A 687/30, RFHE 29, 61 (64).

b) Neufassung der Reichsabgabenordnung 1931

86 Die Neufassung der Reichsabgabenordnung 1931 brachte – wie bereits angedeutet – inhaltlich wenig Änderungen. Es blieb bei den Regelungen zur *formellen Rechtskraft* bei der Zweiteilung des Rechtsbehelfsverfahren zwischen Beschwerdeverfahren bei *allgemeinen Steuerverwaltungsakten* (§§ 237, 303 ff. RAO 1931) und Berufungsverfahren bei *Steuerbescheiden* (§§ 228 Nr. 2, 229 RAO 1931). Auch konnte im Beschwerdeverfahren nach § 305 Abs. 1 RAO 1931 eine finanzgerichtliche Entscheidung, und zwar im Wege der Rechtsbeschwerde vor dem Reichsfinanzhof bzw. später dem Bundesfinanzhof nur erstritten werden, wenn der angefochtene *allgemeine Steuerverwaltungsakt* mit Zwang durchgesetzt werden konnte. Also konnte es weiterhin nur in diesem Fall zu einer formell rechtskräftigen Entscheidung im Beschwerdeverfahren kommen.

87 Bei *Steuerbescheiden* blieb es im Berufungsverfahren dabei, dass die Einspruchsentscheidungen mittels Berufung vor dem Finanzgericht (§§ 228 Nr. 1, 229 Var. 2 RAO 1931) und die Entscheidungen der Finanzgerichte mittels Rechtsbeschwerde (§§ 228 Nr. 1, 229 Var. 3 RAO 1931) angefochten werden konnten. Die Rechtsbehelfsfrist betrug gemäß § 245 RAO 1931 einen Monat. Lief die Rechtsbehelfsfrist erfolglos ab oder erging eine Entscheidung des Reichsfinanzhofs bzw. Bundesfinanzhofs, so trat formelle Rechtskraft ein.

88 In Bezug auf die *materielle Rechtskraft* blieb es dabei, dass die Finanzgerichte ihre eigenen Entscheidungen nicht zurücknehmen oder ändern konnten (§ 94 Abs. 4 Satz 2 RAO 1931). Die Korrektur eines Steuerbescheids trotz rechtskräftiger Entscheidung eines Finanzgerichts war nach §§ 222 ff. RAO 1931 jedoch möglich, wenn es sich nicht lediglich um die Korrektur eines rechtlichen Fehlers handelte bzw. die Korrektur auf Tatsachen gestützt wurde, über die das Finanzgericht weder Feststellungen getroffen hat noch treffen konnte.[165] Der letztgenannte Fall wich daher in seiner Formulierung von der noch unter Geltung der Reichsabgabenordnung 1919 bestehenden Rechtslage ab. Gegen einen vollständigen Ausschluss der Korrektur eines Steuerbescheids bei Vorliegen einer rechtskräftigen finanzgerichtlichen Entscheidung wurde angeführt, dass die Ermittlungspflicht des Finanzgerichts im Vergleich zu der Ermittlungspflicht der ordentlichen Gerichte im Strafverfahren nicht umfassend und erschöpfend sei. Vielmehr sei das Finanzgericht lediglich dazu verpflichtet, Lücken zu ergänzen, Zweifel zu beseitigen und bei sachlichen Bedenken weitere Ermittlungen anzustellen. Würde etwas anderes verlangt, dann müsste jeder finanzgerichtlichen Entscheidung eine Außenprüfung vorangehen. In Rechtskraft konnten daher solche neuen Tatsachen nicht erwachsen, die im finanzgerichtlichen

165 *Vogel*, Verhandlungen des 46. DJT (1966), Bd. 1 Teil 5, S. 44; *ders.*, DStR 1966, 387.

Verfahren nicht streitig waren und zu deren Ermittlung das Finanzgericht keinen Anlass hatte.[166]

c) *Neukonzeption durch die Finanzgerichtsordnung 1966 und weitere Entwicklung*

Durch die Finanzgerichtsordnung 1966 wurde das finanzgerichtliche Verfahren 89
neu konzipiert. So existierten bis dahin keine Regelungen zur Durchbrechung der Rechtskraft eines finanzgerichtlichen Urteils, insbesondere durch eine Wiederaufnahme des Verfahrens. Erschwerend kam hinzu, dass die Regelungen der Reichsabgabenordnung 1931 zum Teil als nicht mit dem Grundgesetz vereinbar angesehen wurden. So bestanden Bedenken im Hinblick auf die Rechtsweggarantie des Art. 19 Abs. 4 GG, weil die Reichsabgabenordnung 1931 gerichtliche Rechtsbehelfe grundsätzlich nur gegen Steuerbescheide vorsah. Gegen allgemeine Steuerverwaltungsakte konnte ein gerichtlicher Rechtsbehelf nur ausnahmsweise angestrengt werden, nämlich wenn der Steuerverwaltungsakt mit Zwang durchgesetzt werden konnte. Damit fehlte es an einer Generalklausel, welche den Weg zu den Finanzgerichten eröffnete. Zudem fehlte ein umfassendes Klagesystem, weil die Reichsabgabenordnung 1931 explizit nur die Anfechtung eines Steuerverwaltungsakts kannte.[167] Schließlich stellte die Finanzgerichtsordnung 1966 den Schlussstein in der Trennung der Finanzgerichtsbarkeit von der Finanzverwaltung dar, indem die Finanzgerichte nicht länger bei den Landesfinanzbehörden angesiedelt wurden.[168]

Die Regelungen zur Rechtskraft von finanzgerichtlichen Urteilen entspre- 90
chen grundsätzlich dem heute geltenden Recht. So kannte die Finanzgerichtsordnung 1966 bereits Regelungen zur Revision und zur Beschwerde gegen die Nichtzulassung der Revision (§ 115 FGO 1966). Dazu ordnete § 155 FGO 1966 an, dass, soweit das Gesetz keine Regelungen über das Verfahren enthielt, auf die Vorschriften der Zivilprozessordnung zurückgegriffen werden konnte. § 110 Abs. 1 FGO 1966 bestimmte, dass rechtskräftige Urteile die Beteiligten, deren Rechtsnachfolger und die nicht klageberechtigten Gesellschafter oder Gemeinschafter so weit binden, als über den Streitgegenstand entschieden worden ist. Diese Norm wurde durch § 110 Abs. 2 FGO 1966 dahingehend ergänzt, dass die Vorschriften der Reichsabgabenordnung 1931 über die Korrektur von Steuerverwaltungsakten unberührt blieben, soweit sich aus § 110 Abs. 1 FGO 1966 nicht etwas anderes ergab. Schließlich regelte § 134 FGO 1966, dass ein rechtskräftig abgeschlossenes Verfahren nach den Vorschriften der Zivilprozessordnung wiederaufgenommen werden konnte.

Durch die Neubekanntmachung der Finanzgerichtsordnung 2001[169] haben 91
sich keine inhaltlichen Änderungen ergeben. Ein näheres Eingehen auf diese

166 *Vogel*, Verhandlungen des 46. DJT (1966), Bd. 1 Teil 5, S. 45; *ders.*, DStR 1966, 387.
167 *Sunder-Plassmann*, in: HHSp, AO/FGO (2012), FGO Einführung Rn. 95.
168 *Birk*, DStR 2018, 1 (1).
169 Vgl. BGBl. I 2001, S. 442.

Vorschriften im Rahmen der historischen Entwicklung wird an dieser Stelle daher nicht erfolgen.

4. *Zwischenergebnis*

92 Die Darstellung der historischen Entwicklung der *Bestandskraft von Steuerverwaltungsakten* hat gezeigt, dass die Konzeption der Bestandskraft vor allem auf den Überlegungen *Otto Mayers* und *Karl Kormanns* fußt (Rn. 57 f., 62). Die Bestandskraft eines Steuerverwaltungsakts hing danach maßgeblich von dem seinem Erlass vorangehenden Verfahren ab (Rn. 59, 69). Dies führte zur Unterscheidung zwischen *Steuerbescheiden* und *allgemeinen Steuerverwaltungsakten*. Hinsichtlich der *formellen Bestandskraft* war es indes so, dass für *Steuerbescheide* von Anfang an eine gerichtliche Überprüfungsmöglichkeit vorgesehen war (Rn. 66, 72). Für *allgemeine Steuerverwaltungsakte* gab es diese Möglichkeit zunächst grundsätzlich nicht (Rn. 65, 72). Der Steuerpflichtige konnte eine solche Korrektur jedoch dann anstrengen, wenn der allgemeine Verwaltungsakt mit Zwang durchgesetzt werden konnte. Diese Einschränkung erfuhr erst unter der Geltung des Grundgesetzes eine Änderung (Rn. 89). In Bezug auf die *Durchbrechung der materiellen Bestandskraft* galt, dass *Steuerbescheide* nur unter besonderen Voraussetzungen korrigiert werden konnten, zu denen u. a. das nachträgliche Bekanntwerden von neuen Tatsachen gehörte (Rn. 68, 74 f.). *Allgemeine Steuerverwaltungsakte* waren demgegenüber grundsätzlich frei abänderbar (Rn. 67, 73).

93 Die Unterscheidung zwischen *Steuerbescheiden* und *allgemeinen Steuerverwaltungsakten* setzte sich auch bei der Beurteilung der *Rechtskraft* eines finanzgerichtlichen Urteils fort. Ob der Anfechtungsmöglichkeit von *Steuerbescheiden* konnten die hierzu ergangenen finanzgerichtlichen Urteile *formell rechtskräftig* werden, sofern diese Urteile selbst nicht angefochten wurden oder nicht anfechtbar waren (Rn. 81, 87). In Bezug auf die *materielle Rechtskraft* sah § 76 Abs. 3 RAO 1919 bzw. § 94 Abs. 4 Satz 2 RAO 1931 vor, dass Steuerbescheide, die Gegenstand eines rechtskräftigen finanzgerichtlichen Urteils waren, grundsätzlich nicht korrigiert werden konnten (Rn. 82 ff., 88). Dies galt nach § 76 Abs. 2 RAO 1919 bzw. § 94 Abs. 3 RAO 1931 jedoch nicht, soweit eine Korrektur nach §§ 212 ff. RAO 1919 bzw. §§ 222 ff. RAO 1931 in Betracht kam. Eine solche Korrektur konnte jedoch nur erfolgen, wenn es sich nicht nur um eine abweichende rechtliche Würdigung handeln sollte bzw. soweit diese Korrektur auf nach dem finanzgerichtlichen Urteil bekannt gewordene neue Tatsachen gestützt wurde. *Allgemeine Steuerverwaltungsakte* konnten grundsätzlich nicht in *formeller Rechtskraft* erwachsen, da diese Steuerverwaltungsakte gerichtlich nicht anfechtbar waren (Rn. 80, 86). Soweit eine Anfechtungsmöglichkeit ausnahmsweise doch bestand, hatte der Reichsfinanzhof über diese Anfechtung zu befinden. Dessen Entscheidung war wegen ihrer Unanfechtbarkeit stets formell rechtskräftig. Hinsichtlich der *materiellen Rechtskraft* galt § 76 Abs. 3 RAO 1919

bzw. § 94 Abs. 4 Satz 2 RAO 1931. Allgemeine Steuerverwaltungsakte, die Gegenstand eines rechtskräftigen finanzgerichtlichen Urteils waren, konnten daher nicht korrigiert werden (Rn. 82, 88).

III. Verfassungsrechtliche Vorgaben für die Rechtsbeständigkeit von Steuerverwaltungsakten und finanzgerichtlichen Urteilen

Es ist bereits angeklungen, dass das Inkrafttreten des Grundgesetzes nicht ohne Einfluss auf die Entwicklung der formellen Bestandskraft von Steuerverwaltungsakten war (Rn. 89). Das Steuerverfahrensrecht ist insoweit ein Musterbeispiel für das Verhältnis zwischen Verfassungsrecht und Verwaltungsrecht. Denn zum einen lässt sich mit *Otto Mayer* sagen, dass „Verfassungsrecht vergeht, Verwaltungsrecht besteht"[170], indem die Reichsabgabenordnung 1931 auch nach Inkrafttreten des Grundgesetzes für noch fast drei Jahrzehnte fort galt. Zum anderen zeigt sich, dass Verwaltungsrecht konkretisiertes Verfassungsrecht ist[171], waren bei dessen Gestaltung und Anwendung doch neue verfassungsrechtliche Vorgaben zu beachten. 94

Zu diesen verfassungsrechtlichen Vorgaben gehört u. a., dass die früher als Begründung der Bestandskraft von Steuerverwaltungsakten ins Feld geführte „Wahrung der Staatsautorität"[172] wegen der Grundrechtsgebundenheit des Staates als Rechtfertigung von vornherein ausscheidet. 95

1. *Verfassungsrechtliche Vorgaben für die Bestandskraft von Steuerverwaltungsakten*

Begrifflich wird – wie bereits gezeigt – zwischen der formellen Bestandskraft und der materiellen Bestandskraft von Steuerverwaltungsakten unterschieden (Rn. 32). Dass diese Unterscheidung durchaus geboten ist, zeigen ebenfalls die Vorgaben des Grundgesetzes, die sich im Hinblick auf beide Formen deutlich unterscheiden. 96

a) Vorgaben hinsichtlich der formellen Bestandskraft

Wenn die formelle Bestandskraft mit der Unanfechtbarkeit des Steuerverwaltungsakts einhergeht, liegt es auf der Hand, dass Vorgaben hinsichtlich ihrer einfachgesetzlichen Ausgestaltung vor allem aus verfassungsrechtlichen Normen folgen, die einen Bezug zum Prozess- oder Verfahrensrecht aufweisen. 97

Als Erstes kommt einem hierbei die Rechtsweggarantie des Art. 19 Abs. 4 GG in den Sinn, welche einen möglichst lückenlosen und effektiven gerichtlichen 98

---

170 *Mayer*, Deutsches Verwaltungsrecht I, 1924, Vorwort zur dritten Auflage.

171 *Stern*, Staatsrecht I, 1984, S. 803 f.; *Werner*, DVBl. 1959, 527 (529/532).

172 Vgl. *Tipke*, in: TK, RAO, 1961, § 93 RAO Rn. 5; für das Allgemeine Verwaltungsrecht: *Wolff*, Verwaltungsrecht I, 1956, S. 230.

Rechtsschutz bei der Verletzung subjektiver Rechte durch die öffentliche Gewalt gewährt.[173] Eine Beeinträchtigung kann grundsätzlich nur durch verfassungsimmanente Schranken, also Grundrechte Dritter oder andere Verfassungsrechtsgüter, gerechtfertigt werden.[174] Die Verfassungskonformität einer Beschränkung der Rechtsweggarantie des Art. 19 Abs. 4 GG erfordert danach eine Abwägung des vom Grundsatz der Effektivität des Rechtsschutzes Gebotenen mit entgegenstehenden Verfassungsrechtsgütern nach dem Grundsatz der Verhältnismäßigkeit.[175] Für den Bereich des Steuerrechts sind solche entgegenstehenden Verfassungsrechtsgüter, die einen vollständigen Ausschluss des Zugangs zu den Gerichten rechtfertigen würden, nicht ersichtlich.[176] Folglich muss ein Steuerverwaltungsakt als Akt öffentlicher Gewalt auf seine Rechtmäßigkeit hin gerichtlich überprüft werden können. Es ist daher nicht möglich – wie noch zu Zeiten der Reichsabgabenordnung 1919 (Rn. 65) und der Reichsabgabenordnung 1931 (Rn. 72) – die gerichtliche Überprüfungsmöglichkeit für allgemeine Steuerverwaltungsakte einzuschränken. Dieses Ergebnis entspricht der Rechtsprechung des Bundesfinanzhofs, der bereits vor Inkrafttreten der Finanzgerichtsordnung 1966 generell eine gerichtliche Überprüfungsmöglichkeit für allgemeine Steuerverwaltungsakte für erforderlich gehalten hat.[177] Für die formelle Bestandskraft ist hieraus der Schluss zu ziehen, dass ein Steuerverwaltungsakt grundsätzlich nicht per se unanfechtbar und deshalb formell bestandskräftig sein kann.

99 Dieses Ergebnis bestätigt ebenfalls eine Auslegung des Art. 92 GG, welcher die rechtsprechende Gewalt den Richtern anvertraut. Daraus wird der Grundsatz abgeleitet, dass der Gesetzgeber eine Angelegenheit, die der Rechtsprechung im Sinne dieser Norm anvertraut ist, nicht anderen Stellen als den Gerichten zuweisen darf.[178] Auch wenn der Begriff der rechtsprechenden Gewalt nicht abschließend geklärt sein mag[179], so ist allgemein anerkannt, dass es sich um Rechtsprechung

---

173 *Hofmann*, in: Schmidt-Bleibtreu/Hofmann/Henneke, GG, 2018, Art. 19 GG Rn. 30; *Schulze-Fielitz*, in: Dreier, GG, 2013, Art. 19 IV GG Rn. 40; *Stern*, in: Stern, Staatsrecht III/1, 1988, S. 962.

174 Lediglich in Art. 10 Abs. 2 Satz 2 und Art. 16a Abs. 2 Satz 3, Abs. 4 GG finden sich ausdrücklich vorgesehene Fälle, in denen es (auch) zu einer Einschränkung der Rechtsweggarantie des Art. 19 Abs. 4 GG kommen kann.

175 BVerfG, Beschl. v. 27.10.1999, 1 BvR 385/90, BVerfGE 101, 106 (124 f.); *Hofmann*, in: Schmidt-Bleibtreu/Hofmann/Henneke, GG, 2018, Art. 19 GG Rn. 96; *Schulze-Fielitz*, in: Dreier, GG, 2013, Art. 19 IV GG Rn. 140.

176 Allgemein: *Sachs*, in: Sachs, GG, 2018, Art. 19 GG Rn. 153; *Schulze-Fielitz*, in: Dreier, GG, 2013, Art. 19 IV GG Rn. 141.

177 BFH, Gutachten v. 17.4.1951, GrS D1/51 S, BFHE 55, 277 (279); *Sunder-Plassmann*, in HHSp, AO/FGO (2012), FGO Einführung Rn. 89.

178 BVerfG, Beschl. v. 8.2.2001, 2 BvF 1/00, BVerfGE 103 (136); *Detterbeck*, in: Sachs, GG, 2018, Art. 92 GG Rn. 28.

179 *Hillgruber*, in: Maunz/Dürig, GG (2007), Art. 92 GG Rn. 18; *Classen*, in: v. Mangoldt/Klein/Starck, GG, 2018, Art. 92 GG Rn. 6.

handelt, wenn der Gesetzgeber ein gerichtsförmiges Verfahren hoheitlicher Streitbeilegung vorsieht und den dort zu treffenden Entscheidungen eine Rechtswirkung verleiht, die nur unabhängige Gerichte herbeiführen können. Zu den wesentlichen Begriffsmerkmalen der Rechtsprechung gehört das Element der Entscheidung, der letztverbindlichen, der Rechtskraft fähigen Feststellung und des Ausspruchs dessen, was im konkreten Fall rechtens ist.[180] Es zählt zum Wesen der richterlichen Tätigkeit, dass sie durch einen nichtbeteiligten Dritten in persönlicher und sachlicher Unabhängigkeit ausgeübt wird. Sie erfordert Neutralität und Distanz gegenüber den Verfahrensbeteiligten.[181] Danach bestehen Zweifel, ob es mit Art. 92 GG vereinbar wäre, wenn der Gesetzgeber die Finanzgerichte (wieder) den Finanzbehörden angliedern und teilweise mit Finanzbeamten besetzen würde, wie es unter der Geltung der Reichsabgabenordnung 1919 (Rn. 66) und der Reichsabgabenordnung 1931 der Fall gewesen ist. Denn in einem solchen Fall würde die Rechtsprechung (zumindest teilweise) durch Personen ausgeübt, die nicht als am Besteuerungsverfahren nichtbeteiligte Dritte anzusehen sind.[182] Daran kann auch der Umstand nichts ändern, dass dem Steuerpflichtigen der weitere Weg zum Bundesfinanzhof offen steht, weil sich dieser Weg auf Fälle beschränkt, in denen ein Revisionsgrund vorliegt, und infolgedessen keine vollumfängliche Überprüfung mehr erfolgt.

Aus Art. 19 Abs. 4 GG ergibt sich überdies ein weiterer Aspekt. Die Norm 100
garantiert neben der Eröffnung des Rechtswegs ebenso die Effektivität des Rechtsschutzes.[183] Dazu gehört, dass strittige Rechtsverhältnisse innerhalb angemessener Zeit geklärt werden. Da das Grundgesetz hoheitliches Handeln so umfassend unter eine gerichtliche Kontrolle stellt, ist es zugleich ein unabdingbares Anliegen der Rechtsgemeinschaft, klare und feste Regelungen darüber zu haben, ab wann ein Steuerverwaltungsakt bestandskräftig ist, mithin rechtlich nicht mehr in Frage gestellt werden kann.[184] Diesem Erfordernis dienen

---

180 BVerfG, Beschl. v. 8.2.2001, 2 BvF 1/00, BVerfGE 103, 111 (137); *Detterbeck*, in: Sachs, GG, 2018, Art. 92 GG Rn. 21a.

181 BVerfG, Beschl. v. 8.2.2001, 2 BvF 1/00, BVerfGE 103, 111 (140); *Hopfauf*, in: Schmidt-Bleibtreu/Hofmann/Henneke, GG, 2018, Art. 92 GG Rn. 76; *Classen*, in: v. Mangoldt/Klein/Starck, GG, 2018, Art. 92 GG Rn. 12.

182 Eine Gefährdung der Neutralität der Finanzgerichte ist nicht bereits deshalb zu befürchten, weil die Mehrheit der Finanzrichter ehemals Angehörige der Finanzverwaltung war. Denn in zunehmendem Maße finden sich auch Personen, die vormals als Rechtsanwalt oder in einem Unternehmen tätig gewesen sind (*Birk*, DStR 2018, 1 [2]).

183 BVerfG, Beschl. v. 20.4.1982, 2 BvL 26/81, BVerfGE 60, 253 (268); *Sachs*, in: Sachs, GG, 2018, Art. 19 GG Rn. 143; *Schulze-Fielitz*, in: Dreier, GG, 2013, Art. 19 IV GG Rn. 80.

184 BVerfG, Beschl. v. 20.4.1982, 2 BvL 26/81, BVerfGE 60, 253 (269); Teile der Literatur sehen hierin keinen Ausfluss aus Art. 19 Abs. 4 GG, sondern eine Einschränkung dieser Norm, die jedoch verfassungsrechtlich aus Gründen der Rechtssicherheit

Rechtsbehelfsfristen, deren erfolgloser Ablauf zur formellen Bestandskraft eines Steuerverwaltungsakts führt.

101 Aber auch hinsichtlich eines anderen Gesichtspunkts dient die formelle Bestandskraft der Effektivität des Rechtsschutzes. Mit Rechtsbehelfsfristen lässt sich nämlich eine Überlastung der Rechtspflege verhindern.[185]

102 Ein ähnlicher Gedanke kann der verfassungsrechtlich gebotenen Gewährleistung eines effektiven Verwaltungsverfahrens entnommen werden. Deren Grundlage wird in Art. 20 Abs. 2, Art. 83 ff. GG gesehen.[186] Zum einen dienen die die formelle Bestandskraft flankierenden Rechtsbehelfsfristen einer Beschleunigung des Verfahrens, indem binnen bestimmter Zeit für alle Beteiligten klargestellt wird, ob eine Entscheidung Bestand hat. Zum anderen wird die Güte der Entscheidung tendenziell besser sein, weil auf einer hinreichend frischen Entscheidungsgrundlage verfahren werden kann, wo die Beweise noch verfügbar sind, der Sachverhalt den Beteiligten noch im Gedächtnis haftet, neue Gesichtspunkte noch nachträglich aufgeklärt und erforderliche Beweismittel noch beschafft werden können.[187]

103 Schließlich können Vorgaben hinsichtlich der formellen Bestandskraft von Steuerverwaltungsakten auch den materiellen Grundrechten entnommen werden. Diese Grundrechte beeinflussen nicht nur das materielle Steuerrecht, sondern in gleicher Weise das steuerliche Verfahrensrecht, soweit es für einen effektiven Grundrechtsschutz von Bedeutung ist.[188] Die erforderlichen Garantien für das Verwaltungsverfahren richten sich dabei zum einen nach Art und Intensität des Grundrechtseingriffs, zum anderen danach, inwieweit der Grundrechtsschutz durch die nachträgliche Kontrolle der Gerichte gewährleistet ist.[189] Sofern das vom einfachen Gesetzgeber geschaffene Verfahrensrecht seine Aufgabe nicht erfüllt oder es so hohe Hindernisse entgegensetzt, dass die Gefahr einer Entwertung der materiellen Grundrechtsposition entsteht, ist es mit dem Grundrecht, dessen

---

gerechtfertigt ist: *Dietlein*, in: Stern, Staatsrecht IV/2, 2011, S. 1954; *Schulze-Fielitz*, in: Dreier, GG, 2013, Art. 19 IV GG Rn. 101; wie hier: *Huber*, in: v. Mangoldt/Klein/Starck, GG, 2018, Art. 19 Abs. 4 GG Rn. 377, der davon spricht, dass die Rechtsschutzgarantie bereits ein Optimierungsproblem in sich birgt.

185 BVerfG, Beschl. v. 2.3.1993, 1 BvR 249/92, BVerfGE 88, 118 (124).

186 BVerfG, Beschl. v. 19.4.1977, 1 BvL 17/75, BVerfGE 44, 283 (288); BVerwG, Urt. v. 27.5.1983, 4 C 40, 44 und 45.81, BVerwGE 67, 206 (209); *Dietlein*, in: Stern, Staatsrecht IV/2, 2011, S. 1954.

187 BVerfG, Beschl. v. 20.4.1982, 2 BvL 26/81, BVerfGE 60, 253 (270 f.); *Schmidt-Aßmann*, in: Maunz/Dürig, GG (2014), Art. 19 Abs. 4 GG Rn. 235.

188 BVerfG, Beschl. v. 20.12.1979, 1 BvR 385/77, BVerfGE 53, 30 (65); *Dreier*, in: Dreier, GG, 2013, Vor GG Rn. 105; *Kahl*, VerwArch 95 (2004), 1 (5); *Müller-Franken*, in: Schmidt-Bleibtreu/Hofmann/Henneke, GG, 2018, Vor v. Art. 1 GG Rn. 25; *Stern*, in: Stern: Staatsrecht III/1, 1988, S. 976.

189 BVerfG, Beschl. v. 17.4.1991, 1 BvR 419/81 und 213/83, BVerfGE 84, 34 (46).

Schutz es bewirken soll, unvereinbar.[190] Ein rechtswidriger Steuerverwaltungsakt würde den Steuerpflichtigen in seinen Grundrechten, jedenfalls in Art. 2 Abs. 1 GG beeinträchtigen. Auf Grund des Umstands, dass es sich bei der Steuerverwaltung um eine Massenverwaltung handelt, welche von den Finanzbehörden bei hoher Arbeitsbelastung mit knappen Ressourcen durchgeführt wird, kann das dem Erlass eines Steuerverwaltungsakts vorangehende Verfahren keine Gewähr dafür bieten, dass das Ergebnis fehlerfrei ist. Es lässt sich daher nicht ausschließen, dass ein Steuerverwaltungsakt im Einzelfall rechtswidrig ist, mithin den Steuerpflichtigen in seinen Grundrechten verletzt. Eine Gewährleistung des Grundrechtsschutzes allein durch die Finanzgerichte kann aufgrund der Komplexität des Steuerrechts und des hierbei anfallenden Arbeitsaufwandes nicht erfolgen. Deshalb sprechen aus verfassungsrechtlicher Sicht die besseren Argumente dafür, davon auszugehen, dass das Steuerverfahren ein finanzgerichtliches Vorverfahren vorsehen muss, indem die Finanzbehörde ihre Entscheidung vollumfänglich überprüfen kann.[191]

b) Vorgaben hinsichtlich der materiellen Bestandskraft

Sofern – wie hier – unter der materiellen Bestandskraft eines Steuerverwaltungs- 104
akts dessen allseitige Bindungswirkung für die Finanzbehörde, den Steuerpflichtigen sowie etwaige Drittbetroffene an seinen (möglicherweise rechtswidrigen) Rechtsfolgenausspruch verstanden wird (Rn. 46), legt dieses Verständnis nahe, dass sich verfassungsrechtliche Vorgaben vor allem aus den materiellen Grundrechten, insbesondere Art. 2 Abs. 1 und Art. 3 Abs. 1 GG, und dem Rechtsstaatsprinzip ergeben.

Art. 2 Abs. 1 GG schützt die allgemeine Handlungsfreiheit, in welche bereits 105
durch die Auferlegung einer öffentlich-rechtlichen Abgabepflicht, z. B. durch einen Steuerbescheid, eingegriffen wird. Der Steuerpflichtige wird insoweit gezwungen, Geld zu zahlen, ohne dass er sich freiwillig hierfür entschieden hat.[192] Durch die Bestandskraft eines Steuerverwaltungsakts wird dieser Eingriff perpetuiert. Indem insbesondere die Abgabenordnung regelt, in welchen Fällen ein Steuerverwaltungsakt bestandskräftig ist, könnte sich die verfassungsrechtliche Rechtfertigung dieses Eingriffs aus der verfassungsmäßigen Ordnung als Grundrechtsschranke ergeben. Zu dieser verfassungsmäßigen Ordnung gehört die Gesamtheit aller

---

190 BVerfG, Beschl. v. 8.2.1983, 1 BvL 20/81, BVerfGE 63, 131 (143); *Dreier*, in: Dreier, GG, 2013, Vor GG Rn. 105; *Kahl*, VerwArch 95 (2004), 1 (5); *Müller-Franken*, in: Schmidt-Bleibtreu/Hofmann/Henneke, GG, 2018, Vor v. Art. 1 GG Rn. 25.

191 Anders verhält es sich z. B. im Bereich des Allgemeinen Verwaltungsrechts, in dem ein gerichtliches Vorverfahren grundsätzlich entbehrlich sein kann, vgl. § 68 Abs. 2 Alt. 1 VwGO i. V. m. § 80 Abs. 1 NJG. Parallelen zum Steuerverfahrensrecht bestehen dem hingegen im Sozialverfahrensrecht, da es sich hier ebenfalls um ein Massenverfahren handelt.

192 *Di Fabio*, in: Maunz/Dürig, GG (2001), Art. 2 Abs. 1 GG Rn. 93; *Stern*, in: Stern, Staatsrecht IV/1, 2006, S. 914.

Normen, die formell und materiell mit der Verfassung im Einklang stehen. Letztlich kommt dem Grundsatz der Verhältnismäßigkeit als Schranken-Schranke besondere Bedeutung zu.[193]

106 Aus dem in Art. 3 Abs. 1 GG enthaltenen allgemeinen Gleichheitssatz wird im Bereich des Steuerrechts das Gebot steuerlicher Lastengleichheit abgeleitet. Es muss z. B. darauf abgezielt werden, Steuerpflichtige bei gleicher Leistungsfähigkeit auch gleich hoch zu besteuern (horizontale Steuergerechtigkeit), während die Besteuerung der Steuerpflichtigen, die eine höhere wirtschaftliche Leistungsfähigkeit haben, im Vergleich mit der Besteuerung der Steuerpflichtigen, die eine niedrigere wirtschaftliche Leistungsfähigkeit haben, angemessen ausgestaltet werden muss (vertikale Steuergerechtigkeit).[194] Jeder Rechtsanwendungsfehler durch eine Finanzbehörde zieht unweigerlich eine Beeinträchtigung des allgemeinen Gleichheitssatzes nach sich.[195] Ein rechtswidriger Steuerverwaltungsakt stellt nämlich immer eine Ungleichbehandlung seines Adressaten gegenüber anderen Normadressaten dar. Diese Ungleichbehandlung wird ebenfalls durch die Bestandskraft eines Steuerverwaltungsakts perpetuiert. Die dem Gesetzgeber durch den allgemeinen Gleichheitssatz des Art. 3 Abs. 1 GG gesetzten Grenzen reichen je nach Regelungsgegenstand und Differenzierungsmerkmalen von einem bloßen Willkürverbot bis zu einer strengen Bindung an Verhältnismäßigkeitserfordernisse.[196] Der mit den Regelungen der Abgabenordnung zur Bestandskraft von Steuerverwaltungsakten verfolgte legitime Zweck bzw. der sachliche Grund könnte in der Schaffung von Rechtssicherheit und der Gewährleistung von Vertrauensschutz bestehen. Beide Grundsätze sind Bestandteil des Rechtsstaatsprinzips, welches die bedeutsamsten Vorgaben für die materielle Bestandskraft enthält.

107 Das Rechtsstaatsprinzip ist selbst keiner Definition zugänglich, sondern stellt sich als ein außergewöhnlich vielseitiges, ganz unterschiedliche verfassungsrechtliche Aspekte zusammenfassendes Rechtsprinzip dar, in dem zahlreiche, untereinander sehr heterogene Unterprinzipien zusammengefasst werden.[197] Rechtsstaatlichkeit bedeutet, dass die Ausübung staatlicher Macht nur auf Grundlage der Verfassung und von formell und materiell verfassungsmäßig erlassenen Gesetzen mit dem Ziel der Gewährleistung von Menschenwürde, Freiheit,

193 *Starck*, in: v. Mangoldt/Klein/Starck, GG, 2018, Art. 2 GG Rn. 25; *Dreier*, in: Dreier, GG, 2013, Art. 2 I GG Rn. 54, 61.

194 BVerfG, Beschl. v. 21.6.2006, 1 BvL 2/99, BVerfGE 116, 164 (180); *Wollenschläger*, in: v. Mangoldt/Klein/Starck, GG, 2018, Art. 3 Abs. 1 GG Rn. 280.

195 Vgl. *Heun*, in: Dreier, GG, 2013, Art. 3 GG Rn. 56; *Wollenschläger*, in: v. Mangoldt/Klein/Starck, GG, 2018, Art. 3 Abs. 1 GG Rn. 216.

196 BVerfG, Beschl. v. 21.6.2006, 1 BvL 2/99, BVerfGE 116, 164 (180); *Hesse*, Grundzüge des Verfassungsrechts der BRD, 1995, Rn. 439; *Heun*, in: Dreier, GG, 2013, Art. 3 GG Rn. 26.

197 *Hofmann*, in: Schmidt-Bleibtreu/Hofmann/Henneke, GG, 2018, Art. 20 GG Rn. 57; *Schnapp*, in: v. Münch/Kunig, GG, 2012, Art. 20 GG Rn. 34; *Sachs*, in: Sachs, GG, 2018, Art. 20 GG Rn. 77.

Gerechtigkeit und Rechtssicherheit zulässig ist.[198] Hiermit sind zwei im Zusammenhang mit der Bestandskraft bedeutsame Punkte genannt: Gerechtigkeit und Rechtssicherheit.

Indem Steuerverwaltungsakte eine Regelung, d. h. die Setzung einer Rechts- 108
folge, enthalten, welche mit ihrer Rechtsbeständigkeit dauerhaft abgesichert wird, dient ihre Bestandskraft primär der Rechtssicherheit. Der dieser Rechtssicherheit zugrunde liegende Gedanke von der Dauerhaftigkeit und Unverbrüchlichkeit des Rechts ist eng mit der Idee des Rechtsstaats verbunden.[199] Der Gedanke der Rechtssicherheit verklammert – wie *Andreas von Arnauld* es ausgedrückt hat – die Gegenwart mit der Zukunft, indem es um die Sicherung des Künftigen im Heute geht. Rechtliche Normen und rechtliche Entscheidungen in der Zukunft sollen von der Warte des Jetzt berechenbar gemacht werden.[200] Den genauen Inhalt der Rechtssicherheit händelbar zu beschreiben, bereitet Schwierigkeiten, da im Grundgesetz allgemeine und unmittelbar der Subsumtion zugängliche Normaussagen fehlen. Allerdings dienen alle Verfassungsnormen mittelbar dem Ideal der Rechtssicherheit, indem sie das Ziel verfolgen, Interessenkonflikte verbindlich zu entscheiden und dadurch Stabilität und Vorhersehbarkeit herbeizuführen.[201]

Für den Bürger bedeutet Rechtssicherheit in erster Linie Vertrauensschutz. Der 109
einzelne Bürger wird in seinem Vertrauen in die Kontinuität von Recht geschützt und hiermit letztlich auch seine Dispositionen vor ihrer Entwertung durch Rechtsänderungen. Maßstab ist hierbei die Sicht eines durchschnittlichen Bürgers und nicht die unterschiedliche Vertrauensseligkeit des Einzelnen.[202] In Bezug auf die Bestandskraft eines Steuerverwaltungsakts fordert der Vertrauensschutz demzufolge, dass der Bürger sich weitestgehend auf den Bestand eines ihm günstigen Steuerverwaltungsakts verlassen können soll, selbst wenn dieser Steuerverwaltungsakt rechtswidrig ist oder öffentliche Interessen seiner Aufrechterhaltung entgegenstehen.[203] Außerdem wird der Bürger in seinem Vertrauen darauf geschützt, dass ein belastender Steuerverwaltungsakt nicht noch zu seinen Ungunsten korrigiert werden kann.

---

198 *Schmidt-Aßmann*, in: Isensee/Kirchhof, Staatsrecht II, 2004, § 26 Rn. 1; *Schnapp*, in: v. Münch/Kunig, GG, 2012, Art. 20 GG Rn. 34; *Stern*, Staatsrecht I, 1984, S. 781.

199 *Schulze-Fielitz*, in: Dreier, GG, 2015, Art. 20 GG (Rechtsstaat) Rn. 146; *Stern*, Staatsrecht I, 1984, S. 831.

200 *V. Arnauld*, Rechtssicherheit, 2006, S. 104 f.; *Schmidt-Aßmann*, in: Isensee/Kirchhof, Staatsrecht II, 2004, § 26 Rn. 81.

201 BVerfG, Beschl. v. 20.4.1982, 2 BvL 26/81, BVerfGE 60, 253 (268); *Kunig*, Das Rechtsstaatsprinzip, 1986, S. 390.

202 *Grzeszick*, in: Maunz/Dürig, GG (2006), Art. 20 GG VII Rn. 69; *Schulze-Fielitz*, in: Dreier, GG, 2015, Art. 20 GG (Rechtsstaat) Rn. 147; *Sommermann*, in: v. Mangoldt/Klein/Starck, GG, 2018, Art. 20 Abs. 3 GG Rn. 292, 293.

203 *Loose*, in: TK, AO/FGO (2017), Vor § 172 AO Rn. 2; *Wernsmann*, in: HHSp, AO/FGO (2017), Vor §§ 130–133 AO Rn. 21 f.

110 Die Beständigkeit des Rechts fragt nun allerdings nicht nur nach der Beständigkeit rechtmäßiger Rechtslagen, sondern umfasst allgemein das Bedürfnis nach einer Konsolidierung staatlicher Rechtsakte unabhängig von deren Rechtmäßigkeit.[204] Im Steuerrecht geht hiervon eine besondere Herausforderung aus. Denn die Kompliziertheit des materiellen Steuerrechts einerseits und die Schwierigkeit der Ermittlung des Gesetzeswillens andererseits lässt die Fehleranfälligkeit einer auf Erledigung großer Massen von Einzelfallentscheidungen angelegten Verwaltungstätigkeit anwachsen.[205] Eine größere Fehleranfälligkeit birgt nunmehr wiederum die Gefahr, dass es häufiger zum Konflikt mit dem ebenfalls im Rechtsstaatsprinzip verankerten Prinzip der materiellen Gerechtigkeit kommt.[206]

111 Das Grundgesetz verpflichtet nämlich das gesamte Staatshandeln auf das Ziel materieller Gerechtigkeit als Rechtsprinzip.[207] Diese Verpflichtung findet sich vor allem im Gleichheitssatz des Art. 3 Abs. 1 GG sowie in dem in Art. 20 Abs. 3 GG niedergelegten Grundsatz der Gesetzmäßigkeit der Verwaltung.[208] Im Steuerrecht werden diese Grundsätze durch die Grundsätze der Gleichmäßigkeit der Besteuerung und der Gesetzmäßigkeit der Besteuerung ergänzt.

112 Grundbedingung der Gerechtigkeit von Rechtsnormen ist also das Vorhandensein von Gleichheit.[209] Ein gegen gesetzliche Vorschriften verstoßender, also rechtswidriger Steuerverwaltungsakt stellt immer auch eine Ungleichbehandlung des Adressaten im Vergleich zu anderen Normadressaten dar (Rn. 106). Der Inhalt des Gleichheitssatzes verpflichtet die Verwaltung daher zu rechtmäßigem Handeln und demzufolge auf die materielle Gerechtigkeit.

113 Fraglich ist, ob sich dieses Ergebnis ohne Einschränkung auf den Grundsatz der Gleichmäßigkeit der Besteuerung übertragen lässt. Sofern vertreten wird, dass Gleichmäßigkeit der Besteuerung nur durch die Gesetzmäßigkeit der Besteuerung erreicht wird, also in jedem Fall die Rechtsrichtigkeit der Besteuerung voraussetzt, würde der damit eingenommene Standpunkt die Realität des Steuerverfahrens als Massenverfahren vollauf vernachlässigen.[210] Denn die Fehleranfälligkeit ist bei

---

204 BVerfG, Beschl. v. 20.4.1982, 2 BvL 26/81, BVerfGE 60, 253 (268); *v. Arnauld*, Rechtssicherheit, 2006, S. 283.

205 *Koenig*, in: Koenig, AO, 2014, Vor §§ 172–177 AO Rn. 1; *Loose*, in: TK, AO/FGO (2014), Vor § 130 AO Rn. 1.

206 *Schulze-Fielitz*, in: Dreier, GG, 2015, Art. 20 GG (Rechtsstaat) Rn. 148; *Loose*, in: TK, AO/FGO (2017), Vor § 172 AO Rn. 2.

207 *Kunig*, Das Rechtsstaatsprinzip, 1986, S. 335; *Schulze-Fielitz* in: Dreier, GG, 2015, Art. 20 GG Rn. 50.

208 *Sommermann*, Jura 1999, 337 (340).

209 *Hesse*, Grundzüge des Verfassungsrechts der BRD, 1995, Rn. 205; *Sonnenberger*, Jura 2000, 561 (563).

210 So auch: *Haunhorst*, DStR 2016, 2105 (2107); *Maier*, JZ 2017, 614 (615); *Seer*, StuW 2015, 315 (317); *ders.*, DStJG 31 (2008), 7 (11).

Massenverfahren größer als bei anderen Verfahren.[211] Es ist – wegen der begrenzten Personalressourcen und der Komplexität des Steuerrechts – schlichtweg nicht leistbar, dass die Finanzbehörden *in jedem Einzelfall*[212] den wahren Sachverhalt der Besteuerung zugrunde legen und die zutreffenden rechtlichen Konsequenzen ziehen. Dies gilt nicht nur in Fällen, in denen eine Bilanz mit Gewinn- und Verlustrechnung überprüft werden müsste; bereits eine durchschnittliche Einkommensteuererklärung enthält so viele steuererhebliche Tatsachen, dass ein Finanzbeamter sie unmöglich zu seiner vollen Überzeugung feststellen kann. Würde eine Finanzbehörde versuchen, *in jedem Einzelfall* den wahren Sachverhalt zu ermitteln, ist zu vermuten, dass ihr diese Ermittlung allenfalls in einer bestimmten Anzahl von Fällen gelingt. In den anderen Fällen wäre sie darauf beschränkt, kaum oder keine Ermittlungen anzustellen. Dies zöge unweigerlich eine Verletzung des Prinzips der Gleichmäßigkeit der Besteuerung nach sich.[213] Es mag insoweit zu bedauern sein, dass das Recht der Realität folgen muss. Würde diese Schlussfolgerung nicht gezogen werden, bestünde die Gefahr eines Geltungsverlustes des Rechts.[214] Gleichmäßigkeit der Besteuerung bedeutet deshalb, dass die Finanzbehörden die Steuergesetze nur gleichmäßig zu vollziehen haben. Sie müssen nicht in jedem Einzelfall den wahren Sachverhalt ausermitteln.[215] Vielmehr darf die Finanzbehörde sich grundsätzlich auf die Angaben des Steuerpflichtigen verlassen und ihm insoweit einen Vertrauensvorschuss gewähren (hierzu und zu den Einschränkungen vgl. Rn. 160 f.).

Der Grundsatz der Gesetzmäßigkeit der Verwaltung verpflichtet die Verwal- 114
tung zur Rechtsrichtigkeit.[216] Die in diesem Grundsatz enthaltene Komponente des Vorrangs des Gesetzes besagt, dass die Verwaltung nicht gegen bestehende Gesetze verstoßen darf.[217] Erstrebenswertes Ziel ist damit die vollständige Verwirklichung des objektivierten Willens des Gesetzgebers im Einzelfall.[218] Indem das förmliche Gesetz ausgestattet mit Rang und Prädikat einer demokratischen

211 *Koenig*, in: Koenig, AO, 2014, Vor §§ 172–177 AO Rn. 1; *Loose*, in: TK, AO/FGO (2014), Vor § 130 AO Rn. 1.

212 In jedem Einzelfall bedeutet im Bereich des Steuerrechts „*jährlich millionenfach*" (*Seer*, in: Tipke/Lang, Steuerrecht, 2018, § 21 Rn. 204).

213 Vgl. *Seer*, StuW 2015, 315 (317); *ders.*, in: TK, AO/FGO (2017), § 85 AO Rn. 25.

214 *Seer*, StuW 2015, 315 (318).

215 *Söhn*, in: HHSp, AO/FGO (2016), § 85 AO Rn. 46; *Seer*, SteuerStud 2010, 369 (370); *Wünsch*, in: Koenig, AO, 2014, § 85 AO Rn. 13; a. A.: *Wittmann*, StuW 1987, 35 (36), der davon ausgeht, dass die Pflicht zu gleichmäßiger und gesetzmäßiger Besteuerung nur erfüllbar ist, wenn die Finanzbehörde im konkreten Fall den wahren Sachverhalt als Grundlage seiner Entscheidung ermittelt.

216 *Koenig*, in: Koenig, AO, 2014, Vor §§ 172–177 AO Rn. 1; *Stern*, Staatsrecht I, 1984, S. 803.

217 *Schnapp*, in: v. Münch/Kunig, GG, 2012, Art. 20 GG Rn. 65; *Sommermann*, in: v. Mangoldt/Klein/Starck, GG, 2018, Art. 20 Abs. 3 GG Rn. 271.

218 *Koenig*, in: Koenig, AO, 2014, Vor §§ 172–177 AO Rn. 1.

Mehrheitsentscheidung in aller Regel Ausdruck der materiellen Gerechtigkeit ist[219], folgt aus einem Verstoß gegen den Vorrang des Gesetzes zugleich eine Verletzung des Prinzips der materiellen Gerechtigkeit.

115 Nach dem für den Bereich des Steuerrechts geltenden spezielleren Grundsatz der Gesetzmäßigkeit der Besteuerung dürfen die Finanzbehörden Steuern nur aufgrund eines Gesetzes erheben.[220] Einfachgesetzlich hat dieser Grundsatz seinen Niederschlag in § 85 Satz 1 AO gefunden, nach welchem Steuern „nach Maßgabe der Gesetze" festzusetzen sind. Mit dem Grundsatz der Gesetzmäßigkeit der Besteuerung werden weitere für das Verfassungsrecht bedeutsame Prinzipien in Verbindung gebracht, von denen für den Bereich der Bestandskraft von Steuerverwaltungsakten vor allem die Steuererhebungspflicht zu nennen ist. Danach sind die Finanzbehörden nicht nur dazu berechtigt, sondern in gleicher Weise verpflichtet, die gesetzlich geschuldeten Steuern zu erheben.[221]

116 Sowohl dem Vorrang des Gesetzes als auch dem Grundsatz der Gesetzmäßigkeit der Besteuerung ist grundsätzlich die Verpflichtung zu entnehmen, dass die Verwaltung die rechtswidrigen Folgen ihres Handelns zu beseitigen hat, also einen rechtmäßigen Zustand herbeiführen muss.[222] Dementsprechend verlangt der Vorrang des Gesetzes, dass rechtswidrige Steuerverwaltungsakte wieder beseitigt werden, mithin keine Bestandskraft erlangen.

117 Die Folgerungen, die sich aus den Prinzipien der Rechtssicherheit und der materiellen Gerechtigkeit für die Bestandskraft von Verwaltungsakten ergeben, stehen sich in einem gewissen Punkt diametral gegenüber. Das Prinzip der Rechtssicherheit fordert ebenso die Rechtsbeständigkeit eines rechtswidrigen Steuerverwaltungsakts, das Prinzip der materiellen Gerechtigkeit dahingegen seine jederzeitige Berichtigung. Von der Wertigkeit ist keinem der beiden Prinzipien der Vorrang eingeräumt; vielmehr stehen sich beide als echte Gerechtigkeitspostulate gleichwertig gegenüber.[223] Ihr Widerstreit ist nach dem Prinzip der praktischen Konkordanz zu lösen. Danach darf bei einer Kollision zweier Verfassungsnormen keine von beiden einseitig bevorzugt und auf Kosten der anderen realisiert werden, sondern es müssen beiden Grenzen gezogen werden und zwar in der Weise, dass beide, wenn auch beschränkt durch die jeweils andere, zu optimaler Wirksamkeit gelangen.[224]

---

219 *Sommermann*, Jura 1999, 337 (340); *Sonnenberger*, Jura 2000, 561 (564); *Stern*, Staatsrecht I, 1984, S. 799.

220 *Söhn*, in: HHSp, AO/FGO (2016), § 85 AO Rn. 31.

221 *Haunhorst*, DStR 2016, 2105 (2106); *Seer*, in: TK, AO/FGO (2017), § 85 AO Rn. 8; *Wünsch*, in: Koenig, AO, 2014, § 85 AO Rn. 8.

222 *Sachs*, in: Sachs, GG, 2018, Art. 20 GG Rn. 111; *Sommermann*, in: v. Mangoldt/Klein/Starck, GG, 2018, Art. 20 Abs. 3 GG Rn. 271.

223 BVerfG, Urt. v. 18.12.1953, 1 BvL 106/53, BVerfGE 3, 225 (237); dass., Beschl. v. 9.8.1978, 2 BvR 831/76, BVerfGE 49, 148 (164); *Koenig*, in: Koenig, AO, 2014, Vor §§ 172–177 AO Rn. 1; *Loose*, in: TK, AO/FGO (2017), Vor § 172 AO Rn. 2.

224 BFH, Beschl. v. 17.12.2007, GrS 2/04, BStBl. II 2008, 608 (617); *Hesse*, Grundzüge des Verfassungsrechts der BRD, 1995, Rn. 72; *Stern*, Staatsrecht I, 1984, S. 133.

Für das Steuerrecht bedeutet dieser Grundsatz, dass insbesondere die Gebote der Gesetzmäßigkeit der Besteuerung und der Gleichmäßigkeit der Besteuerung dergestalt in einen Ausgleich zu bringen sind, dass beide Prinzipien zur höchstmöglichen Verwirklichung gelangen. Den Gesetzgeber trifft insoweit ein Optimierungsauftrag.[225] Diesen Optimierungsauftrag hat er bei der Ausgestaltung der gesetzlichen Regelungen über die Bestandskraft von Steuerverwaltungsakten zu beachten.

Im Ergebnis wird dem einfachen Gesetzgeber somit die Entscheidung darüber zuge- 118
standen, welchem Prinzip er den Vorzug geben will. Dabei kommt ihm eine gewisse Gestaltungsfreiheit zu.[226] Sowohl das gegen die Rechtsbeständigkeit sprechende Prinzip der materiellen Gerechtigkeit bzw. der Gesetzmäßigkeit der Besteuerung als auch der für die Rechtsbeständigkeit sprechende Grundsatz der Rechtssicherheit bzw. der Gleichmäßigkeit der Besteuerung stellen jedenfalls vernünftige, sich aus der Natur der Sache ergebende oder sonst wie einleuchtende Differenzierungsgründe im Sinne der Rechtsprechung zum Gleichheitssatz dar.[227]

Die sich daran anschließende Frage, inwiefern dem Gesetzgeber weitere Gren- 119
zen gesetzt sind, gestaltet sich kompliziert. Die bisherige Untersuchung hat gezeigt, dass es sich schon als schwierig erweist, vor allem die verfassungsrechtlichen Vorgaben des Prinzips der materiellen Gerechtigkeit sowie der Gesetzmäßigkeit der Besteuerung, der Gleichmäßigkeit der Besteuerung und der Rechtssicherheit halbwegs trennscharf zu beschreiben. Ergo kann der Versuch zu bestimmen, wann diese Prinzipien zu optimaler Wirksamkeit gelangen, von vornherein nur zum Scheitern verurteilt sein. In dieser Konsequenz dürfte es unmöglich sein zu verlangen, dass die divergierenden verfassungsrechtlichen Vorgaben nach Maßgabe eines strengen Grundsatzes der Verhältnismäßigkeit in Ausgleich zu bringen sind.[228] Die Gestaltungsfreiheit des Gesetzgebers kann nur durch das Untermaßverbot beschränkt werden, das als unverhältnismäßige staatliche Zurückhaltung verstanden werden kann.[229] Bezogen auf die Bestandskraft eines Steuerverwaltungsakts bedeutet diese Aussage, dass die Gestaltungsfreiheit des Gesetzgebers zum einen dort endet, wo

225 *Seer*, StuW 2015, 315 (318); *ders.*, DStJG 31 (2008), 7 (14).

226 Vgl. BVerfG, Beschl. v. 9.5.1989, 1 BvL 35/86, BVerfGE 80, 103 (108), zum Ausgleich zwischen materieller Gerechtigkeit und Rechtssicherheit; ebenso: *Grzeszick*, in: Maunz/Dürig, GG (2006), Art. 20 GG VII Rn. 95; *Kruse*, Steuerrecht I, 1991, S. 284; *Seer*, StuW 2015, 315 (319).

227 BVerfG, Beschl. v. 14.3.1963, 1 BvL 28/62, BVerfGE 15, 313 (319 f.); *Sachs*, in: Sachs, GG, 2018, Art. 20 GG Rn. 140 ¸ *Schnapp*, in: v. Münch/Kunig, GG, 2012, Art. 20 GG Rn. 40; *Stern*, Staatsrecht I, 1984, S. 849.

228 So aber: *Hesse*, Grundzüge des Verfassungsrechts der BRD, 1995, Rn. 72, der davon spricht, dass die Grenzziehungen im jeweiligen Fall verhältnismäßig sein müssen und nicht weitergehen dürfen, als es notwendig ist, um die Konkordanz beider Rechtsgüter herzustellen.

229 *Seer*, StuW 2015, 315 (319); *ders.*, DStJG 31 (2008), 7 (14).

die Rechtsbeständigkeit eines rechtswidrigen Steuerverwaltungsakts unerträglich ist, d. h. bedeutende Rechtsnormen missachtet wurden. Zum anderen darf der Gesetzgeber Steuerverwaltungsakte nicht mit einer so geringen Rechtsbeständigkeit ausstatten, dass die Finanzbehörden mit der Überprüfung derart beansprucht würden, dass die Gleichmäßigkeit der Besteuerung in Gefahr geriete.

120 Die verfassungsrechtlichen Vorgaben gebieten es nach alledem, dass der einfache Gesetzgeber bei der Ausgestaltung der materiellen Bestandskraft die Schwere des Rechtsverstoßes mit in Betracht zieht. Darüber hinaus wird insbesondere auch die besondere Gestaltung des Verfahrens, in dem der Steuerverwaltungsakt zustande gekommen ist, von Bedeutung sein.[230]

121 Auch die aus Art. 20 Abs. 2, Art. 83 ff. GG abgeleitete Gewährleistung eines effektiven Verwaltungsverfahrens stellt – wie die Prinzipien der Rechtssicherheit und der materiellen Gerechtigkeit – in bestimmten Umfang im Rahmen des Art. 3 Abs. 1 GG einen zulässigen Differenzierungsgrund dar.[231] In Bezug auf die materielle Bestandskraft eines Steuerverwaltungsakts fordert sie, dass die materielle Bestandskraft in bestimmten Fällen durchbrochen wird, d. h. dass ein Steuerverwaltungsakt abänderbar sein muss. Würde eine solche Möglichkeit nicht bestehen, hätte dieses wegen des Vorrangs des Gesetzes bzw. der Gesetzmäßigkeit der Besteuerung zur Folge, dass eine Finanzbehörde einen unverhältnismäßig hohen Kontrollaufwand treiben müsste.[232]

2. *Verfassungsrechtliche Vorgaben für die Rechtskraft von finanzgerichtlichen Urteilen*

122 Die verfassungsrechtlichen Normen, welche für die Rechtskraft von finanzgerichtlichen Urteilen besondere Relevanz erlangen, sind mit Ausnahme der Gewährleistung eines effektiven Verwaltungsverfahrens aus Art. 20 Abs. 2, Art. 83 ff. GG dieselben wie die soeben dargestellten Normen hinsichtlich der der Bestandskraft von Steuerverwaltungsakten. Aus dem Umstand, dass es sich um dieselben Normen handelt, folgt jedoch nicht, dass auch die Vorgaben identisch sind.

a) Vorgaben hinsichtlich der formellen Rechtskraft

123 Davon ausgehend, dass die formelle Rechtskraft eines finanzgerichtlichen Urteils aus dessen Unanfechtbarkeit folgt (Rn. 48), liegt es hier ebenfalls auf der Hand, dass verfassungsrechtliche Normen, die einen Bezug zum Verfahrens- oder Prozessrecht

---

230 BVerfG, Urt. v. 1.7.1953, 1 BvL 23/51, BVerfGE 2, 380 (393); *Wernsmann*, in: HHSp, AO/FGO (2017), Vor §§ 130–133 AO Rn. 28.

231 BVerfG, Beschl. v. 19.4.1977, 1 BvL 17/75, BVerfGE 44, 283 (288); BVerwG, Urt. v. 27.5.1983, 4 C 40, 44 und 45.81, BVerwGE 67, 206 (209).

232 *Ramsauer*, in: Kopp/Ramsauer, VwVfG, 2017, § 48 VwVfG Rn. 5; *Wernsmann*, in: HHSp, AO/FGO (2017), Vor §§ 130–133 AO Rn. 21.

haben, im Fokus stehen werden. Dabei sind zunächst erneut Art. 19 Abs. 4 GG und Art. 92 GG zu nennen. Diese Normen gewährleisten im Hinblick auf die formelle Bestandskraft eines Steuerverwaltungsakts, dass gegen einen solchen eine gerichtliche Rechtsschutzmöglichkeit eröffnet sein muss (Rn. 98). Hinsichtlich der formellen Rechtskraft, also der Unanfechtbarkeit eines finanzgerichtlichen Urteils, erfordern sie jedoch nicht, dass es im gerichtlichen Verfahren einen Instanzenzug geben muss. Entsprechendes gilt im Übrigen für das Rechtsstaatsprinzip.[233] Das finanzgerichtliche Verfahren könnte dementsprechend einstufig ausgestaltet sein. Denn es muss nach diesen Normen lediglich die einmalige Möglichkeit zur Einholung einer gerichtlichen Entscheidung eröffnet sein.[234]

Etwas anderes ergibt sich auch nicht aus Art. 95 GG, nach dem der Bund als obers- 124
ten Gerichtshof u. a. den Bundesfinanzhof errichtet. Zwar liegt dieser Norm implizit der Gedanke zugrunde, dass jede Fachgerichtsbarkeit zumindest über zwei Instanzen verfügt, an deren Spitze ein oberster Gerichtshof als Rechtsmittelgericht steht. Daraus folgt aber nicht, dass es in jedem Einzelfall zwei Instanzen geben muss.[235] So kann der Zugang zum obersten Gerichtshof im Einzelfall ausgeschlossen sein[236] oder dem obersten Gerichtshof selbst eine erstinstanzliche Zuständigkeit zugesprochen[237] werden.

Allerdings hat das Bundesverfassungsgericht das Bestehen eines Instanzenzugs 125
im Hinblick auf die Funktionsfähigkeit des nach dem GG vorgesehenen umfassenden Systems der Verfassungsgerichtsbarkeit – wenn auch nicht für jeden Einzelfall – für geboten erachtet.[238] Durch den Instanzenzug finde eine Selbstkontrolle der Fachgerichtsbarkeiten statt, die es ermögliche Verfahrensfehler, die sich als Verletzung von Verfahrensgrundrechten (z. B. Art. 103 Abs. 1 GG) darstellen, zu

---

233 BVerfG, Beschl. v. 7.10.1981, 2 BvR 1194/80, BVerfGE 58, 208 (231 f.), für Art. 19 Abs. 4 GG und das Rechtsstaatsprinzip; *Sachs*, in: Sachs, GG, 2018, Art. 19 GG Rn. 138, für Art. 19 Abs. 4 GG; *Stern*, Staatsrecht I, 1984, S. 849, im Hinblick auf das Rechtsstaatsprinzip; *Dietlein.*, in: Stern, Staatsrecht IV/2, 2011, S. 1940, für Art. 19 Abs. 4 GG; *Sommermann*, in: v. Mangoldt/Klein/Starck, GG, 2018, Art. 20 Abs. 3 GG Rn. 304.

234 BVerfG, Beschl. v, 30.4.2003, 1 PBvU 1/02, BVerfGE 107, 395 (402); *Jachmann*, in: Maunz/Dürig, GG (2011), Art. 95 GG Rn. 103.

235 BVerfG, Beschl. v. 11.6.1980, 1 PBvU 1/79, BVerfGE 54, 277 (291); *Jachmann*, in: Maunz/Dürig, GG (2011), Art. 95 GG Rn. 101 f.

236 So ist im Falle des Nichterreichens der in § 511 Abs. 2 Nr. 1 ZPO festgelegten Wertgrenze für eine Berufung gleichzeitig die Revision ausgeschlossen, da eine Revision nach § 542 Abs. 1 ZPO nur gegen die in der Berufungsinstanz erlassenen Endurteile statthaft ist.

237 Beispielhaft sei auf § 50 Abs. 1 VwGO verwiesen, der Fälle einer erstinstanzlichen Zuständigkeit des Bundesverwaltungsgerichts regelt.

238 BVerfG, Beschl. v. 30.6.1976, 2 BvR 164/76, BVerfGE 42, 243 (248); ähnlich: *Schulze-Fielitz*, in: Dreier, GG, 2013, Art. 19 IV GG Rn. 94, der zumindest einen Sonderrechtsbehelf fordert.

korrigieren. Würde diese Möglichkeit nicht bestehen, wäre eine Flut von Verfassungsbeschwerden, mit welchen die Verletzung von Verfahrensgrundrechten geltend gemacht werden, zu befürchten, was letztlich zu einer Überlastung der Verfassungsgerichtsbarkeit führen könnte. Deshalb ist es verfassungsrechtlich durchaus angezeigt, dass das finanzgerichtliche Verfahren zumindest zweistufig aufgebaut ist und der Steuerpflichtige das Urteil eines Finanzgerichts vom Bundesfinanzhof auf mögliche Verfahrensfehler hin überprüfen lassen kann.

126 Ergänzend hierzu ist es verfassungsrechtlich geboten, dass eine dem Steuerpflichtigen eingeräumte Möglichkeit der Anfechtung eines gegen ihn ergangenen Urteils eines Finanzgerichts fristgebunden ist. Sowohl das Rechtsstaatsprinzip als auch der besondere Schutzzweck des Art. 19 Abs. 4 GG erfordern ein solches gesetzgeberisches Vorgehen. Da das Grundgesetz hoheitliches Handeln umfassend gerichtlicher Kontrolle unterstellt, ist es erforderlich, klare und feste Regelungen darüber zu haben, ab wann ein hoheitliches Handeln rechtlich nicht mehr in Frage gestellt werden kann. Diese Regelungen dienen der Rechtssicherheit.[239]

b) Vorgaben hinsichtlich der materiellen Rechtskraft

127 Meint die materielle Rechtskraft die Maßgeblichkeit des Inhalts der Entscheidung für die Beteiligten und ihre Rechtsnachfolger (Rn. 49), dann ergeben sich auch hier – wie bei der materiellen Bestandskraft – die verfassungsrechtlichen Vorgaben vor allem aus den materiellen Grundrechten und dem Rechtsstaatsprinzip.

128 Die verfassungsrechtlichen Vorgaben aus Art. 2 Abs. 1 und Art. 3 Abs. 1 GG in Bezug auf die materielle Rechtskraft finanzgerichtlicher Urteile unterscheiden sich im Grunde nicht von denjenigen hinsichtlich der materiellen Bestandskraft von Steuerverwaltungsakten (Rn. 105 f.). Die Rechtsbeständigkeit eines finanzgerichtlichen Urteils, bei welchem das Recht unzutreffend angewendet wurde, würde ebenfalls den Eingriff in die von Art. 2 Abs. 1 GG geschützte allgemeine Handlungsfreiheit perpetuieren. Zugleich würde ein Rechtsanwendungsfehler des Gerichts dazu führen, dass der betroffene Steuerpflichtige im Vergleich zu anderen Normadressaten eine Ungleichbehandlung i. S. d. Art. 3 Abs. 1 GG erfährt, welche durch die Rechtsbeständigkeit eines solchen finanzgerichtlichen Urteils ebenfalls dauerhaft verfestigt würde.

129 Eine verfassungsrechtliche Rechtfertigung dieses Eingriffs könnte sich wiederum aus Normen ergeben, deren legitimer Zweck in der Schaffung von Rechtssicherheit besteht. Dieser als wesentlicher Bestandteil des Rechtsstaatsprinzips anzusehende Grundsatz verlangt – insoweit weitergehend als bei der materiellen Bestandskraft – einen Abschluss des gerichtlichen Verfahrens, dessen Rechtsbeständigkeit gesichert ist.[240] Diese Aufgabe übernimmt die Rechtskraft richterlicher

---

239 BVerfG, Beschl. v. 20.4.1982, 2 BvL 26/81, BVerfGE 60, 253 (268); *Schmidt-Aßmann*, in: Maunz/Dürig, GG (2014), Art. 19 Abs. 4 GG Rn. 235.

240 BVerfG, Urt. v. 1.7.1953, 1 BvL 23/51, BVerfGE 2, 380 (403); *Schmidt-Aßmann*, in: Isensee/Kirchhof, Staatsrecht II, 2004, § 26 Rn. 82; *Stern*, Staatsrecht I, 1984, S. 849; *Lange*, in: HHSp, AO/FGO (2015), § 110 FGO Rn. 9.

Entscheidungen, deren Funktion es ist, durch die Maßgeblichkeit und Rechtsbeständigkeit des Inhalts der Entscheidung über den Streitgegenstand für die Beteiligten und die Bindung der öffentlichen Gewalt an dic Entscheidung die Rechtslage verbindlich zu klären und hierdurch dem Rechtsfrieden zwischen den Beteiligten zu dienen. Es wird ihnen so insbesondere ermöglicht, ihr Verhalten gemäß dieser Rechtslage einzurichten.[241] Die materielle Rechtskraft steht demzufolge ebenfalls im Spanungsfeld zwischen Rechtssicherheit und dem Prinzip der materiellen Gerechtigkeit.[242] Letztgenanntes würde wiederum gegen die Rechtsbeständigkeit einer gerichtlichen Entscheidung sprechen, bei der das Recht unzutreffend angewendet wurde. Auch hier ist es Sache des Gesetzgebers zwischen den beiden genannten Prinzipien abzuwägen und zu entscheiden, welchem Prinzip der Vorrang eingeräumt werden soll; jedes stellt einen zulässigen Differenzierungsgrund i. S. d. Art. 3 Abs. 1 GG dar.[243] Zu beachten ist allerdings, dass die Rechtssicherheit in puncto materieller Rechtskraft wesentlich spezifischere Vorgaben macht, als es im Falle der materiellen Bestandskraft der Fall gewesen ist (Rn. 108 ff.). Deshalb gilt für die materielle Rechtskraft einer gerichtlichen Entscheidung, dass diese Entscheidung im Interesse des Rechtsfriedens und der Rechtssicherheit nur noch bei Vorliegen außergewöhnlicher Umstände durchbrochen werden darf.[244] Denn Rechtsfriede und Rechtssicherheit sind von so zentraler Bedeutung für die Rechtsstaatlichkeit, dass um ihretwillen die Möglichkeit einer unrichtigen Gerichtsentscheidung in Kauf genommen werden muss.[245]

Schließlich ergibt sich die Notwendigkeit der materiellen Bestandskraft auch 130
aus Art. 19 Abs. 4 GG. Diese Norm gewährleistet nicht nur, dass überhaupt eine gerichtliche Überprüfungsmöglichkeit besteht, sondern gibt hinsichtlich der Effektivität des Rechtsschutzes vor, dass eine tatsächlich wirksame gerichtliche Kontrolle zu erfolgen hat.[246] Dazu gehört, dass das Gericht über eine zureichende Entscheidungsmacht verfügt. Das gerichtliche Verfahren muss mit einer der Rechtskraft fähigen Entscheidung abgeschlossen werden, damit das materielle Recht verlässlich verwirklicht werden kann. Gerade durch diese materiell rechtskräftige Entscheidung hat das Recht aus Art. 19 Abs. 4 GG seine Erfüllung gefunden.[247]

---

241 BVerfG, Beschl. v. 31.1.1978, 2 BvL 8/77, BVerfGE 47, 146 (161).

242 *Grzeszick*, in: Maunz/Dürig, GG (2006), Art. 20 GG VII Rn. 101; *Sachs*, in: Sachs, GG, 2018, Art. 20 GG Rn. 142.

243 BVerfG, Beschl. v. 14.3.1963, 1 BvL 28/62, BVerfGE 15, 313 (319); *Stern*, Staatsrecht I, 1984, S. 849.

244 *Grzeszick*, in: Maunz/Dürig, GG (2006), Art. 20 GG VII Rn. 101; *Sommermann*, in: v. Mangoldt/Klein/Starck, GG, 2018, Art. 20 Abs. 3 GG Rn. 304.

245 BVerfG, Urt. v. 1.7.1953, 1 BvL 23/51, BVerfGE 2, 380 (403); *Stern*, Staatsrecht I, 1984, S. 849; *Ratschow*, in: Gräber, FGO, 2015, § 110 FGO Rn. 2.

246 BVerfG, Beschl. v. 19.6.1973, 1 BvL 39/69 und 14/72, BVerfGE 35, 263 (274); *Sachs*, in: Sachs, GG, 2018, Art. 19 GG Rn. 143.

247 *Dietlein*, in: Stern, Staatsrecht IV/2, 2011, S. 1949; *Sachs*, in: Sachs, GG, 2018, Art. 19 GG Rn. 147.

131 Letztlich ist der Widerstreit zwischen den divergierenden verfassungsrechtlichen Vorgaben wiederum nach dem Prinzip der praktischen Konkordanz zu lösen. Die dem einfachen Gesetzgeber zugestandene Gestaltungsfreiheit, wann eine gerichtliche Entscheidung materiell rechtskräftig sein soll, ist im Vergleich zur materiellen Bestandskraft allerdings deutlich eingeschränkt. Die verfassungsrechtlichen Vorgaben gebieten es, dass im Interesse des Rechtsfriedens und der Rechtssicherheit, die insbesondere auch durch die umfassende gerichtliche Kontrolle von Verwaltungsentscheidungen gewährleistet werden soll, die gerichtlichen Entscheidungen mit einer höheren materiellen Rechtsbeständigkeit ausgestattet sein müssen, als es bei Verwaltungsakten der Fall ist. Dieses Gebot kann nicht ohne Auswirkung auf das im Rahmen des Abwägungsprozesses zu beachtende Untermaßverbot sein. Die Fälle, in denen die Rechtsbeständigkeit einer unrichtigen Gerichtsentscheidung als unerträglich anzusehen ist, dürften darum wesentlich seltener sein, als es bei Steuerverwaltungsakten anzunehmen ist. Letztlich wird es hier ebenfalls auf die Schwere des Rechtsverstoßes und die besondere Gestaltung des Verfahrens, in dem die gerichtliche Entscheidung zustande gekommen ist, ankommen.

3. *Zwischenergebnis*

132 Zusammenfassend lässt sich damit festhalten, dass das Grundgesetz hinsichtlich der *formellen Bestandskraft* von Steuerverwaltungsakten durch Art. 19 Abs. 4 GG und Art. 92 GG vorgibt, dass diese Steuerverwaltungsakte nicht per se – etwa vergleichbar der Entscheidung eines obersten Bundesgerichts – unanfechtbar und damit formell bestandskräftig sein können (Rn. 98 f.). Auf der anderen Seite fordern die verfassungsrechtlichen Vorgaben aus Art. 19 Abs. 4 GG und Art. 20 Abs. 2 GG i. V. m. Art. 83 ff. GG aber auch, dass ein Steuerverwaltungsakt nicht ad calendas graecas anfechtbar ist, sondern die Anfechtung nur innerhalb einer bestimmten Frist möglich sein soll (Rn. 100 ff.). Sie legen daher nahe, dass die formelle Bestandskraft im Regelfall mit Ablauf einer bestimmten Rechtsbehelfsfrist eintritt. Zudem gebieten die materiellen Grundrechte, dass es im Steuerverfahren ein finanzgerichtliches Vorverfahren gibt, in dem die Finanzbehörde ihre Entscheidung vollumfänglich überprüfen kann (Rn. 103).

133 Die *materielle Bestandskraft* lässt sich als Ergebnis eines Abwägungsprozesses zwischen verschiedenen Verfassungsrechtsgütern begreifen, zu denen u. a. das Prinzip der materiellen Gerechtigkeit sowie die Rechtssicherheit und der Vertrauensschutz gehören (Rn. 117). Die Verfassung gibt dem einfachen Gesetzgeber bei alledem einen nur durch das Untermaßverbot beschränkten und dadurch weitreichenden Gestaltungsspielraum vor (Rn. 118 f.). Im Rahmen der vorzunehmenden Abwägung zwischen den verschiedenen Verfassungsrechtsgütern hat er hierbei die Schwere des Rechtsverstoßes sowie das dem Erlass des Steuerverwaltungsakts vorangegangene Verfahren zu berücksichtigen (Rn. 120).

134 Hinsichtlich der *formellen Rechtskraft* eines finanzgerichtlichen Urteils führen die verfassungsrechtlichen Vorgaben aus Art. 19 Abs. 4 GG, Art. 92 GG und

Art. 95 GG nicht dazu, dass zwingend zwei gerichtliche Instanzen vorhanden sein müssen; verfassungsrechtlich erforderlich ist lediglich, dass überhaupt eine gerichtliche Überprüfungsmöglichkeit besteht (Rn. 123). Aus Gründen der Effektivität des verfassungsrechtlichen Rechtsschutzes ist eine „Filterfunktion" durch eine Rechtsmittelinstanz jedoch geboten (Rn. 125). Schließlich sollte auch hier die Anfechtungsmöglichkeit des Urteils eines Finanzgerichts aus Gründen der Rechtssicherheit fristgebunden sein (Rn. 126).

Auch wenn sich die *materielle Rechtskraft* eines finanzgerichtlichen Urteils 135 als Ergebnis eines Abwägungsprozesses zwischen verschiedenen Verfassungsrechtsgütern beschreiben lässt, so ist der dem einfachen Gesetzgeber bei dieser Angelegenheit eingeräumte Gestaltungsspielraum – im Vergleich zur materiellen Bestandskraft von Steuerverwaltungsakten – deutlich kleiner. Denn im Interesse des Rechtsfriedens und der Rechtssicherheit soll die materielle Rechtskraft nur noch bei Vorliegen außergewöhnlicher Umstände durchbrochen werden (Rn. 129). Solche Umstände sind wiederum in der Schwere des Rechtsverstoßes und in dem Verfahren, dass dem finanzgerichtlichen Urteil vorangegangen ist, zu suchen (Rn. 131).

B. Das Regelungskonzept der Bestandskraft von Steuerverwaltungsakten in der Abgabenordnung

Nachdem die historischen und verfassungsrechtlichen Grundlagen der Rechts- 136 beständigkeit von Steuerverwaltungsakten und finanzgerichtlichen Urteilen im vorangegangenen Abschnitt dargelegt wurden, soll es nun um die gegenwärtige einfachgesetzliche Umsetzung der Bestandskraft von Steuerverwaltungsakten in der Abgabenordnung gehen. Ausgangspunkt werden dabei die Regelungen zur Wirksamkeit von Steuerverwaltungsakten sein (dazu I.). Erst im Anschluss daran werden die Regelungen zur formellen Bestandskraft (dazu II.) und zur materiellen Bestandskraft (dazu III.) erörtert.

I. Die Wirksamkeit von Steuerverwaltungsakten bei Verstößen gegen deutsches Recht

Die *Wirksamkeit* eines Steuerverwaltungsakts ist Grundlage seiner Bestandskraft 137 (Rn. 33). Denn etwas Unwirksames kann nicht in Bestandskraft erwachsen.[248] Die hierfür maßgebliche Bestimmung findet sich in § 124 Abs. 1 Satz 1 AO. Diese Vorschrift bestimmt, dass ein Steuerverwaltungsakt mit seiner Bekanntgabe wirksam wird. Was unter Wirksamkeit eines Steuerverwaltungsakts zu verstehen ist,

248 *Fritsch*, in: Koenig, AO, 2014, § 124 AO Rn. 3; *Müller-Franken*, in: HHSp, AO/FGO (2017), § 124 AO Rn. 19; *Seer*, in: TK, AO/FGO (2015), § 124 AO Rn. 4.

definiert der Gesetzgeber nicht näher.[249] Gemeint ist, dass die im Steuerverwaltungsakt getroffene Regelung existent wird und in Kraft tritt, also kraft ihres Charakters als Regelung Rechtsverhältnisse begründet, ändert oder aufhebt.[250]

138 Der Bekanntgabe kommt daher für die Wirksamkeit eines Steuerverwaltungsakts entscheidende Bedeutung zu. Als Bekanntgabe wird ein willentlicher hoheitlicher Akt angesehen, durch den die Finanzbehörde den Adressaten vom Inhalt des Steuerverwaltungsakts in Kenntnis setzt.[251] Dazu muss der Steuerverwaltungsakt nach der Rechtsprechung des Bundesfinanzhofs sowie Teilen der Literatur dem Adressaten mit Bekanntgabewillen zur Kenntnis gebracht werden.[252] Fehlt der Bekanntgabewille, soll der Steuerverwaltungsakt unwirksam sein. Vereinzelt wird aber auch vertreten, dass es eines solchen Bekanntgabewillens nicht bedarf.[253]

139 Die Diskussion um die Erforderlichkeit eines Bekanntgabewillens ist – dieser Gedanke sei an dieser Stelle kurz eingeschoben – durch die durch das Gesetz zur Modernisierung des Besteuerungsverfahrens[254] neu geschaffene Möglichkeit, ausschließlich automationsgestützt Steuerbescheide zu erlassen, um einen Aspekt reicher geworden. Nach dem bisherigen Verständnis wird der Bekanntgabewille bei abschließender Zeichnung der Aktenverfügung durch den zuständigen Amtsträger und Abgabe in den Geschäftsgang[255], bei Erstellung des Steuerverwaltungsakts mittels EDV bei der elektronischen Datenfreigabe durch den jeweiligen Amtsträger[256] gebildet. Beides fehlt bei einem ausschließlich automationsgestützt erlassenen Steuerbescheid. An deren Stelle kann nur ein antizipierter Wille zur Bekanntgabe treten. Dieser Wille kommt in der Vorprogrammierung des

249 Eine Definition kann auch nicht dem Allgemeinen Verwaltungsrecht entnommen werden. Die Regelung zur Wirksamkeit von Verwaltungsakten in § 43 VwVfG entspricht vom Wortlaut her der in § 124 AO.

250 *Güroff*, in: Gosch, AO/FGO (2014), § 124 AO Rn. 1; *Werth*, in: Kühn/v. Wedelstädt, AO/FGO, 2015, § 124 AO Rn. 1; für das Allgemeine Verwaltungsrecht: *Maurer/Waldhoff*, Allgemeines Verwaltungsrecht, 2017, § 10 Rn. 5.

251 *Fritsch*, in: Koenig, AO, 2014, § 122 AO Rn. 6; *Seer*, in Tipke/Lang, Steuerrecht, 2018, § 21 Rn. 61.

252 BFH, Urt. v. 24.11.1988, V R 123/83, BStBl. II 1989, 344 (345); ders., Urt. v. 23.8.2000, X R 27/98, BFH/NV 2001, 355 (356); FG München, Urt. v. 28.6.2005, 6 K 4957/03, EFG 2005, 1502 (1503); *Fritsch*, in: Koenig, AO, 2014, § 124 AO Rn. 5; *M. Frotscher*, in: Schwarz/Pahlke, AO/FGO (2012), § 124 AO Rn. 5; *Große*, DStZ 1990, 348 (351); *Ratschow*, in: Klein, AO, 2016, § 122 AO Rn. 5; *Werth*, in: Kühn/v. Wedelstädt, AO/FGO, 2015, § 122 AO Rn. 4.

253 *Seer*, in: Tipke/Lang, Steuerrecht, 2018, § 21 Rn. 74; *ders.*, in: TK, AO/FGO (2017), § 122 AO Rn. 5.

254 BGBl. I 2016, S. 1679.

255 BFH, Urt. v. 24.11.1988, V R 123/83, BStBl. II 1989, 344 (345); *Fritsch*, in: Koenig, AO, 2014, § 124 AO Rn. 9; *Werth*, in: Kühn/v. Wedelstädt, AO/FGO, 2015, § 124 AO Rn. 5.

256 *Große*, DStZ 1990, 348 (351 f.); *Müller-Franken*, in: HHSp, AO/FGO (2016), § 122 AO Rn. 45; *Seer*, in: TK, AO/FGO (2017), § 122 AO Rn. 4.

Datenverarbeitungssystems zum Ausdruck.[257] Es dürfte hierbei im Sinne eines generellen Willens zur Bekanntgabe davon auszugehen sein, dass der programmierende Amtsträger den Willen hat, dass alle Rechenvorgänge, die das Datenverarbeitungssystem ohne Beanstandung durchlaufen, in die Produktion und den Versand eines Steuerbescheids münden.

Bei einem Vergleich des antizipierten Bekanntgabewillens bei ausschließlich automationsgestützt erlassenden Steuerbescheiden mit der für den Normalfall vom Bundesfinanzhof sowie von Teilen der Literatur vertretenen Auffassung lassen sich Wertungswidersprüche feststellen. Die überwiegend vertretene Auffassung hält nämlich einen Willen zur Bekanntgabe für erforderlich, so dass ein Steuerbescheid unwirksam ist, wenn der Amtsträger versehentlich eine maschinelle Verarbeitung anstößt, die zur Produktion und zum Versand eines Steuerbescheids führt.[258] Es kann aber keinen Unterschied machen, ob es zur Produktion und zum Versand eines Steuerbescheids kommt, weil der Amtsträger unbeabsichtigt eine Datenfreigabe erteilt oder bei der Vorprogrammierung Fehler unterlaufen sind. Deshalb ist es überzeugender, auf die Erforderlichkeit eines Willens zur Bekanntgabe zu verzichten.[259] 140

Die Wirksamkeit besteht nach § 124 Abs. 2 AO fort, solange und soweit ein Steuerverwaltungsakt nicht zurückgenommen, widerrufen, anderweitig aufgehoben oder durch Zeitablauf oder auf andere Weise erledigt ist. Rücknahme, Widerruf und anderweitige Aufhebung sind dabei in erster Linie eine Frage der Durchbrechung der materiellen Bestandskraft. Im Falle der Erledigung durch Zeitablauf oder auf sonstige Weise verhält es sich demgegenüber anders. Hier wird durch eine Befristung i. S. d. § 120 Abs. 2 Nr. 1 AO oder eine auflösende Bedingung i. S. d. § 120 Abs. 2 Nr. 2 AO die Wirksamkeit von Anfang beschränkt, so dass keine Bestandskraft eintreten kann. 141

Keinerlei Wirksamkeit erlangt nach § 124 Abs. 3 AO der nichtige Steuerverwaltungsakt. Dies stellt eine Ausnahme vom allgemeinen Grundsatz dar, dass ein Akt der staatlichen Gewalt die Vermutung seiner Gültigkeit in sich trägt.[260] Nichtig ist nach der Generalklausel des § 125 Abs. 1 AO ein Steuerverwaltungsakt, soweit er objektiv an einem besonders schwerwiegenden Fehler leidet und dies subjektiv bei verständiger Würdigung aller in Betracht kommenden Umstände offenkundig ist. Ein einfacher Verstoß gegen deutsches Recht ist demnach nicht ausreichend.[261] 142

---

257 So auch: *Seer*, StuW 2015, 315 (323); *ders.*, in: TK, AO/FGO (2017), § 122 AO Rn. 6.

258 FG München, Urt. v. 28.6.2005, 6 K 4957/03, EFG 2005, 1502 (1503); *Fritsch*, in: Koenig, AO, 2014, § 124 AO Rn. 9.

259 Zu den weiteren Argumenten: *Seer*, in: Tipke/Lang, Steuerrecht, 2018, § 21 Rn. 74; *ders.*, in: TK, AO/FGO (2017) § 122 AO Rn. 5.

260 BFH, Urt. v. 30.11.1987, VIII B 3/87, BStBl. II 1988, 183 (185); *Fritsch*, in: Koenig, AO, 2014, § 125 AO Rn. 2; *Seer*, in: TK, AO/FGO (2015), § 125 AO Rn. 3.

261 BFH, Urt. v. 30.6.2011, V R 44/10, BStBl. II 2011, 1003 Rn. 24; *Ratschow*, in: Klein, AO, 2016, § 125 AO Rn. 2; *Werth*, in: Kühn/v. Wedelstädt, AO/FGO, 2015, § 125 AO Rn. 3.

Gleiches gilt bei Verstößen gegen Verfassungsrecht, wenn das Steuergesetz noch nicht vom Bundesverfassungsgericht für verfassungswidrig erklärt wurde, da Behörden bis zur Feststellung der Verfassungswidrigkeit durch das Bundesverfassungsgericht von der Verfassungsmäßigkeit des Gesetzes ausgehen dürfen und müssen.[262] Dieses Ergebnis wird durch § 79 Abs. 2 Satz 1 BVerfGG bestätigt. Nach dieser Vorschrift bleiben die nicht mehr anfechtbaren Entscheidungen, die auf einer für verfassungswidrig und nichtig erklärten Norm beruhen, von dieser Nichtigerklärung unberührt.[263] Schließlich enthält § 125 Abs. 2 AO einen Positivkatalog von absoluten Nichtigkeitsgründen. Dazu gehören die Fälle, in denen

- die erlassende Finanzbehörde nicht erkennbar ist (Nr. 1),
- den Steuerverwaltungsakt aus tatsächlichen Gründen niemand befolgen kann (Nr. 2),
- der Steuerverwaltungsakt die Begehung einer straf- oder bußgeldbewehrten rechtswidrigen Tat verlangt (Nr. 3) oder
- der Steuerverwaltungsakt gegen die guten Sitten verstößt (Nr. 4).

143 Zusammenfassend lässt sich damit festhalten, dass ein Steuerverwaltungsakt im Regelfall mit seiner Bekanntgabe wirksam wird, auch wenn dieser einen Verstoß gegen deutsches Recht enthalten sollte. Daran anschließend ist nun zunächst die formelle und später die materielle Bestandskraft des Steuerverwaltungsakts zu bestimmen.

II. Die formelle Bestandskraft von Steuerverwaltungsakten bei Verstößen gegen deutsches Recht

144 Die *formelle Bestandskraft* eines Steuerverwaltungsakts tritt mit dessen Unanfechtbarkeit ein (Rn. 34). Die für ihre Umsetzung einschlägigen Normen finden sich in den Regelungen über den Einspruch gemäß §§ 347 ff. AO sowie in der Finanzgerichtsordnung, wenn ein Einspruch nach § 348 AO nicht statthaft ist.[264]

145 Das Einspruchsverfahren als förmliches außergerichtliches Rechtsbehelfsverfahren ist in §§ 347 ff. AO geregelt. Formelle Bestandskraft tritt ein, wenn der Steuerpflichtige zulässigerweise auf das Einlegen eines Einspruchs verzichtet (§ 354 AO), wenn die Einspruchsfrist (§ 355 AO) abgelaufen ist, ohne dass ein Einspruch eingelegt wurde, oder wenn der Steuerpflichtige einen eingelegten Einspruch nach Ablauf der Einspruchsfrist zurücknimmt (§ 362 AO). Dass das Eintreten der formellen Bestandskraft von einer Handlung des Steuerpflichtigen abhängt, nämlich im Falle des Verzichts und der Rücknahme von einem Tun, im Falle des Ablaufs der Einspruchsfrist hingegen von einem Unterlassen, hängt damit zusammen, dass

262 BFH, Urt. v. 16.9.2010, V R 57/09, BStBl. II 2011, 151 Rn. 20; *Rozek*, in: HHSp, AO/FGO (2017), § 125 AO Rn. 41; *Seer*, in: TK, AO/FGO (2015), § 125 AO Rn. 10.

263 *Bartone*, in: Kühn/v. Wedelstädt, AO/FGO, 2015, Vor §§ 172–177 AO Rn. 21.

264 *Musil*, DStZ 2005, 362 (362).

das Einspruchsverfahren der Durchsetzung des verfassungsrechtlich garantierten Rechts auf Rechtsschutz dient (Rn. 98). Dieses folgt für das Einspruchsverfahren zwar nicht aus Art. 19 Abs. 4 GG[265], jedoch ergibt es sich aus den materiellen Grundrechten (Rn. 103).[266] Ein rechtswidriger Steuerverwaltungsakt beeinträchtigt den Steuerpflichtigen nämlich zumindest in seiner durch Art. 2 Abs. 1 GG garantierten Handlungsfreiheit. Zugleich liegt darin ein Verstoß gegen den aus Art. 3 Abs. 1 GG abgeleiteten Grundsatz der Gleichmäßigkeit der Besteuerung. Es ist daran zu erinnern, dass es sich bei der Steuerverwaltung um eine Massenverwaltung handelt, so dass durch die knappen Ressourcen der Finanzbehörden beim Erlass eines Steuerverwaltungsakts die Gefahr einer mangelnden Sachaufklärung und die Gefahr einer Verletzung des Rechts auf rechtliches Gehör besteht. Hinzu kommt, dass dem Erlass von Steuerbescheiden in Anbetracht der hohen Arbeitsbelastung eine Vielzahl flüchtiger Veranlagungen vorausgeht. Damit steigt die Gefahr, dass ein Steuerverwaltungsakt im Einzelfall rechtswidrig sein kann, mithin die allgemeine Handlungsfreiheit des Steuerpflichtigen und den Grundsatz der Gleichmäßigkeit der Besteuerung beeinträchtigt. Eine Gewährleistung allein durch die Finanzgerichte kann aufgrund der Komplexität und des hierbei anfallenden Arbeitsaufwandes nicht erfolgen. Daher ergibt sich die Notwendigkeit eines Einspruchsverfahrens für das Steuerrecht unmittelbar aus der Verfassung.

Nach einem Einspruchsverfahren tritt formelle Bestandskraft ein, wenn die Kla- 146
gefrist (§ 47 FGO) abgelaufen ist, ohne dass eine Klage erhoben wurde, wenn auf die Klage zulässigerweise verzichtet (§ 50 FGO) oder wenn eine Klage nach Ablauf der Klagefrist zurückgenommen (§ 72 FGO) wird. Die Regelungen der Finanzgerichtsordnung dienen der Konkretisierung des Rechts auf umfassenden Rechtsschutz aus Art. 19 Abs. 4 GG (Rn. 98, 100).[267]

Auch die Erledigungserklärung in einem finanzgerichtlichen Verfahren führt 147
grundsätzlich nur zur Bestandskraft des Steuerverwaltungsakts. Sie entfaltet nicht die gleiche Bindungswirkung wie das Urteil eines Finanzgerichts und führt daher nicht zum Eintritt der formellen Rechtskraft.[268]

Die Unanfechtbarkeit eines Steuerverwaltungsakts hängt demzufolge maß- 148
geblich vom Steuerpflichtigen ab: Der Steuerpflichtige kann die Unanfechtbarkeit zum einen aktiv durch Verzicht auf Rechtsbehelfe bzw. durch Zurücknahme von Rechtsbehelfen sowie zum anderen durch Unterlassen der Einlegung eines Rechtsbehelfs herbeiführen. Im Falle der Unanfechtbarkeit durch Unterlassen wird der Steuerpflichtige dadurch geschützt, dass die Rechtsbehelfsfrist nur bei

265 Vgl. BVerfG, Beschl. v. 9.5.1973, 2 BvL 43, 44/71, BVerfGE 35, 65 (73); *Tappe*, in: HHSp, AO/FGO (2014), Vor §§ 347–368 AO Rn. 10.

266 *Cöster*, in: Koenig, AO, 2014, Vor §§ 347 ff. AO Rn. 5.

267 *Bartone*, in: Kühn/v. Wedelstädt, AO/FGO, 2015, Vor FGO Rn. 15; *Seer*, in: TK, AO/FGO (2014), § 40 FGO Rn. 1.

268 BFH, Beschl. v. 17.12.1999, V B 115/99, BFH/NV 2000, 937 Rn. 13; *Seer*, in: TK, AO/FGO (2014), § 110 FGO Rn. 1.

ordnungsgemäßer Rechtsbehelfsbelehrung (vgl. § 356 Abs. 1 AO bzw. § 55 Abs. 1 FGO) zu laufen beginnt. Er wird demzufolge explizit darauf hingewiesen, dass die Unanfechtbarkeit eintritt, wenn er keinen Rechtsbehelf erhebt. Fehlt es an einer ordnungsgemäßen Rechtsbehelfsbelehrung, tritt die Unanfechtbarkeit grundsätzlich mit Ablauf eines Jahres seit Bekanntgabe des Verwaltungsakts oder der Einspruchsentscheidung ein. Der Gesetzgeber geht bei diesen Regelungen offensichtlich davon aus, dass jemand, der durch einen Steuerverwaltungsakt betroffen ist, auch in Unkenntnis der Rechtsbehelfsmöglichkeiten innerhalb dieses Zeitraums gegen den ihm bekannten Steuerverwaltungsakt vorgeht.

149 Tritt die formelle Bestandskraft eines Steuerverwaltungsakts infolge des Unterlassens der Einlegung eines Rechtsbehelfs durch Fristablauf ein, besteht die Möglichkeit der Durchbrechung der formellen Bestandskraft durch Wiedereinsetzung in den vorigen Stand nach § 110 AO bzw. § 56 FGO. Die Wiedereinsetzung in den vorigen Stand hat zur Voraussetzung, dass der Steuerpflichtige ohne Verschulden verhindert war, eine gesetzliche Frist einzuhalten und der Antrag innerhalb von einem Monat (§ 110 Abs. 2 Satz 1 AO) bzw. von zwei Wochen (§ 56 Abs. 2 Satz 1 FGO) nach Wegfall des Hindernisses gestellt wird. Die Durchbrechung lässt sich dabei auf die Vorgaben des Art. 19 Abs. 4 GG stützen. Der Zugang zu einer materiell-rechtlichen Prüfung des Gerichts soll nicht deshalb verwehrt werden, weil der Steuerpflichtige unverschuldet eine hierfür erforderliche Frist versäumt hat.[269]

III. Die materielle Bestandskraft von Steuerverwaltungsakten bei Verstößen gegen deutsches Recht

150 Der Eintritt der materiellen Bestandskraft ist mit dem Eintritt der soeben dargestellten formellen Bestandskraft verbunden (Rn. 35). Nach dem hier vertretenen Verständnis wird mit der materiellen Bestandskraft eines Steuerverwaltungsakts dessen allseitige Bindungswirkung für die Finanzbehörde sowie den Adressaten und etwaige Drittbetroffene an seinen Rechtsfolgenausspruch bezeichnet (Rn. 46). Eine positive Regelung der materiellen Bestandskraft findet sich nicht im Gesetz. Geregelt sind demgegenüber die Fälle, in denen es zur Durchbrechung der materiellen Bestandskraft kommt.

1. Grundlagen und Systematik der Korrekturvorschriften als Regeln zur Durchbrechung der materiellen Bestandskraft

151 Es handelt dabei um die Korrekturvorschriften der Abgabenordnung, die im Folgenden dargestellt werden. Diese Korrekturvorschriften können in drei Gruppen unterteilt werden, nämlich in solche Regelungen, die für *alle Arten von Steuerverwaltungsakten* gelten (§ 129 AO), solche Vorschriften, die nur für *allgemeine Steuerverwaltungsakte* Anwendung finden (§§ 130, 131 AO), und solche Normen, die nur

269 *Wagner*, in: Kühn/v. Wedelstädt, AO/FGO, 2015, § 110 AO Rn. 2.

für *Steuerbescheide* einschlägig sind (§§ 172 ff. AO). Bei der Gestaltung der soeben genannten Korrekturvorschriften hat der Gesetzgeber die bereits dargelegten verfassungsrechtlichen Vorgaben teilweise bei der Ausgestaltung des Tatbestands, teilweise bei der Wahl der Rechtsfolge berücksichtigt. Dies gilt insbesondere für das Element des Vertrauensschutzes. So setzen einige Korrekturtatbestände voraus, dass sich Fehler auf ein Verhalten des Steuerpflichtigen zurückführen lassen oder für den Steuerpflichtigen erkennbar waren. In anderen Fällen hat der Gesetzgeber die Korrektur ins pflichtgemäße Ermessen der Finanzbehörde gestellt, so dass sie die verfassungsrechtlichen Vorgaben im Rahmen ihrer Ermessensentscheidung einfließen lassen muss.

a) *Differenzierung zwischen allgemeinen Steuerverwaltungsakten und Steuerbescheiden*

Rechtshistorisch erfolgte bereits in der Reichsabgabenordnung 1919 eine Diffe- 152
renzierung zwischen der Rechtsbeständigkeit von *allgemeinen Steuerverwaltungsakten* und *Steuerbescheiden.* So sahen auch die Vorläufer der Abgabenordnung 1977 verschiedene Korrekturvorschriften für *allgemeine Steuerverwaltungsakte* (vgl. § 75 RAO 1919, § 93 RAO 1931) und für *Steuerbescheide* (vgl. §§ 76, 212 ff. RAO 1919, §§ 94, 222 ff. RAO 1931) vor (Rn. 67 ff., 73 ff.). Diese Unterscheidung wurde seinerzeit – daran sei erinnert – damit gerechtfertigt, dass *Steuerbescheiden* ein förmliches Ermittlungsverfahren vorauszugehen pflegte und ihnen insbesondere durch die Einbeziehung von weisungsfreien Steuerausschüssen als Ausdruck der bürgerlichen Selbstverwaltung größeres Gewicht zukommen sollte. Dadurch sollte eine Gewähr dafür bestehen, dass *Steuerbescheide* inhaltlich richtig sind (Rn. 70).

Diese Differenzierung hinsichtlich der Bestandskraft von *allgemeinen Steuerver-* 153
waltungsakten und *Steuerbescheide*n wurde durch die Abgabenordnung 1977 nicht beseitigt und besteht gegenwärtig unverändert fort. Für *allgemeine Steuerverwaltungsakte* treten neben § 129 AO noch §§ 130, 131 AO; bei *Steuerbescheiden* sind es §§ 172 ff. AO. Allerdings findet sich heutzutage in der Literatur keine Begründung für diese Unterscheidung, die der ursprünglichen Begründung zur Unterscheidung in der Reichsabgabenordnung 1919 ähnelt. Abgesehen von dem Hinweis auf rechtshistorische Gründe für die Zweiteilung der Korrekturvorschriften[270], wird heute eher davon ausgegangen, dass es der Fehleranfälligkeit eines Massenverfahrens – wie im Falle des Erlasses von Steuerbescheiden – geschuldet sei, zudem mit Rücksicht auf das Gebot der Gesetzmäßigkeit der Verwaltung und im Interesse der materiellen Richtigkeit der Entscheidung, die Grenze der Bestandskraft für Steuerbescheide enger zu ziehen, als dieses in anderen Bereichen des öffentlichen Rechts vorgesehen ist.[271] Demgemäß hat sich die Rechtfertigung der Unterscheidung zwischen *allgemeinen Steuerverwaltungsakten* und *Steuerbescheiden*

270 *Kruse*, Steuerrecht I, 1991, S. 284 f.; *Seer*, in: Tipke/Lang, Steuerrecht, 2018, § 21 Rn. 383.

271 Vgl. *v. Groll*, in: HHSp, AO/FGO (2016), Vor § 172–177 AO Rn. 25; *Koenig*, in: Koenig, AO, 2014, Vor §§ 172–177 AO Rn. 5; *Loose*, in: TK, AO/FGO (2017), Vor § 172 AO Rn. 1.

scheinbar umgekehrt. Sollte ursprünglich das dem Steuerbescheid vorausgehende Ermittlungsverfahren Gewähr dafür bieten, dass die Steuerbescheide inhaltlich richtig sind, so wird dieses nunmehr in Abrede gestellt.

154 Die Auffassung, dass die Fehleranfälligkeit eines Massenverfahrens eine höhere Rechtsbeständigkeit verlange, erscheint im Hinblick auf die verfassungsrechtlichen Vorgaben nicht unproblematisch. Denn diese Vorgaben geben dem Gesetzgeber im Rahmen eines Optimierungsauftrags auf, sowohl den Grundsatz der Gleichmäßigkeit der Besteuerung als auch den der Gesetzmäßigkeit der Besteuerung dergestalt in einen Ausgleich zu bringen, dass beide zur höchstmöglichen Wirksamkeit gelangen (Rn. 117). Die Gestaltungsfreiheit des Gesetzgebers wird hierbei durch das Untermaßverbot beschränkt (Rn. 119). Wäre die erhöhte Rechtsbeständigkeit eines Steuerbescheids nur mit der Fehleranfälligkeit eines Massenverfahrens zu begründen, dann würde das Gebot der Gesetzmäßigkeit der Besteuerung möglicherweise einseitig geopfert werden. Daran ist es aber nicht. Die unterschiedliche Rechtsbeständigkeit von *Steuerbescheiden* und *allgemeinen Steuerverwaltungsakten* rechtfertigt sich heute ebenfalls noch aus dem ihrem Erlass vorausgehenden Verfahren. Zwar wirken schon lange keine weisungsfreien Steuerausschüsse mehr an der Steuerfestsetzung mit.[272] Allerdings gehen *Steuerbescheide* zum ganz wesentlichen Teil auf eine Steuererklärung des Steuerpflichtigen zurück, die er nach amtlich vorgeschriebenem Vordruck abzugeben hat (§§ 149, 150 AO). Hierin ist – wie nachfolgend gezeigt wird – ein wesentlicher Grund für die erhöhte Rechtsbeständigkeit eines Steuerbescheids zu sehen.

155 Für *alle Steuerverwaltungsakte* gilt zunächst der in § 88 Abs. 1 AO niedergelegte Untersuchungsgrundsatz. Danach hat die Finanzbehörde den Sachverhalt von Amts wegen zu ermitteln, wobei sie alle für den Einzelfall bedeutsamen, auch die für den Steuerpflichtigen günstigen Umstände zu berücksichtigen hat. Art und Umfang der Ermittlungen bestimmt die Finanzbehörde bei alledem nach den Umständen des Einzelfalls sowie nach den Grundsätzen der Gleichmäßigkeit, Gesetzmäßigkeit und Verhältnismäßigkeit (§ 88 Abs. 2 Satz 1 AO). Bei dieser Entscheidung können allgemeine Erfahrungen der Finanzbehörde sowie Wirtschaftlichkeit und Zweckmäßigkeit berücksichtigt werden (§ 88 Abs. 2 Satz 2 AO). Die Steuerpflichtigen sind dabei nach § 90 Abs. 1 AO zur Mitwirkung verpflichtet. Sie trifft bei dieser Angelegenheit – ähnlich den Parteien im Zivilprozess (vgl. § 138 Abs. 1 ZPO) – eine strafbewehrte Wahrheitspflicht (§ 90 Abs. 1 Satz 2 AO); d. h. sie müssen richtige und vollständige Angaben über die steuerlich relevanten Tatsachen machen.[273] Aus dem

---

272 Die Steuerausschüsse wurden durch Art. 9 Nr. 9 des Gesetzes zur Änderung strafrechtlicher Vorschriften der Reichabgabenordnung und anderer Gesetze vom 10.8.1967 abgeschafft (BGBl. I 1967, 881).

273 *Schuhmann*, DStZ 1986, 583 (587); *Seer*, in: TK, AO/FGO (2017), § 90 AO Rn. 9; *Söhn*, in: HHSp, AO/FGO (2012), § 90 AO Rn. 56, 58. Vgl. die weiteren die Wahrheitspflicht ausgestaltenden Vorschriften der §§ 93 Abs. 3 Satz 1, 94 Abs. 1 Satz 1, 95 Abs. 3 Satz 2, 146 Abs. 1, 149 Abs. 1 Satz 4, 150 Abs. 2, 153 Abs. 1 Satz 1 und 154 AO.

Zusammenspiel beider Normen leitet sich eine kooperative Arbeitsteilung zwischen Finanzbehörde und Steuerpflichtigem (sog. Kooperationsmaxime) ab.[274]

Beantragt ein Steuerpflichtiger die Stundung oder den Erlass eines Anspruchs aus dem Steuerschuldverhältnis, also den Erlass eines *allgemeinen Steuerverwaltungsakts*, dann ist die Finanzbehörde bei der Durchführung des steuerlichen Ermittlungsverfahrens frei, welche Ermittlungsmaßnahmen sie ergreift, um das Vorliegen der Voraussetzungen zu überprüfen. Entsprechendes gilt für das einem Haftungsbescheid vorausgehende Verfahren. 156

In Bezug auf den Erlass von *Steuerbescheiden* kommen dem hingegen weitere Vorschriften zum Tragen, die das Ermittlungsverfahren förmlicher ausgestalten. So schreibt § 149 Abs. 1 Satz 1 AO vor, dass die Einzelsteuergesetze bestimmen, wer zur Abgabe einer Steuererklärung verpflichtet ist. Für die hier im Fokus stehenden Steuern ergibt sich dieses aus § 25 Abs. 3 Satz 1 EStG für die Einkommensteuer, aus § 31 Abs. 1 Satz 1 KStG für die Körperschaftsteuer und aus § 18 Abs. 3 Satz 1 EStG für die Umsatzsteuer; es ist in jedem der genannten Fälle grundsätzlich der Steuerpflichtige zur Abgabe einer Steuererklärung verpflichtet. 157

Im Falle der Umsatzsteuer handelt es sich dabei um eine Steueranmeldung, bei der der Steuerpflichtige die zu entrichtende oder zu erstattende Steuer selbst zu ermitteln hat. Diese Steueranmeldung steht nach § 168 Satz 1 AO einer Steuerfestsetzung unter dem Vorbehalt der Nachprüfung gleich. 158

Im Gegensatz hierzu erfolgt bei der Einkommen- oder Körperschaftsteuer eine Steuerveranlagung, d. h. die Steuererklärung wird von Seiten der Finanzbehörde zunächst überprüft. Dieses geschieht zumindest im Bereich der Einkommensteuer – wie es nunmehr in § 88 Abs. 5 AO durch das Gesetz der Modernisierung des Besteuerungsverfahrens auch gesetzlich verankert wurde –, indem ein automationsgestütztes Risikomanagementsystem eingesetzt wird. Die Daten von in Papierform eingegangenen Steuererklärungen werden hierzu erfasst bzw. eingescannt, was bei elektronisch übermittelten Steuererklärungen entfällt. Diese Daten werden dann von einem Risikofilter maschinell geprüft, dessen Prüfungsintensität davon abhängig ist, in welche Risikoklasse der Steuerfall einsortiert ist. Unterschieden werden Fälle der Risikoklasse 1 (hohes Risiko), Risikoklasse 2 (mittleres Risiko), Risikoklasse 3 (geringes Risiko) und Risikoklasse Betriebsprüfung (Bp).[275] Die Einordnung erfolgt aufgrund der Steuervita, wie sie im Erklärungs- und Zahlungsverhalten des Steuerpflichtigen oder den Ergebnissen früherer Außenprüfungen zum Ausdruck kommt, sowie wesentlichen betrieblichen Kennzahlen, wie Umsatz oder Gewinn.[276] Die im Rahmen der Risikofilter eingesetzten Parameter sind unterschiedlicher Art, wie z. B. das Überschreiten absoluter Wertgrenzen, wesentliche Veränderungen zum Vorjahr, logische Widersprüche innerhalb 159

274 *Seer*, SteuerStud 2010, 369 (371); *ders.*, DStJG 31 (2008), 7 (15); *Haunhorst*, DStR 2010, 2105 (2106), die insoweit von einer gemeinsamen Verantwortung spricht.

275 *Münch*, DStR 2013, 212 (214).

276 *Schmidt*, DStJG 31 (2008), 37 (43); *Seer*, SteuerStud 2010, 369 (374).

der Steuererklärung sowie erstmalig erklärte Sachverhalte.[277] Mittels der Risikofilter werden Prüfhinweise ausgegeben, die auf potenzielle Risikobereiche in der Steuererklärung hindeuten.[278] Bei Fällen der Risikoklasse 1 dienen diese Hinweise lediglich der Unterstützung des Amtsträgers, da diese Fälle grundsätzlich vollumfänglich zu überprüfen sind. Bei Fällen der Risikoklasse 2 und 3 beschränkt sich die Bearbeitung von Seiten des Amtsträgers im Regelfall auf die Überprüfung der Hinweise. Bei Fällen der Risikoklasse Bp werden nur Hinweise geprüft, die im Rahmen einer Außenprüfung typischerweise nicht mehr geprüft werden.[279] Es findet insoweit eine automationstechnische Unterstützung bei der Veranlagung durch einen Amtsträger statt, welcher die Daten zur Steuerfestsetzung freizugeben hat.[280] Darüber hinaus werden per Zufallsauswahl einzelne Fälle ausgesteuert und für eine vollumfängliche Prüfung durch einen Amtsträger ausgewählt.[281]

160 Diese Vorgehensweise entspricht den verfassungsrechtlichen Vorgaben. Der Grundsatz der Gleichmäßigkeit der Besteuerung verlangt von den Finanzbehörden, dass sie die Steuergesetze gleichmäßig zu vollziehen haben (Rn. 113). Diesem Grundsatz können die Finanzbehörden aber nur gerecht werden, wenn den Steuerpflichtigen im Hinblick auf ihre Mitwirkung am Besteuerungsverfahren, insbesondere durch die Abgabe einer Steuererklärung, ein Vertrauensvorschuss gewährt wird (sog. Vertrauensvorschussprinzip).[282] Soweit der Steuerpflichtige aktiv mitwirkt und aus Sicht der Finanzbehörde keinerlei Anhaltspunkte dafür vorliegen, dass die von ihm erklärten Tatsachen unrichtig oder unvollständig sind, besteht grundsätzlich kein Anlass für weitere Ermittlungen.[283]

161 Das Verifikationsprinzip stellt eine notwendige Ergänzung zu diesem Vertrauensvorschussprinzip dar.[284] Hierbei kommt es zunächst zu einer Plausibilitätskontrolle, in deren Rahmen überprüft wird, ob sich die Angaben des Steuerpflichtigen als unschlüssig oder gar perplex erweisen oder der behördlichen Erfahrung widersprechen. Hieran schließt sich eine Stichprobenkontrolle an, in deren Rahmen entweder durch eine genaue Prüfung einzelner Punkte induktiv auf die Zuverlässigkeit der übrigen Angaben des Steuerpflichtigen geschlossen werden kann oder der gesamte Steuerfall in seinen Einzelheiten geprüft wird.[285] Diesen Überlegungen folgt das bereits vor Inkrafttreten des Gesetzes zur Modernisierung betriebene

---

277 *Deckers/Vieten*, FR 2015, 913 (914); *Münch*, DStR 2013, 212 (213).

278 *Deckers/Vieten*, FR 2015, 913 (914); *Nagel/Waza*, DStZ 2008, 321 (324).

279 *Münch*, DStR 2013, 212 (214).

280 *Maier*, JZ 2017, 614 (614); *Schwenker*, DB 2016, 375 (379).

281 *Münch*, DStR 2013, 212 (214); *Nagel/Waza*, DStZ 2008, 321 (324); *Seer*, SteuerStud 2010, 369 (374).

282 *Haunhorst*, DStR 2016, 2105 (2106); *Seer*, SteuerStud 2010, 369 (372).

283 BFH, Urt. v. 7.7.2004, XI R 10/03, BStBl. II 2004, 911 (912); *Haunhorst*, DStR 2016, 2105 (2107).

284 *Haunhorst*, DStR 2010, 2105 (2106); *Maier*, JZ 2017, 614 (615); *Schmidt*, DStJG 31 (2008), 37 (39).

285 *Seer*, SteuerStud 2010, 369 (373); *ders.*, DStJG 31 (2008), 7 (17).

Risikomanagement der Finanzbehörden im Bereich der Einkommensteuer. Die Aufgabe der Plausibilitätskontrolle übernimmt dabei der Einsatz der Risikofilter. Die Stichprobenprüfung wird durch dic Zufallsauswahl sichergestellt.

Infolgedessen lässt sich für das dem Erlass eines *Steuerbescheids* vorangehende 162
Verfahren Folgendes festhalten: Das Verfahren bietet zwar keine Gewähr dafür, dass die Steuerfestsetzung in jeglicher Hinsicht materiell-rechtlich zutreffend ist. Ein solches Ziel kann aber auch nicht gefordert werden, da es sich bei dem Besteuerungsverfahren um ein Massenverfahren handelt. Das Verfahren ist allerdings am Gebot der Gleichmäßigkeit der Besteuerung im Sinne der Rechtsanwendungsgleichheit ausgerichtet. Diese Funktion setzt sich nun bei der Durchbrechung der materiellen Bestandskraft im Korrekturverfahren als Fortsetzung des steuerlichen Ermittlungsverfahrens fort. Um der Gleichmäßigkeit der Besteuerung im Sinne der Rechtsanwendungsgleichheit willen ist es auch heute noch gerechtfertigt, *Steuerbescheide* gegenüber *allgemeinen Steuerverwaltungsakten* mit einem höheren Grad an Rechtsbeständigkeit auszustatten.

b) Rechtfertigung der Gleichbehandlung von herkömmlichen und ausschließlich automationsgestützt erlassenen Steuerbescheiden

Bleibt die Frage, ob es in der Folge überdies gerechtfertigt ist, den durch das Gesetz 163
zur Modernisierung des Besteuerungsverfahrens neu in die Abgabenordnung aufgenommenen ausschließlich automationsgestützt erlassenen Steuerbescheiden die gleiche Rechtsbeständigkeit zukommen zu lassen, wie es bei anderen Steuerbescheiden der Fall ist. Zunächst ist festzuhalten, dass auch ausschließlich automationsgestützt erlassene Steuerbescheide weiterhin als hoheitliche Maßnahmen einer Behörde anzusehen sind.[286] Die Zurechenbarkeit zum Staat ergibt sich – wie bereits ausgeführt – bei alledem aus der Programmierung und Zurverfügungstellung eines IT-Systems und die Kenntnisse von dessen Arbeitsergebnissen. Teilweise wird nun gefordert, dass bei ausschließlich automationsgestützt erlassenen Steuerbescheiden die Durchbrechung der materiellen Bestandskraft unter erleichterten Bedingungen möglich sein muss.[287] Die geringere Bestandskraft soll zur Kompensation der erhöhten Fehlerrisiken erforderlich sein.

Allerdings wurde bereits gezeigt, dass sich die höhere Rechtsbeständigkeit 164
von Steuerbescheiden nicht durch eine höhere Gewähr für ihre Rechtsrichtigkeit, sondern durch die höhere Gewähr für die Gleichmäßigkeit der Besteuerung im Sinne einer Rechtsanwendungsgleichheit rechtfertigt (Rn. 162). Diese Gewähr besteht aber bei ausschließlich automationsgestützt erlassenen Steuerbescheiden gleichermaßen. Möglicherweise können diese Steuerbescheide sogar eine größere Gewähr hierfür bieten. Der ausschließlich automationsgestützte Erlass eines

---

286 Vgl. *Heintzen*, DÖV 2015, 780 (784), der von „vollautomatisierter Staatlichkeit" spricht; ebenso: *Maier*, JZ 2017, 614 (615).

287 *Heintzen*, DÖV 2015, 780 (786).

Steuerbescheids setzt nämlich die Anwendung eines automationsgestützten Risikomanagementsystems (Rn. 159) voraus. Die erfassten oder übermittelten Daten des Steuerpflichtigen werden auch hier maschinell von einem Risikofilter geprüft. Zu einem ausschließlich automationsgestützten Erlass des Steuerbescheids kann es nur kommen, wenn die Risikoklasse, in die der Steuerfall einsortiert ist, nicht eine vollumfängliche Überprüfung vorsieht (Risikoklasse 1) und die Risikofilter nicht zur Ausgabe von Prüfhinweisen führen (Risikoklassen 2 und 3). Daher wird in diesen Fällen lediglich die bisher händische Freigabe der Daten durch den Amtsträger zur Steuerfestsetzung durch eine automatische Freigabe ersetzt. Hierdurch wird zwar das individuelle Ermittlungsermessen, das dem Amtsträger bei dem herkömmlichen Verfahren trotz aller Automationsunterstützung verbleibt, durch das vollautomatisierte Risikomanagementsystem ersetzt.[288] Es kann aber davon ausgegangen werden, dass sich bei Fällen der Risikoklassen 2 und 3 eine Bearbeitung durch den Amtsträger aufgrund seiner Arbeitsbelastung auf die ausgegebenen Prüfhinweise beschränkt[289] und der Amtsträger somit sein individuelles Ermittlungsermessen dahingehend betätigt hätte, keine weiteren Ermittlungen anzustellen. Mit dem durch die automatische Freigabe anstelle der händischen Freigabe eingesparten Arbeitsschritt gewinnt der Amtsträger Zeit, die er für die Bearbeitung anderer, prüfbedürftigerer Steuerfälle nutzen kann. Bei gleicher Personalausstattung der Finanzverwaltung kann hierdurch sogar ein positiver Effekt im Hinblick auf die Gleichmäßigkeit der Besteuerung erzielt werden. Nach alledem ist es gerechtfertigt, ausschließlich automationsgestützt erlassenen Steuerbescheiden die gleiche Rechtsbeständigkeit zukommen zu lassen wie anderen Steuerbescheiden. Damit sind die Grundlagen gelegt und die Systematik der Korrekturvorschriften erläutert. Sodann werden nun die einzelnen Korrekturreglungen als Fälle der Durchbrechung der materiellen Bestandskraft behandelt.

2. Durchbrechung der materiellen Bestandskraft bei offenbaren Unrichtigkeiten

165 Zuerst wird es dabei um die Regelung des § 129 AO gehen, welche bei *allen Steuerverwaltungsakten*, also sowohl bei Steuerbescheiden als auch bei allgemeinen Steuerverwaltungsakten, zur Anwendung. kommt[290]. Nach dieser Vorschrift kann die Finanzbehörde Schreibfehler, Rechenfehler und ähnliche offenbare Unrichtigkeiten, die beim Erlass eines Verwaltungsakts unterlaufen sind, jederzeit berichtigen und ist sogar dazu verpflichtet, wenn der Steuerpflichtige hieran ein berechtigtes Interesse hat.

---

288 *Maier*, JZ 2017, 614 (615).

289 *Deckers/Vieten*, FR 2015, 913 (914); *Münch*, DStR 2013, 912 (914).

290 *Intemann*, in: Koenig, AO, 2014, § 129 AO Rn. 9; *Ratschow*, in: Klein, AO, 2016, § 129 AO Rn. 3; *v. Wedelstädt*, in: Gosch, AO/FGO (2018), § 129 AO Rn. 3.

Eine Regelung zur Berichtigung offenbarer Unrichtigkeiten existierte bereits in § 74 Abs. 3 RAO 1919 (Rn. 67) und § 92 Abs. 3 AO 1931 (Rn. 73). Der gleiche Rechtsgedanke findet sich ebenso in den Vorschriften der §§ 42 VwVfG, 38 SGB X, 118 VwGO, 107 FGO, 138 SGG, 319 ZPO und damit in sämtlichen deutschen Verwaltungsverfahrensgesetzen und Prozessordnungen.[291] Die nach außen hin erfolgte Willensäußerung bildet keinen Vertrauensschutztatbestand, wenn der Sinn des Ausgedrückten von dem erkennbar Gewollten abweicht.[292] 166

Entscheidendes Merkmal für die fehlende Rechtsbeständigkeit ist dabei, dass die Unrichtigkeit *offenbar* ist. Denn die Abwägung der verfassungsrechtlichen Vorgaben für die Bestandskraft, insbesondere zwischen Gesetzmäßigkeit der Besteuerung (materieller Gerechtigkeit) und Rechtssicherheit (Rn. 117 ff.), muss sich im Wesentlichen an diesem Tatbestandsmerkmal vollziehen. Was eindeutig falsch ist, kann keinen Vertrauensschutz begründen, der dem Prinzip der Gesetzmäßigkeit der Besteuerung entgegensteht.[293] Bei Steuerbescheiden wird das Prinzip der 167

291 *Hering*, DStZ 1984, 220 (221); *Seer*, StuW 2015, 315 (325); *Ratschow*, in: Klein, AO, 2016, § 129 AO Rn. 1.

292 *Seer*, StuW 2015, 315 (325); *ders.*, in: Tipke/Lang, Steuerrecht, 2018, § 21 Rn. 389.

293 Ausgehend von dieser Feststellung lässt sich die wesentliche Streitfrage des § 129 AO lösen: Nach der Rechtsprechung des Bundesfinanzhof und Teilen der Literatur findet § 129 AO auch auf Fälle Anwendung, in denen die Unrichtigkeit des Steuerverwaltungsakts für den Steuerpflichtigen nicht erkennbar ist (BFH, Urt. v. 31.3.1987, VIII R 46/83, BStBl. II 1987, 588 [589]; *Intemann*, in: Koenig, AO, 2014, § 129 AO Rn. 18 f.; *Wernsmann*, in: HHSp, AO/FGO [2017], § 129 AO Rn. 18 ff.; *Werth*, in: Kühn/v. Wedelstädt, AO/FGO, 2015, § 129 AO Rn. 12 f.). Zur Begründung wird hierbei auf den Wortlaut des § 129 AO verwiesen, der eine offenbare Unrichtigkeit „beim Erlass“ eines Steuerverwaltungsakts voraussetzt. Auch entspreche die Auslegung dem vermeintlichen subjektiven Willen des Gesetzgebers (vgl. BT- Drucks. VII/4292, S. 29), nach welchem im Hinblick auf die Fehleranfälligkeit des Besteuerungsverfahrens als Massenverfahren die Möglichkeit der Berichtigung auch solcher Fehler bestehen soll. Diesem Ansatz wird von Teilen der Literatur mit starker Kritik begegnet (*Hering*, DStZ 1984, 220 [224]; *Ratschow*, in: Klein, AO, 2016, § 129 AO Rn. 13; *Seer*, in: Tipke/Lang, Steuerrecht, 2018, § 21 Rn. 391). Hiernach soll der durch die Anwendung des § 129 AO erfolgende Ausschluss des Vertrauensschutzes nur dann gerechtfertigt sein, wenn die Unrichtigkeit für den betroffenen Steuerpflichtigen selbst erkennbar sei (*Seer*, in: Tipke/Lang, Steuerrecht, 2018, § 21 Rn. 391; *ders.*, in: TK, AO/FGO [2015], § 129 AO Rn. 6a). Dem Wortlaut des § 129 AO („beim Erlass“) sei zwar geschuldet, dass sich die Unrichtigkeit nicht aus dem Steuerverwaltungsakt selbst ergibt, jedoch müsse sie sich aus anderen, dem Betroffenen bekannten oder zugänglichen Unterlagen ergeben (*Hering*, DStZ 1984, 220 [224]; *Seer*, in: Tipke/Lang, Steuerrecht, 2018, § 21 Rn. 391; *ders.*, in: TK, AO/FGO [2015], § 129 AO Rn. 6a). Denn der Schutz des Vertrauens in die Richtigkeit und den Bestand von Steuerverwaltungsakten finde dort seine Grenze, wo der Steuerpflichtige selbst weiß, dass Wille und Erklärung auseinanderfallen (*Hering*, DStZ 1984, 220 [221]). Der Verweis auf die Fehleranfälligkeit des Massenverfahrens verfängt nicht. Es wäre inkonsequent, Schreib- und Rechenfehler sowie andere offenbare Unrichtigkeiten

Rechtssicherheit über die Möglichkeit berücksichtigt, die Berichtigung nur innerhalb der Festsetzungsfrist vorzunehmen (§ 169 Abs. 1 Satz 2 AO). Indem die Grundsätze des Vertrauensschutzes und der Rechtsicherheit bereits in die Formulierung des Tatbestands Eingang gefunden haben, ist die Ermessensentscheidung hinsichtlich des Ob der Berichtigung vorgeprägt. Der Grundsatz der Gesetzmäßigkeit der Besteuerung wird in aller Regel eine Berichtigung erforderlich machen.[294]

3. *Durchbrechung der materiellen Bestandskraft von allgemeinen Steuerverwaltungsakten*

168 Als zweite Fallgruppe, in der es zur Durchbrechung der Bestandskraft kommt, wird es nun um die auf *allgemeine Steuerverwaltungsakte* anwendbaren Vorschriften der §§ 130, 131 AO über die Rücknahme und den Widerruf von Steuerverwaltungsakten gehen. Die Regelungen entsprechen im Wesentlichen den Regelungen der §§ 75 Abs. 1, 77 und 78 RAO 1919 (Rn. 67) und §§ 93 Abs. 1, 95 und 96 RAO 1931 (Rn. 73), sind aber den Vorschriften der §§ 48, 49 VwVfG nachgebildet[295]. Hierbei ist zwischen *rechtswidrigen* und *rechtmäßigen* Steuerverwaltungsakten zu unterscheiden.

a) Rücknahme rechtswidriger Steuerverwaltungsakte

169 Die erste für *allgemeine Steuerverwaltungsakte* geltende Regelung des § 130 Abs. 1 AO stellt den Grundsatz auf, dass *rechtswidrige* Steuerverwaltungsakte jederzeit nach pflichtgemäßem Ermessen mit Wirkung für die Zukunft oder die Vergangenheit zurückgenommen werden können.[296] Da in § 130 Abs. 2 AO besondere Voraussetzungen für die Rücknahme *begünstigender* Verwaltungsakte festgelegt werden, gilt der Grundsatz der freien Rücknehmbarkeit nur für *belastende* Verwaltungsakte. Die Vorschrift ermöglicht die Korrektur von Sachverhalts- und Rechtsanwendungsfehlern.

170 Die Finanzbehörde hat bei ihrer Ermessensentscheidung, ob ein rechtswidriger belastender Verwaltungsakt zu korrigieren ist, die verfassungsrechtlichen Vorgaben

---

unter Hinweis hierauf nicht hinnehmen zu wollen, die viel häufiger auf das Problem der Massenverwaltung zurückzuführenden Sachverhaltsaufklärungs- und Rechtsanwendungsfehler dementgegen zu ignorieren. Ein tauglicher Differenzierungsgrund i. S. d. Art. 3 Abs. 1 GG ist jedenfalls nicht ersichtlich. Deshalb kann eine offenbare Unrichtigkeit nur vorliegen, wenn der Fehler für den Steuerpflichtigen erkennbar ist.

294 So auch: *Intemann*, in: Koenig, AO, 2014, § 129 AO Rn. 52, der von einer Ermessensreduktion auf Null spricht; ebenso: *Werth*, in: Kühn/v. Wedelstädt, AO/FGO, 2015, § 129 AO Rn. 18; ähnlich: *Hering*, DStZ 1984, 220 (227); *Wernsmann*, in: HHSp, AO/FGO (2017), § 129 AO Rn. 93.

295 *Loose*, in: TK, AO/FGO (2017), Vor § 172 AO Rn. 6; *Rüsken*, in: Klein, AO, 2016, § 130 AO Rn. 1; *Seer*, in: Tipke/Lang, Steuerrecht, 2018, § 21 Rn. 383.

296 *Intemann*, in: Koenig, AO, 2014, § 130 AO Rn. 9; *v. Wedelstädt*, in: Gosch, AO/FGO (2014), § 130 AO Rn. 1; *Werth*, in: Kühn/v. Wedelstädt, AO/FGO, 2015, § 130 AO Rn. 1.

hinsichtlich der Rechtsbeständigkeit von Steuerverwaltungsakten einfließen zu lassen. So hat sie vor allem zwischen dem Prinzip der Gesetzmäßigkeit der Verwaltung und dem Interesse an Rechtssicherheit abzuwägen. Dabei kommt es auf die Schwere und Offensichtlichkeit des Rechtsverstoßes und darauf an, warum der Steuerpflichtige die Rechtswidrigkeit des Steuerverwaltungsakts erst nach Ablauf der Rechtsbehelfsfrist geltend macht. Eben weil es sich um eine Ermessensentscheidung handelt, wird deutlich, dass nicht jeder als rechtswidrig erkannte Steuerverwaltungsakt zurückzunehmen ist.[297] Sonst würden die Vorschriften über Rechtsbehelfsfristen für rechtswidrige belastende Steuerverwaltungsakte komplett leerlaufen.

Für *rechtswidrige begünstigende* Steuerverwaltungsakte hat der Gesetzgeber die 171
Rücknahme in § 130 Abs. 2 AO tatbestandsmäßigen Beschränkungen unterworfen, die dem Vertrauensschutz des Betroffenen dienen.[298] Er hat hierbei, wie § 130 Abs. 2 Nrn. 3 und 4 AO zeigen, zum Teil auf den Gedanken der Risikoverteilung nach Verantwortungsbereichen zurückgegriffen.[299] Das Erwirken des Steuerverwaltungsakts durch in wesentlicher Beziehung unrichtige oder unvollständige Angaben liegt eindeutig im Verantwortungsbereich des Steuerpflichtigen. Entsprechendes gilt für die Kenntnis oder grob fahrlässige Unkenntnis, weil der Steuerpflichtige mit einer Rücknahme des Verwaltungsakts rechnen muss.[300] Einem anderen Gedanken folgen § 130 Abs. 2 Nrn. 1 und 2 AO. Die Rechtfertigung einer Korrektur, weil der Steuerverwaltungsakt durch eine sachlich unzuständige Behörde erlassen oder durch unlautere Mittel wie arglistige Täuschung, Drohung oder Bestechung erwirkt wurde, lässt sich nicht wegen eines fehlenden Vertrauensschutzes rechtfertigen. Es kommt nämlich nicht auf die Kenntnis des Steuerpflichtigen an.[301] Im erstgenannten Fall spielt der Gedanke eine Rolle, dass die Bestandskraft eines Steuerverwaltungsakts von dem Verfahren seiner Entstehung abhängig ist. Wird eine sachlich unzuständige Finanzbehörde tätig, sieht der Gesetzgeber hierin eine gravierende Verletzung von Verfahrensvorschriften und demzufolge einen schwerwiegenden Verstoß gegen den Grundsatz der Gesetzmäßigkeit der Verwaltung.[302] Im zweitgenannten Fall wäre eine Rechtsbeständigkeit schlechthin unerträglich.

---

297 BFH, Urt. v. 9.3.1989, VI R 101/84, BStBl. II 1989, 749 (751); *Rüsken*, in: Klein, AO, 2016, § 130 AO Rn. 27; *Loose*, in: TK, AO/FGO (2014), § 130 AO Rn. 38.

298 *Intemann*, in: Koenig, AO, 2014, § 130 AO Rn. 31; *Loose*, in: TK, AO/FGO (2014), § 130 AO Rn. 6; *v. Wedelstädt*, in: Gosch, AO/FGO (2014), § 130 AO Rn. 5; *Werth*, in: Kühn/v. Wedelstädt, AO/FGO, 2015, § 130 AO Rn. 1.

299 Vgl. zu § 48 VwVfG: *Müller*, Die Aufhebung von Verwaltungsakten unter dem Einfluss des Europarechts, 2000, S. 117.

300 Vgl. zu § 48 VwVfG: *Müller*, Die Aufhebung von Verwaltungsakten unter dem Einfluss des Europarechts, 2000, S. 58.

301 Zu § 130 Abs. 2 Nr. 1 AO: *Rüsken*, in: Klein, AO, 2016, § 130 AO Rn. 44a; zu § 130 Abs. 2 Nr. 2 AO: *Intemann*, in: Koenig, AO, 2014, § 130 AO Rn. 37; *Wernsmann*, in: HHSp, AO/FGO (2017), § 130 AO Rn. 61.

302 *Wernsmann*, in: HHSp, AO/FGO (2017), § 130 AO Rn. 60; ebenso: *Loose*, in: TK, AO/FGO (2014), § 130 AO Rn. 19, der zudem formuliert, dass sachliche Unzuständigkeit eine starke Vermutung für Inkompetenz begründet.

b) Widerruf rechtmäßiger Steuerverwaltungsakte

172 Die zweite für *allgemeine Steuerverwaltungsakte* anwendbare Vorschrift des § 131 Abs. 1 AO ermöglicht den Widerruf eines *rechtmäßigen* Steuerverwaltungsakts nach pflichtgemäßem Ermessen jedenfalls dann, wenn nicht ein inhaltsgleicher Steuerverwaltungsakt erlassen werden müsste. Auf den ersten Blick mag es verwundern, dass die verfassungsrechtlichen Vorgaben hinsichtlich der materiellen Bestandskraft in bestimmten Fällen auch eine Korrektur rechtmäßiger Steuerverwaltungsakte nahelegen. Wird in die Betrachtung zum einen der Zeitpunkt, nach dem sich die Rechtmäßigkeit eines Steuerverwaltungsakts bestimmen soll, sowie zum anderen der bei Ermessensentscheidungen bestehende Entscheidungsspielraum einbezogen, so wird deutlich, dass hierfür ebenfalls ein Bedürfnis besteht.

173 Die Frage, ob ein Steuerverwaltungsakt rechtmäßig ist, bestimmt sich bekanntermaßen nach der Sach- und Rechtslage im Zeitpunkt seines Erlasses. Die Sachlage kann sich nun allerdings durch nachträglich eingetretene Tatsachen ändern. Ebenso sind Fälle denkbar, in denen sich die Rechtslage entweder rückwirkend ändert oder auf einen Dauerverwaltungsakt einwirkt.[303] Der Widerruf findet hier seine Rechtfertigung vor allem im Grundsatz der Gesetzmäßigkeit der Verwaltung.

174 Bei Ermessensverwaltungsakten kann ein Widerruf dann sinnvoll sein, wenn sich der legitime Zweck der das Ermessen einräumenden Norm durch den Widerruf besser erreichen lässt.[304] Der Gesetzgeber überantwortet der Finanzbehörde durch das Schaffen einer Ermessensvorschrift die Entscheidung darüber, was im Einzelfall rechtens sein soll. Die Gerechtigkeit wird im Einzelfall dabei maßgeblich durch Zweckmäßigkeitserwägungen bestimmt. Dies bedeutet, je zweckmäßiger eine Entscheidung der Finanzbehörde ist, desto gerechter ist diese Entscheidung. Demgemäß lässt sich auch hier ein Widerruf auf den Grundsatz der Gesetzmäßigkeit der Verwaltung zurückführen.

175 Unter dem Aspekt des Vertrauensschutzes sieht § 131 Abs. 2 Satz 1 Nrn. 1–3 AO wiederum eine tatbestandsmäßige Beschränkung des Widerrufs von *rechtmäßigen begünstigenden* Steuerverwaltungsakten vor.[305] Auch hier gilt, dass der Gesetzgeber eine Risikoverteilung nach Verantwortungsbereichen vorgenommen hat.[306] In allen drei Varianten kann sich der Steuerpflichtige darauf einrichten, dass der Steuerverwaltungsakt zurückgenommen werden könnte. Entweder wird ihm dieses erstens durch den Widerrufsvorbehalt deutlich gemacht oder es liegt

---

303 *Loose*, in: TK, AO/FGO (2014), § 131 AO Rn. 1; *v. Wedelstädt*, in: Gosch, AO/FGO (2014), § 131 AO Rn. 3; *Werth*, in: Kühn/v. Wedelstädt, AO/FGO, 2015, Vor §§ 130–132 AO Rn. 8.

304 *Loose*, in: TK, AO/FGO (2014), § 131 AO Rn. 2; *v. Wedelstädt*, in: Gosch, AO/FGO (2014), § 131 AO Rn. 2.

305 *Werth*, in: Kühn/v. Wedelstädt, AO/FGO, 2015, § 131 AO Rn. 6; *Intemann*, in: Koenig, AO, 2014, § 131 AO Rn. 2.

306 Vgl. zu § 49 VwVfG: *Müller*, Die Aufhebung von Verwaltungsakten unter dem Einfluss des Europarechts, 2000, S. 118.

unmittelbar in seinem Verantwortungsbereich, weil er zweitens eine Auflage nicht erfüllt oder weil drittens Umstände nachträglich eintreten, die bewirken, dass der Steuerverwaltungsakt so nicht erlassen worden wäre und ohne Widerruf das öffentliche Interesse gefährdet wäre.

4. Durchbrechung der materiellen Bestandskraft von Steuerbescheiden

Nachdem die für *alle Steuerverwaltungsakte* anwendbare Korrekturvorschrift des § 129 AO und danach die nur für *allgemeine Steuerverwaltungsakte* konzipierten Korrekturvorschriften der §§ 130, 131 AO dargestellt wurden, soll es nun um die dritte Gruppe von Korrekturvorschriften gehen, welche nur für *Steuerbescheide* gilt. Für die Korrektur von *Steuerbescheiden* hat der Gesetzgeber in §§ 172 ff. AO ein eigenständiges Korrektursystem geschaffen, das den Besonderheiten des Verfahrens ihrer Entstehung Rechnung trägt (Rn. 157 ff.). Grundtatbestand und Schaltstelle des Systems ist § 172 AO. Diese Regelung bestimmt in § 172 Abs. 1 Satz 1 AO nicht nur den Anwendungsbereich, sondern enthält selbst einzelne Korrekturtatbestände und erweitert in § 172 Abs. 1 Satz 1 Nr. 2 Buchst. d) AO die Korrekturmöglichkeiten auf eine unbeschränkte Anzahl sonstiger Korrekturvorschriften.[307] 176

Da sich die erhöhte Rechtsbeständigkeit von Steuerbescheiden gegenüber allgemeinen Steuerverwaltungsakten – wie bereits ausgeführt – aus dem ihrem Erlass vorangehenden Verfahren rechtfertigt (Rn. 157 ff.), liegt es nahe, dass der Gesetzgeber die Durchbrechung der materiellen Bestandskraft vor allem in Fällen vorsieht, in denen erhebliche Verfahrensmängel bestehen. Zudem ist zu beachten, dass das ihrem Erlass vorangehende Verfahren von dem bereits erläuterten Vertrauensvorschuss in die Richtigkeit und Vollständigkeit der Angaben des Steuerpflichtigen in der Steuererklärung gekennzeichnet ist (Rn. 160). Eine erhöhte Rechtsbeständigkeit kann deshalb nicht gerechtfertigt sein, wenn es im Verantwortungsbereich des Steuerpflichtigen liegt, dass die von ihm in seiner Steuererklärung gemachten Angaben unvollständig oder unrichtig sind. 177

a) Eröffnung des Anwendungsbereichs

Bevor es zur Anwendung der §§ 172 ff. AO kommen kann, sind jedoch drei Vorfragen zu klären. Der Anwendungsbereich der Korrekturvorschriften ist nämlich nur eröffnet, wenn erstens der zu korrigierende Steuerbescheid nicht unter dem Vorbehalt der Nachprüfung gemäß § 164 AO steht sowie zweitens nicht vorläufig i. S. d. § 165 AO ist (vgl. § 172 Abs. 1 Satz 1 AO) und dazu drittens die Festsetzungsfrist noch nicht abgelaufen ist (§ 169 Abs. 1 Satz 1 AO). 178

---

307 *Koenig*, in: Koenig, AO, 2014, Vor §§ 172–177 AO Rn. 5; *Kruse*, Steuerrecht I, 1991, S. 289; *Loose*, in: TK, AO/FGO (2017), Vor § 172 AO Rn. 7.

aa) Keine Steuerfestsetzung unter Vorbehalt der Nachprüfung

179 Die erste Voraussetzung für die Anwendbarkeit der §§ 172 ff. AO ist also, dass die Steuerfestsetzung nicht unter dem Vorbehalt der Nachprüfung steht. § 164 Abs. 1 AO ermöglicht es, Steuern unter dem Vorbehalt der Nachprüfung festzusetzen, solange der Steuerfall nicht abschließend geprüft ist. Die Finanzbehörde kann also nach Abgabe der Steuererklärung die Besteuerungsgrundlagen ohne Weiteres übernehmen oder die Angaben nur kursorisch prüfen.[308] Der unter Vorbehalt der Nachprüfung stehende Steuerbescheid kann bis zum Ablauf der Festsetzungsfrist ohne weitere Voraussetzung geändert werden (§ 164 Abs. 2 Satz 1, Abs. 4 Satz 1 AO). Der Steuerbescheid erwächst daher nur in formeller, jedoch nicht in materieller Bestandskraft.[309]

180 Der Vorschrift liegt der Gedanke zugrunde, dass die Finanzbehörde bei einer Vorbehaltsfestsetzung der ihr nach § 88 AO obliegenden Ermittlungspflicht zumindest nicht in vollem Umfang nachgekommen ist. Die Sach- und Rechtslage wurde nicht abschließend geklärt. Da die erhöhte Rechtsbeständigkeit eines Steuerbescheids durch das seinem Erlass vorangegangene Verfahren gerechtfertigt ist (Rn. 157 ff.), dieses Verfahren mangels Verifikation der Angaben des Steuerpflichtigen bei Vorbehaltsfestsetzungen allerdings bisher nicht abschließend durchgeführt wurde, fehlt es bislang an dem die erhöhte Rechtsbeständigkeit rechtfertigenden Grund. Hierauf wird der Steuerpflichtige durch den im Steuerbescheid enthaltenen Vorbehaltsvermerk hingewiesen. Er darf daher nicht auf die Rechtsbeständigkeit der Steuerfestsetzung vertrauen.[310]

181 Für dieses Ergebnis spricht auch die Regelung des § 164 Abs. 3 Satz 2 AO, welche die Aufhebung eines Vorbehalts der Nachprüfung nach erfolgter Außenprüfung vorschreibt. Denn mit einer Außenprüfung verfolgt die Finanzbehörde den Zweck, eine möglichst lückenlose Aufklärung des abgabenrechtlich bedeutsamen Sachverhalts zu erreichen. Sie stellt ein besonderes Mittel zur Erfüllung der den Finanzbehörden in § 85 AO gestellten Aufgabe dar, die Steuern nach Maßgabe der Gesetze gleichmäßig festzusetzen und zu erheben.[311] Darum bleibt kein Raum mehr für eine geminderte Rechtsbeständigkeit des Steuerbescheids.

---

308 *Cöster*, in: Koenig, AO, 2014, § 164 AO Rn. 2; *Heuermann*, in: HHSp, AO/FGO (2013), § 164 AO Rn. 1; *Seer*, in: Tipke/Lang, Steuerrecht, 2018, § 21 Rn. 283.

309 BFH, Urt. v.11.12.1997, V R 50/94, BStBl. II 1998, 420 (422); *Cöster*, in: Koenig, AO, 2014, § 164 AO Rn. 1; *Seer*, in: TK, AO/FGO (2017), § 164 AO Rn. 2.

310 BFH, Beschl. v. 4.2.2009, VI B 142/08, BFH/NV 2009, 716 (717); *Rüsken*, in: Klein, AO, 2016, § 164 AO Rn. 22.

311 BFH, Urt. v. 2.10.1991, X R 89/89, BStBl. II 1992, 220 (221); *Intemann*, in: Koenig, AO, 2014, § 193 AO Rn. 14.

Es könnte zu überlegen sein, ob es bei den neu in die Abgabenordnung aufgenommenen ausschließlich automationsgestützt erlassenen Steuerbescheiden nicht geboten wäre, diese Steuerbescheide per se unter dem Vorbehalt der Nachprüfung zu erlassen. Diese Überlegung könnte ihren Begründungsansatz darin finden, dass die Situation bei einem ausschließlich automationsgestützten Erlass eines Steuerbescheids der Situation bei einer Steueranmeldung ähnelt. Eine Steueranmeldung ist eine Steuererklärung, in der Steuerpflichtige die Steuer selbst zu berechnen hat (§ 150 Abs. 1 Satz 3 AO). Die Steueranmeldung steht nach § 168 Satz 1 AO kraft Gesetzes einer Steuerfestsetzung unter dem Vorbehalt der Nachprüfung gleich. Mit der Einreichung der Steueranmeldung bei der Finanzbehörde kommt es also dazu, dass die Steuer festgesetzt wird. Eine Überprüfung der Angaben des Steuerpflichtigen ist durch einen Amtsträger hierfür nicht erforderlich. Auch bei einem ausschließlich automationsgestützt erlassenen Steuerbescheid reicht der Steuerpflichtige eine Steuererklärung ein, aufgrund derer die Steuer nunmehr ohne unmittelbare Mitwirkung eines Amtsträgers festgesetzt wird. Allerdings besteht zwischen beiden Verfahren ein wesentlicher Unterschied. Während die Steuerfestsetzung bei der Steueranmeldung mit ihrem Eingang bei der Finanzbehörde ohne weitere Überprüfung erfolgt, wird bei einem ausschließlich automationsgestützt erlassenen Steuerbescheid ein bestimmtes Prüfprogramm durchlaufen, bei dem keine Auffälligkeiten festgestellt werden; bei der Vorprogrammierung des Datenverarbeitungssystems wurde festgelegt, dass es somit keiner weiteren Prüfung durch einen Amtsträger bedarf. Letztlich findet damit eine Überprüfung der Angaben des Steuerpflichtigen statt, zwar nicht durch einen Amtsträger, aber durch ein Datenverarbeitungssystem. Folglich ist es nicht geboten, sämtliche ausschließlich automationsgestützt erlassenen Steuerbescheide als unter dem Vorbehalt der Nachprüfung stehend zu behandeln. 182

bb) Keine vorläufige Steuerfestsetzung

Die zweite Voraussetzung für die Anwendbarkeit der §§ 172 ff. AO ist, dass die Steuer nicht vorläufig festgesetzt wurde. Nach § 165 Abs. 1 Satz 1 AO kann eine Steuer vorläufig festgesetzt werden, soweit ungewiss ist, ob die Voraussetzungen ihrer Entstehung eingetreten sind. Trotz angemessener Aufklärungsbemühungen der Finanzbehörde muss eine Unsicherheit verbleiben, die entweder zurzeit nicht oder nur unter unverhältnismäßig hohen Schwierigkeiten aufgeklärt werden kann. Im Unterschied zu § 164 AO suspendiert die Regelung des § 165 AO die Finanzbehörde daher grundsätzlich nicht von ihrer Ermittlungspflicht nach § 88 AO.[312] Lediglich punktuell konnte das eine höhere Bestandskraft rechtfertigende Ermittlungsverfahren nicht mit einem zufriedenstellenden Ergebnis abgeschlossen 183

312 BFH, Urt. v. 26.9.1990, II R 99/88, BStBl. II 1990, 1043 (1044); *Cöster*, in: Koenig, AO, 2014, § 165 AO Rn. 12; *Heuermann*, in: HHSp, AO/FGO (2018), § 165 AO Rn. 8.

werden. Der Steuerbescheid kann daher, soweit die Vorläufigkeit reicht, partiell nicht in materieller Bestandskraft erwachsen. Die Finanzbehörde kann insoweit den Steuerbescheid aufheben oder ändern (§ 165 Abs. 2 Satz 1 AO).[313]

184 Die partiell fehlende Bestandskraft ist dadurch gerechtfertigt, dass das Vertrauen des Steuerpflichtigen insoweit nicht schutzwürdig ist. Zum Ausschluss des Vertrauensschutzes ist es – wie bei einer Steuerfestsetzung unter dem Vorbehalt der Nachprüfung (Rn. 180) – auch hier notwendig, dass die Vorläufigkeit mit Grund und Umfang im Steuerbescheid angegeben wird (vgl. § 165 Abs. 1 Satz 3 AO), mithin der Steuerpflichtige hierauf hingewiesen wird.

185 Die Vorschrift des § 165 Abs. 1 Satz 2 AO erweitert die Möglichkeiten der Vorläufigkeitsfestsetzung aus Gründen der Verfahrensökonomie, indem sie Massenrechtsbehelfen vorbeugt.[314] Ein Vorläufigkeitsvermerk kann daher ebenso in Fällen aufgenommen werden,

- in denen ungewiss ist, ob und wann völkerrechtliche Verträge über die Besteuerung, die sich zugunsten des Steuerpflichtigen auswirken, für die Steuerfestsetzung wirksam werden (§ 165 Abs. 1 Satz 2 Nr. 1 AO),
- in denen das Bundesverfassungsgericht die Unvereinbarkeit eines Steuergesetzes mit dem Grundgesetz festgestellt und den Gesetzgeber zu einer Neuregelung verpflichtet hat (§ 165 Abs. 1 Satz 2 Nr. 2 AO),
- in denen sich aufgrund einer Entscheidung des Gerichtshofs der Europäischen Union ein Bedarf für eine gesetzliche Neuregelung ergibt (§ 165 Abs. 1 Satz 2 Nr. 2a AO),
- in denen die Vereinbarkeit eines Steuergesetzes mit höherrangigem Recht Gegenstand eines Verfahrens beim Gerichtshof der Europäischen Union, dem Bundesverfassungsgericht oder einem obersten Bundesgericht ist (§ 165 Abs. 1 Satz 2 Nr. 3 AO) und
- in denen die Auslegung eines Steuergesetzes Gegenstand eines Verfahrens vor dem Bundesfinanzhof ist (§ 165 Abs. 1 Satz 2 Nr. 4 AO).

cc) Keine Festsetzungsverjährung

186 Die dritte Voraussetzung, die gegeben sein muss, um zu einer Anwendbarkeit der §§ 172 ff. AO zu kommen, ist, dass keine Festsetzungsverjährung eingetreten sein darf. Denn § 169 Abs. 1 Satz 1 AO bestimmt, dass die Korrektur eines Steuerbescheids nicht mehr zulässig ist, wenn die Festsetzungsfrist abgelaufen ist. Wie für alle Verjährungsvorschriften gilt auch für die Regelungen über die Festsetzungsverjährung, dass diese Vorschriften der Rechtssicherheit und dem Rechtsfrieden

---

313 *Heuermann*, in: HHSp, AO/FGO (2018), § 165 AO Rn. 90; *Seer*, in: Tipke/Lang, Steuerrecht, 2018, § 21 Rn. 293; *v. Wedelstädt*, in: Kühn/v. Wedelstädt, AO/FGO, 2015, § 165 AO Rn. 1.

314 *Cöster*, in: Koenig, AO, 2014, § 165 AO Rn. 2; *Seer*, in: Tipke/Lang, Steuerrecht, 2018, § 21 Rn. 292; *v. Wedelstädt*, in: Kühn/v. Wedelstädt, AO/FGO, 2015, § 165 AO Rn. 1.

dienen. Denn die Beweisbarkeit von Ansprüchen wird umso schwieriger, je „älter" sie werden, weil die anspruchsbegründenden Tatsachen aus dem Gedächtnis der Beteiligten schwinden und Bücher und Belege nicht unbegrenzt aufbewahrt werden können. Darum ist es ein allgemeiner Rechtsgedanke des Bürgerlichen und des Öffentlichen Rechts, dass „das Recht zur Ruhe kommen muss".[315]

Der Zeitpunkt der Festsetzungsverjährung richtet sich maßgeblich nach dem 187
Verfahren, das dem Erlass des Steuerbescheids vorangegangen ist, und nach der Schutzwürdigkeit des Vertrauens des Steuerpflichtigen. Hat der Steuerpflichtige eine Steuer leichtfertig verkürzt oder sogar hinterzogen, ist sein Vertrauen insoweit weniger schutzwürdig.[316] Statt der regelmäßigen Festsetzungsfrist von einem Jahr bei Verbrauchsteuern (§ 169 Abs. 2 Satz 1 Nr. 1 AO) bzw. von vier Jahren bei anderen Steuern (§ 169 Abs. 2 Satz 1 Nr. 2 AO) beträgt diese Frist in einem solchen Fall fünf bzw. zehn Jahre (§ 169 Abs. 2 Satz 2 AO).

Das dem Erlass des Steuerbescheids vorausgehende Verfahren und die Schutz- 188
würdigkeit des Vertrauens des Steuerpflichtigen haben allerdings nicht nur eine Auswirkung auf die soeben dargestellte Dauer der Festsetzungsfrist, sondern auch auf ihren Beginn und auf ihr Ende. So beginnt wegen der Besonderheiten des Ermittlungsverfahrens die Festsetzungsfrist z. B. später, wenn der Steuerpflichtige eine Steuererklärung oder eine Steueranmeldung einzureichen hat (§ 170 Abs. 2 Satz 1 Nr. 1 AO). Auf der anderen Seite endet eine Festsetzungsfrist aus Gründen, die das dem Erlass des Steuerbescheids vorangehende Verfahren betreffen, wegen einer Ablaufhemmung nicht,

- wenn eine Steuerfestsetzung wegen höherer Gewalt innerhalb der letzten sechs Monate vor Ablauf der regelmäßigen Festsetzungsfrist nicht erfolgen konnte (§ 171 Abs. 1 AO),
- wenn vor Ablauf der regelmäßigen Festsetzungsfrist mit einer Außenprüfung (§ 171 Abs. 4 AO), einer Steuerfahndungsprüfung (§ 171 Abs. 5 AO) oder bei nicht Durchführbarkeit einer Außenprüfung mit sonstigen Ermittlungsmaßnahmen (§ 171 Abs. 6 AO) begonnen wurde,
- wenn die Steuerfestsetzung nach § 165 AO vorläufig erfolgt ist (§ 171 Abs. 8 AO),
- wenn eine geschäftsunfähige oder beschränkt geschäftsfähige Person ohne gesetzlichen Vertreter ist (§ 171 Abs. 11 AO),
- wenn sich eine Steuer gegen einen Nachlass richtet (§ 171 Abs. 12 AO) und
- wenn eine noch nicht festgesetzte Steuer im Insolvenzverfahren angemeldet wird (§ 171 Abs. 13 AO).

---

315 BFH, Beschl. v. 9.9.1995, III B 78/94, BStBl. II 1995, 385 (387); *Cöster*, in: Koenig, AO, 2014, § 169 AO Rn. 4; *Drüen*, in: TK, AO/FGO (2017), Vor § 169 AO Rn. 5; *Kruse*, Steuerrecht I, 1991, S. 200.

316 Vgl. *Drüen*, in: TK, AO/FGO (2017), § 169 AO Rn. 13, der davon spricht, dass der Steuerpflichtige in diesen Fällen keinen Anspruch auf Rechtssicherheit hat.

Demgegenüber tritt eine Ablaufhemmung, weil das Vertrauen des Steuerpflichtigen weniger schutzwürdig ist, unter bestimmten Umständen in den Fällen ein, in denen

- eine offenbare Unrichtigkeit vorliegt (§ 171 Abs. 2 AO),
- ein Antrag auf Steuerfestsetzung oder Aufhebung oder Änderung einer Steuerfestsetzung oder ihrer Berichtigung gestellt wurde (§ 171 Abs. 3 AO),
- ein Steuerbescheid mit Einspruch oder Klage angefochten wurde (§ 171 Abs. 3a AO),
- die Verfolgung einer Steuerstraftat oder einer Steuerordnungswidrigkeit noch nicht verjährt ist (§ 171 Abs. 7 AO),
- der Steuerpflichtige eine Anzeige nach §§ 153, 371 oder 378 Abs. 3 AO getätigt hat (§ 171 Abs. 9 AO),
- ein Grundlagenbescheid ergangen ist (§ 171 Abs. 10 AO) oder
- ein in Zusammenhang mit der Steuerfestsetzung stehender Erstattungsanspruch nach § 37 Abs. 2 AO noch nicht verjährt ist (§ 171 Abs. 14 AO).

b) Eingreifen einer Korrekturnorm

189 Sind die gerade eben genannten Voraussetzungen erfüllt, steht also der Steuerbescheid weder unter dem Vorbehalt der Nachprüfung noch ist dieser vorläufig und ist noch keine Festsetzungsverjährung eingetreten, ist der Anwendungsbereich der §§ 172 ff. AO eröffnet. Im Anschluss ist nunmehr zu prüfen, auf welchen Korrekturtatbestand eine Aufhebung oder Änderung des Steuerbescheids konkret gestützt werden kann. Gegenstand dieser Untersuchung werden nur die Korrekturvorschriften der Abgabenordnung sein; auf Korrekturtatbestände aus Einzelsteuergesetzen soll und kann hier aus Gründen des Umfangs nicht eingegangen werden.

aa) Korrektur nach § 172 AO

190 Die erste Korrekturvorschrift, aus der sich eine Durchbrechung der materiellen Bestandskraft ergeben kann, ist § 172 AO. Dabei handelt es sich – wie bereits ausgeführt – um die Grundnorm zur Korrektur von Steuerbescheiden (Rn. 176). Dies ergibt sich aus der in § 172 Abs. 1 Satz 1 AO enthaltenen Formulierung „darf […] nur aufgehoben oder geändert werden" in Verbindung mit dem in § 172 Abs. 1 Satz 1 Nr. 2 Buchst. d) AO enthaltenen Verweis auf sonstige gesetzliche Korrekturvorschriften.[317] Die Norm geht zum Teil auf § 76 RAO 1919 und § 94 RAO 1931 zurück. Sie enthält selbst vier verschiedene Korrekturtatbestände.

---

317 *V. Groll*, in: HHSp, AO/FGO (2017), § 172 AO Rn. 4; *Koenig*, in: Koenig, AO, 2014, § 172 AO Rn. 1; *Loose*, in: TK, AO/FGO (2017), § 172 AO Rn. 1; *v. Wedelstädt*, in: Gosch, AO/FGO (2017), § 172 AO Rn. 1.

(1) Bescheide über Verbrauchsteuern

Der erste Korrekturtatbestand des § 172 AO betrifft Verbrauchsteuerbescheide. 191
Nach der Norm des § 172 Abs. 1 Satz 1 Nr. 1 AO können diese Steuerbescheide jederzeit durch die Finanzbehörde geändert werden. Dabei können sowohl Fehler, die auf eine unzutreffende Tatsachengrundlage zurückgehen, als auch solche, die auf einer unzutreffenden Rechtsanwendung beruhen, korrigiert werden. Diese Regelung zeigt mit am deutlichsten, wie abhängig die Rechtsbeständigkeit eines Steuerbescheids von dem ihm vorangehenden Verfahren ist. Denn Verbrauchsteuerbescheide ergehen im Interesse der schnellen Abfertigung durchweg nach einer summarischen Prüfung, die oft durch untergeordnete Stellen und mit fehlender bzw. unerheblicher Mitwirkung des Steuerpflichtigen stattfindet.[318] Ergo mangelt es an dem sonst üblichen förmlichen Ermittlungsverfahren, das eine höhere Bestandskraft von Steuerbescheiden rechtfertigt.

Die sich aus der Rechtssicherheit und dem Vertrauensschutz ergebenden ver- 192
fassungsrechtlichen Vorgaben für die materielle Bestandskraft finden in diesen Fällen über die kurze Festsetzungsfrist von nur einem Jahr (§ 169 Abs. 2 Satz 1 Nr. 1 AO) Berücksichtigung. Verbrauchsteuern werden typischerweise vom jeweiligen Schuldner auf seinen Abnehmer überwälzt.[319] Er macht diese Steuern zum Gegenstand seiner Kalkulation des Verkaufspreises, was bei einer längeren Dauer der Zulässigkeit von Steuernachforderungen nicht mehr möglich wäre.[320]

Die Finanzbehörde entscheidet nach pflichtgemäßem Ermessen darüber, ob sie 193
den Bescheid korrigiert.[321] Bei alledem hat sie im Einzelfall das Interesse an der

---

318 BFH, Beschl. v. 16.10.1986, V B 64/86, BStBl. II 1987, 95 (96 f.); *Friedrich*, DStJG 11 (1988), 97 (101); *v. Groll*, in: HHSp, AO/FGO (2017), § 172 AO Rn. 70; *Kruse*, Steuerrecht I, 1991, S. 289; *Seer*, in: Tipke/Lang, Steuerrecht, 2018, § 21 Rn. 397.

319 BFH, Urt. v. 27.6.1973, II R 179/71, BStBl. II 1973, 807 (809); *Drüen*, in: TK, AO/FGO (2017), § 169 AO Rn. 3.

320 RFH, Urt. v. 19.5.1926, IV A 147/26, RFHE 19, 96 (100); *Drüen*, in: TK, AO/FGO (2017), § 169 AO Rn. 3.

321 BFH, Urt. v. 22.3.1988, VII R 8/84, BStBl. II 1988, 517 (519); *Kruse*, Steuerrecht I, 1991, S. 289; *Loose*, in: TK, AO/FGO (2017), § 172 AO Rn. 13; a. A. entgegen dem eindeutigen Wortlaut: FG Köln, Urt. v. 2.9.1994, 1 K 51/94, EFG 1995, 238 (238 f.); *v. Groll*, in: HHSp, AO/FGO (2017), § 172 AO Rn. 57; *Koenig*, in: Koenig, AO, 2014, § 172 AO Rn. 15. Für die erstgenannte Auffassung spricht insbesondere auch der unterschiedliche Ursprung des § 172 AO und der §§ 173 ff. AO: § 76 RAO 1919 und § 94 RAO 1931 als Vorläuferregelungen des § 172 AO hatten ihren Ursprung in den Grundsätzen über die Rücknahme und den Widerruf von Verwaltungsakten, die tendenziell auf ein Überwiegen des Grundsatzes der Gesetzmäßigkeit ausgerichtet waren und der Vertrauensschutz somit nur innerhalb des Ermessens Einfluss fand. Demgegenüber hatten §§ 212 ff. RAO 1919 und §§ 222 ff. RAO 1931 als Vorläuferregelungen der §§ 173 ff. AO ihr Vorbild in den Regelungen über das Wiederaufgreifen von Verfahren der Zivilprozessordnung und der Strafprozessordnung, die prinzipiell von einem Überwiegen des Prinzips der Rechtssicherheit ausgingen und eben nur in

materiellen Gerechtigkeit mit dem Interesse an der Rechtssicherheit abzuwägen. Auf Grund des dem Erlass eines Verbrauchsteuerbescheids vorangehenden, nur summarischen Prüfungsverfahrens ist das Ermessen hinsichtlich des Prinzips der Gesetzmäßigkeit der Besteuerung, folglich im Hinblick auf eine Korrektur vorgeprägt.

(2) Zustimmung des Steuerpflichtigen

194 Als zweite Korrekturmöglichkeit sieht § 172 Abs. 1 Satz 1 Nr. 2 Buchst. a) AO vor, dass ein Steuerbescheid geändert werden darf, soweit der Steuerpflichtige zustimmt oder seinem Antrag der Sache nach entsprochen wird. Dies gilt für eine Änderung zu seinen Gunsten jedoch nur, soweit die Zustimmung oder die Antragstellung vor Ablauf der Einspruchsfrist erfolgt ist oder soweit die Finanzbehörde einem Einspruch oder einer Klage abhilft. Die Regelung beruht auf dem alten Rechtsgedanken volenti non fit iniuria.[322] Sie ermöglicht sowohl die Korrektur von Sachverhalts- als auch diejenige von Rechtsanwendungsfehlern.

195 Bis zum Ablauf der Einspruchsfrist kann der Steuerpflichtige den Steuerbescheid mit einem Einspruch in vollem Umfang anfechten. § 172 Abs. 1 Satz 1 Nr. 2 Buchst. a) AO gibt dem Steuerpflichtigen nun daneben die Möglichkeit, anstelle eines Einspruchs durch einen schlichten Antrag auf Änderung eine Korrektur des Steuerbescheids zu seinen Gunsten zu bewirken. Andersherum darf der Steuerpflichtige aber ebenso darauf vertrauen, dass die Finanzbehörde den Steuerbescheid ab dem Zeitpunkt seiner Wirksamkeit nur korrigieren wird, wenn eine gesetzliche Korrekturmöglichkeit besteht. Beantragt er die Korrektur nun selbst bzw. stimmt er einer solchen zu, verzichtet er insoweit auf den bereits entstandenen Vertrauensschutz.[323]

196 Die Änderung steht dann im Ermessen der Finanzbehörde.[324] Indem der Aspekt des Vertrauensschutzes bereits im Rahmen der tatbestandlichen Voraussetzungen der Zustimmung zur bzw. Beantragung der Änderung berücksichtigt ist, unterbleibt

---

Ausnahmefällen eine Korrektur ermöglichen sollten. Zudem spricht gerade im Rahmen des § 172 Abs. 1 Satz 1 Nr. 1 AO für die Annahme einer Ermessensvorschrift, dass ansonsten die Regelungen über die Rechtsbehelfsfristen für Verbrauchsteuerbescheide sinnlos wären, wenn eine Änderung zugunsten des Steuerpflichtigen auch nach Ablauf der Rechtsbehelfsfrist ohne Weiteres möglich wäre.

322 *Kruse*, Steuerrecht I, 1991, S. 290; *Seer*, in: Tipke/Lang, Steuerrecht, 2018, § 21 Rn. 398.

323 Außerdem würde die Möglichkeit einer Änderung zugunsten des Steuerpflichtigen nach Ablauf der Einspruchsfrist dazu führen, dass die Regeln über das förmliche Einspruchsverfahren (§§ 347 ff. AO) unterlaufen würden (vgl. *v. Groll*, in: HHSp, AO/FGO [2017], § 172 AO Rn. 145).

324 BFH, Beschl. v. 13.5.2004, IV B 230/02, BStBl. II 2004, 833 (836); *Bartone*, in: Kühn/v. Wedelstädt, AO/FGO, 2015, § 172 AO Rn. 36; *Loose*, in: TK, AO/FGO (2017), § 172 AO Rn. 39; *Rüsken*, in: Klein, AO, 2016, § 172 AO Rn. 30a; a. A.: *v. Groll*, in: HHSp, AO/FGO (2017), § 172 AO Rn. 57; *Koenig*, in: Koenig, AO, 2014, § 172 AO Rn. 41.

die Berücksichtigung des Vertrauensschutzes im Rahmen der Ermessensentscheidung. Das Ermessen ist damit in Richtung auf die Korrektur vorgeprägt.

(3) Sachliche Unzuständigkeit der erlassenden Behörde

Der dritte in § 172 Abs. 1 Satz 1 Nr. 2 Buchst. b) AO aufgeführte Korrekturtatbestand bestimmt, dass ein Steuerbescheid aufgehoben oder geändert werden darf, soweit er von einer sachlich unzuständigen Behörde erlassen worden ist. Die Vorschrift entspricht derjenigen des § 130 Abs. 2 Nr. 1 AO für allgemeine Steuerverwaltungsakte. Auch hier können Sachverhalts- und Rechtsanwendungsfehler korrigiert werden. 197

In dieser Vorschrift spiegelt sich der Gedanke wider, dass Anknüpfungspunkt jedweder Art der Rechtsbeständigkeit eines Verwaltungsakts das Verfahren ist, welches seinem Erlass vorauszugehen pflegt. Denn das dem Erlass eines Steuerbescheids vorausgehende Ermittlungsverfahren leidet durch das Tätigwerden der sachlich unzuständigen Behörde an einem schwerwiegenden Mangel. Es gilt die Hypothese, dass bei sachlicher Unzuständigkeit fachliche Inkompetenz vorliegt.[325] Folglich kann nicht garantiert werden, dass das durchgeführte Verfahren zu einem sachlich und rechtlich richtigen Ergebnis führt, so dass es nicht angezeigt wäre, das ermittelte Ergebnis als letztes Wort in eadem re gelten zu lassen. 198

Im Rahmen der pflichtgemäßen Ermessensausübung[326] hat die Finanzbehörde in der Folge ebenfalls zu berücksichtigen, dass das Verfahren an einem schwerwiegenden Mangel leidet. Eine Korrektur wird daher in aller Regel geboten sein. Das Ermessen ist insoweit ebenfalls auf eine Korrektur hin vorgeprägt. 199

(4) Anwendung unlauterer Mittel

Der vierte und letzte Korrekturtatbestand des § 172 AO findet sich in § 172 Abs. 1 Satz 1 Nr. 2 Buchst. c) AO. Danach darf ein Steuerbescheid in dem Umfang korrigiert werden, in dem er durch unlautere Mittel wie arglistige Täuschung, Drohung oder Bestechung erwirkt worden ist. Diese Regelung entspricht der für allgemeine Steuerverwaltungsakte geltenden Korrekturmöglichkeit nach § 130 Abs. 2 Nr. 2 AO. Korrigiert werden können danach wiederum Sachverhalts- und Rechtsanwendungsfehler. 200

Dem Wortlaut entsprechend muss der Steuerbescheid durch unlautere Mittel erwirkt worden sein; der Steuerpflichtige muss diese Mittel jedoch nicht selbst angewendet, geschweige denn Kenntnis davon gehabt haben.[327] Bei der 201

---

325 *Kruse*, Steuerrecht I, 1991, S. 290; *Loose*, in: TK, AO/FGO (2017), § 172 AO Rn. 43; *Seer*, in: Tipke/Lang, Steuerrecht, 2018, § 21 Rn. 400.

326 *Bartone*, in: Kühn/v. Wedelstädt, AO/FGO, 2015, § 172 AO Rn. 36; *Loose*, in: TK, AO/FGO (2017), § 172 AO Rn. 44; *Rüsken*, in: Klein, AO, 2016, § 172 AO Rn. 30a; a. A.: *v. Groll*, in: HHSp, AO/FGO (2017), § 172 AO Rn. 163.

327 BFH, Urt. v. 28.4.1998, IX R 49/96, BStBl. II 1998, 458 (461); *v. Groll*, in: HHSp, AO/FGO (2017), § 172 AO Rn. 174; *Koenig*, in: Koenig, AO, 2014, § 172 AO Rn. 50; *Rüsken*,

Anwendung unlauterer Mittel leidet das dem Erlass des Steuerbescheids vorangegangene Verfahren an einem schwerwiegenden Mangel. Es bietet deshalb keine Gewähr dafür, dass es mit einem sachlich und rechtlich zutreffenden Ergebnis abgeschlossen wurde. Angesichts des Umstandes, dass unlautere Mittel zu diesem Ergebnis geführt haben, verdient der Steuerbescheid in einem Rechtsstaat keine Rechtsbeständigkeit.

202 Auch bei dieser Korrekturmöglichkeit ist das Ermessen demgemäß vorgeprägt.[328] Dass dem Erlass des Steuerbescheids vorangegangene Ermittlungsverfahren leidet an einem dermaßen schwerwiegenden Fehler, dass nur bei Vorliegen besonderer Umstände von einer Korrektur abgesehen werden kann.

bb) Korrektur wegen unzutreffender Entscheidungsgrundlage

203 Über die Korrekturtatbestände des § 172 AO hinaus kennt die Abgabenordnung weitere Fälle, in denen es zur Durchbrechung der materiellen Bestandskraft kommt. Davon sollen zuerst die Fälle behandelt werden, in denen der Steuerbescheid aufgrund einer unzutreffenden Entscheidungsgrundlage erlassen wurde. Diese Fälle finden sich in §§ 173, 173a AO.

(1) Korrektur wegen neuer Tatsachen

204 Ein Fall der Durchbrechung der materiellen Bestandskraft, weil der Steuerbescheid auf einer unzutreffenden Entscheidungsgrundlage erlassen wurde, findet sich also in § 173 Abs. 1 AO. Nach dieser Norm ist ein Steuerbescheid aufzuheben oder zu ändern, soweit Tatsachen oder Beweismittel nach Erlass des Steuerbescheids bekannt werden, die zu einer höheren Steuer führen (Satz 1 Nr. 1) oder die zu einer niedrigeren Steuer führen (Satz 1 Nr. 2). Bei neuen Tatsachen, die zu einer niedrigeren Steuer führen, kommt als weitere Voraussetzung hinzu, dass den Steuerpflichtigen kein grobes Verschulden an ihrem nachträglichen Bekanntwerden trifft (Satz 1 Nr. 2). Es handelt sich dabei um die rechtlich wie praktisch bedeutendste Möglichkeit der Korrektur von Steuerbescheiden.[329] Korrigiert werden Sachverhaltsfehler, nicht jedoch keine Rechtsanwendungsfehler. Es handelt sich um eine gebundene Entscheidung, so dass bei Vorliegen der Tatbestandsvoraussetzungen eine Korrektur zu erfolgen hat.

---

in: Klein, AO, 2016, § 172 AO Rn. 56; *v. Wedelstädt*, in: Gosch, AO/FGO (2017), § 172 AO Rn. 197.

328 BFH, Urt. v. 28.4.1998, IX R 49/96, BStBl. II 1998, 458 (461); *Bartone*, in: Kühn/v. Wedelstädt, AO/FGO, 2015, § 172 AO Rn. 40; *Loose*, in: TK, AO/FGO (2017), § 172 AO Rn. 44; *v. Wedelstädt*, in: Gosch, AO/FGO (2017), § 172 AO Rn. 199; a. A.: *v. Groll*, in: HHSp, AO/FGO (2017), § 172 AO Rn. 172; *Koenig*, in: Koenig, AO, 2014, § 172 AO Rn. 51.

329 *V. Groll*, in: HHSp, AO/FGO (2017), § 173 AO Rn. 1; *Koenig*, in: Koenig, AO, 2014, § 173 AO Rn. 1; *v. Wedelstädt*, in: Gosch, AO/FGO (2015), § 173 AO Rn. 1.

Ihre unverkennbare Ähnlichkeit mit § 359 Nr. 5 StPO, der eine Wiederaufnahme eines durch rechtskräftiges Strafurteil abgeschlossenen Verfahrens zugunsten des Verurteilten zulässt, wenn neue Tatsachen und Beweismittel beigebracht sind, beruht noch immer darauf, dass die Reichsabgabenordnung 1919 an die Formalaktslehre (Rn. 58 f., 62) anknüpfte.[330] Vorläuferregelungen zu § 173 AO finden sich in § 212 RAO 1919 und § 222 RAO 1931. 205

Die Durchbrechung der materiellen Bestandskraft wird in den von § 173 AO erfassten Fällen damit begründet, dass die Finanzbehörde bei ihrer Entscheidung von einem unrichtigen oder unvollständigen Sachverhalt ausgegangen ist.[331] Da es im Verantwortungsbereich des Steuerpflichtigen liegt, der Finanzbehörde alle zur Besteuerung erforderlichen Angaben in einer Steuererklärung mitzuteilen, ist er dafür verantwortlich, wenn der Sachverhalt der Finanzbehörde nicht in dem erforderlichen Umfang bekannt wird. Deshalb räumt diese Korrekturnorm in der Regel dem öffentlichen Interesse an der Richtigkeit der Steuerfestsetzung Vorrang vor dem Schutz des Vertrauens des Steuerpflichtigen in den Bestand des Steuerbescheids ein.[332] 206

(2) Korrektur von Schreib- und Rechenfehlern bei Erstellung der Steuererklärung

Der zweite Fall, in dem es zur Durchbrechung der materiellen Bestandskraft kommt, weil der Erlass des Steuerbescheids auf einer unzutreffenden Entscheidungsgrundlage beruht, ist in § 173a AO geregelt. Nach dieser Norm sind Steuerbescheide zu korrigieren, soweit dem Steuerpflichtigen bei Erstellung seiner Steuererklärung Schreib- oder Rechenfehler unterlaufen sind und er deshalb der Finanzbehörde bestimmte, nach den Verhältnissen zum Zeitpunkt des Erlasses des Steuerbescheids rechtserhebliche Tatsachen unzutreffend mitgeteilt hat. Es handelt sich dabei ebenfalls um eine gebundene Entscheidung. Im Unterschied zu § 129 AO, der grundsätzlich auf einen Fehler der Finanzbehörde abstellt, betrifft diese Regelung nunmehr Fehler des Steuerpflichtigen.[333] Außerdem erfasst die Vorschrift nur Schreib- und Rechenfehler, aber keine offenbaren Unrichtigkeiten.[334] Eine auf diese Norm gestützte Korrektur von Rechtsanwendungsfehlern scheidet daher aus. 207

Der Grund für die Durchbrechung der materiellen Bestandskraft besteht auch im Falle des § 173a AO – wie bei § 173 AO – darin, dass die Finanzbehörde von 208

330 *Kruse*, Steuerrecht I, 1991, S. 291.

331 BFH, Urt. v. 22.4.2010, VI R 408/08, BStBl. II 2010, 951 (952); *Rüsken*, in: Klein, AO, 2016, § 173 AO Rn. 1.

332 BFH, Urt. v. 12.7.2001, VII R 68/00, BStBl. II 2002, 44 (44); *Bartone*, in: Kühn/v. Wedelstädt, AO/FGO, 2015, § 173 AO Rn. 1; *Koenig*, in: Koenig, AO, 2014, § 173 AO Rn. 1.

333 *Habel/Müller*, DStR 2016, 2791 (2791); *Loose*, in: TK, AO/FGO (2017), § 173a AO Rn. 2; *Schwenker*, DB 2016, 375 (379); *v. Wedelstädt*, AO-StB 2016, 196 (200).

334 *Baldauf*, DStR 2016, 833 (839); *Braun Binder*, DStZ 2016, 526 (534); *v. Wedelstädt*, in: Gosch, AO/FGO (2017), § 173a AO Rn. 11.

einem unrichtigen Sachverhalt ausgegangen ist. Die Unrichtigkeit lässt sich bei alledem auf einen Fehler des Steuerpflichtigen zurückführen und liegt daher in seinem Verantwortungsbereich. Dies ist der Grund dafür, dass die Korrekturnorm dem öffentlichen Interesse an der Richtigkeit der Steuerfestsetzung Vorrang vor dem Schutz des Vertrauens des Steuerpflichtigen in den Bestand des Steuerbescheids einräumt.

cc) Korrektur bei widerstreitenden Steuerfestsetzungen

209 Sowohl bei den zuvor bereits dargestellten Korrekturtatbeständen des § 172 AO als auch bei den soeben behandelten Korrekturvorschriften wegen unzutreffender Entscheidungsgrundlage begründet sich die Durchbrechung der materiellen Bestandskraft vornehmlich daraus, dass das dem Erlass des Steuerbescheids vorangegangene Verfahren keine Gewähr für die Rechtmäßigkeit des Steuerbescheids bietet. Bei den nun behandelten Korrekturtatbeständen des § 174 AO, welcher die Fälle einer Korrektur bei widerstreitenden Steuerfestsetzungen regelt, ergibt sich die Rechtfertigung für die Durchbrechung der materiellen Bestandskraft – wie zu zeigen sein wird – aus anderen Gesichtspunkten. § 174 AO ist ohne Vorbild in der Reichsabgabenordnung 1919 bzw. Reichsabgabenordnung 1931.[335] Die Norm behandelt drei Fälle von widerstreitenden Steuerfestsetzungen.

(1) Korrektur bei Mehrfachberücksichtigung eines Sachverhalts

210 Der erste Fall einer widerstreitenden Steuerfestsetzung ist in § 174 Abs. 1 und Abs. 2 AO geregelt. Hier kam es zu einer Mehrfachberücksichtigung eines Sachverhalts in mehreren Steuerbescheiden zuungunsten oder zugunsten eines oder mehrerer Steuerpflichtiger, obgleich dieser Sachverhalt nur einmal hätte berücksichtigt werden dürfen. Abs. 1 ordnet dabei die Korrektur zugunsten des Steuerpflichtigen an, wenn er die Korrektur beantragt. Eine Korrektur zulasten des Steuerpflichtigen hat nach Abs. 2 zu erfolgen, wenn die Berücksichtigung des Sachverhalts auf einen Antrag oder eine Erklärung des Steuerpflichtigen zurückzuführen ist.

211 In beiden Alternativen liegt also die Doppelerfassung eines Sachverhalts vor. Wirkt sich die Doppelberücksichtigung zuungunsten des Steuerpflichtigen aus, gewährt die Regelung des § 174 Abs. 1 AO dem Prinzip der materiellen Gerechtigkeit Vorrang gegenüber der Rechtssicherheit.[336] Da sich die Durchbrechung der Bestandskraft in diesem Fall zugunsten des Steuerpflichtigen auswirkt, treten Gedanken des Vertrauensschutzes grundsätzlich zurück.[337] Anders gestaltet sich

---

335 *V. Groll*, in: HHSp, AO/FGO (2014), § 174 AO Rn. 1.

336 *Koenig*, in: Koenig, AO, 2014, § 174 AO Rn. 1; *Loose*, in: TK, AO/FGO (2017), § 174 AO Rn. 1; *v. Wedelstädt*, in: Gosch, AO/FGO (2017), § 174 AO Rn. 3.

337 Aspekte des Vertrauensschutzes würden jedenfalls dadurch berücksichtigt werden, dass die Korrektur einen Antrag des Steuerpflichtigen voraussetzt: Volenti non fit iniuria.

die Situation, wenn sich die Doppelberücksichtigung zugunsten des Steuerpflichtigen auswirkt, der Steuerbescheid also zuungunsten des Steuerpflichtigen zu korrigieren ist. § 174 Abs. 2 AO berücksichtigt den Gedanken des Vertrauensschutzes, indem die Korrektur nur möglich ist, wenn sich die fehlerhafte Berücksichtigung auf einen Antrag oder eine Erklärung des Steuerpflichtigen zurückführen lässt.[338] Der Fehler entstammt demzufolge dem Verantwortungsbereich des Steuerpflichtigen. Das rechtfertigt eine Einschränkung des Vertrauensschutzes.

(2) Korrektur bei Nichtberücksichtigung eines Sachverhalts

Der zweite Fall einer widerstreitenden Steuerfestsetzung betrifft die Nichtberücksichtigung eines Sachverhalts. Nach § 174 Abs. 3 AO ist ein Steuerbescheid zu korrigieren, soweit ein bestimmter Sachverhalt in diesem Steuerbescheid erkennbar in der Annahme nicht berücksichtigt worden ist, dass er in einem anderen Steuerbescheid zu berücksichtigen sei, und sich diese Annahme als unrichtig herausstellt. 212

Die Durchbrechung der Bestandskraft des Steuerbescheids rechtfertigt sich bei Korrekturen zulasten des Steuerpflichtigen aus dem Umstand, dass die Nichtberücksichtigung für den Steuerpflichtigen erkennbar in der Annahme erfolgte, dass der Sachverhalt in einem anderen Steuerbescheid zu berücksichtigen ist. Der Steuerpflichtige konnte demgemäß nicht darauf vertrauen, dass der Sachverhalt überhaupt nicht berücksichtigt wird. Bei Korrekturen zugunsten des Steuerpflichtigen kommt der Vertrauensschutzgedanke gar nicht erst zum Tragen. Deshalb lässt der Gesetzgeber in diesem Fall das Prinzip der materiellen Gerechtigkeit gegenüber den Grundsätzen der Rechtssicherheit und des Vertrauensschutzes überwiegen.[339] 213

Die Korrektur steht aufgrund des eindeutigen Wortlauts im Ermessen der Finanzbehörde.[340] Allerdings stellt die Vorschrift erkennbar das Prinzip der materiellen Gerechtigkeit in den Vordergrund, so dass das Ermessen im Hinblick auf eine Korrektur vorgeprägt ist. 214

(3) Folgekorrektur aufgrund eines Rechtsbehelfs bzw. Antrags

Der dritte Fall einer widerstreitenden Steuerfestsetzung betrifft Situationen, in denen der Widerstreit erst durch die Korrektur eines Steuerbescheids aufgrund 215

338 *Bartone*, in: Kühn/v. Wedelstädt, AO/FGO, 2015, § 174 AO Rn. 31; *Seer*, in: Tipke/Lang, Steuerrecht, 2018, § 21 Rn. 423; *v. Wedelstädt*, in: Gosch, AO/FGO (2017), § 174 AO Rn. 50.

339 BFH, Urt. v. 13.11.1985, II R 208/82, BStBl. II 1986, 241 (243); *Bartone*, in: Kühn/v. Wedelstädt, AO/FGO, 2015, § 174 AO Rn. 46; *Koenig*, in: Koenig, AO, 2014, § 174 AO Rn. 48; *Seer*, in: Tipke/Lang, Steuerrecht, 2018, § 21 Rn. 425.

340 *G. Frotscher*, in: Schwarz/Pahlke, AO/FGO (2015), § 174 AO Rn. 125a; *Loose*, in: TK, AO/FGO (2017), § 174 Rn. 38; a. A.: *Bartone*, in: Kühn/v. Wedelstädt, AO/FGO, 2015, § 174 AO Rn. 52; *Koenig*, in: Koenig, AO, 2014, § 174 AO Rn. 54.

eines Rechtsbehelfs bzw. Antrags entsteht. § 174 Abs. 4 AO bestimmt hierzu, dass, wenn aufgrund irriger Beurteilung eines bestimmten Sachverhalts ein Steuerbescheid ergangen ist, der aufgrund eines Rechtsbehelfs oder sonst auf Antrag des Steuerpflichtigen zu seinen Gunsten korrigiert wird, nachträglich aus diesem Sachverhalt durch Korrektur eines anderen Steuerbescheids die richtigen steuerlichen Folgerungen gezogen werden können. Die Korrektur kann nach § 174 Abs. 5 AO auch gegenüber Dritten erfolgen, wenn die Dritten an dem Verfahren, das zur Korrektur des fehlerhaften Steuerbescheids geführt hat, beteiligt waren. Es geht also um die Fälle, in denen die Finanzbehörde aus einem bestimmten Sachverhalt steuerliche Folgerungen ziehen will, sich dabei aber darüber unsicher ist, welches Steuerobjekt, welches Steuersubjekt oder welcher Zeitraum zutreffend ist.[341]

216 Werden die steuerlichen Folgerungen gegenüber demselben Steuerpflichtigen gezogen, rechtfertigt sich die Durchbrechung der materiellen Bestandskraft aus dem Umstand, dass die Korrektur des fehlerhaften Steuerbescheids auf seinen Rechtsbehelf oder Antrag zurückzuführen ist. Denn derjenige, der (erfolgreich) für seine Rechtsansicht gestritten hat, soll auch die daraus resultierenden Nachteile in Kauf nehmen müssen. Sein Vertrauen ist insoweit nicht schutzwürdig.[342] Sofern die steuerlichen Folgerungen gegenüber einem Dritten gezogen werden, kann eine Beteiligung auf zwei Arten erfolgen: Zum einen kann der Dritte durch eigene verfahrensrechtliche Initiativen auf die Korrektur des fehlerhaften Steuerbescheids hinwirken[343]; zum anderen kann der Dritte durch Hinzuziehung i. S. d. § 360 AO oder Beiladung i. S. d. § 60 FGO am Verfahren beteiligt gewesen sein[344]. Im erstgenannten Fall rechtfertigt sich eine Einschränkung des Vertrauensschutzes des Dritten wiederum aus dem Umstand, dass die Korrektur des fehlerhaften Steuerbescheids auf seine Initiative zurückgeht. Im zweitgenannten Fall ist diese Einschränkung des Vertrauensschutzes darin begründet, dass durch die Hinzuziehung oder Beiladung der Entscheidung auch Bindungswirkung gegenüber dem Dritten zukommt. Dann müssen gegenüber diesem Dritten in gleicher Weise die zutreffenden steuerlichen Folgerungen gezogen werden können.

217 Die Korrektur steht aufgrund des eindeutigen Wortlauts ebenfalls im Ermessen der Finanzbehörde.[345] Allerdings gilt auch hier, dass aufgrund der vom Gesetzgeber

---

341 BFH, Urt. v. 21.10.1993, IV R 42/93, BStBl. II 1994, 385 (388); *Bartone*, in: Kühn/v. Wedelstädt, AO/FGO, 2015, § 174 AO Rn. 64; *Loose*, in: TK, AO/FGO (2017), § 174 AO Rn. 39.

342 BFH, Urt. v. 11.5.2010, IX R 25/09, BStBl. II 2010, 953 (954); *Bartone*, in: Kühn/v. Wedelstädt, AO/FGO, 2015, § 174 AO Rn. 52; *G. Frotscher*, in: Schwarz/ Pahlke, AO/FGO (2015), § 174 AO Rn. 132; *Loose*, in: TK, AO/FGO (2017), § 174 AO Rn. 40.

343 *G. Frotscher*, in: Schwarz/Pahlke, AO/FGO (2015), § 174 AO Rn. 125a; *Koenig*, in: Koenig, AO, 2014, § 174 AO Rn. 83.

344 BFH, Urt. v. 20.5.1992, III R 176/90, BFH/NV 1993, 74 (75); *Bartone*, in: Kühn/v. Wedelstädt, AO/FGO, 2015, § 174 AO Rn. 77; *Loose*, in: TK, AO/FGO (2017), § 174 Rn. 55.

345 A. A.: *Bartone*, in: Kühn/v. Wedelstädt, AO/FGO, 2015, § 174 AO Rn. 52; *Koenig*, in: Koenig, AO, 2014, § 174 AO Rn. 72.

vorgenommenen Abfassung des Tatbestands das Ermessen hinsichtlich der Korrektur vorgeprägt ist.

dd) Korrektur in sonstigen Fällen

Als weitere Gruppe von Korrekturvorschriften, die eine Durchbrechung der mate- 218
riellen Bestandskraft in sonstigen Fällen ermöglichen, lassen sich §§ 175, 175b AO zusammenfassen. Anders als es die Überschrift vermuten lässt, enthält § 175 AO dabei keine Generalklausel, die eine Korrektur „in sonstigen Fällen“ erlaubt, sondern zwei spezielle, gänzlich verschiedene Tatbestände.[346] § 175b AO wurde durch das Gesetz zur Modernisierung des Besteuerungsverfahrens hinzugefügt. Diese Norm regelt die Korrektur von Steuerbescheiden bei Datenübermittlung durch Dritte.

(1) Korrektur aufgrund von Grundlagenbescheiden

Der erste in § 175 AO aufgeführte Tatbestand betrifft die Durchbrechung der mate- 219
riellen Bestandskraft bei Folgebescheiden. § 175 Abs. 1 Satz 1 Nr. 1 AO ordnet die Korrektur eines Steuerbescheids an, soweit ein Grundlagenbescheid, dem Bindungswirkung für diesen Steuerbescheid (Folgebescheid) zukommt, erlassen, aufgehoben oder geändert wird. Es liegt damit eine gebundene Entscheidung vor. Die Vorschrift lässt die Durchbrechung der materiellen Bestandskraft zu, um die materielle Bindungswirkung des Grundlagenbescheids i. S. d. § 182 Abs. 1 AO abzusichern.[347] Sie geht auf § 218 Abs. 4 RAO 1931 zurück.[348]

Der von der Vorschrift eingeräumte Vorrang für das Prinzip der materiellen 220
Gerechtigkeit vor der Bestandskraft eines bereits ergangenen Folgebescheids erklärt sich aus dem Verhältnis zwischen Grundlagen- und Folgebescheid. Dem Grundlagenbescheid wird seitens des Gesetzes die Aufgabe zugedacht, dem Folgebescheid in verbindlicher Weise bestimmte Besteuerungsgrundlagen zuzuführen. Solange diese Besteuerungsgrundlagen im Folgebescheid nicht oder nicht vollständig berücksichtigt sind, ist die dem Grundlagenbescheid zugedachte Aufgabe nicht erfüllt.[349] Der Steuerpflichtige kann deshalb (noch) nicht darauf vertrauen, dass der Steuerbescheid Bestand haben wird.

---

346 *Bartone*, in: Kühn/v. Wedelstädt, AO/FGO, 2015, § 175 AO Rn. 1; *Koenig*, in: Koenig, AO, 2014, § 175 AO Rn. 1.

347 *Loose*, in: TK, AO/FGO (2017), § 175 AO Rn. 1; *v. Wedelstädt*, in: Gosch, AO/FGO (2016), § 175 AO Rn. 1.1.

348 *V. Groll*, in: HHSp, AO/FGO (2014), § 175 AO Rn. 5.

349 BFH, Urt. v. 13.12.1985, III R 204/81, BStBl. II 1986, 245 (246); ders., Urt. v. 14.4.1988, IV R 219/85, BStBl. II 1988, 711 (712).

(2) Korrektur wegen eines rückwirkenden Ereignisses

221 Der zweite in § 175 AO normierte Tatbestand ordnet die Durchbrechung der materiellen Bestandskraft bei rückwirkenden Ereignissen an. § 175 Abs. 1 Satz 1 Nr. 2 AO regelt insoweit, dass ein Steuerbescheid zu korrigieren ist, soweit ein Ereignis eintritt, das steuerliche Wirkung für die Vergangenheit hat (rückwirkendes Ereignis). Auch hierbei handelt es sich um eine gebundene Entscheidung. Vorläuferregelungen finden sich in § 214 RAO 1919, § 225 Abs. 2 RAO und § 4 Abs. 2 und Abs. 3, § 5 Abs. 5 StAnpG.[350]

222 Die Norm erklärt sich dabei aus dem folgenden Umstand: Der Steueranspruch entsteht, sobald der Tatbestand verwirklicht ist, an den das Gesetz die Leistungspflicht knüpft (§ 38 AO). Ändert sich der Sachverhalt im Nachhinein, so kann diese Änderung dazu führen, dass der einmal entstandene Steueranspruch wieder wegfällt. Nur in Ausnahmefällen sieht das materielle Steuerrecht vor, dass derartigen Geschehnissen eine rückwirkende Wirkung zukommt mit der Folge, dass der zunächst rechtmäßige Steuerbescheid nachträglich rechtswidrig wird.[351] Würde die Bestandskraft des Steuerbescheids in diesem Fall nicht durchbrochen werden, würde es keinen Sinn ergeben, dass der Gesetzgeber in bestimmten Ausnahmefällen einem Ereignis rückwirkende Wirkung beimisst; dann könnten aus einem solchen Ereignis, wenn schon ein wirksamer Steuerbescheid vorliegt, verfahrensrechtlich niemals die materiell-rechtlich zutreffenden Konsequenzen gezogen werden.

(3) Korrektur von Steuerbescheiden bei Datenübermittlung durch Dritte

223 Zu dieser Gruppe von Korrekturvorschriften kann wegen der Ähnlichkeit mit der Korrektur aufgrund von Grundlagenbescheiden auch die in § 175b AO geregelten Korrekturmöglichkeiten bei Datenübermittlung durch Dritte gezählt werden. Nach § 175b Abs. 1 AO ist hierbei ein Steuerbescheid zu korrigieren, soweit von der mitteilungspflichtigen Stelle an die Finanzverwaltung übermittelte Daten bei der Steuerfestsetzung nicht oder nicht zutreffend berücksichtigt wurden. § 175b Abs. 2 AO ordnet die Korrektur zugunsten des Steuerpflichtigen an, soweit die übermittelten Daten als Angaben des Steuerpflichtigen gelten und sich herausstellt, dass diese Daten unrichtig sind. § 175b Abs. 3 AO bestimmt, dass ein Steuerbescheid zu korrigieren ist, soweit Daten ohne Vorliegen einer gesetzlich vorgeschriebenen Einwilligung des Steuerpflichtigen übermittelt wurden, sofern diese Einwilligung Voraussetzung für die steuerliche Berücksichtigung der Daten ist. Die Vorschrift ermöglicht damit insgesamt nur die Korrektur von Sachverhaltsfehlern, die auf einer unzutreffenden Datenübermittlung beruhen. Die Korrektur

---

350 *V. Groll*, in: HHSp, AO/FGO (2014), § 175 AO Rn. 10; *Loose*, in: TK, AO/FGO (2017), § 175 AO Rn. 22.

351 *Koenig*, in: Koenig, AO, 2014, § 175 AO Rn. 34; *Kruse*, Steuerrecht I, 1991, S. 299.

von Rechtsanwendungsfehlern ist nach dieser Norm hingegen nicht möglich. Insgesamt handelt es sich um eine gebundene Entscheidung.

Die Rechtfertigung für die Durchbrechung der materiellen Bestandskraft beruht – wie bereits angedeutet – auf einem ähnlichen Gedanken wie bei § 175 Abs. 1 Satz 1 Nr. 1 AO. Die elektronisch übermittelten Daten i. S. d. § 93c AO stellen mangels Verwaltungsaktcharakters keine Grundlagenbescheide dar. Faktisch kommt den Daten jedoch Bindungswirkung zu, weil die Finanzbehörde diese Daten in aller Regel zur Grundlage der Steuerfestsetzung machen wird.[352] Indem der Steuerpflichtige davon Kenntnis hat, welche Daten an die Finanzbehörden übermittelt werden, kann er in den Fällen des § 175b Abs. 1 AO nicht darauf vertrauen, dass der Steuerbescheid Bestand haben wird, wenn die übermittelten Daten nicht oder nicht zutreffend berücksichtigt wurden. In den Fällen des § 175b Abs. 2 AO, in denen eine Korrektur bei fehlerhaften Daten nur zugunsten des Steuerpflichtigen möglich ist, soll der Steuerpflichtige davor geschützt werden, dass er darauf vertraut, dass die vom Dritten an die Finanzbehörde übermittelten Daten vollständig und zutreffend sind.[353] Schließlich schützt § 175b Abs. 3 AO das Recht auf informationelle Selbstbestimmung des Steuerpflichtigen, indem Daten nicht ohne seine erforderliche Einwilligung berücksichtigt werden können. 224

ee) Korrektur zur Umsetzung von Verständigungsvereinbarungen

Schließlich kann sich eine Durchbrechung der materiellen Bestandskraft ergeben, wenn die Korrektur eines Steuerbescheids zur Umsetzung einer Verständigungsvereinbarung oder eines Schiedsspruchs nach einem völkerrechtlichen Vertrag i. S. d. § 2 AO geboten ist. Ihre Rechtsgrundlage würde die Korrektur dabei in § 175a Satz 1 AO finden. Die Rechtfertigung für die Durchbrechung der Bestandskraft ergibt sich hierbei aus dem Umstand, dass sowohl Verständigungs- als auch Schiedsverfahren auf einen Antrag des Steuerpflichtigen zurückgehen. Ergo gilt hier ebenfalls der Grundsatz volenti non fit iniuria. 225

c) Begrenzung der Korrekturmöglichkeit

Sofern der Tatbestand einer der soeben dargestellten Korrekturnormen erfüllt ist, kann es entweder aus Gründen des Vertrauensschutzes oder aus Gründen des Prinzips der materiellen Gerechtigkeit zur Begrenzung des eröffneten Änderungsrahmens kommen.[354] Beide Fälle sind in §§ 176, 177 AO geregelt. 226

---

352 *Baldauf*, DStR 2016, 833 (838); *Seer*, StuW 2015, 315 (327); *Schwenker*, DB 2016, 375 (378); *v. Wedelstädt*, AO-StB 2016, 196 (199).

353 BT-Drs. 18/8434, 115; *Loose*, in: TK, AO/FGO (2017), § 175b AO Rn. 10.

354 *Bartone*, in: Kühn/v. Wedelstädt, AO/FGO, 2015, Vor §§ 172–177 AO Rn. 2; *Koenig*, in: Koenig, AO, 2014, Vor §§ 172–177 AO Rn. 5.

aa) Berücksichtigung des Vertrauensschutzes

227 Der erste Fall der Begrenzung der Korrekturmöglichkeit findet sich in § 176 AO. Die Regelung räumt in bestimmten Fällen der materiellen Bestandskraft und dem Vertrauensschutz des Steuerpflichtigen Vorrang vor dem Prinzip der materiellen Gerechtigkeit ein.[355] So schließt § 176 Abs. 1 Satz 1 Nr. 1 AO die Berücksichtigung einer zwischenzeitlichen Entscheidung des Bundesverfassungsgerichts, mit der die Nichtigkeit eines Gesetzes festgestellt wurde, auf dem die bisherige Steuerfestsetzung beruht, zuungunsten des Steuerpflichtigen aus. Ebenso darf nach § 176 Abs. 1 Satz 1 Nr. 2 AO eine Korrektur zuungunsten des Steuerpflichtigen nicht darauf gestützt werden, dass ein oberstes Bundesgericht eine Norm, auf der die bisherige Steuerfestsetzung beruht, nicht anwendet, weil es sie für verfassungswidrig hält. Außerdem ist nach § 176 Abs. 1 Satz 1 Nr. 3 AO auch die Korrektur zuungunsten des Steuerpflichtigen aufgrund der Rechtsprechungsänderung eines obersten Bundesgerichts unzulässig. Schließlich darf bei einer Korrektur nach § 176 Abs. 2 AO nicht zuungunsten des Steuerpflichtigen berücksichtigt werden, dass eine allgemeine Verwaltungsvorschrift der Bundesregierung oder einer obersten Bundes- oder Landesbehörde von einem obersten Bundesgericht als rechtswidrig angesehen wurde.

228 Die Vorschrift des § 176 AO bewirkt aus Gründen des Vertrauensschutzes einen verstärkten Schutz der Bestandskraft von Steuerbescheiden, wenn diese Steuerbescheide eine dem Adressaten günstige Rechtslage i. S. d. § 176 Abs. 1 Satz 1 Nrn. 1–3 AO bzw. i. S. d. § 176 Abs. 2 AO konkretisiert haben. Die Norm stellt damit eine gesetzgeberische Entscheidung zugunsten der Rechtssicherheit dar.[356]

bb) Berichtigung von materiellen Fehlern

229 Der zweite Fall der Begrenzung der Korrekturmöglichkeit ist in § 177 AO geregelt. Die Vorschrift ermöglicht anlässlich der Korrektur eines Steuerbescheids die Berichtigung von (weiteren) materiellen Fehlern. So bestimmt § 177 Abs. 1 AO, dass, soweit die Voraussetzungen einer Korrekturnorm zuungunsten des Steuerpflichtigen erfüllt sind, zugunsten und zuungunsten des Steuerpflichtigen auch solche Fehler zu korrigieren sind, die nicht Anlass Korrektur des Steuerbescheids sind. § 177 Abs. 2 AO sieht diese Möglichkeit ebenso in den Fällen vor, in denen die Voraussetzungen einer Korrekturnorm zugunsten des Steuerpflichtigen gegeben sind.

---

355 *Bartone*, in: Kühn/v. Wedelstädt, AO/FGO, 2015, § 176 AO Rn. 2; *v. Groll*, in: HHSp, AO/FGO (2015), § 176 AO Rn. 40.

356 *V. Groll*, in: HHSp, AO/FGO (2015), § 176 AO Rn. 40; *Loose*, in: TK, AO/FGO (2017), § 176 AO Rn. 1.

Die Rechtfertigung für die in Abs. 1 enthaltene Regelung ist darin zu sehen, dass 230 die Korrekturnormen nur punktuell wirken und keine Gesamtaufrollung erfolgt. Der Steuerpflichtige kann einen korrigierten Steuerbescheid nach § 351 Abs. 1 AO bzw. § 42 FGO angreifen, soweit die Änderung reicht. Da lediglich die festgesetzte Steuer und nicht die Besteuerungsgrundlagen in Bestandskraft erwachsen, kann der Steuerpflichtige also im Rahmen eines Rechtsbehelfsverfahrens gegen einen korrigierten Steuerbescheid auch solche Gründe vortragen, die mit dem Anlass der Korrektur nichts zu tun haben.[357] § 177 Abs. 1 AO nimmt diese Möglichkeit vorweg, indem solche Fehler, welche nicht Anlass der Korrektur sind, die aber vom Steuerpflichtigen im Rechtsbehelfsverfahren geltend gemacht werden könnten, bereits im Rahmen der Korrektur des Steuerbescheids berichtigt werden.[358] § 177 Abs. 2 AO stellt bei einer Korrektur zugunsten des Steuerpflichtigen insoweit Waffengleichheit her.[359] Hier kann der Steuerpflichtige nicht darauf vertrauen, dass eine Korrektur nur zu seinen Gunsten erfolgen wird und gegenläufige Fehler unberücksichtigt bleiben.

IV. Zwischenergebnis

Als Zwischenergebnis lässt sich damit festhalten, dass das Regelungskonzept der 231 Bestandskraft von Steuerverwaltungsakten in der Abgabenordnung die verfassungsrechtlichen Vorgaben aufgreift. Mittels eines ausdifferenzierten Systems wird festgelegt, inwieweit ein Steuerverwaltungsakt rechtsbeständig ist. Die Grundkonzeption entspricht dabei in den wesentlichen Grundzügen weiterhin derjenigen, die der Reichsabgabenordnung 1919 zugrunde lag.

Die *Wirksamkeit* eines Steuerverwaltungsakts – welche Grundvoraussetzung 232 seiner Bestandskraft ist – tritt nach § 124 Abs. 1 Satz 1 AO mit seiner Bekanntgabe ein (Rn. 137). Lediglich in Ausnahmefällen kann ein Steuerverwaltungsakt gemäß §§ 124 Abs. 3, 125 AO unwirksam sein, nämlich in den Fällen der Nichtigkeit (Rn. 142). Dafür muss einer der in § 125 Abs. 2 AO aufgeführten Tatbestände vorliegen (z. B. Verstoß gegen die guten Sitten) oder der Steuerverwaltungsakt muss an einem besonders schwerwiegenden Fehler i. S. d. § 125 Abs. 1 AO leiden.

Die Ausgestaltung der *formellen Bestandskraft* fußt vor allem auf der Rechts- 233 weggarantie des Art. 19 Abs. 4 GG, die – genauso wie Art. 92 GG – einen Zugang zu den Finanzgerichten bei *allen Steuerverwaltungsakten* erfordert. Zudem spielt der Gedanke des Grundrechtsschutzes durch Verfahren eine entscheidende Rolle.

---

357 FG Baden-Württemberg, Urt. v. 10.3.1994, 6 K 168/91, EFG 1995, 480 (482); *Koenig*, in: Koenig, AO, 2014, § 177 AO Rn. 2.

358 BFH, Urt. v. 5.8.1986, IX R 13/81, BStBl. II 1987, 297 (299); *Koenig*, in: Koenig, AO, 2014, § 177 AO Rn. 2; *Loose*, in: TK, AO/FGO (2017), § 177 AO Rn. 3.

359 *Koenig*, in: Koenig, AO, 2014, § 177 AO Rn. 2.

Aus diesem Gedanken ergibt sich im Bereich des Steuerrechts die Notwendigkeit eines Einspruchsverfahrens (Rn. 145). Die maßgeblichen Regelungen für die formelle Bestandskraft finden sich somit in den Regelungen über den Einspruch nach §§ 347 ff. AO sowie – wenn ein Einspruch nach § 348 AO nicht statthaft ist – in der Finanzgerichtsordnung. Die formelle Bestandskraft eines Steuerverwaltungsakts tritt danach ein (Rn. 145),

- wenn der Steuerpflichtige auf das Einlegen eines Einspruchs nach § 354 AO verzichtet,
- wenn die Einspruchsfrist von einem Monat gemäß § 355 AO abgelaufen ist und der Steuerpflichtige keinen Einspruch eingelegt hat, oder
- wenn der Steuerpflichtige einen eingelegten Einspruch nach Ablauf der Einspruchsfrist nach § 362 AO zurücknimmt.

Wurde gegen einen Steuerverwaltungsakt fristgerecht Einspruch eingelegt, kommt es nach Erlass der Einspruchsentscheidung zum Eintritt der formellen Bestandskraft (Rn. 146 f.),

- wenn die Klagefrist von einem Monat gemäß § 47 FGO abgelaufen ist und keine Klage erhoben wurde,
- wenn auf die Erhebung einer Klage nach § 50 FGO verzichtet wird,
- wenn eine Klage nach Ablauf der Klagefrist nach § 72 FGO zurückgenommen wird, oder
- wenn in einem finanzgerichtlichen Verfahren eine Erledigungserklärung abgegeben wird.

234 Die Ausgestaltung der *materiellen Bestandskraft* und ihrer Durchbrechung ist von der Überlegung geleitet, dass die Rechtsbeständigkeit eines Verwaltungsakts wesentlich von dem seinem Erlass vorangehenden Verfahren abhängt. Dieses führt – aufgrund der bestehenden Unterschiede im Ermittlungsverfahren (Rn. 152 ff.) – dazu, dass die Regelungen zur *Durchbrechung der materiellen Bestandskraft* zweigeteilt sind, indem es einerseits Vorschriften für die Korrektur von allgemeinen Steuerverwaltungsakten und andererseits Normen für die Korrektur von Steuerbescheiden gibt. Zwar entfällt im Vergleich zur Reichsabgabenordnung 1919 und zur Reichsabgabengabenordnung 1931 das Argument, dass durch den Einsatz von weisungsfreien Steuerausschüssen und des damit einhergehenden parteiähnlichen Verfahrens eine hohe Gewähr für die Richtigkeit eines Steuerbescheids besteht. Stattdessen ist heute jedoch darauf hinzuweisen, dass das einen Steuerbescheid vorangehende Verfahren eine hohe Gewähr für die Gleichmäßigkeit der Besteuerung im Sinne der Rechtsanwendungsgleichheit im Massenverfahren des Steuerrechts bietet. Ob es im Einzelfall zur Durchbrechung der materiellen Bestandskraft kommt, hängt ausweislich der Tatbestandsvoraussetzungen der einzelnen Korrekturregelungen häufig von der Schutzwürdigkeit des Vertrauens des Steuerpflichtigen ab. Zumeist hat der Gesetzgeber dabei auf den Gedanken der Risikoverteilung

nach Verantwortungsbereichen zurückgegriffen. Für *alle Steuerverwaltungsakte* gilt zunächst der § 129 AO, der eine Korrektur von Schreibfehlern, Rechenfehlern und ähnlichen offenbaren (mechanischen) Unrichtigkeiten ermöglicht. Das Vertrauen des Steuerpflichtigen in den Bestand des Steuerverwaltungsakts ist hierbei nicht schutzwürdig, weil der Fehler offenkundig ist (Rn. 165 ff.). Für *allgemeine Steuerverwaltungsakte* gelten §§ 130, 131 AO, die eine Durchbrechung der materiellen Bestandskraft zugunsten des Steuerpflichtigen vorbehaltlos (Rn. 169, 172), zuungunsten des Steuerpflichtigen hingegen nur zulassen, wenn einer der jeweils in Abs. 2 enthaltenen Fälle zutrifft (Rn. 171, 175). Hier ist das Vertrauen des Steuerpflichtigen nicht schutzwürdig, weil entweder ein schwerer Verfahrensmangel anzunehmen ist oder der Fehler im Verantwortungsbereich des Steuerpflichtigen liegt. Über beide Vorschriften können neben Sachverhalts- auch Rechtsanwendungsfehler korrigiert werden (Rn. 169, 173). Bei den für *Steuerbescheide* geltenden §§ 172 ff. AO ist zunächst die Eröffnung des Anwendungsbereichs zu prüfen. Die Eröffnung des Anwendungsbereichs wäre zum einen abzulehnen, wenn der Steuerbescheid (partiell) nicht materiell bestandskräftig ist, weil er gemäß § 164 AO unter dem Vorbehalt der Nachprüfung steht (Rn. 179 ff.) oder vorläufig i. S. d. § 165 AO ist (Rn. 183 ff.). Zum anderen ist der Anwendungsbereich nicht (mehr) eröffnet, wenn gemäß §§ 169 ff. AO Festsetzungsverjährung eingetreten ist (Rn. 186 ff.). Erst im Anschluss daran kann untersucht werden, ob ein Korrekturtatbestand eingreift. Dabei sieht § 172 Abs. 1 Satz 1 Nr. 1 AO für Verbrauchsteuerbescheide eine generelle Korrekturmöglichkeit vor (Rn. 191 ff.). Bei anderen Steuerbescheiden kann eine Durchbrechung der materiellen Bestandskraft hingegen nur erfolgen,

- soweit der Steuerpflichtige i. S. v. § 172 Abs. 1 Satz 1 Nr. 2 Buchst. a) AO zustimmt oder seinem Antrag der Sache nach entsprochen wird (Rn. 194 ff.),
- soweit der Steuerbescheid nach § 172 Abs. 1 Satz 1 Nr. 2 Buchst. b) AO von einer sachlich unzuständigen Behörde erlassen worden ist (Rn. 197 ff.),
- soweit der Steuerbescheid i. S. v. § 172 Abs. 1 Satz 1 Nr. 2 Buchst. c) AO durch unlautere Mittel erwirkt wurde (Rn. 200 ff.),
- soweit nach § 173 AO Tatsachen oder Beweismittel nachträglich bekannt werden (Rn. 204 ff.),
- soweit dem Steuerpflichtigen bei Erstellung der Steuererklärung Schreib- oder Rechenfehler i. S. d. § 173a AO unterlaufen sind (Rn. 207 f.),
- soweit der Fall einer widerstreitenden Steuerfestsetzung gemäß § 174 AO vorliegt (Rn. 209 ff.),
- soweit ein Grundlagenbescheid i. S. d. § 175 Abs. 1 Satz 1 Nr. 1 AO erlassen, aufgehoben oder geändert wird (Rn. 219 f.),
- soweit ein rückwirkendes Ereignis i. S. d. § 175 Abs. 1 Satz 1 Nr. 2 AO eintritt (Rn. 221 f.),

- soweit die Korrektur des Steuerbescheids nach § 175a AO zur Umsetzung von Verständigungsvereinbarungen geboten ist (Rn. 225), oder
- soweit ein bestimmter Fall der Datenübermittlung durch Dritte gemäß § 175b AO gegeben ist (Rn. 223 f.).

Bei der Konzeption der soeben genannten Regelungen hat der Gesetzgeber im Rahmen der Abwägung zwischen dem Prinzip der materiellen Gerechtigkeit und dem Grundsatz der Rechtssicherheit einschließlich des Vertrauensschutzes wiederum maßgeblich darauf abgestellt, ob es schwerwiegende Verfahrensfehler gab (z. B. Tätigwerden der sachlich unzuständige Behörde) oder in welchem Verantwortungsbereich der Fehler liegt (z. B. bei nachträglich bekannt gewordenen Tatsachen). Ein wesentliches Kriterium ist zudem, ob der Finanzbehörde der richtige Sachverhalt bekannt war, dieser mehrfach oder überhaupt nicht berücksichtigt wurde bzw. ob sich der Sachverhalt nachträglich geändert hat. Daraus wird schon deutlich, dass §§ 172 ff. AO vornehmlich eine Korrektur von Sachverhaltsfehlern ermöglichen. Eine Korrektur von Rechtsanwendungsfehlern ist in erster Linie nur bei Verbrauchsteuerbescheiden oder bei anderen Steuerbescheiden mit Zustimmung oder auf Antrag des Steuerpflichtigen zulässig. Darüber hinaus können Rechtsfehler bei Tätigwerden der unzuständigen Behörde oder bei Anwendung unlauterer Mittel beseitigt werden; allerdings gibt hier der Rechtsfehler nicht den Anlass zu der Korrektur. Greift ein Korrekturtatbestand der §§ 172 ff. AO ein, muss schließlich noch über eine Begrenzung aus Gründen des Vertrauensschutzes nach § 176 AO (Rn. 227 f.) oder eine Berichtigung anderer materieller Fehler gemäß § 177 AO (Rn. 229 f.) nachgedacht werden.

C. Das Regelungskonzept der Rechtskraft von finanzgerichtlichen Urteilen in der Finanzgerichtsordnung

235 Zum Abschluss des ersten Schritts der Untersuchung (Rn. 16, 24), in dem es insgesamt um das System der Rechtsbeständigkeit von Steuerverwaltungsakten und finanzgerichtlichen Urteilen *bei Verstößen gegen deutsches Recht* geht, soll es nun um die einfachgesetzliche Umsetzung der Rechtskraft von finanzgerichtlichen Urteilen gehen. Hierbei ist zwischen den Regelungen zur formellen Rechtskraft (dazu I.) und den Regelungen zur materiellen Rechtskraft (dazu II.) zu unterscheiden.

I. Die formelle Rechtskraft von finanzgerichtlichen Urteilen bei Verstößen gegen deutsches Recht

236 Zunächst wird es also um die *formelle Rechtskraft* von finanzgerichtlichen Urteilen bei Verstößen gegen deutsches Recht gehen. Die Finanzgerichtsordnung enthält dabei keine eigenständige Regelung zur formellen Rechtskraft. Über den in § 155 Satz 1 FGO enthaltenen Verweis findet deshalb die Regelung des § 705 ZPO

Anwendung.[360] Danach tritt die formelle Rechtskraft vor Ablauf der für die Einlegung des zulässigen Rechtsmittels oder des zulässigen Einspruchs bestimmten Frist nicht ein. Dies meint die Unanfechtbarkeit des Urteils (Rn. 48).

Die Unanfechtbarkeit eines finanzgerichtlichen Urteils kann zum einen daher 237
rühren, dass es entweder von vornherein nicht anfechtbar ist. Dies gilt für Urteile des Bundesfinanzhofs, da die Verfassungsbeschwerde nicht als Rechtsmittel, sondern nur als außerordentlicher Rechtsbehelf anzusehen ist.[361] Zum anderen sind finanzgerichtliche Urteile unanfechtbar, wenn[362]

- auf Rechtsmittel verzichtet wird (§ 155 FGO i. V. m. §§ 515, 565 ZPO),
- gegen Urteile der Finanzgerichte, in denen die Revision nicht zugelassen wurde, nicht innerhalb eines Monats nach ihrer Zustellung eine Nichtzulassungsbeschwerde beim Bundesfinanzhof eingelegt wird (§ 116 Abs. 1 und Abs. 2 Satz 1 FGO),
- eine Nichtzulassungsbeschwerde vom Bundesfinanzhof abgelehnt wird (§ 116 Abs. 5 Satz 3 FGO),
- gegen Urteile der Finanzgerichte, in denen die Revision zugelassen wurde, nicht innerhalb eines Monats nach ihrer Zulassung Revision beim Bundesfinanzhof eingelegt wird (§ 120 Abs. 1 Satz 1 FGO),
- eine Revision vom Bundesfinanzhof als unzulässig verworfen (§ 126 Abs. 1 FGO) oder als unbegründet zurückgewiesen wird (§ 126 Abs. 2 FGO),
- die Nichtzulassungsbeschwerde oder die Revision zurückgenommen wird (§ 125 FGO), oder
- sich im Verfahren über die Nichtzulassungsbeschwerde oder die Revision die Sache erledigt hat (§ 138 FGO).

Die Unanfechtbarkeit eines finanzgerichtlichen Urteils hängt – mit Ausnahme 238
der Urteile des Bundesfinanzhofs, die von vornherein unanfechtbar sind – auch hier maßgeblich vom Steuerpflichtigen ab. Sie kann wiederum entweder aktiv durch den Verzicht auf einen Rechtsbehelf oder eine Rücknahme desselben oder durch Unterlassen eines Rechtsbehelfs herbeigeführt werden. Dabei gilt für die letztgenannte Fallgruppe wie bei der formellen Bestandskraft (Rn. 148), dass der Steuerpflichtige dadurch geschützt wird, dass die Rechtsbehelfsfrist nur bei ordnungsgemäßer Rechtsbehelfsbelehrung (§ 121 i. V. m. § 55 Abs. 1 FGO) zu laufen beginnt.

---

360 *Fu*, in: Schwarz/Pahlke, AO/FGO (2010), § 110 FGO Rn. 4; *Ratschow*, in: Gräber, FGO, 2015, § 110 FGO Rn. 8; *Wagner*, in: Kühn/v. Wedelstädt, AO/FGO, 2015, § 110 FGO Rn. 2.

361 BVerfG, Beschl. v. 18.1.1996, 1 BvR 2116/94, BVerfGE 93, 381 (385); *Fu*, in: Schwarz/Pahlke, AO/FGO (2010), § 110 FGO Rn. 5; *Seer*, in: TK, AO/FGO (2014), § 110 FGO Rn. 1.

362 *Brandt*, in: Gosch, AO/FGO (2016), § 110 FGO Rn. 41; *Fu*, in: Schwarz/Pahlke, AO/FGO (2010), § 110 FGO Rn. 29; *Lange*, in: HHSp, AO/FGO (2015), § 110 FGO Rn. 17.

239 Der Eintritt der formellen Rechtskraft hat in erster Linie zur Folge, dass das Verfahren, zu dem die nunmehr unanfechtbar gewordene Entscheidung ergangen ist, beendet ist.[363] Deshalb führen alle im Folgenden genannten Formen der *Durchbrechung der formellen Rechtskraft* zur Fortsetzung des Verfahrens.

1. *Durchbrechung der formellen Rechtskraft durch Wiedereinsetzung in den vorigen Stand*

240 Als erster Fall der Durchbrechung der formellen Rechtskraft ist erneut die Wiedereinsetzung in den vorigen Stand – in diesem Fall – nach § 121 i. V. m. § 56 FGO zu nennen. Die Wiedereinsetzung in den vorigen Stand setzt voraus, dass der Steuerpflichtige ohne Verschulden verhindert war, eine gesetzliche Frist einzuhalten. Der Antrag auf Wiedereinsetzung muss dabei innerhalb von zwei Wochen nach Wegfall des Hindernisses gestellt werden; bei der Versäumung der Frist zur Begründung der Revision oder der Nichtzulassungsbeschwerde verlängert sich die Frist auf einen Monat (§ 56 Abs. 1 und Abs. 2 Satz 1 FGO). Relevanz kommt dieser Regelung nur für die Fallgruppe zu, in der der Eintritt der formellen Rechtskraft an den Ablauf einer bestimmten Frist anknüpft. Tritt die formelle Bestandskraft ein, weil das finanzgerichtliche Urteil von vornherein nicht anfechtbar ist, kann es mangels Anfechtungsfrist nicht zu einer Wiedereinsetzung kommen. Die formelle Rechtskraft wird beseitigt, indem der Ablauf der Rechtsmittelfrist aufgehoben wird und das versäumte Rechtsmittel nach § 56 Abs. 2 Satz 3 FGO nachgeholt werden kann.[364]

241 Die verfassungsrechtliche Grundlage der Wiedereinsetzung in den vorigen Stand wird sowohl in der Rechtsweggarantie des Art. 19 Abs. 4 GG als auch im Anspruch auf rechtliches Gehör nach Art. 103 Abs. 1 GG gesehen.[365] Das Gebot der materiellen Gerechtigkeit überwiegt im Falle des Vorliegens der Voraussetzungen des § 56 Abs. 1 FGO gegenüber der Rechtssicherheit. Denn die Rechtsmittelfrist dient dem Steuerpflichtigen zugleich als Überlegensfrist; er darf diese Frist bis zum letzten Tag ausnutzen.[366] Beabsichtigt der Steuerpflichtige, eine solche Frist auszunutzen und kommt es dazu, dass er ohne sein Verschulden daran gehindert ist, fristgerecht Rechtsmittel einzureichen, soll ihm dieses nicht zum Nachteil gereichen. Wird ein Antrag auf Wiedereinsetzung in den vorigen Stand von einer Finanzbehörde gestellt, gelten die gleichen Maßstäbe wie bei einem Steuerpflichtigen.[367]

---

363 *Brandt*, in: Gosch, AO/FGO (2016), § 110 FGO Rn. 45; *Fu*, in: Schwarz/Pahlke, AO/FGO (2010), § 110 FGO Rn. 4.

364 *Lange*, in: HHSp, AO/FGO (2015), § 110 FGO Rn. 22; *Stapperfend*, in: Gräber, FGO, 2015, § 56 FGO Rn. 1.

365 BVerfG, Beschl. v, 11.2.1976, 2 BvR 849/75, BVerfGE 41, 332 (334); *Stapperfend*, in: Gräber, FGO, 2015, § 56 FGO Rn. 1.

366 BFH, Beschl. v. 28.1.2010, VIII B 88/09, BFH/NV 2010, 919 (919); BFH, Beschl. v. 9.1.2012, I B 66/11, BFH/NV 2012, 957 (957 f.).

367 BFH, Beschl. v. 11.5.2010, XI R 24/08, BFH/NV 2010, 1834 (1835); *Bartone*, in: Kühn/v. Wedelstädt, AO/FGO, 2015, § 56 FGO Rn. 13.

2. *Durchbrechung der formellen Rechtskraft durch Wiederaufnahme des Verfahrens*

Der zweite Fall einer Durchbrechung der formellen Rechtskraft ist derjenige, in der es zu einer Wiederaufnahme des Verfahrens kommt. Einleitend ist hierbei darauf hinzuweisen, dass eine Wiederaufnahme des Verfahrens nicht auf § 79 Abs. 1 BVerfGG gestützt werden kann. Diese Vorschrift besagt, dass gegen ein rechtskräftiges Strafurteil, dass auf einer vom Bundesverfassungsgericht mit dem Grundgesetz für unvereinbar oder nichtig erklärten Norm oder auf der Auslegung einer Norm beruht, die vom Bundesverfassungsgericht für mit dem Grundgesetz unvereinbar erklärt worden ist, die Wiederaufnahme des Verfahrens nach den Vorschriften der Strafprozessordnung zulässig ist. Bei finanzgerichtlichen Urteilen handelt es sich nicht um Strafurteile. Deshalb ist für die Anwendung dieser Norm jedenfalls bei Verstößen gegen deutsches Recht kein Raum. 242

Hinsichtlich der Wiederaufnahme eines rechtskräftig beendeten Verfahrens verweist § 134 FGO auf die entsprechenden Regelungen der Zivilprozessordnung in §§ 579 ff. ZPO. Ziel ist die rückwirkende Beseitigung der Rechtskraft der das gerichtliche Verfahren abschließenden Entscheidung. Diese Beseitigung kann durch Nichtigkeits- oder Restitutionsklage beantragt werden.[368] Beide Klagen weisen die Gemeinsamkeit auf, dass sie nicht zeitlich unbegrenzt zur Durchbrechung der formellen Rechtskraft eines finanzgerichtlichen Urteils führen können. Nach § 134 FGO i. V. m. § 586 ZPO sind die Klagen grundsätzlich fristgebunden. Sie sind innerhalb einer Notfrist von einem Monat ab dem Tag der Kenntnis des Anfechtungsgrundes, frühestens jedoch ab dem Zeitpunkt der Rechtskraft des finanzgerichtlichen Urteils zu erheben.[369] Die Klagen sind zudem prinzipiell unstatthaft, wenn sie nicht innerhalb von fünf Jahren ab dem Tag der Rechtskraft des finanzgerichtlichen Urteils erhoben werden.[370] Der deutsche Gesetzgeber hat hiermit insgesamt einen Zeitpunkt bestimmt, ab dem absoluter Rechtsfrieden eintreten soll. 243

Eine zulässige und begründete Nichtigkeits- oder Restitutionsklage hat nach § 134 FGO i. V. m. § 590 Abs. 1 ZPO zur Folge, dass die Hauptsache, insoweit sie von dem Anfechtungsgrund betroffen ist, mit dem Stand der letzten mündlichen Verhandlung wiederaufgenommen und von neuem verhandelt wird.[371] 244

---

368 *Loose*, in: TK, AO/FGO (2018), § 134 FGO Rn. 2; *Bergkemper*, in: HHSp, AO/FGO (2015), § 134 FGO Rn. 4.

369 Für Nichtigkeitsklagen wegen fehlerhafter Vertretung nach § 134 FGO i. V. m. § 579 Abs. 1 Nr. 4 ZPO beginnt die Frist zur Erhebung der Klage an dem Tag, an welchem dem Beteiligten und bei mangelnder Prozessfähigkeit seinem gesetzlichen Vertreter das Urteil zugestellt wird (vgl. § 134 FGO i. V. m. § 586 Abs. 3 ZPO).

370 Diese Frist gilt nicht den Fällen des § 134 FGO i. V. m. § 580 Nr. 8 ZPO.

371 *Ratschow*, in: Gräber, FGO, 2015, § 134 FGO Rn. 6; *Seibel*, AO-StB 2002, 318 (320).

a) *Nichtigkeitsklage*

245 Die erste Klageart, um eine Wiederaufnahme des Verfahrens zu erreichen, ist also die Nichtigkeitsklage. Sie findet nach § 134 FGO i. V. m. § 579 Abs. 1 ZPO statt,

- wenn das erkennende Gericht nicht vorschriftsmäßig besetzt war, sofern die Nichtigkeit nicht mittels eines Rechtsmittels geltend gemacht werden konnte (Nr. 1),
- wenn ein Richter bei der Entscheidung mitgewirkt hat, der von der Ausübung des Richteramtes kraft Gesetzes ausgeschlossen war, sofern nicht dieses Hindernis mittels eines Ablehnungsgesuchs oder eines Rechtsmittels ohne Erfolg geltend gemacht ist (Nr. 2),
- wenn bei der Entscheidung ein Richter mitgewirkt hat, obgleich er wegen Besorgnis der Befangenheit abgelehnt und das Ablehnungsgesuch für begründet erklärt war, sofern die Nichtigkeit nicht mittels eines Rechtsmittels geltend gemacht werden konnte (Nr. 3), oder
- wenn eine Partei in dem Verfahren nicht nach Vorschrift der Gesetze vertreten war, sofern sie nicht die Prozessführung ausdrücklich oder stillschweigend genehmigt hat (Nr. 4).

246 Allen Fällen der Nichtigkeitsklage ist gemeinsam, dass es sich um besonders schwere Verfahrensmängel handelt.[372] Das entspricht der verfassungsrechtlichen Überlegung, dass die Rechtsbeständigkeit in Abhängigkeit zu dem vorangegangenen Verfahren stehen soll. Bei besonders schweren Verfahrensmängeln besteht nämlich die Gefahr, dass sich diese Mängel auch auf die Richtigkeit der Entscheidung auswirken. Deshalb ist hier eine Durchbrechung der formellen Bestandskraft gerechtfertigt.

b) *Restitutionsklage*

247 Die zweite Klageart, mit der eine Wiederaufnahme des Verfahrens angestrebt werden kann, ist die in § 134 FGO i. V. m. § 580 ZPO geregelte Restitutionsklage. Nach diesen Vorschriften findet eine solche Klage mit dem Ziel der Wiederaufnahme des Verfahrens statt,

- wenn der Gegner durch Beeidigung einer Aussage, auf die das Urteil gegründet ist, sich einer vorsätzlichen oder fahrlässigen Verletzung der Eidespflicht schuldig gemacht hat (Nr. 1),
- wenn eine Urkunde, auf die das Urteil gegründet ist, fälschlich angefertigt oder verfälscht war (Nr. 2),

372 *Bergkemper*, in: HHSp, AO/FGO (2015), § 134 FGO Rn. 42; *Ratschow*, in: Gräber, FGO, 2015, § 134 FGO Rn. 1.

- wenn bei einem Zeugnis oder Gutachten, auf welches das Urteil gegründet ist, der Zeuge oder Sachverständige sich einer strafbaren Verletzung der Wahrheitspflicht schuldig gemacht hat (Nr. 3),
- wenn das Urteil von dem Vertreter einer Partei oder von dem Gegner oder dessen Vertreter durch eine in Beziehung auf den Rechtsstreit verübte Straftat erwirkt ist (Nr. 4),
- wenn ein Richter bei dem Urteil mitgewirkt hat, der sich in Beziehung auf den Rechtsstreit einer strafbaren Verletzung seiner Amtspflichten gegen die Partei schuldig gemacht hat (Nr. 5),
- wenn das Urteil eines ordentlichen Gerichts, eines früheren Schiedsgerichts oder eines Verwaltungsgerichts, auf welches das Urteil gegründet ist, durch ein anderes rechtskräftiges Urteil aufgehoben ist (Nr. 6),
- wenn die Partei entweder ein in derselben Sache erlassenes, früher rechtskräftig gewordenes Urteil oder eine andere Urkunde auffindet oder zu benutzen in den Stand gesetzt wird, die eine ihr günstigere Entscheidung herbeigeführt haben würde (Nr. 7), oder
- wenn der Europäische Gerichtshof für Menschenrechte eine Verletzung der Konvention zum Schutz der Menschenrechte und Grundfreiheiten (EMRK) oder ihrer Protokolle festgestellt hat und das Urteil auf dieser Verletzung beruht (Nr. 8).

Kennzeichnend für die Fälle der Restitutionsklage ist also, dass das finanzgericht- 248
liche Urteil inhaltliche Mängel aufweist. In der Mehrzahl der genannten Fälle (Nrn. 1–5) wurde der Ausgang des Verfahrens durch eine strafbare Handlung beeinflusst. § 580 Nr. 6 ZPO nennt einen Fall, in dem eine bestimmte Urteilsgrundlage weggefallen ist. Im Falle des § 580 Nr. 7 ZPO steht eine bestimmte Urteilsgrundlage in Widerspruch mit qualifizierten verbrieften Beweismitteln.[373] Insgesamt ist den genannten Fällen damit gemeinsam, dass die Urteilsgrundlagen in evidenter Weise erschüttert worden sind, so dass die Richtigkeit des Urteils in einem Maße in Frage gestellt ist, dass die Sache nicht auf sich beruhen kann.[374] Es wäre demzufolge mit rechtsstaatlichen Grundsätzen schlechthin unvereinbar, wenn das finanzgerichtliche Urteil trotz der vorliegenden inhaltlichen Mängel weiterhin Bestand haben könnte.

3. *Durchbrechung der formellen Rechtskraft durch Klagen nach § 826 BGB*

Der dritte Fall, in dem eine Durchbrechung der formellen Rechtskraft diskutiert 249
werden kann, ist derjenige einer Klage nach § 826 BGB. Zivilrechtlich besteht die Möglichkeit, sich gegen die Vollstreckung aus einem rechtskräftigen, aber

---

373 *Bergkemper*, in: HHSp, AO/FGO (2015), § 134 FGO Rn. 52.
374 *Loose*, in: TK, AO/FGO (2018), § 134 FGO Rn. 22; *Seibel*, AO-StB 2002, 318 (320).

materiell unrichtigen Titel mit einer solchen Klage zur Wehr zu setzen. Die Rechtskraft soll dann zurücktreten, wenn es mit dem Gerechtigkeitsgedanken schlechthin unvereinbar wäre, dass der Titelgläubiger seine formelle Rechtsstellung unter Missachtung der materiellen Rechtslage zulasten des Schuldners ausnutzt. Eine derartige Missachtung dürfte allerdings nur bei besonders schwerwiegenden, eng begrenzten Ausnahmefällen gegeben sein, da jede Ausdehnung das Institut der Rechtskraft aushöhlen, die Rechtssicherheit beeinträchtigen und den Eintritt des Rechtsfriedens in untragbarer Weise in Frage stellen würde.[375] Das Überwiegen des Prinzips der materiellen Gerechtigkeit gegenüber der Rechtssicherheit lässt sich in diesem Fall dadurch begründen, dass niemand eine ihm unverdient zugefallene Rechtsposition in sittenwidriger Weise für sich in Anspruch nehmen darf.[376] Entsprechend den soeben genannten zivilrechtlichen Grundsätzen soll ein Steuerpflichtiger auch im finanzgerichtlichen Verfahren die Möglichkeit haben, sich mit einer Klage nach § 826 BGB gegen ein finanzgerichtliches Urteil zur Wehr zu setzen. Da einschlägige Judikate jedoch nicht vorliegen, ist es in der Praxis im Bereich des Steuerrechts bisher noch zu keinem Anwendungsfall gekommen.[377]

4. Durchbrechung der formellen Rechtskraft durch Gegenvorstellungen

250 Der vierte Fall, der bei den Möglichkeiten zur Durchbrechung der formellen Rechtskraft zumindest angesprochen werden sollte, betrifft die Erhebung einer Gegenvorstellung. Im Unterschied zu den vorgenannten drei Fällen kann eine Gegenvorstellung – zumindest bei *Verstößen gegen deutsches Recht* – jedoch nicht zu einer Durchbrechung der formellen Rechtskraft eines finanzgerichtlichen Urteils führen. Eine Gegenvorstellung liegt vor, wenn sich der Steuerpflichtige außerhalb der einschlägigen Verfahrensordnung und außerhalb förmlicher Verfahrensrechte an das Gericht mit dem Ziel der Überprüfung seiner Entscheidung wendet.[378] Da Rechtsbehelfe aber gesetzlich normiert sein müssen, so dass die Steuerpflichtigen deren Voraussetzungen erkennen können, genügt der Rechtsbehelf der Gegenvorstellung nicht den verfassungsrechtlichen Anforderungen an die Rechtsmittelklarheit.[379] Diese Feststellung muss jedenfalls solange gelten, wie

---

375 BGH, Urt. v. 21.9.1995, IX ZR 228/94, NJW 1996, 48 (49); ders., Urt. v. 29.6.2005, VIII ZR 299/04, NJW 2005, 2991 (2994); *Vollkommer*, in: Zöller, ZPO, 2018, Vor § 322 ZPO Rn. 72.

376 *Vollkommer*, in: Zöller, ZPO, 2018, Vor § 322 ZPO Rn. 72; *Lange*, in: HHSp, AO/FGO (2015), § 110 FGO Rn. 29.

377 *Brandt*, in: Gosch, AO/FGO (2016), § 110 Rn. 75; *Ratschow*, in: Gräber, FGO, 2015, § 110 FGO Rn. 9; a. A.: *Fu*, in: Schwarz/Pahlke, AO/FGO (2010), § 110 FGO Rn. 31, der die Anwendung unter Hinweis auf den im Finanzgerichtsprozess geltenden Amtsermittlungsgrundsatz ablehnt.

378 *Lange*, in: HHSp, AO/FGO (2015), § 110 FGO Rn. 28.

379 BVerfG, Beschl. v. 30.4.2003, 1 PBvU 1/02, BVerfGE 107, 395 (416); *Lange*, in: HHSp, AO/FGO (2015), § 110 FGO Rn. 28.

die finanzgerichtliche Entscheidung in materieller Rechtskraft erwächst, d. h. das Finanzgericht an seine Entscheidung gebunden ist.[380]

II. Die materielle Rechtskraft von finanzgerichtlichen Urteilen bei Verstößen gegen deutsches Recht

Nachdem zuvor die formelle Rechtskraft von finanzgerichtlichen Urteilen dargelegt 251 wurde, soll es im Folgenden um die *materielle Rechtskraft* von finanzgerichtlichen Urteilen *bei Verstößen gegen deutsches Recht* gehen. Der Einfluss des Unionsrechts auf das deutsche Steuerrecht ist weiterhin nicht Gegenstand dieses Teils. Auch für die finanzgerichtlichen Urteile gilt, dass nur formell rechtskräftige Urteile in materieller Rechtskraft erwachsen können.[381] Daraus folgt, dass die bisher dargestellten Fälle der Durchbrechung der formellen Rechtskraft zugleich die materielle Rechtskraft beeinträchtigen. Nach der oben vollzogenen Begriffsbestimmung (Rn. 49) bezeichnet die materielle Rechtskraft die inhaltliche Bindungswirkung in persönlicher, sachlicher und zeitlicher Hinsicht. Für finanzgerichtliche Urteile findet sich hierzu eine Regelung in § 110 Abs. 1 FGO. Diese Norm unterscheidet – darauf sei hingewiesen – nicht danach, ob Gegenstand des finanzgerichtlichen Verfahrens ein allgemeiner Steuerverwaltungsakt oder ein Steuerbescheid war.

1. *Subjektive Reichweite der materiellen Rechtskraft*

§ 110 Abs. 1 FGO bestimmt zunächst die subjektive Reichweite der materiellen 252 Rechtskraft. Danach binden rechtskräftige Urteile in persönlicher Hinsicht

- die Beteiligten und ihre Rechtsnachfolger (Satz 1 Nr. 1),
- bei Klagen gegen gesonderte und einheitliche Feststellungen die nicht klageberechtigten Gesellschafter oder Gemeinschafter (Satz 1 Nr. 2),
- die notwendig Beizuladenden, die im Verfahren nach § 60a FGO nicht rechtzeitig den Antrag auf Beiladung gestellt haben (Satz 1 Nr. 3) sowie
- die öffentlich-rechtliche Körperschaft, der die beteiligte Finanzbehörde angehört (Satz 2).

2. *Objektive Reichweite der materiellen Rechtskraft*

Über die subjektive Reichweite hinaus regelt § 110 Abs. 1 FGO aber auch die objek- 253 tive Reichweite der materiellen Rechtskraft. In sachlicher Hinsicht reicht die Bindungswirkung, „soweit über den Streitgegenstand entschieden worden ist". Der Streitgegenstand wird bestimmt durch den geltend gemachten materiell-rechtlichen

380 *Nieland*, AO-StB 2009, 288 (288).

381 *Lange*, in: HHSp, AO/FGO (2015), § 110 FGO Rn. 5; *Seer*, in: TK, AO/FGO (2014), § 110 FGO Rn. 1; *ders.*, in: Tipke/Lang, Steuerrecht, 2018, § 22 Rn. 264; *Wagner*, in: Kühn/v. Wedelstädt, AO/FGO, 2015, § 110 FGO Rn. 2.

Anspruch (Klageanspruch) und durch den diesem zugrunde liegenden Sachverhalt (Klagegrund).[382] Nach der in § 110 Abs. 1 Satz 1 FGO enthaltenen Formulierung begrenzt sich die Bindungswirkung auf den Teil des Streitgegenstands, über den das Gericht tatsächlich entschieden hat.[383] Es ist demgegenüber unerheblich, worüber das Gericht hätte entscheiden müssen.[384] Ergo ist zwischen Streitgegenstand und Entscheidungsgegenstand zu unterscheiden.[385]

254 Maßgeblich ist daher für die Bestimmung der Bindungswirkung eines finanzgerichtlichen Urteils, welcher Sachverhalt dieser Entscheidung zugrunde gelegt wurde und welche rechtlichen Erwägungen hierzu angestellt wurden. Bei alledem ist zuvorderst auf die Urteilsformel i. S. d. § 105 Abs. 2 Nr. 3 FGO abzustellen.[386] In Zweifelsfällen muss der Entscheidungsgegenstand durch Auslegung ermittelt werden. Dabei sind die tragenden tatsächlichen und rechtlichen Aussagen der Urteilsbegründung heranzuziehen, also diejenigen Bestandteile des Tatbestands und der Entscheidungsgründe, die nicht hinweggedacht werden können, wenn die Begründung Bestand haben soll.[387] Typisierend wird für die Bestimmung der Bindungswirkung zwischen der Art des Urteils und der Klageart unterschieden.

255 Bei Prozessurteilen, also solchen Urteilen, mit denen eine Klage als unzulässig abgewiesen wird, tritt die Bindungswirkung nur hinsichtlich der im Einzelfall abgelehnten Sachurteilsvoraussetzungen ein. Folglich kann eine erneute Klage mit demselben Ziel erhoben werden.[388]

256 Bei Sachurteilen muss für die hier interessierenden Fälle – es soll nur die Rechtskraft von finanzgerichtlichen Urteilen untersucht werden, die in Verfahren ergehen, welche einen Steuerverwaltungsakt zum Gegenstand haben (Rn. 19) – zwischen

---

382 BFH, Beschl. v. 25.10.2012, XI B 48/12, BFH/NV 2013, 230 (231); *Lange*, in: HHSp, AO/FGO (2015), § 110 FGO Rn. 48.

383 BFH, Urt. v. 13.6.2012, VI R 92/10, BStBl. II 2013, 139 (140); *Fu*, in: Schwarz/Pahlke, AO/FGO (2010), § 110 FGO Rn. 18; *Lange*, in: HHSp, AO/FGO (2015), § 110 FGO Rn. 48.

384 BFH, Urt. v. 8.6.2000, IV R 65/99, BStBl. II 2001, 89 (91 f.); *Fu*, in: Schwarz/Pahlke, AO/FGO (2010), § 110 FGO Rn. 18; *Ratschow*, in: Gräber, FGO, 2015, § 110 FGO Rn. 35.

385 BFH, Urt. v. 19.12.2006, VI R 63/02, BFH/NV 2007, 924 (925); *Fu*, in: Schwarz/Pahlke, AO/FGO (2010), § 110 FGO Rn. 18; *Lange*, in: HHSp, AO/FGO (2015), § 110 FGO Rn. 48; kritisch: *Ratschow*, in: Gräber, FGO, 2015, § 110 FGO Rn. 37.

386 BFH, Beschl. v. 9.2.2012, IV B 30/11, BFH/NV 2012, 965 (965); *Lange*, in: HHSp, AO/FGO (2015), § 110 FGO Rn. 54; *Ratschow*, in: Gräber, FGO, 2015, § 110 FGO Rn. 40; *Wagner*, in: Kühn/v. Wedelstädt, AO/FGO, 2015, § 110 FGO Rn. 3.

387 BFH, Urt. v. 19.12.2006, VI R 63/02, BFH/NV 2007, 924 (925); *Lange*, in: HHSp, AO/FGO (2015), § 110 FGO Rn. 54; *Ratschow*, in: Gräber, FGO, 2015, § 110 FGO Rn. 40.

388 BFH, Urt. v. 16.9.2009, X R 17/06, BFH/NV 2010, 459 (461); *Brandt*, in: Gosch, AO/FGO (2016), § 110 FGO Rn. 115; *Fu*, in: Schwarz/Pahlke, AO/FGO (2010), § 110 FGO Rn. 20; *Lange*, in: HHSp, AO/FGO (2015), § 110 FGO Rn. 73; *Ratschow*, in: Gräber, FGO, 2015, § 110 FGO Rn. 45; *Wagner*, in: Kühn/v. Wedelstädt, AO/FGO, 2015, § 110 FGO Rn. 3.

der Anfechtungsklage, der Verpflichtungsklage und der Fortsetzungsfeststellungsklage unterschieden werden. Streitgegenstand der Anfechtungsklage ist die Behauptung des Klägers, dass der angefochtene Steuerverwaltungsakt rechtswidrig ist und den Kläger in seinen Rechten verletzt (vgl. § 100 Abs. 1 Satz 1 FGO). Im Falle der Stattgabe einer Anfechtungsklage geht die Bindungswirkung nach § 110 Abs. 1 FGO dahin, dass diese Behauptung zutreffend ist. Ihr Umfang bestimmt sich danach, inwieweit die Behauptung des Klägers, dass der Steuerverwaltungsakt rechtswidrig sei, tatsächlich überprüft worden ist.[389] Maßgeblich ist damit die Teilmenge aller mit dem angefochtenen Steuerverwaltungsakt erfassten Besteuerungsgrundlagen, zu denen das Gericht Feststellungen getroffen hat.[390] Wird eine Anfechtungsklage als unbegründet abgewiesen, umfasst die Bindungswirkung die in den Entscheidungsgründen konkretisierte Feststellung, dass die Voraussetzungen des angefochtenen Steuerverwaltungsakts vorliegen und dass der Steuerverwaltungsakt weder rechtswidrig noch nichtig ist.[391]

Bei einer Verpflichtungsklage ist Streitgegenstand die Behauptung des Klägers, 257 dass er einen Anspruch auf Erlass des beantragten Steuerverwaltungsakts habe. Die Bindungswirkung eines stattgebenden finanzgerichtlichen Urteils geht deshalb dahin, dass dem Kläger ein Rechtsanspruch auf den mit der Klage begehrten Steuerverwaltungsakt zusteht; andernfalls geht die Bindungswirkung im Falle der Klagabweisung dahin, dass dem Kläger ein solcher Rechtsanspruch nicht zusteht.[392] Sofern bei einer Bescheidungsklage die Verpflichtung der Finanzbehörde ausgesprochen wurde, den Kläger unter Beachtung der Rechtsauffassung des Gerichts neu zu bescheiden, folgt der Umfang der Bindungswirkung aus den Entscheidungsgründen.[393]

Den Streitgegenstand einer Fortsetzungsfeststellungsklage nach § 100 Abs. 1 258 Satz 4 FGO bildet die Behauptung des Klägers, der Steuerverwaltungsakt sei rechtswidrig gewesen. Demzufolge gilt das für die Anfechtungsklage Ausgeführte entsprechend.

3. *Wirkung der materiellen Rechtskraft*

Im Anschluss an die subjektive und objektive Reichweite der materiellen Rechts- 259 kraft wird es abschließend um die Wirkung der materiellen Rechtskraft gehen. Die materielle Rechtskraft eines finanzgerichtlichen Urteils ist zunächst von den

389 *Brandt*, in: Gosch, AO/FGO (2016), § 110 FGO Rn. 103; *Lange*, in: HHSp, AO/FGO (2015), § 110 FGO Rn. 60.

390 BFH, Urt. v. 12.1.2012, IV R 3/11, BFH/NV 2012, 779 (781); *Lange*, in: HHSp, AO/FGO (2015), § 110 FGO Rn. 60.

391 *Brandt*, in: Gosch, AO/FGO (2016), § 110 FGO Rn. 103; *Fu*, in: Schwarz/Pahlke, AO/FGO (2010), § 110 FGO Rn. 22; *Lange*, in: HHSp, AO/FGO (2015), § 110 FGO Rn. 62.

392 *Brandt*, in: Gosch, AO/FGO (2016), § 110 FGO Rn. 105; *Lange*, in: HHSp, AO/FGO (2015), § 110 FGO Rn. 63.

393 *Brandt*, in: Gosch, AO/FGO (2016), § 110 FGO Rn. 107; *Lange*, in: HHSp, AO/FGO (2015), § 110 FGO Rn. 66.

Finanzbehörden und Finanzgerichten von Amts wegen zu beachten.[394] Sie beinhaltet zunächst ein Wiederholungsverbot (ne bis in idem), welches es bei identischen Entscheidungsgegenständen ausschließt, dass das aus einem bestimmten Sachverhalt hergeleitete Begehren, über das bereits rechtskräftig entschieden wurde, zum Gegenstand eines erneuten Verfahrens gemacht wird.[395] Darüber hinaus kann eine Bindungswirkung aber auch in dem Sinne bestehen, dass eine rechtskräftig entschiedene Frage vorgreiflich für die Beurteilung eines danach zur Entscheidung stehenden Rechtsverhältnisses ist (sog. Präjudiziabilität).[396] Eine solche Vorgreiflichkeit ist geradezu typisch im Bereich der gesonderten (und einheitlichen) Feststellungen als Grundlagenbescheide.

260 Die Bindungswirkung besteht allerdings nur, wenn und soweit die dem finanzgerichtlichen Urteil zugrunde gelegte Sach- und Rechtslage fortbesteht. Treten entscheidungserhebliche Veränderungen nach dem Zeitpunkt ein, in dem das Finanzgericht seine Entscheidung getroffen hat, so ist die Finanzbehörde unter Umständen dazu berechtigt, einen neuen bzw. korrigierten Steuerverwaltungsakt zu erlassen.[397] Im Folgenden sollen drei Fragen, die sich hinsichtlich der Wirkung der materiellen Bestandskraft stellen, näher untersucht werden. Die erste Frage ist, ob das Finanzgericht sein Urteil selbst korrigieren darf. Die zweite Frage beschäftigt sich mit der Bindung der Finanzbehörden an das finanzgerichtliche Urteil und die dritte Frage mit der Bindung anderer Finanzgerichte.

a) Berichtigung eines finanzgerichtlichen Urteils wegen einer offenbaren Unrichtigkeit (§ 107 FGO)

261 Hinsichtlich der ersten Frage ist festzustellen, dass die Finanzgerichtsordnung nur in einem Fall vorsieht, dass das Finanzgericht sein eigenes Urteil korrigieren darf, mithin die materielle Rechtskraft des finanzgerichtlichen Urteils durchbrochen wird. Es handelt sich dabei um § 107 Abs. 1 FGO. Diese Vorschrift ermöglicht es, Schreibfehler, Rechenfehler und andere offenbare Unrichtigkeiten jederzeit vom Gericht zu berichtigen. Ähnlich wie bei § 129 AO (Rn. 165) handelt es sich um einen Erklärungsmangel dergestalt, dass das im Urteil Erklärte von dem erkennbar Gewollten abweichen muss.[398]

---

394 BFH, Urt. v. 6.11.1985, II R 63/83, BStBl. II 1986, 77 (80); *Lange*, in: HHSp, AO/FGO (2015), § 110 FGO Rn. 33; *Ratschow*, in: Gräber, FGO, 2015, § 110 FGO Rn. 12.

395 BVerfG, Urt. v. 22.11.2001, 2 BvE 6/99, BVerfGE 104, 151 (196); *Lange*, in: HHSp, AO/FGO (2015), § 110 FGO Rn. 35; *Ratschow*, in: Gräber, FGO, 2015, § 110 FGO Rn. 12.

396 BFH, Urt. v. 27.2.1997, IV R 38/96, BFH/NV 1997, 388 (390); *Lange*, in: HHSp, AO/FGO (2015), § 110 FGO Rn. 36; *Ratschow*, in: Gräber, FGO, 2015, § 110 FGO Rn. 13; *Wagner*, in: Kühn/v. Wedelstädt, AO/FGO, 2015, § 110 FGO Rn. 3.

397 BFH, Urt. v. 26.11.1998, IV R 66/97, BFH/NV 1999, 788 (790); *Lange*, in: HHSp, AO/FGO (2015), § 110 FGO Rn. 41; *Ratschow*, in: Gräber, FGO, 2015, § 110 FGO Rn. 16.

398 BFH, Urt. v. 10.3.2008, III R 37/03, BFH/NV 2008, 1333 (1334); *Ratschow*, in: Gräber, FGO, 2015, § 107 FGO Rn. 5.

Entscheidendes Merkmal für die fehlende Rechtsbeständigkeit ist damit auch hier, dass die Unrichtigkeit offenbar ist, d. h. „auf der Hand liegt". Der Widerspruch zwischen Gewolltem und Erklärtem ist folglich durchschaubar, eindeutig oder augenfällig.[399] Was eindeutig falsch ist, kann keinen Vertrauensschutz begründen. Insoweit ist die Durchbrechung der materiellen Rechtskraft des finanzgerichtlichen Urteils gerechtfertigt. 262

b) Bindung der Finanzbehörden an ein finanzgerichtliches Urteil

Die zweite Frage zur Wirkung der materiellen Bestandskraft ist, wie weit die Bindungswirkung für die Finanzbehörde reicht, also ob eine Finanzbehörde einen Steuerverwaltungsakt, der Gegenstand eines finanzgerichtlichen Verfahrens war, nach Abschluss dieses Verfahrens noch korrigieren darf. Hierzu bestimmt § 110 Abs. 2 FGO, dass die in der Abgabenordnung oder in anderen Steuergesetzen enthaltenen Korrekturvorschriften unberührt bleiben, soweit sich aus Abs. 1 Satz 1 nicht etwas anderes ergibt. Der unglücklich gewählte Wortlaut der Regelung täuscht darüber hinweg, dass insoweit keine Besonderheiten bestehen sollen. Gemeint ist, dass im Korrekturverfahren ebenfalls die materielle Rechtskraft eines finanzgerichtlichen Urteils beachtet werden muss.[400] Sofern die Finanzbehörde die materielle Rechtskraft nicht beachtet und unter Verstoß gegen die Bindungswirkung einen Steuerverwaltungsakt erlässt oder korrigiert, ist die dagegen gerichtete Klage zulässig und ohne weitere Sach- und Rechtsprüfung begründet.[401] Die Frage, ob und wann es zu einem Verstoß gegen die Bindungswirkung eines finanzgerichtlichen Urteils kommen kann, ist eine Frage des Einzelfalls und letztlich für jede Korrekturvorschrift unterschiedlich zu beantworten. 263

c) Bindung der Finanzgerichte an ein finanzgerichtliches Urteil

Die dritte Frage im Zusammenhang mit der Wirkung der materiellen Bestandskraft betrifft die Bindung anderer Finanzgerichte an ein finanzgerichtliches Urteil. Hier hat die Bindungswirkung zur Folge, dass bei Identität der Entscheidungsgegenstände jedes nachfolgende finanzgerichtliche Verfahren bereits unzulässig 264

---

399 BFH, Urt. v. 20.9.2010, V R 2/09, BFH/NV 2011, 302 (302); *Ratschow*, in: Gräber, FGO, 2015, § 107 FGO Rn. 8; *Wagner*, in: Kühn/v. Wedelstädt, AO/FGO, 2015, § 107 FGO Rn. 1.

400 BFH, Urt. v. 19.12.2006, VI R 63/02, BFH/NV 2007, 924 (925); *Brandt*, in: Gosch, AO/FGO (2016), § 110 FGO Rn. 160; *Lange*, in: HHSp, AO/FGO (2015), § 110 FGO Rn. 39; *Ratschow*, in: Gräber, FGO, 2015, § 110 FGO Rn. 20.

401 *Ratschow*, in: Gräber, FGO, 2015, § 110 FGO Rn. 23; *Seer*, in: TK, AO/FGO (2014), § 110 FGO Rn. 39.

ist.[402] Sofern ein Gericht die Existenz eines materiell rechtskräftigen Urteils übersieht und über denselben Entscheidungsgegenstand ein erneutes Urteil erlässt, liegt ein erheblicher Verfahrensmangel vor.[403] Wird das zweite Urteil formell rechtskräftig, kommt eine Durchbrechung der Rechtskraft durch eine Wiederaufnahme des Verfahrens nach § 134 FGO i. V. m. § 580 Nr. 7 Buchst. a) ZPO (Rn. 247) in Betracht.[404] Sind auch hier die Klagefristen i. S. d. § 134 FGO i. V. m. § 586 ZPO abgelaufen, so geht das frühere Urteil dem späteren Urteil vor.[405]

III. Zwischenergebnis

265 Zusammenfassend lässt sich sagen, dass das Regelungskonzept der Rechtskraft von finanzgerichtlichen Urteilen in der Finanzgerichtsordnung Unterschiede, aber auch Ähnlichkeiten im Vergleich zur Regelungskonzeption der Bestandskraft von Steuerverwaltungsakten in der Abgabenordnung aufweist. Ein wesentlicher Unterschied besteht darin, dass sich die Fälle der Durchbrechung der *formellen Rechtskraft* nicht nur auf die der Wiedereinsetzung in den vorigen Stand (Rn. 240 f.) beschränken, sondern mit der Wiederaufnahme des Verfahrens ein weiteres Mittel zur Fortsetzung des Verfahrens bieten (Rn. 242 ff.). Die Gründe, die zu einer Wiederaufnahme führen können, ähneln hierbei solchen, die zur Durchbrechung der Bestandskraft von Steuerverwaltungsakten führen: Es sind vor allem besonders schwere Verfahrensmängel (Rn. 246) und Mängel, die die Urteilsgrundlagen in erheblicher Weise erschüttern (Rn. 248). Dies entspricht den verfassungsrechtlichen Vorgaben, welche es nahelegen, die Rechtsbeständigkeit eines finanzgerichtlichen Urteils von dem ihm vorausgehenden Verfahren abhängig zu machen. Auffällig ist jedoch, dass die Verfahrensmängel und Mängel bei den Urteilsgrundlagen größer sein müssen, als es bei Steuerverwaltungsakten der Fall ist. Auch dieses ist wegen der besonderen Aufgabe, die der Rechtsprechung zugedacht ist, verfassungsrechtlich geboten. Der Fall einer Klage nach § 826 BGB hat demgegenüber im Bereich des Steuerrechts bisher keinerlei Bedeutung erlangt (Rn. 249). Eine Gegenvorstellung ist als Mittel zur Durchbrechung der formellen Rechtskraft – zumindest bei Verstößen gegen deutsches Recht – abzulehnen (Rn. 250).

266 Im Unterschied zur formellen Rechtskraft kommt eine Durchbrechung der *materiellen Rechtskraft* nur in einem Fall, nämlich bei der Berichtigung von Schreibfehlern, Rechenfehlern und ähnlichen offenbaren Unrichtigkeiten nach § 107 AO in Betracht (Rn. 261 f.). Allerdings ist die von einem materiell rechtskräftigen

---

402 BFH, Beschl. v. 1.4.2008, X B 224/07, BFH/NV 2008, 1187 (1188); *Lange*, in: HHSp, AO/FGO (2015), § 110 FGO Rn. 35; *Ratschow*, in: Gräber, FGO, 2015, § 110 FGO Rn. 14; *Wagner*, in: Kühn/v. Wedelstädt, AO/FGO, 2015, § 110 FGO Rn. 3.

403 *Lange*, in: HHSp, AO/FGO (2015), § 110 FGO Rn. 34.

404 BFH, Urt. v. 4.7.1991, IV K 1/90, BStBl. II 1991, 813 (813); *Lange*, in: HHSp, AO/FGO (2015), § 110 FGO Rn. 34; *Ratschow*, in: Gräber, FGO, 2015, § 110 FGO Rn. 14.

405 *Lange*, in: HHSp, AO/FGO (2015), § 110 FGO Rn. 34; *Ratschow*, in: Gräber, FGO, 2015, § 110 FGO Rn. 14.

finanzgerichtlichen Urteil ausgehende Bindungswirkung nicht umfassend, sondern beschränkt sich auf den Entscheidungsgegenstand (Rn. 253 ff.). Darüber hinaus tritt keine materielle Rechtskraft ein, so dass es im Übrigen bei der materiellen Bestandskraft des Steuerverwaltungsakts bleibt, welche durchbrochen werden kann, soweit der Tatbestand einer Korrekturnorm erfüllt ist (Rn. 263).

3. Teil: Die Rechtsbeständigkeit deutscher Steuerverwaltungsakte und finanzgerichtlicher Urteile bei Verstößen gegen Recht der Europäischen Union

Nachdem im ersten Schritt der Untersuchung die Grundüberlegungen herausgearbeitet wurden, die hinter den Regelungen der Bestandskraft von Steuerverwaltungsakten und der Rechtskraft von finanzgerichtlichen Urteilen bei *Verstößen gegen deutsches Recht* stehen, wird es nun in zweiten Schritt um die Rechtsbeständigkeit deutscher Steuerverwaltungsakte und finanzgerichtlicher Urteile bei *Verstößen gegen Recht der Europäischen Union* gehen. Gegenstand des nun folgenden Teils der Untersuchung wird sein, ob die bei Verstößen gegen deutsches Recht dargestellten Grundsätze in gleicher Weise bei Verstößen gegen Unionsrecht gelten oder ob diese Grundsätze modifiziert werden müssen. Wie im vorangegangenen ersten Schritt gezeigt wurde, gehen die hinter der Rechtsbeständigkeit von Steuerverwaltungsakten und finanzgerichtlichen Urteilen stehenden Grundüberlegungen auf eine Zeit zurück, in der ein Verstoß gegen ein übergeordnetes Unionsrecht nicht absehbar war (Rn. 1, 24). Es wurde ebenfalls dargelegt, dass sich an der Grundkonzeption der Vorschriften zur Bestandskraft und zur Rechtskraft im Vergleich zur Reichsabgabenordnung 1919 wenig geändert hat (Rn. 24, 231). Es wird nunmehr zu untersuchen sein, ob und ggfs. in welcher Form die Vorschriften zur Rechtsbeständigkeit von Steuerverwaltungsakten und finanzgerichtlichen Urteilen bei Verstößen gegen Unionsrecht Anwendung finden. Dabei soll kurz referiert werden, welche Verstöße gegen Unionsrecht bei Steuerverwaltungsakten und finanzgerichtlichen Urteilen überhaupt denkbar sind (dazu A.). Anschließend wird die Bestandskraft von Steuerverwaltungsakten bei Verstößen gegen Unionsrecht im Fokus stehen (dazu B.), bevor im letzten Abschnitt die Rechtskraft von finanzgerichtlichen Urteilen bei Verstößen gegen Unionsrecht untersucht wird (dazu C.). 267

A. Mögliche Verstöße gegen Unionsrecht

Zu Beginn des zweiten Schritts soll also ein kurzer Überblick über die möglichen Verstöße gegen Unionsrecht gegeben werden, die einem Steuerverwaltungsakt oder einem finanzgerichtlichen Urteil anhaften können. Daraus kann sich nämlich möglicherweise ein Aufschluss über die Schwere oder die Offensichtlichkeit des Fehlers ergeben, welche eine Auswirkung auf die Rechtsbeständigkeit haben könnte. So kommen die Untersuchungen von *Sabine Lehnert*, *Anna Saßenroth*, *Ute Geisenberger* und *Friederike Grube* auch deshalb zu unterschiedlichen Ergebnissen, 268 weil sie unterschiedliche Arten von Verstößen gegen Unionsrecht zum Gegenstand haben. *Lehnert*, *Geisenberger* und *Grube* beschäftigen sich ausschließlich mit Verstößen gegen das unionsrechtliche Beihilfeverbot aus Art. 107 AEUV, wohingegen *Saßenroth* explizit zwar keine Einschränkung vornimmt, sich in ihrer Untersuchung jedoch ausschließlich mit Verstößen gegen andere Bestimmungen des Unionsrechts als das Beihilfeverbot auseinandersetzt (Rn. 14). Es geht also im Folgenden auch darum, zu bestimmen, ob diese Unterscheidung zwischen verschiedenen Verstößen gegen Unionsrecht gerechtfertigt ist.

269 Außerdem soll im Rahmen der nun folgenden Darstellung dazu Stellung genommen werden, ob sich die Verstöße gegen Unionsrecht zugunsten oder zuungunsten des Steuerpflichtigen auswirken würden. Im Rahmen der Darstellung des Regelungskonzepts der Bestandskraft von Steuerverwaltungsakten wurde bereits gezeigt, dass einzelne Korrekturvorschriften danach unterscheiden, ob eine Korrektur zugunsten oder zuungunsten des Steuerpflichtigen erfolgt. So sehen die §§ 130, 131 AO aus Gründen des Vertrauensschutzes tatbestandsmäßige Beschränkungen vor, wenn eine Korrektur zuungunsten des Steuerpflichtigen durchgeführt werden soll (Rn. 171, 175). Eine unterschiedliche Behandlung findet sich zudem in § 172 Abs. 1 Satz 1 Nr. 2 Buchst. a) AO, der eine Korrektur zugunsten des Steuerpflichtigen nur ermöglicht, wenn der Steuerpflichtige bis zum Ablauf der Rechtsbehelfsfrist einen entsprechenden Antrag gestellt oder seine Zustimmung zur Korrektur erteilt hat (Rn. 194). Ferner differenziert § 173 Abs. 1 AO bei Korrekturen wegen neuer Tatsachen ebenfalls danach, ob die Korrektur zuungunsten oder zugunsten des Steuerpflichtigen erfolgt; hier ist eine Korrektur zugunsten des Steuerpflichtigen nach § 173 Abs. 1 Nr. 2 AO nur dann zulässig, wenn den Steuerpflichtigen am nachträglichen Bekanntwerden der Tatsachen kein grobes Verschulden trifft (Rn. 204).

270 Schließlich ist einleitend in Erinnerung zu rufen, dass die Europäische Union keine Steuerrechtsunion ist.[406] Daher ist, soweit ein Steuerverwaltungsakt oder ein finanzgerichtliches Urteil einen Verstoß gegen Unionsrecht beinhaltet, dieser Verstoß in der Regel nicht auf die unrichtige direkte Anwendung einer unionsrechtlichen Regelung durch die deutsche Finanzbehörde bzw. das deutsche Finanzgericht zurückzuführen. Denn die Finanzbehörde bzw. das Finanzgericht wendet im Bereich der im Fokus dieser Untersuchung stehenden Einkommen-, Körperschaft- und Umsatzsteuer deutsche Gesetze an.[407] Es liegt also insoweit lediglich ein indirekter Vollzug des Unionsrechts vor.

271 Der Verstoß gegen Unionsrecht, der zur Rechtswidrigkeit des Steuerverwaltungsakts oder des finanzgerichtlichen Urteils führt, wird in aller Regel bereits auf Ebene der Rechtsetzung, also bei Erlass des deutschen Gesetzes, begangen worden sein. Wendet die deutsche Finanzbehörde oder das deutsche Finanzgericht eine

406 *Haase*, Internationales und Europäisches Steuerrecht, 2017, Rn. 756; *Weber-Grellet*, Europäisches Steuerrecht, 2016, § 1 Rn. 4; *ders.*, NJW 2004, 1617 (1622).

407 Anders verhält es sich z. B. im Bereich des Zollrechts.

deutsche Steuerrechtsnorm an, die nicht mit den Vorgaben des Unionsrechts in Einklang steht, so beinhaltet auch der Steuerverwaltungsakt oder das finanzgerichtliche Urteil selbst einen Verstoß gegen Unionsrecht. Verstöße auf der Ebene der Rechtsetzung können darin bestehen, dass entweder die in Sekundärrechtsakten der Union gemachten Vorgaben nicht oder nicht zutreffend umgesetzt wurden oder darin, dass die durch das Primärrecht der Union gesetzten Schranken nicht hinreichend beachtet wurden.[408] Die erstgenannte Fallgruppe betrifft im Schwerpunkt Umsatzsteuerfälle, da das deutsche Umsatzsteuergesetz auf der unionsrechtlichen Mehrwertsteuersystem-Richtlinie beruht. Die bereits dargestellte Entscheidung des Europäischen Gerichtshofs in der Rs. *Linneweber/Akritidis* (Rn. 4), bei der es um die Umsatzsteuerbefreiung von in Spielhallen aufgestellten Geldspielgeräten mit Gewinnmöglichkeiten ging, kann hierfür als Beispiel angeführt werden. Demgegenüber betrifft die zweitgenannte Fallgruppe regelmäßig Einkommen- und Körperschaftsteuerfälle, da es in diesem Bereich allenfalls punktuell Vorgaben aus sekundärem Unionsrecht gibt. Hierzu kann exemplarisch auf die schon behandelten Entscheidungen des Europäischen Gerichtshofs in den Rs. *Manninen* und *Meilicke* (Rn. 5), welche die Vereinbarkeit des finnischen bzw. deutschen Körperschaftsteueranrechnungssystems mit den Grundfreiheiten zum Gegenstand hatten, sowie die ebenfalls bereits dargelegte Frage der Vereinbarkeit des § 8c Abs. 1a KStG mit dem unionsrechtlichen Beihilfeverbot (Rn. 6) verwiesen werden.

Darüber hinausgehend sind Verstöße noch auf der Ebene der Rechtsanwendung 272
selbst denkbar. Diese Verstöße betreffen vor allem die Anwendung von Ermessensvorschriften, bei denen im Rahmen der Ausübung des pflichtgemäßen Ermessens die sich aus dem Unionsrecht ergebenden Vorgaben nicht in der gebotenen Art und Weise berücksichtigt wurden. Es liegt dann eine Ermessensüberschreitung vor, weil sich die Finanzbehörde nicht an die aus dem Unionsrecht folgenden gesetzlichen Grenzen des Ermessens gehalten hat. Dabei spielen vornehmlich Vorgaben des Primärrechts der Union eine Rolle. Die in der Praxis anzutreffenden Fälle betreffen *allgemeine Steuerverwaltungsakte*, in denen es um Haftungs-, Stundungs- oder Erlassfragen geht.

Ergo lässt sich festhalten, dass die Unionsrechtswidrigkeit eines Steuerver- 273
waltungsakts entweder auf Verstöße gegen primärrechtliche Vorschriften des Unionsrechts (dazu I.) oder auf Verstöße gegen sekundärrechtliche Vorschriften des Unionsrechts (dazu II.) zurückgeführt werden kann. Verstöße gegen tertiärrechtliche Vorschriften des Unionsrechts erlangen im steuerlichen Bereich hingegen keine Bedeutung.[409]

---

408 *Saßenroth*, Die Bestandskraft deutscher Steuerbescheide im Licht der Rechtsprechung des EuGH, 2009, S. 30.

409 *Englisch*, in: Tipke/Lang, Steuerrecht, 2018, § 4 Rn. 7; *Schaumburg*, in: Schaumburg/Englisch, Europäisches Steuerrecht, 2015, Rn. 3.18, 3.19.

I. Verstöße gegen primäres Unionsrecht

274 Die erste Fallgruppe bilden also Verstöße gegen primärrechtliche Vorgaben des Unionsrechts. Diese ergeben sich aus dem Vertrag über die Europäische Union, dem Vertrag über die Arbeitsweise der Europäischen Union und der Charta der Grundrechte der Europäischen Union.[410] Die folgende Darstellung wird sich hierbei auf die bedeutsamsten Regelungen beschränken.

1. Verstöße gegen das Effektivitätsgebot

275 Der in einem Steuerverwaltungsakt enthaltene Verstoß gegen Unionsrecht kann sich zunächst aus dem Vertrag über die Europäische Union ergeben. Art. 4 Abs. 3 EUV bestimmt, dass sich nach dem Grundsatz der loyalen Zusammenarbeit die Union und die Mitgliedstaaten gegenseitig bei der Erfüllung der Aufgaben, die ihnen im Primärrecht zugewiesen sind, achten und unterstützen. Dabei ergreifen die Mitgliedstaaten alle geeigneten Maßnahmen allgemeiner oder besonderer Art zur Erfüllung der Verpflichtungen, die sich aus dem Primärrecht oder den Handlungen der Organe der Union ergeben. Hierin wird allgemein die Grundlage für das Effektivitätsgebot gesehen.[411]

276 Das Effektivitätsgebot gebietet, dass die Mitgliedstaaten die Ausübung der durch die Unionsrechtsordnung verliehenen Rechte nicht praktisch unmöglich machen oder übermäßig erschweren.[412] Es erlangt damit vor allem im Bereich des Steuerverfahrensrechts Bedeutung. So hatte sich der Europäische Gerichtshof bereits in einer gewissen Anzahl von Fällen mit nationalen Verfahrensregelungen zur Erstattung von unionsrechtswidrig erhobenen Steuern, zur Bestandskraft von Steuerverwaltungsakten und zur Rechtskraft von finanzgerichtlichen Urteilen zu beschäftigen.[413] Da es bei Verstößen gegen das Effektivitätsgebot um die Vereitelung bzw. Beeinträchtigung der Geltendmachung von durch die Unionsrechtsordnung verliehenen Rechte geht, würde sich die Beseitigung eines Verstoßes gegen das Effektivitätsgebot durch die Korrektur des Steuerverwaltungsakts im Regelfall *zugunsten* des Steuerpflichtigen auswirken.

---

410 *Schaumburg*, in: Schaumburg/Englisch, Europäisches Steuerrecht, 2015, Rn. 3.4; *Weber-Grellet*, Europäisches Steuerrecht, 2016, § 4 Rn. 1.

411 EuGH, Urt. v. 15.4.2008, Rs. C-268/06 – *Impact*, Slg. 2008, I-2533 Rn. 49; *Hatje*, in: Schwarze, EU-Kommentar, 2012, Art. 4 EUV Rn. 36; *Saßenroth*, Die Bestandskraft deutscher Steuerbescheide im Licht der Rechtsprechung des EuGH, 2009, S. 79.

412 EuGH, Urt. v. 9.2.1999, Rs. C-343/96 – *Dilexport*, Slg. 1999, I-600 Rn. 25; *Hatje*, in: Schwarze, EU-Kommentar, 2012, Art. 4 EUV Rn. 36; *Lange*, Der Anspruch auf Erstattung gemeinschaftsrechtswidrig erhobener Steuern, 2008, S. 96.

413 Vgl. EuGH, Urt. v. 9.11.1983, Rs. 199/82 – *San Giorgio*, Slg. 1983, 3595 zur Erstattung von Steuern; ders. Urt. v. 30.6.2011, Rs. C-262/09 – *Meilicke* II, ECLI: EU: C:2011:438 zur Bestandskraft von Steuerverwaltungsakten; ders., Urt. v. 18.7.2007, Rs. C-119/05 – *Lucchini*, Slg. 2007, I-6228 zur Rechtskraft von Urteilen.

2. *Verstöße gegen Grundfreiheiten und Diskriminierungsverbote*

Wesentlich häufiger als Verstöße gegen den Vertrag über die Europäische Union 277
sind die Fälle, in denen ein Steuerverwaltungsakt einen Verstoß gegen eine Bestimmung des Vertrags über die Arbeitsweise der Europäischen Union enthält. Dabei lassen sich die nachfolgend dargestellten Grundfreiheiten und Diskriminierungsverbote als eine Gruppe zusammenfassen. Sie dienen alle dem Ziel der Errichtung eines Binnenmarktes, den Art. 26 Abs. 2 AEUV als Raum ohne Binnengrenzen, in dem der freie Verkehr von Waren, Personen, Dienstleistungen und Kapital gewährleistet ist, bezeichnet. Zwischen den einzelnen Normen besteht dabei ein bestimmtes Rangverhältnis. So gehen die Grundfreiheiten (Art. 28, 45, 49, 54, 56 und 63 AEUV) und die speziellen Diskriminierungsverbote (Art. 110–112 AEUV) dem allgemeinen Diskriminierungsverbot (Art. 18 AEUV) vor.[414]

a) Verstöße gegen Grundfreiheiten

Den zuerst behandelten Grundfreiheiten liegt das Prinzip zugrunde, dass für 278
grenzüberschreitende Transaktionen die Mitgliedstaaten dieselben Bedingungen schaffen müssen, wie sie für Binnentransaktionen im betreffenden Mitgliedstaat gelten (Gebot der Inländergleichbehandlung). Jegliche Diskriminierung aufgrund der Staatsangehörigkeit oder der Herkunft der Ware ist danach verboten.[415] Aber auch versteckte Diskriminierungen fallen in ihren Anwendungsbereich. Eine versteckte Diskriminierung wird angenommen, wenn eine nationale Regelung zwar nicht ausdrücklich auf die Staatsangehörigkeit abstellt, typischerweise jedoch in erster Linie Inländer oder Ausländer betrifft. Im Steuerrecht ist dieses regelmäßig der Fall, wenn eine Regelung an den Wohnsitz bzw. Sitz des Steuerpflichtigen anknüpft oder aus anderen Gründen die Tatbestandsvoraussetzungen nur auf Inländer oder Ausländer zutreffen. Um eine versteckte Diskriminierung anzunehmen, müssen sich Inländer und Ausländer zudem in einer vergleichbaren Situation befinden.[416] Darüber hinaus wird den Grundfreiheiten ein Beschränkungsverbot entnommen. Demnach ist nicht nur jede Ungleichbehandlung verboten, sondern auch unterschiedslos auf Inländer und Ausländer anwendbare Regelungen sind

---

414 EuGH, Urt. v. 28.10.1999, Rs. C-55/98 – *Vestergaard*, Slg. 1999, I-7657 Rn. 16 f.; *Birk/Desens/Tappe*, Steuerrecht, 2017, Rn. 217; *Everett*, DStZ 2006, 357 (360); *Rehm/Nagler*, Europäisches Steuerrecht, 2013, S. 14; *Weber-Grellet*, Europäisches Steuerrecht, 2016, § 9 Rn. 47.

415 *Hölzle*, SteuerStud 2007, 80 (82 f.); *Kokott/Ost*, EuZW 2011, 496 (497); *Rehm/Nagler*, Europäisches Steuerrecht, 2013, S. 14 f.

416 EuGH, Urt. v. 14.2.1995, Rs. C-279/93 – *Schumacker*, Slg. 1995, I-249 Rn. 24, 37; *Birk/Desens/Tappe*, Steuerrecht, 2017, Rn. 218; *Kokott/Ost*, EuZW 2011, 496 (497); *Weber-Grellet*, Europäisches Steuerrecht, 2016, § 9 Rn. 9 f.

auf ihre Vereinbarkeit mit dem Unionsrecht am Maßstab der Verhältnismäßigkeit zu prüfen.[417]

279 Die einzelnen Grundfreiheiten unterscheiden sich im Wesentlichen nur hinsichtlich ihrer Schutzbereiche. So stellt die in Art. 28 ff., Art. 30 AEUV statuierte Warenverkehrsfreiheit die Freizügigkeit der Warenbewegungen sicher[418], wohingegen die Arbeitnehmerfreizügigkeit des Art. 45 AEUV gewährleistet, dass ein Arbeitnehmer sich in einem anderen Mitgliedstaat betätigen darf, ohne dass er hierbei von seinem Herkunfts- oder dem Aufnahmestaat gegenüber solchen Arbeitnehmern, die im jeweiligen Mitgliedstaat bleiben, durch wie auch immer geartete steuerliche Regelungen benachteiligt wird[419]. Bei der Niederlassungsfreiheit (Art. 49, 54 AEUV) geht es darum, dass an die Aufnahme und die Ausübung einer selbständigen Erwerbstätigkeit in einem anderen Mitgliedstaat sowie an die Gründung und Leitung von Unternehmen keine nachteiligen steuerlichen Folgen geknüpft werden.[420] Die Dienstleistungsfreiheit (Art. 56 AEUV) schützt demgegenüber die vorübergehende Dienstleistung in einem anderen Mitgliedstaat und verpflichtet sowohl den Herkunftsstaat des Dienstleistenden oder des Dienstleistungsempfängers als auch den Staat der Dienstleistung, den Dienstleistenden oder Dienstleistungsempfänger keiner Steuerregelung zu unterwerfen, die sich im Vergleich zu einem reinen Inlandsfall als nachteilig erweist.[421] Schließlich verbietet die in Art. 63 AEUV geregelte Freiheit des Kapital- und Zahlungsverkehrs steuerliche Maßnahmen, die geeignet sind, Gebietsfremde von Investitionen in einem Mitgliedstaat oder die dort Ansässigen von Investitionen in anderen Staaten abzuhalten. Es handelt sich dabei um die einzige Grundfreiheit, die auch Vorgänge in Bezug auf Drittstaaten umfasst.[422]

280 Die Warenverkehrsfreiheit mag für die Entwicklung der Dogmatik der Grundfreiheiten eine enorme Bedeutung gehabt haben, weil sich der Europäische Gerichtshof bei seinen Entscheidungen zuerst mit dieser Grundfreiheit auseinanderzusetzen hatte. Für den Bereich des Steuerrechts ist sie hingegen von geringer

---

417 *Everett*, DStZ 2006, 357 (360); *Kokott/Ost*, EuZW 2011, 496 (498); *Weber-Grellet*, NJW 2004, 1617 (1618).

418 *Hölzle*, SteuerStud 2007, 80 (83); *Rehm/Nagler*, Europäisches Steuerrecht, 2013, S. 15.

419 EuGH, Urt. v. 9.6.2006, Rs. C-520/04 – *Turpeinen*, Slg. 2006, I-10704 Rn. 20; *Haase*, Internationales und Europäisches Steuerrecht, 2017, Rn. 800; *Hölzle*, SteuerStud 2007, 80 (83); *Weber-Grellet*, Europäisches Steuerrecht, 2016, § 9 Rn. 84.

420 EuGH, Urt. v. 16.7.1998, Rs. C-264/96 – ICI, Slg. 1998, I-4711 Rn. 20; *Haase*, Internationales und Europäisches Steuerrecht, 2017, Rn. 802; *Rehm/Nagler*, Europäisches Steuerrecht, 2013, S. 15; *Weber-Grellet*, Europäisches Steuerrecht, 2016, § 9 Rn. 104.

421 EuGH, Urt. v. 28.10.1999, Rs. C-55/98 – *Vestergaard*, Slg. 1999, I-7657 Rn. 21; *Haase*, Internationales und Europäisches Steuerrecht, 2017, Rn. 807; *Rehm/Nagler*, Europäisches Steuerrecht, 2013, S. 17.

422 EuGH, Urt. v. Rs. C-10/14, C-14/14 und C-17/14 – *Miljoen*, ECLI: EU: C:2015:608 Rn. 44; *Haase*, Internationales und Europäisches Steuerrecht, 2017, Rn. 808 f.; *Rehm/Nagler*, Europäisches Steuerrecht, 2013, S. 18.

Bedeutung. Der Bereich der indirekten Steuern, insbesondere die Umsatzsteuer, für den die Warenverkehrsfreiheit besondere Bedeutung hätte erlangen können, wurde schon frühzeitig weitgehend durch Richtlinien harmonisiert.[423] Da im Bereich der direkten Steuern eine vergleichbare Harmonisierung fehlt, sind hier die übrigen Grundfreiheiten bedeutsamer.

Sofern eine deutsche Steuernorm in eine Grundfreiheit eingreift, spielen für 281
die Frage einer möglichen Rechtfertigung die normierten Rechtfertigungsgründe im Steuerrecht regelmäßig keine Rolle. Nur Art. 65 AEUV enthält einen speziellen steuerlichen Rechtfertigungsgrund. Danach berührt die Kapitalverkehrsfreiheit nicht das Recht der Mitgliedstaaten, erstens die einschlägigen Vorschriften des Steuerrechts anzuwenden, die Steuerpflichtige mit unterschiedlichem Wohnort oder Kapitalanlageort unterschiedlich behandeln, und zweitens die unerlässlichen Maßnahmen zu treffen, um Zuwiderhandlungen gegen innerstaatliche Rechtsvorschriften, insbesondere auf dem Gebiet des Steuerrechts, zu verhindern.

Wichtiger als die normierten Rechtfertigungsgründe sind im Steuerrecht die 282
als ungeschriebener Rechtfertigungsgrund anerkannten zwingenden Gründe des Allgemeinwohls. Solche zwingenden Gründe sind gegeben, wenn der jeweilige Mitgliedstaat mit der Regelung ein legitimes, mit den Prinzipien des Unionsrechts vereinbares Ziel verfolgt und es sich um eine Regelung handelt, die den Grundsatz der Verhältnismäßigkeit beachtet. Diese ungeschriebene Rechtfertigungsmöglichkeit gilt jedoch nicht für die Fälle offener Diskriminierungen.[424] Der Europäische Gerichtshof hat in seiner Judikatur eine Vielzahl von solchen zwingenden Gründen des Allgemeinwohls herausgearbeitet, die im Bereich des Steuerrechts einen Eingriff rechtfertigen könnten. Hierzu zählen insbesondere[425]:

- die Wirksamkeit der Steueraufsicht,
- die Verhinderung der Steuerumgehung,
- die Verhinderung der Steuerflucht,
- die Verhinderung des Steuermissbrauchs,
- die angemessene Aufteilung der Besteuerungsbefugnisse und
- die Kohärenz des Steuersystems.

Wenn die Beeinträchtigung einer Grundfreiheit durch einen Rechtfertigungsgrund 283
gedeckt ist, ist in einem zweiten Schritt zu prüfen, ob dabei auch der Verhältnismäßigkeitsgrundsatz gewahrt wurde. Der Prüfungsaufbau unterscheidet sich einstweilen nicht wesentlich vom deutschen Recht. Es ist daher zu prüfen, ob mit der

423 *Haase*, Internationales und Europäisches Steuerrecht, 2017, Rn. 799.

424 EuGH, Urt. v. 21.11.2002, Rs. C-436/00 – *X und Y*, Slg. 2002, I-10847 Rn. 49; *Everett*, DStZ 2006, 357 (360); *Haase*, Internationales und Europäisches Steuerrecht, 2017, Rn. 83 f.; *Weber-Grellet*, NJW 2004, 1617 (1619).

425 Vgl. *Birk/Desens/Tappe*, Steuerrecht, 2017, Rn. 220; *Kokott/Ost*, EuZW 2011, 496 (500); *Weber-Grellet*, Europäisches Steuerrecht, 2016, § 9 Rn. 37.

fraglichen nationalen Regelung ein legitimes Ziel verfolgt wird, die Regelung zum Erreichen dieses Ziels geeignet, erforderlich und angemessen ist.[426]

284 Liegt keine Rechtfertigung der Beeinträchtigung einer Grundfreiheit vor, ist ein Verstoß gegen Unionsrecht anzunehmen. So war es seinerzeit in den Fällen, welcher den schon dargestellten Entscheidungen des Europäischen Gerichtshof in den Rs. *Manninen* und *Meilicke* (Rn. 5) zugrunde lagen. Die Kollision zwischen dem Unionsrecht und der gesetzlichen Steuerregelung des deutschen Rechts ist in einem solchen Fall dann dahingehend zu lösen, dass die deutsche Norm nicht mehr nur auf den Inlandssachverhalt angewendet wird, sondern sich deren Anwendung ebenso auf den grenzüberschreitenden Sachverhalt erstreckt.[427] Hat eine Finanzbehörde eine gegen die Grundfreiheiten verstoßende deutsche Steuernorm trotzdem beim Erlass eines Steuerverwaltungsakts angewendet, so verstößt dieser Steuerverwaltungsakt gegen Unionsrecht. Der Einfluss der Grundfreiheiten auf das deutsche Steuerrecht zeigt sich dabei vor allem im Bereich der direkten Steuern, also bei der Einkommen- und Körperschaftsteuer. Im Regelfall werden Verstöße gegen die Grundfreiheiten daher vor allem in *Steuerbescheiden* enthalten sein. Sie werden hierbei zumeist durch Vorabentscheidungsverfahren i. S. d. Art. 267 AEUV, seltener durch Vertragsverletzungsverfahren i. S. d. Art. 258 ff. AEUV aufgedeckt. Die Beseitigung von Verstößen gegen die Grundfreiheiten müsste dabei im Regelfall durch eine Korrektur des Steuerverwaltungsakts *zugunsten* des Steuerpflichtigen erfolgen, indem die nur für den Inlandssachverhalt geltende Regelung des deutschen Steuerrechts auch auf den grenzüberschreitenden Fall angewendet wird.

b) Verstöße gegen spezielle Diskriminierungsverbote

285 Im Anschluss an die Grundfreiheiten soll nunmehr kurz auf die in Art. 110–112 AEUV enthaltenen und insbesondere für den Bereich der indirekten Steuern geltenden speziellen Diskriminierungsverbote eingegangen werden. Art. 110 AEUV verbietet den Mitgliedstaaten, auf Waren aus anderen Mitgliedstaaten unmittelbar oder mittelbar höhere inländische Abgaben gleich welcher Art zu erheben, als sie für gleichartige inländische Waren unmittelbar oder mittelbar zu zahlen wären. Art. 111 AEUV sieht vor, dass, wenn Waren in das Hoheitsgebiet eines Mitgliedstaats ausgeführt werden, die Rückvergütung für inländische Abgaben nicht höher sein darf als die unmittelbar oder mittelbar erhobenen inländischen Abgaben. Art. 112 AEUV bestimmt, dass für Abgaben mit Ausnahme der Umsatzsteuern, Verbrauchsteuern und sonstigen indirekten Steuern Entlastungen und Rückvergütungen bei der Ausfuhr nach anderen Mitgliedstaaten sowie Ausgleichsabgaben bei der Einfuhr aus den Mitgliedstaaten nur zulässig sind, soweit sie der Rat vorher

---

426 EuGH, Urt. v. 27.1.2009, Rs. C-318/07 – *Persche*, ECLI: EU: C:2009:33 Rn. 52; *Haase*, Internationales und Europäisches Steuerrecht, 2017, Rn. 845; *Weber-Grellet*, Europäisches Steuerrecht, 2016, § 9 Rn. 25.

427 *Rust*, IStR 2009, 382 (384).

auf Vorschlag der Kommission für eine begrenzte Frist genehmigt hat.[428] Alle vorgenannten Normen konkretisieren die Warenverkehrsfreiheit und verfolgen das Ziel, eine Wettbewerbsbeeinträchtigung auf dem Markt anderer Mitgliedstaaten zu verhindern. Inländische Unternehmer, die Waren in andere Mitgliedstaaten exportieren, sollen nicht steuerlich begünstigt werden. Ansonsten wäre es ihnen nämlich möglich, ihre Waren auf dem ausländischen Markt günstiger anzubieten.[429]

Die speziellen steuerlichen Diskriminierungsverbote haben ihre Bedeutung 286
jedenfalls für den Bereich der hier im Fokus stehenden Umsatzsteuer weitgehend verloren. Denn sie setzen die Existenz von „Steuergrenzen" zwischen den Mitgliedstaaten voraus.[430] Gerade für den Bereich der Umsatzsteuer sind diese Grenzen allerdings durch auf Art. 113 AEUV gestützte Harmonisierungsmaßnahmen entfallen.

c) *Verstöße gegen das allgemeine Diskriminierungsverbot*

Schließlich soll nach den Grundfreiheiten und den speziellen Diskriminierungs- 287
verboten noch das allgemeine Diskriminierungsverbot zumindest kurz behandelt werden. Die subsidiäre Regelung („unbeschadet besonderer Bestimmungen") des Art. 18 AEUV verbietet im Anwendungsbereich des Vertrags über die Europäische Union bzw. des Vertrags über die Arbeitsweise der Europäischen Union jede Diskriminierung aus Gründen der Staatsangehörigkeit. Bei alledem sind wiederum nicht nur offene, sondern in gleicher Weise versteckte (indirekte) Diskriminierungen erfasst. Mithin kann diese Regelung wiederum einschlägig sein, wenn das Steuerrecht an den Wohnsitz oder Sitz einer Person anknüpft. Es gilt auch hier der Grundsatz der Inländergleichbehandlung.[431]

Eine Ungleichbehandlung von Angehörigen anderer Mitgliedstaaten soll dann 288
nicht verboten sein, wenn sich hierfür eine sachliche Rechtfertigung findet und die Ungleichbehandlung verhältnismäßig ist.[432] Es kann hierzu auf die Ausführungen zu den Grundfreiheiten verwiesen werden (Rn. 282 ff.).

Das allgemeine Diskriminierungsverbot ist nicht nur für den Bereich des 289
materiellen Steuerrechts von Bedeutung. Besondere Relevanz erlangt es ebenso im Bereich des Steuerverfahrensrechts. Dort stellt der aus Art. 18 AEUV abgeleitete Äquivalenzgrundsatz – neben dem Effektivitätsgebot – eine weitere

---

428 *Weber-Grellet*, Europäisches Steuerrecht, 2016, § 9 Rn. 48, 60; *ders.*, NJW 2004, 1617 (1618).

429 *Birk/Desens/Tappe*, Steuerrecht, 2017, Rn. 211; *Waldhoff*, in: Calliess/Ruffert, EUV/AEUV, 2016, Art. 110 AEUV Rn. 5.

430 *Khan*, in: Geiger/Khan/Kotzur, EUV/AEUV, 2017, Art. 113 AEUV Rn. 1; *Waldhoff*, in: Calliess/Ruffert, EUV/AEUV, 2016, Art. 110 AEUV Rn. 5.

431 EuGH, Urt. v. 9.6.2006, Rs. C-520/04 – *Turpeinen*, Slg. 2006, I-10704 Rn. 20; *Weber-Grellet*, Europäisches Steuerrecht, 2016, § 9 Rn. 45; *ders.*, NJW 2004, 1617 (1618).

432 EuGH, Urt. v. 9.6.2006, Rs. C-520/04 – *Turpeinen*, Slg. 2006, I-10704 Rn. 32; *Weber-Grellet*, Europäisches Steuerrecht, 2016, § 9 Rn. 50.

Einschränkung der – so viel sei vorweggenommen – Verfahrensautonomie der Mitgliedstaaten dar. Danach dürfen die Modalitäten zur Geltendmachung der aus der Unionsrechtsordnung zuerkannten subjektiven Rechte nicht weniger günstig ausgestaltet sein als die Modalitäten entsprechender rein innerstaatlicher Verfahren. Die Wahrung des Äquivalenzgrundsatzes setzt also voraus, dass die nationale Verfahrensregelung in gleicher Weise für die Verletzung des Unionsrechts wie auf die Verletzung des innerstaatlichen Rechts Anwendung findet, sofern es sich um die gleiche Art von Abgaben handelt. Der Grundsatz kann demgegenüber nicht so verstanden werden, dass er die Mitgliedstaaten verpflichtet, die günstigste interne Regelung auf alle Fälle zur Beseitigung von Verstößen gegen Unionsrecht anzuwenden.[433]

290 Im Bereich des materiellen Steuerrechts erlangt das allgemeine Diskriminierungsverbot vor allem im Bereich der direkten Steuern, mithin der Einkommen- und Körperschaftsteuer, Bedeutung. Es sind daher in erster Linie erneut *Steuerbescheide*, die solche Verstöße gegen Unionsrecht enthalten können. Diese Verstöße gegen das allgemeine Diskriminierungsverbot werden für gewöhnlich ebenfalls durch Vorabentscheidungsverfahren nach Art. 267 AEUV und Vertragsverletzungsverfahren gemäß Art. 258 ff. AEUV zutage gebracht. Die Beseitigung von Verstößen gegen das allgemeine Diskriminierungsverbot müsste grundsätzlich durch eine Korrektur des Steuerverwaltungsakts *zugunsten* des Steuerpflichtigen erfolgen.

3. *Verstöße gegen das Beihilfeverbot*

291 Als weitere Verstöße gegen Unionsrecht, die sich aus dem Vertrag über die Arbeitsweise der Europäischen Union ergeben können, sind die Verstöße gegen das in Art. 107 Abs. 1 AEUV enthaltene Verbot staatlicher Beihilfen zu nennen. Diese Vorschrift verbietet staatliche oder aus staatlichen Mitteln gewährte Beihilfen gleich welcher Art, die durch die Begünstigung bestimmter Unternehmen oder Produktionszweige den Wettbewerb verfälschen oder zu verfälschen drohen, soweit sie den Handel zwischen den Mitgliedstaaten beeinträchtigen. Ein wesentlicher Unterschied zwischen den Grundfreiheiten und dem Beihilfeverbot besteht darin, dass letztgenanntes nicht allein Ungleichbehandlungen im Verhältnis zwischen grenzüberschreitendem Sachverhalt und reinem Inlandssachverhalt umfasst, sondern auch Begünstigungen betrifft, die ein Mitgliedstaat grundsätzlich allen Steuerpflichtigen zugänglich macht.[434]

---

433 EuGH, Urt. v. 9.2.1999, Rs. C-343/96 – *Dilexport*, Slg. 1999, I-600 Rn. 27; ders., Urt. v. 17.11.1998, Rs. C-228/96 – *Aprile*, Slg. 1998, I-7164 Rn. 20.

434 *Brandau/Neckenich/Reich/Reimer*, BB 2017, 1175 (1175); *Linn*, IStR 2008, 601 (605); *Linn/Pignot*, StuB 2016, 573 (573).

Der Begriff der Beihilfe wird dabei weit ausgelegt.[435] Erfasst werden nicht nur Subventionen in Gestalt direkter Zahlungen an Unternehmen, sondern ebenso Maßnahmen, die in verschiedener Form die Belastungen vermindern, die ein Unternehmen normalerweise zu tragen hat.[436] Diese Beschreibung trifft in gleicher Weise auf Steuervergünstigungen zu, indem sie die normalerweise zu tragenden steuerlichen Lasten mindern.[437] Denkbar sind bei alledem vor allem Vorteile, die durch die Minderung der Steuerbemessungsgrundlage, durch die vollständige oder teilweise Ermäßigung des Steuerbetrags oder durch Zahlungsaufschub, Aufhebung der Steuerschuld oder außergewöhnliche Vereinbarung über die Zahlung der Steuerschuld in Raten entstehen.[438] Verstöße gegen das Beihilfeverbot können somit sowohl in *Steuerbescheiden* als auch in *allgemeinen Steuerverwaltungsakten* enthalten sein. 292

Eine Begünstigung in Form einer Steuervergünstigung wird dabei stets aus staatlichen Mitteln gewährt. Bekanntermaßen führen Steuervergünstigungen zum Verlust von Steuereinnahmen und gehen damit zwangsläufig zulasten der öffentlichen Haushalte.[439] Deren Empfänger erfüllt die Anforderungen an den ebenfalls weit auszulegenden Unternehmensbegriff, wenn es sich um eine Einheit handelt, die eine wirtschaftliche Tätigkeit ausübt.[440] Rechtsform und Art der Finanzierung sind indes unerheblich. Eine wirtschaftliche Tätigkeit liegt vor, wenn sie im Anbieten von Waren oder Dienstleistungen auf einem Markt besteht. Steuervergünstigungen können daher sowohl bei der Einkommen- und Körperschaftsteuer als auch bei der Umsatzsteuer in Betracht kommen. 293

Eine steuerliche Maßnahme begünstigt bestimmte Unternehmen, wenn sie selektiv wirkt. Hierbei handelt es sich im Bereich des Steuerrechts um das zentrale Merkmal.[441] Bei *Steuerrechtsnormen* hat sich für die Prüfung dieses Merkmals 294

---

435 *Weber-Grellet*, Europäisches Steuerrecht, 2016, § 7 Rn. 8; *de Weerth*, IStR 2010, 172 (172).

436 EuGH, Urt. v. 15.03.1994, Rs. C-387/92 – *Banco Exterior de Espana*, Slg. 1994, I-902 Rn. 13; BFH, Beschl. v. 25.3.2015, X R 23/13, BStBl. II 2015, 696 Rn. 77; *Linn*, IStR 2008, 601 (602).

437 *Brandau/Neckenich/Reich/Reimer*, BB 2017, 1175 (1176); *Englisch*, in: Schaumburg/Englisch, Europäisches Steuerrecht, 2015, Rn. 9.4; *Weber-Grellet*, Europäisches Steuerrecht, 2016, § 7 Rn. 9.

438 Vgl. Kommission, Mitteilung über die Anwendung der Vorschriften über staatliche Beihilfen auf Maßnahmen im Bereich der Unternehmensbesteuerung, ABl. 1998 C 384, 3, Rn. 9; *Grube*, DStZ 2007, 371 (375).

439 *Englisch*, in: Schaumburg/Englisch, Europäisches Steuerrecht, 2015, Rn. 9.37; *Frenz/Roth*, DStZ 2006, 465 (469); *Grube*, DStZ 2007, 371 (376).

440 Kommission, Bekanntmachung zum Begriff der staatlichen Beihilfe im Sinne des Artikels 107 Absatz 1 des Vertrags über die Arbeitsweise der Europäischen Union, ABl. 2016, Nr. C 262, 1, Rn. 7, 12; *Linn*, IStR 2008, 601 (602).

441 GA *Wahl*, Schlussanträge v. 20.12.2017, Rs. C-203/16 P – *Andres (faillite Heitkamp BauHolding)/Kommission*, ECLI: EU: C:2017:1017 Rn. 90; *Cordewener/Henze*, FR 2016, 756 (759); *Linn*, IStR 2008, 601 (602); *de Weerth*, DB 2017, 275 (275).

eine bestimmte Systematik herausgebildet. Im Allgemeinen wird hierbei eine Selektivität der Steuervergünstigung angenommen, wenn die objektiven Wirkungen der Steuervorschrift die „normalerweise" zu tragenden Steuerbelastungen vermindern.[442] Die Feststellung der Selektivität erfolgt hierbei in drei Schritten.

295 In einem ersten Schritt wird das Referenzsystem bestimmt. Dieses System bilden alle kohärenten Vorschriften, die – auf der Grundlage objektiver Kriterien – generell auf Unternehmen Anwendung finden, die definitionsgemäß in seinen Anwendungsbereich fallen.[443] Im Falle von Steuern setzt sich das Referenzsystem aus Elementen wie der Steuerbemessungsgrundlage, den Steuerpflichtigen, dem Steuertatbestand und den Steuersätzen zusammen. Mögliche Referenzsysteme können das Körperschaftsteuersystem – wie bei der Frage Vereinbarkeit des § 8c Abs. 1a KStG mit dem Beihilfeverbot (Rn. 6) – oder das Mehrwertsteuersystem sein.[444]

296 Den zweiten Schritt bildet die Feststellung, dass die in Rede stehende steuerliche Maßnahme eine Abweichung vom Referenzsystem darstellt.[445] Hierzu ist festzustellen, ob eine bestimmte Maßnahme in Abweichung von diesem System zwischen Unternehmen differenziert. Dafür muss die Maßnahme geeignet sein, bestimmte Unternehmen gegenüber anderen Unternehmen, die sich unter Berücksichtigung des dem Referenzsystems immanenten Ziels in einer vergleichbaren Sach- und Rechtslage befinden, zu begünstigen.[446]

297 Schließlich ist in einem dritten Schritt zu prüfen, ob die in Rede stehende Regelung „durch die Natur oder den inneren Aufbau des Systems" gerechtfertigt ist.[447] Dieses ist der Fall, wenn eine Maßnahme unmittelbar auf den Grund- oder Leitprinzipien des Referenzsystems beruht oder sich aus systemimmanenten Mechanismen ergibt, die für das Funktionieren und die Wirksamkeit des Systems erforderlich

---

442 EuGH, Urt. v. 21.12.216, Rs. C-20-15 P und C-21/15 P – *Kommission/World Duty Free u. a.*, ECLI: EU: C:2016:981 Rn. 56; Kommission, Mitteilung über die Anwendung der Vorschriften über staatliche Beihilfen auf Maßnahmen im Bereich der Unternehmensbesteuerung, ABl. 1998 C 384, 3, Rn. 9; *Frenz/Roth*, DStZ 2006, 465 (466).

443 Kommission, Bekanntmachung zum Begriff der staatlichen Beihilfe im Sinne des Artikels 107 Absatz 1 des Vertrags über die Arbeitsweise der Europäischen Union, ABl. 2016, Nr. C 262, 1, Rn. 133; *Linn/Pignot*, StuB 2016, 573 (576).

444 Kommission, Bekanntmachung zum Begriff der staatlichen Beihilfe im Sinne des Artikels 107 Absatz 1 des Vertrags über die Arbeitsweise der Europäischen Union, ABl. 2016, Nr. C 262, 1, Rn. 134.

445 *Cordewener/Henze*, FR 2016, 756 (759); *Grube*, DStZ 2007, 371 (377); *Linn/Pignot*, StuB 2016, 573 (577).

446 Kommission, Bekanntmachung zum Begriff der staatlichen Beihilfe im Sinne des Artikels 107 Absatz 1 des Vertrags über die Arbeitsweise der Europäischen Union, ABl. 2016, Nr. C 262, 1, Rn. 135; *de Weerth*, DB 2017, 275 (276).

447 EuGH, Urt. v. 21.12.216, Rs. C-20-15 P und C-21/15 P – *Kommission/World Duty Free u. a.*, ECLI: EU: C:2016:981 Rn. 58; *Cordewener/Henze*, FR 2016, 756 (759).

sind.[448] Als Beispiele sind die Notwendigkeit der Bekämpfung von Betrug oder Steuerhinterziehung, die Notwendigkeit der Beachtung besonderer Rechnungslegungsvorschriften, die Handhabbarkeit für die Verwaltung, der Grundsatz der Steuerneutralität sowie die Notwendigkeit der Vermeidung von Doppelbesteuerung zu nennen.[449] Liegt ein solcher Grund vor, setzt die Rechtfertigung ferner die Verhältnismäßigkeit der Maßnahme voraus.[450] Die vorherige Darstellung macht insgesamt deutlich, dass sich die Prüfung, ob es sich bei einer gesetzlichen Bestimmung des deutschen Steuerrechts um eine verbotene Beihilfe handelt, schwierig gestaltet. Für einen steuerrechtlichen Laien dürfte diese kaum zu bewältigen sein.

Besondere Schwierigkeiten bereitet die Prüfung der Selektivität nicht minder 298
bei *Ermessensentscheidungen*. Nach Ansicht der Kommission sind allgemein Maßnahmen, die prima facie für alle Unternehmen gelten, aber durch die Ermessensentscheidungen der öffentlichen Verwaltung eingeschränkt werden, bereits als selektiv anzusehen.[451]. Diese Ansicht geht freilich über das Ziel hinaus, da dann eine Stundung (§ 222 AO) oder ein Erlass von Steuern (§ 227 AO) in jedem Fall als Beihilfe anzusehen wäre. Zwar dürfte es unstreitig sein, dass die Stundung oder der Erlass einer Steuer im Einzelfall eine Steuervergünstigung darstellen kann. Im Falle einer pflichtgemäßen Ermessensausübung wirkt diese Steuervergünstigung jedoch nicht selektiv, da die Gewährung auf objektiven, nichtdiskriminierenden Kriterien beruht.

Den Tatbestandsmerkmalen der drohenden Wettbewerbsverfälschung sowie 299
der Beeinträchtigung des Handels zwischen den Mitgliedstaaten kommt kaum abgrenzender Charakter zu. In beiden Fällen genügt eine potentielle Wettbewerbsverfälschung bzw. Betroffenheit grenzüberschreitend tätiger Unternehmen.[452]

448 Kommission, Bekanntmachung zum Begriff der staatlichen Beihilfe im Sinne des Artikels 107 Absatz 1 des Vertrags über die Arbeitsweise der Europäischen Union, ABl. 2016, Nr. C 262, 1, Rn. 138; *Frenz/Roth*, DStZ 2006, 465 (471); *Linn*, IStR 2008, 601 (604).

449 Kommission, Bekanntmachung zum Begriff der staatlichen Beihilfe im Sinne des Artikels 107 Absatz 1 des Vertrags über die Arbeitsweise der Europäischen Union, ABl. 2016, Nr. C 262, 1, Rn. 139; GA *Wahl*, Schlussanträge v. 20.12.2017, Rs. C-203/16 P – *Andres (faillite Heitkamp BauHolding)/Kommission*, ECLI: EU: C:2017:1017 Rn. 185.

450 EuGH, Urt. v. 8.9.2011, verb. Rs. C-78/08 bis 80/08 – *Paint Graphos u. a.*, ECLI: EU: C:2011:550 Rn. 75; Kommission, Bekanntmachung zum Begriff der staatlichen Beihilfe im Sinne des Artikels 107 Absatz 1 des Vertrags über die Arbeitsweise der Europäischen Union, ABl. 2016, Nr. C 262, 1, Rn. 140.

451 Kommission, Bekanntmachung zum Begriff der staatlichen Beihilfe im Sinne des Artikels 107 Absatz 1 des Vertrags über die Arbeitsweise der Europäischen Union, ABl. 2016, Nr. C 262, 1, Rn. 123; ähnlich: *Linn*, IStR 2008, 601 (605).

452 *Brandau/Neckenich/Reich/Reimer*, BB 2017, 1175 (1178).

300 Wenn die Voraussetzungen einer staatlichen Beihilfe vorliegen, ist deren Gewährung nach Art. 107 Abs. 1 AEUV grundsätzlich verboten. Ausnahmen hiervon regeln Art. 107 Abs. 2 AEUV und Art. 107 Abs. 3 AEUV. Nach Art. 108 AEUV ist in jedem Fall ein Notifizierungsverfahren durchzuführen, ohne dessen positiven Abschluss das Durchführungsverbot nach Art. 108 Abs. 3 Satz 2 AEUV greift.

301 Verstöße gegen das Beihilfeverbot sind vor allem im Bereich der direkten Steuern und des Steuerverfahrensrechts, z. B. bei Stundung und Erlass von Steuern, anzutreffen. Sie werden in der Regel durch eine Entscheidung der Kommission über die Unvereinbarkeit einer staatlichen Beihilfe mit dem Binnenmarkt offengelegt (dazu später Rn. 326). Die Beseitigung eines Verstoßes gegen das Beihilfeverbot setzt voraus, die die gewährte Steuervergünstigung von der Finanzbehörde zurückgefordert wird. Diese Rückforderung geht regelmäßig durch eine Korrektur des beihilfewidrigen Steuerverwaltungsakts *zuungunsten* des Steuerpflichtigen vonstatten.

4. Verstöße gegen EU-Grundrechte

302 Schließlich können sich Verstöße gegen primäres Unionsrecht neben dem Vertrag über die Europäische Union und dem Vertrag über die Arbeitsweise der Europäischen Union auch aus der Charta der Grundrechte der Europäischen Union ergeben. Diese Erkenntnis, dass auch die EU-Grundrechte Einfluss auf das deutsche Steuerrecht haben können, ist relativ neu. Die EU-Grundrechte schützen den einzelnen Bürger nämlich nicht nur vor der Hoheitsgewalt der Union, sondern binden nach Art. 51 Abs. 1 EU-Grundrechtecharta desgleichen die Mitgliedstaaten bei der Durchführung des Unionsrechts. Denkbar ist hierbei im steuerrechtlichen Bereich beispielsweise die Umsetzung von Richtlinien (z. B. Mehrwertsteuersystem-Richtlinie). Die Reichweite der Bindungswirkung ist über diese klassischen Durchführungs- und Umsetzungskonstellationen hinausgehend noch nicht abschließend geklärt.[453]

303 Der Europäische Gerichtshof scheint in seiner Rechtsprechung einer Ausweitung der Bindung an die EU-Grundrechte zuzuneigen. So hat er in der Rs. *Åkerberg Fransson*[454] entschieden, dass neben den klassischen Vollzugs- und Umsetzungskonstellationen über den Wortlaut des Art. 51 Abs. 1 EU-Grundrechtecharta hinaus auch sonstige Fälle zu fassen sind, in denen mitgliedstaatliches Handeln in

---

453 Vgl. Kofler, DStJG 41 (2018), 125 (146).

454 EuGH, Urt. v. 26.2.2013, Rs. C-617/10 – *Åkerberg Fransson*, ECLI: EU: C:2013:105. Dem Vorabentscheidungsersuchen lag ein schwedischer Fall zugrunde, in dem Herrn *Åkerberg Fransson* vorgeworfen wurde, durch falsche Angaben u. a. Mehrwertsteuer hinterzogen zu haben. In einem zuvor abgeschlossenen Verwaltungsverfahren wurden ihm für den gleichen Sachverhalt steuerliche Sanktionen auferlegt. Das vorlegende Gericht stellte dem Europäischen Gerichtshof u. a. die Frage, ob der Durchführung des Strafverfahrens wegen derselben Tat nicht das Verbot der Doppelbestrafung nach Art. 50 der EU-Grundrechtecharta entgegenstehe.

den Geltungsbereich des Unionsrechts fällt.[455] Eine Grundrechtsbindung besteht danach in gleicher Weise, wenn bereits eine einzelfallbezogene Verknüpfung zum Unionsrecht vorhanden ist. In der Rs. *Åkerberg Fransson* hatte der Europäische Gerichtshof diese Verknüpfung damit begründet, dass zum einen die Mehrwertsteuersystem-Richtlinie die Mitgliedstaaten dazu verpflichte, die Erhebung der Mehrwertsteuer zu gewährleisten und Betrug zu bekämpfen, und zum anderen Art. 325 AEUV generell die Bekämpfung von Handlungen gebiete, die gegen die finanziellen Interessen der Union gerichtet sind.[456] Hierzu ist zu wissen, dass die Eigenmittel der Europäischen Union Einnahmen aus dem mitgliedstaatlichen Mehrwertsteueraufkommen enthalten, so dass jede nicht im Einklang mit dem geltenden Recht stehende Erhebung potentiell zu einer Verringerung der Mehrwertsteuermittel für den Haushalt der Europäischen Union führt. Auch hierin sieht der Europäische Gerichtshof eine Durchführung des Unionsrechts i. S. d. Art. 51 Abs. 1 der EU-Grundrechtecharta.

Solche einzelfallbezogenen Verknüpfungen zwischen nationalen Sachverhal- 304
ten und Unionsrecht lassen sich schnell herstellen. Im Bereich der Umsatzsteuer dürfte eine solche Verknüpfung aufgrund der Rechtsprechung des Europäischen Gerichtshofs in der Rs *Åkerberg Fransson* stets anzunehmen sein. Aber auch im Bereich der direkten Steuern, also bei der Einkommen- und Körperschaftsteuer, ist eine derartige Verknüpfung möglich.[457] Verstöße gegen EU-Grundrechte sind dabei sowohl in *Steuerbescheiden* als auch in *allgemeinen Steuerverwaltungsakten* denkbar. Die Offenlegung von derartigen Verstößen gegen Unionsrecht wird in aller Regel im Rahmen eines Vorabentscheidungsverfahrens gemäß Art. 267 AEUV oder eines Vertragsverletzungsverfahrens nach Art. 258 ff. AEUV erfolgen. Zur Beseitigung von Verstößen gegen EU-Grundrechte müsste eine Korrektur des Steuerverwaltungsakts *zugunsten* des Steuerpflichtigen durchgeführt werden.

II. Verstöße gegen sekundäres Unionsrecht

Die zweite Fallgruppe – nach den Verstößen gegen primäres Unionsrecht – bil- 305
den Verstöße gegen sekundäres Unionsrecht. Bei diesen Verstößen kann zwischen Verstößen gegen sekundärrechtliche Bestimmungen zur Harmonisierung der indirekten Steuern und Verstößen gegen sekundärrechtliche Richtlinien zur Rechtsangleichung im Bereich der direkten Steuern unterschieden werden. Die Bestimmungen zur Harmonisierung der indirekten Steuern finden ihre Rechtsgrundlage in Art. 113 AEUV. Die Richtlinien zur Rechtsangleichung im Bereich der direkten Steuern beruhen auf Art. 115 AEUV. Auf Verstöße gegen

455 EuGH, Urt. v. 26.2.2013, Rs. C-617/10 – *Åkerberg Fransson*, ECLI: EU: C:2013:105 Rn. 19; ebenso: *Beul*, steueranwalt 2017, 69 (71); Kofler, DStJG 41 (2018), 125 (144 f.).

456 EuGH, Urt. v. 26.2.2013, Rs. C-617/10 – *Åkerberg Fransson*, ECLI: EU: C:2013:105 Rn. 25, 26.

457 Kofler, DStJG 41 (2018), 125 (167).

sekundärrechtliche Bestimmungen zur Rechtsangleichung im Bereich des steuerlichen Verfahrensrechts, welche ebenfalls in Art. 115 AEUV ihre Rechtsgrundlage haben, braucht in dieser Untersuchung nicht weiter eingegangen zu werden, da diese Verstöße nicht einem Steuerverwaltungsakt anhaften können.

1. Verstöße gegen sekundärrechtliche Bestimmungen zur Harmonisierung der indirekten Steuern

306 Zunächst sollen demnach Verstöße gegen sekundärrechtliche Bestimmungen zur Harmonisierung der indirekten Steuern behandelt werden. In diesem Bereich ermächtigt und verpflichtet Art. 113 AEUV den Rat zum Erlass von Bestimmungen zur Harmonisierung der Rechtsvorschriften über die Umsatzsteuern, die Verbrauchsabgaben und sonstige indirekte Steuern, soweit diese Harmonisierung für die Errichtung und das Funktionieren des Binnenmarkts und die Vermeidung von Wettbewerbsverzerrungen notwendig ist. Es handelt sich hierbei um eine spezielle steuerrechtliche Harmonisierungskompetenz, die lex specialis zu Art. 114 AEUV ist. Obgleich die Norm keine Einschränkung auf einen bestimmten Rechtsakt i. S. d. Art. 288 AEUV enthält, erfolgt die Harmonisierung im Bereich der indirekten Steuern mit Ausnahme des Zollrechts typischerweise durch Richtlinien.[458]

307 Die Zuständigkeit für den Erlass der Rechtsakte zur Harmonisierung der indirekten Steuern liegt allein beim Rat. Denn nach Art. 113 AEUV gilt ein besonderes Gesetzgebungsverfahren, welches lediglich eine Anhörung des Europäischen Parlaments sowie des Wirtschafts- und Sozialausschusses vorsieht. Außerdem ist für den Erlass des Rechtsakts im Rat eine Einstimmigkeit erforderlich. Diese Besonderheiten werden allgemein als Zeichen dafür gesehen, welche Bedeutung die Mitgliedstaaten der nationalen Steuerhoheit beimessen.[459]

308 Die Harmonisierungskompetenz nach Art. 113 AEUV besteht nur, soweit diese Harmonisierung für die Errichtung und das Funktionieren des Binnenmarkts und die Vermeidung von Wettbewerbsverzerrungen notwendig ist. Eine Vermeidung von Wettbewerbsverzerrungen soll u. a. dann anzunehmen sein, wenn ansonsten eine Beeinträchtigung der Warenverkehrsfreiheit (Art. 28 ff. AEUV) durch eine Benachteiligung oder Erschwerung des grenzüberschreitenden Handels droht.[460] Derzeit sind in diesem Bereich vor allem zwei Richtlinien zu nennen: die Mehrwertsteuersystem-Richtlinie[461] sowie die Verbrauchsteuersystem-Richtlinie[462]. Da sich die Untersuchung auf die Einkommen- und Körperschaftsteuer sowie die

---

458 *Birk/Desens/Tappe*, Steuerrecht, 2017, Rn. 223; *Englisch*, in: Tipke/Lang, Steuerrecht, 2018, § 17 Rn. 5; *Haase*, Internationales und Europäisches Steuerrecht, 2017, Rn. 757.

459 *Khan*, in: Geiger/Khan/Kotzur, EUV/AEUV, 2017, Art. 113 AEUV Rn. 6.

460 *Englisch*, in: Tipke/Lang, Steuerrecht, 2018, § 17 Rn. 5.

461 RL 2006/112/EG v. 28.11.2006, ABl. EG Nr. L 347, 1.

462 RL 2008/118/EG v. 16.12.2008, ABl. EG Nr. L 9, 12.

Umsatzsteuer beschränkt, soll im Folgenden nur auf die erstgenannte Richtlinie eingegangen werden.

309 Das Umsatzsteuerrecht stellt den relevantesten Bereich der Harmonisierung der indirekten Steuern dar. Diese Harmonisierung erfolgte durch die schon mehrfach genannte Mehrwertsteuersystem-Richtlinie, welche detaillierte Regelungen zum Gegenstand der Steuer, zu Befreiungen, zur Bemessungsgrundlage und zum Vorsteuerabzug enthält.[463] Den Mitgliedstaaten verbleibt im Wesentlichen nur die Möglichkeit, die Höhe und die Anzahl der Steuersätze zu bestimmen. In einigen wenigen Punkten bleibt es ihnen bei der Ausgestaltung zudem überlassen, von den Vorgaben der Mehrwertsteuersystem-Richtlinie abzuweichen, wenn die Abweichung im Text der Richtlinie ausdrücklich vorgesehen ist.

310 Verstößt ein Steuerverwaltungsakt gegen die Mehrwertsteuersystem-Richtlinie, wird dieser Verstoß im Regelfall auf einer fehlerhaften Umsetzung der Richtlinie durch das deutsche Umsatzsteuergesetz beruhen, weil der Gesetzgeber hinter den Vorgaben der Richtlinie zurückgeblieben ist. Häufig resultiert die fehlerhafte Umsetzung der Richtlinie – wie auch in der bereits dargestellten Entscheidung des Europäischen Gerichtshof in der Rs. *Linneweber/Akritidis* zur Steuerbefreiung von in Spielhallen betriebenen Geldspielgeräten mit Gewinnmöglichkeit (Rn. 4) – aus einer Nichtbeachtung des grundlegenden Prinzips der steuerlichen Neutralität der Umsatzsteuer. Das gemeinsame Mehrwertsteuersystem soll ausweislich des Erwägungsgrunds Nr. 7 der Mehrwertsteuersystem-Richtlinie „eine Wettbewerbsneutralität in dem Sinne bewirken, dass gleichartige Gegenstände und Dienstleistungen innerhalb eines Mitgliedstaats ungeachtet der Länge des Produktions- und Vertriebswegs steuerlich gleich belastet werden". In der Rs. *Linneweber/Akritidis* ging es dabei um den Betrieb von Geldspielgeräten mit Gewinnmöglichkeit einerseits in Spielhallen, was umsatzsteuerpflichtig sein sollte, und andererseits in öffentlichen Spielbanken, was vom Gesetzgeber umsatzsteuerfrei gestellt wurde. Auf solche gleichartigen Waren und Dienstleistungen ist also ein einheitlicher Steuersatz anzuwenden. Bei der Prüfung der Gleichartigkeit der Waren oder Dienstleistungen ist weder die Identität des Herstellers oder Dienstleistungserbringers noch die Rechtsform, in der diese Tätigkeiten ausgeübt werden, entscheidend.[464] Sofern die Mehrwertsteuersystem-Richtlinie fehlerhaft in deutsches Recht umgesetzt wurde, kommt es aufgrund der Detailliertheit der Richtlinienvorgaben zu einer unmittelbaren Anwendung der Richtlinie. Denn diese Richtlinie wurde insoweit nicht

463 *Birk/Desens/Tappe*, Steuerrecht, 2017, Rn. 224; *Haase*, Internationales und Europäisches Steuerrecht, 2017, Rn. 759.

464 EuGH, Urt. v. 17.2.2005, verb. Rs. C-453/02 und C-462/02 – *Linneweber und Akritidis*, Slg. 2005, I-1151 Rn. 24 f.; *Englisch*, in: Tipke/Lang, Steuerrecht, 2018, § 17 Rn. 23; *Leonard/Szczekalla*, UR 2005, 420 (422).

korrekt umgesetzt, wirkt begünstigend und ist inhaltlich unbedingt und hinreichend genau.[465]

311 Darüber hinaus könnte ein Steuerverwaltungsakt gegen die Mehrwertsteuersystem-Richtlinie verstoßen, weil die Umsetzungsnorm im deutschen Umsatzsteuergesetz nicht richtlinienkonform ausgelegt wurde. Um dem Unionsrecht eine möglichst breite Anwendung zu sichern, verlangt der Europäische Gerichtshof, dass gesetzliche Bestimmungen des nationalen Rechts, die zur Umsetzung der Vorgaben einer Richtlinie ergangen sind, soweit wie möglich anhand des Wortlauts und des Zwecks dieser Richtlinie auszulegen sind, um das in ihr festgelegte Ergebnis zu erreichen und so Art. 288 Abs. 3 AEUV nachzukommen. Zur Begründung verweist der Europäische Gerichtshof auf das in Art. 4 Abs. 3 EUV enthaltene Effektivitätsgebot.[466] Bei der Auslegung anhand des Wortlauts der Richtlinie ist zu beachten, dass alle Sprachfassungen der Richtlinie gleichberechtigt nebeneinanderstehen. Demnach ist für die richtlinienkonforme Auslegung des deutschen Umsatzsteuergesetzes nicht nur die deutsche Sprachfassung der Mehrwertsteuersystem-Richtlinie heranzuziehen, sondern es sind auch alle weiteren Fassungen zu beachten. Hierbei kann es vorkommen, dass die in den verschiedenen Sprachfassungen verwendeten Begriffe nicht identisch sind. In einem solchen Fall bleibt es bei einer Auslegung anhand des Regelungszusammenhangs und der Ziele der Richtlinie.[467] Im Rahmen der Auslegung wird hinsichtlich des Zwecks und der Ziele

---

465 EuGH, Urt. v. 17.2.2005, verb. Rs. C-453/02 und C-462/02 – *Linneweber und Akritidis*, Slg. 2005, I-1151 Rn. 33 f.; *Englisch*, in: Tipke/Lang, Steuerrecht, 2018, § 4 Rn. 30; *Haase*, Internationales und Europäisches Steuerrecht, 2017, Rn. 758.

466 EuGH, Urt. v. 5.10.2004, verb. Rs. C-397/01 bis 403/01 – *Pfeiffer u. a.*, Slg. 2004, I-8878 Rn. 110, 113; *Englisch*, in: Tipke/Lang, Steuerrecht, 2018, § 4 Rn. 31.

467 Vgl. EuGH, Urt. v. 16.1.2003, Rs. C-315/00 – *Maierhofer*, Slg. 2000, I-579. In diesem Fall vermietete der Steuerpflichtige dem Freistaat Bayern Gemeinschaftsunterkünfte zur vorläufigen Unterbringung von Asylbewerbern. Der Steuerpflichtige hatte diese Unterkünfte – Fertighäusern vergleichbar – aus vorgefertigten Teilen errichtet. Sie standen auf Sockeln aus Beton, die auf einem in das Erdreich eingelassenen Betonfundament errichtet worden waren. Das auf das Fundament aufgesetzte Haus konnte aufgrund des für seine Herstellung verwendeten Bausystems jederzeit innerhalb von wenigen Tagen zur Wiederverwendung demontiert werden. Die Unterkünfte befanden sich auf Grundstücken, die der Steuerpflichtige angemietet hatte. Die Finanzbehörde sah die Gemeinschaftsunterkünfte als Scheinbestandteile i. S. d. § 95 BGB an. Das Vorliegen eines Scheinbestandteils stand nach der bis dahin herrschenden finanzgerichtlichen Rechtsprechung und Verwaltungsmeinung einer Anwendung des § 4 Nr. 12 Buchst. a) UStG entgegen, so dass die Finanzbehörde die Vermietung als umsatzsteuerpflichtig ansah. Einspruch und Klage blieben ohne Erfolg. Im Rahmen des Revisionsverfahrens legte der Bundesfinanzhof den Fall dem Europäischen Gerichtshof vor. Art. 135 Abs. 1 Buchst. l) MwStSystRL (ex Art. 13 Teil B Buchst. f) der 6. EG-RL) sieht vor, dass die Vermietung und Verpachtung von Grundstücken steuerfrei ist. Der Europäische Gerichtshof stellte zunächst fest, dass es sich bei den Begriffen der MwStSystRL um eigenständige Begriffe des

der Richtlinie häufig auf das bereits erwähnte Prinzip der steuerlichen Neutralität abgestellt.

Verstöße gegen Unionsrecht werden in beiden Fällen, also sowohl bei fehlerhafter Umsetzung als auch bei fehlerhafter Auslegung, in aller Regel durch Vorabentscheidungsersuchen i. S. d. Art. 267 AEUV offengelegt. Denkbar – wenn auch nicht verbreitet – sind zudem Vertragsverletzungsverfahren gemäß Art. 258 ff. AEUV. Im Regelfall werden sich diese Verstöße gegenüber dem Steuerpflichtigen in einem *Steuerbescheid* konkretisieren. Die Beseitigung eines Verstoßes gegen die Mehrwertsteuersystem-Richtlinie erfolgt, sofern es um die Nichtbeachtung des Prinzips der steuerlichen Neutralität geht, durch eine Korrektur des Steuerverwaltungsakts *zugunsten* des Steuerpflichtigen. Es sind aber auch Fälle denkbar, in denen die Beseitigung des Verstoßes eine Korrektur *zuungunsten* des Steuerpflichtigen notwendig macht. 312

2. *Verstöße gegen sekundärrechtliche Bestimmungen zur Rechtsangleichung im Bereich der direkten Steuern*

Im Unterschied zu den zuvor behandelten indirekten Steuern fehlt es bei den direkten Steuern an einer expliziten Ermächtigung zum Erlass von Bestimmungen zur Rechtsangleichung. Bei Art. 115 AEUV handelt es sich vielmehr um eine allgemeine Ermächtigungsgrundlage, auf welche desgleichen Vorschriften zur Rechtsangleichung in anderen Rechtsgebieten gestützt werden können.[468] Nach dieser Regelung kann der Rat einstimmig und nach Anhörung des Europäischen Parlaments sowie des Wirtschafts- und Sozialausschusses Richtlinien für die Angleichung derjenigen Rechts- und Verwaltungsvorschriften der Mitgliedstaaten erlassen, die sich unmittelbar auf die Errichtung und das Funktionieren des Binnenmarkts auswirken. Im Gegensatz zu Art. 113 AEUV besteht für den Bereich der direkten Steuern daher keine Verpflichtung zur Harmonisierung. Der Erlass einer Richtlinie ist vielmehr 313

Unionsrechts handele. Eine Anknüpfung an das deutsche Zivilrecht scheide aus. Die MwStSystRL unterscheide zwischen der Vermietung von Grundstücken, die grundsätzlich umsatzsteuerfrei sein soll, und der Vermietung von beweglichem Vermögen, das grundsätzlich steuerpflichtig sein soll. Nach dem vom Europäischen Gerichtshof zugrunde gelegten Verständnis kann es sich bei einer Sache offensichtlich nur um ein Grundstück oder bewegliches Vermögen handeln (zumal andere Sprachfassungen anstelle des Wortes Grundstück das Wort „unbeweglich" verwenden). Hierfür kommt es darauf an, dass die Konstruktionen nicht leicht demontiert und versetzt werden konnten. Die Vermietung der Gemeinschaftsunterkünfte war deshalb nach § 4 Nr. 12 Buchst. a) UStG steuerfrei.

468 Art. 114 AEUV, welcher der Union ebenfalls die Kompetenz einräumt, Vorschriften zur Rechtsangleichung zu erlassen, findet auf Steuern keine Anwendung (vgl. Art. 114 Abs. 2 AEUV).

nur dann zulässig, wenn er zur Sicherung des Funktionierens des Binnenmarkts erforderlich ist.[469] Bekannte Richtlinien in diesem Bereich sind:

- die Fusions-Richtlinie[470],
- die Mutter-Tochter-Richtlinie[471],
- die Zins-Lizenzgebühren-Richtlinie[472] und
- die Anti Tax Avoidance Directive (ATAD-Richtlinie)[473].

314 Schon aus den Namen der soeben genannten Richtlinien wird deutlich, dass im Bereich der direkten Steuern, z. B. Einkommen- und Körperschaftsteuer, allenfalls eine punktuelle Harmonisierung erfolgt ist. So ist es Ziel der Fusions-Richtlinie, eine steuerneutrale Umstrukturierung der Unternehmenstätigkeit ohne Aufdeckung der stillen Reserven zu ermöglichen. Derartige Vorgänge sollen nicht dadurch behindert werden, dass infolge von Gewinnrealisation und damit in Zusammenhang stehenden Steuerzahlungen Liquidität abfließt.[474] Die Mutter-Tochter-Richtlinie verfolgt demgegenüber den Zweck, die steuerliche Mehrbelastung von Dividendenausschüttungen einer Tochtergesellschaft an ihre Muttergesellschaft in einem anderen Mitgliedstaat zu beseitigen.[475] Die Zins-Lizenzgebühren-Richtlinie dient dem Ziel, die Doppelbesteuerung der Zahlung von Zinsen und Lizenzgebühren zwischen verbundenen Unternehmen und Betriebsstätten solcher Unternehmen zu vermeiden.[476] Die ATAD-Richtlinie stellt schließlich eine Reaktion auf internationale Steuervermeidungsstrategien dar und soll bestimmte Steuergestaltungen verhindern. Sie enthält Vorgaben hinsichtlich einer Zinsschranke, der Wegzugsbesteuerung, der Hinzurechnungsbesteuerung sowie in Bezug auf hybride Gestaltungen mit Einbeziehung von Drittländern. Zudem enthält die Richtlinie eine allgemeine Missbrauchsbekämpfungsvorschrift.[477] Es lässt sich somit festhalten, dass sich die im Bereich der direkten Steuern bisher

---

469 *Birk/Desens/Tappe*, Steuerrecht, 2017, Rn. 227; *Englisch*, in: Tipke/Lang, Steuerrecht, 2018, § 4 Rn. 68.

470 RL 2009/133/EG v. 19.10.2009, ABl. EG 2009 Nr. L 310, 34.

471 RL 2011/96/EU v. 30.11.2011, ABl. 2011 Nr. L 345, 9.

472 RL 2003/49/EG v. 3.6.2003, ABl. EG 2003 Nr. L 157, 49.

473 RL (EU) 2016/1164 v. 12.7.2016, ABl. EU 2016 Nr. L 193, 1.

474 *Birk/Desens/Tappe*, Steuerrecht, 2017, Rn. 230; *Haase*, Internationales und Europäisches Steuerrecht, 2017, Rn. 847; *Weber-Grellet*, Europäisches Steuerrecht, 2016, § 19 Rn. 5.

475 *Birk/Desens/Tappe*, Steuerrecht, 2017, Rn. 230; *Haase*, Internationales und Europäisches Steuerrecht, 2017, Rn. 855; *Weber-Grellet*, Europäisches Steuerrecht, 2016, § 19 Rn. 13.

476 *Birk/Desens/Tappe*, Steuerrecht, 2017, Rn. 233; *Haase*, Internationales und Europäisches Steuerrecht, 2017, Rn. 869; *Weber-Grellet*, Europäisches Steuerrecht, 2016, § 19 Rn. 20.

477 *Birk/Desens/Tappe*, Steuerrecht, 2017, Rn. 1472; *Haase*, Internationales und Europäisches Steuerrecht, 2017, Rn. 873a.

erlassenen Richtlinien lediglich mit einzelnen Fallgestaltungen beschäftigen und – anders als bei der Mehrwertsteuersystem-Richtlinie – keine gesamte Steuerart zum Gegenstand haben. Der Grad der Harmonisierung im Bereich der direkten Steuern ist infolgedessen äußerst gering.

Verstöße gegen sekundärrechtliche Bestimmungen des Unionsrechts zur Rechtsangleichung im Bereich der direkten Steuern betreffen – wie bei Verstößen gegen sekundärrechtliche Bestimmungen des Unionsrechts zur Harmonisierung im Bereich der indirekten Steuern – Fälle, in denen die entsprechenden Richtlinien unzutreffend in deutsches Recht umgesetzt wurden (vgl. Rn. 310) oder in denen die deutsche Umsetzungsnorm nicht richtlinienkonform ausgelegt wurde (vgl. Rn. 311).[478] In aller Regel werden diese Verstöße wiederum durch Vorabentscheidungsverfahren gemäß Art. 267 AEUV aufgedeckt. Möglich ist zudem die Offenlegung im Rahmen eines Vertragsverletzungsverfahrens i. S. d. Art. 258 ff. AEUV. Gegenüber dem Steuerpflichtigen werden sich diese Verstöße im Regelfall ebenfalls in einem *Steuerbescheid* konkretisieren. Die Beseitigung des Verstoßes kann dabei entweder eine Korrektur *zugunsten* des Steuerpflichtigen oder eine Korrektur *zuungunsten* des Steuerpflichtigen erforderlich machen. 315

III. Zwischenergebnis

Als Zwischenergebnis lässt sich daher festhalten, dass die möglichen Verstöße gegen Unionsrecht, die einem Steuerverwaltungsakt innewohnen können, unterschiedlicher Natur sein können. *Verstöße gegen primäres Unionsrecht*, insbesondere gegen die Grundfreiheiten (Rn. 278 ff.), das allgemeine Diskriminierungsverbot (Rn. 287 ff.) und das Beihilfeverbot (Rn. 291 ff.), sind eher im Bereich der Einkommen- und Körperschaftsteuer anzutreffen, wo es ansonsten nur punktuell sekundärrechtliche Bestimmungen zur Rechtsangleichung gibt. Der Bereich der Umsatzsteuer ist demgegenüber weitgehend durch sekundäres Unionsrecht harmonisiert, so dass in diesem Bereich Verstöße gegen primäres Unionsrecht kaum vorkommen. In den wenigen Fällen, in denen das im Bereich der Umsatzsteuer anders ist, resultieren die Verstöße gegen Unionsrecht fast ausschließlich aus einer Verletzung der EU-Grundrechte (Rn. 302 ff.). Insgesamt werden sich diese Verstöße gegen primäres Unionsrecht *mehrheitlich*, nämlich im Bereich der Grundfreiheiten, des allgemeinen Diskriminierungsverbots und der EU-Grundrechte, *zuungunsten* des Steuerpflichtigen auswirken. Nur Verstöße gegen das unionsrechtliche Beihilfeverbot entfalten eine für den Steuerpflichtigen günstige Wirkung. Ein *Verstoß gegen sekundäres Unionsrecht* wird ebenfalls *überwiegend nachteilige Folgen* für den Steuerpflichtigen haben. Es ist hierbei jedoch auch der umgekehrte Fall möglich. 316

---

478 *Drüen/Kahler*, StuW 2005, 171 (173); *Englisch*, in: Tipke/Lang, Steuerrecht, 2018, § 4 Rn. 30 f.

B. Die Bestandskraft deutscher Steuerverwaltungsakte bei Verstößen gegen Unionsrecht

317 Sobald ein Verstoß gegen Unionsrecht feststeht, stellt sich unabhängig davon, ob es sich um einen der zuvor behandelten Verstöße gegen primäres oder sekundäres Unionsrecht handelt, die Frage, ob dieser Umstand möglicherweise im Besteuerungsverfahren eines Steuerpflichtigen noch berücksichtigt werden kann. Sofern bisher kein das Steuerrechtsverhältnis konkretisierender bestandskräftiger Steuerverwaltungsakt vorliegt, dürfte ein solches Ansinnen relativ unproblematisch möglich sein. Denn die Finanzbehörden haben nach dem in Art. 4 Abs. 3 EUV enthaltenen Grundsatz der Unionstreue die Entscheidung des Europäischen Gerichtshofs zu beachten und zu befolgen.[479] Liegt demgegenüber ein bestandskräftiger Steuerverwaltungsakt vor, so ist zu überlegen, ob dessen Bestandskraft einer Beseitigung des Verstoßes gegen Unionsrecht entgegensteht.

318 Dazu ist zunächst festzustellen, nach welchem Verfahrensrecht sich die Bestandskraft des Steuerverwaltungsakts beurteilt (dazu I.). Dabei wird sich – dies sei an dieser Stelle vorweggenommen – zeigen, dass es für die Anwendbarkeit des Verfahrensrechts entscheidend darauf ankommt, ob es sich bei dem Verstoß gegen Unionsrecht um einen Verstoß gegen das unionsrechtliche Beihilfeverbot (Sonderfall) oder um einen Verstoß gegen eine andere Bestimmung des Unionsrechts (Grundfall) handelt. Im Fortgang soll zunächst der Grundfall behandelt werden. In Bestandskraft kann ein Steuerverwaltungsakt nach dem bisher Dargelegten (Rn. 33, 137) nur erwachsen, wenn er trotz des *Verstoßes gegen eine andere Bestimmung des Unionsrechts* wirksam ist (dazu II.). Erst danach sollen die formelle Bestandskraft (dazu III.) und die materielle Bestandskraft (dazu IV.) *bei Verstößen gegen andere Bestimmungen des Unionsrechts* geklärt werden, bevor es abschließend um den Sonderfall der *Verstöße gegen das unionsrechtliche Beihilfeverbot* und die diesbezüglichen Überlegungen zur Bestandskraft (dazu V.) gehen soll. Die bisher vorliegenden Untersuchungen von *Sabine Lehnert, Anna Saßenroth, Ute Geisenberger* und *Friederike Grube* (Rn. 10 ff.) – daran sei erinnert – wenden sich entweder nur dem Grundfall oder nur dem Sonderfall zu. So gehen *Lehnert, Geisenberger* und *Grube* nur auf die Überlegungen zur Bestandskraft von Steuerverwaltungsakten bei *Verstößen gegen das Beihilfeverbot* ein (hier V.). *Saßenroth* betrachtet demgegenüber nur die Bestandskraft bei *Verstößen gegen andere Bestimmungen des Unionsrechts* (hier III. und IV.). *Ulf Lange* (Rn. 9) – auch dies sei ins Gedächtnis gerufen – geht in seiner Untersuchung nicht auf einzelne Korrekturvorschriften ein und unterscheidet auch nicht zwischen Verstößen gegen das Beihilfeverbot und anderen Verstößen gegen Unionsrecht. Seine Arbeit fokussiert sich mehr auf die Begründung eines möglichen Erstattungsanspruchs (Rn. 17) und behandelt das Verhältnis zwischen Erstattungsanspruch und Bestandskraft lediglich abstrakt. Für

---

479 *Englisch*, in: Tipke/Lang, Steuerrecht, 2018, § 4 Rn. 17; *Schaumburg*, in: Schaumburg/Englisch, Europäisches Steuerrecht, 2015, Rn. 24.23.

den hier verwendeten Untersuchungsansatz kann seine Untersuchung daher nur eingeschränkt nutzbar gemacht werden.

I. Anwendbarkeit des deutschen Verfahrensrechts

Verstößt ein Steuerverwaltungsakt gegen Unionsrecht, so sind dem Unionsrecht 319 im Regelfall keine Regelungen zu entnehmen, welche die Bestandskraft dieses Verwaltungsakts zum Gegenstand haben. Nach dem Grundsatz der Verfahrensautonomie ist es Sache der Mitgliedstaaten, die Bestandskraft von Steuerverwaltungsakten näher zu bestimmen (dazu 1.). Es ist bereits angeklungen, dass sich die Lage bei Verstößen gegen das unionsrechtliche Beihilfeverbot anders darstellen wird (dazu 2.).

1. Grundsatz der Verfahrensautonomie

Der Grundsatz der Verfahrensautonomie der Mitgliedstaaten besagt, dass die Ver- 320 fahrensmodalitäten, die den Schutz der durch die Unionsrechtsordnung erwachsenen Rechte gewährleisten sollen, Sache der innerstaatlichen Rechtsordnung eines jeden Mitgliedstaats sind.[480] Die Bestandskraft deutscher Steuerverwaltungsakte bestimmt sich also mangels spezifischer Vorgaben des Unionsrechts in erster Linie nach deutschem Recht. Es gelten infolgedessen die bereits dargestellten Bestimmungen der Abgabenordnung und der Finanzgerichtsordnung.[481]

Die nationalen Verfahrensvorschriften stehen indessen ihrerseits unter dem 321 Vorbehalt der unionsrechtlichen Verfahrensgrundsätze, insbesondere des schon angesprochenen Effektivitätsgebots (Rn. 275 f.) und des gleichermaßen behandelten Äquivalenzgrundsatzes (Rn. 289). Danach dürfen die Modalitäten zur Geltendmachung der aus dem Unionsrecht zuerkannten subjektiven Rechte nicht ungünstiger ausgestaltet sein als diejenigen, die gleichartige Sachverhalte innerstaatlicher Art regeln (Äquivalenzgrundsatz). Zudem darf die Ausübung der durch die Unionsrechtsordnung verliehenen Rechte nicht praktisch unmöglich gemacht oder übermäßig erschwert werden (Effektivitätsgebot).[482] Beide Grundsätze sollen genauso im umgekehrten Fall gelten, in dem es nicht um begünstigende, sondern um belastende Steuerverwaltungsakte, welche gegen Unionsrecht verstoßen, geht.[483] So verständlich es aus unionsrechtlicher Sicht auch ist, dass dem nationalen Verfahrensrecht Grenzen gesetzt sind, so schwierig ist es, im Einzelfall diese

---

480 EuGH, Urt. v. 19.9.2006, verb. Rs. C-392/04 und 422/04 – *i-21 Germany und Arcor*, Slg. 2006, I-8591 Rn. 57; ders., Urt. v. 30.6.2011, Rs. C-262/09 – *Meilicke* II, ECLI: EU: C:2011:438 Rn. 55; *Englisch*, DV 2008, 99(99).

481 *Englisch*, in: Tipke/Lang, Steuerrecht, 2018, § 4 Rn. 41.

482 EuGH, Urt. v. 2.12.1997, Rs. C-188/95 – *Fantask*, Slg. 1997, I-6820 Rn. 39; ders., Urt. v. 19.9.2006, verb. Rs. C-392/04 und 422/04 – *i-21 Germany und Arcor*, Slg. 2006, I-8591 Rn. 57; ders., Urt. v. 30.6.2011, Rs. C-262/09 – *Meilicke* II, ECLI: EU: C:2011:438 Rn. 55.

483 *Englisch*, DV 2008, 99 (101); *Weiß*, DÖV 2008, 477(477).

durch den Äquivalenzgrundsatz und das Effektivitätsgebot gesetzten Grenzen präzise zu bestimmen.[484]

322 Der Äquivalenzgrundsatz gebietet, dass eine nationale Verfahrensregelung in gleicher Weise für Sachverhalte, bei denen die Verletzung des Unionsrechts, wie auch für Sachverhalte, bei denen die Verletzung innerstaatlichen Rechts in Rede steht, Anwendung findet, sofern es sich um die gleiche Art von Abgaben handelt.[485] Es darf also nicht danach unterschieden werden, ob es bei dem Sachverhalt um einen Verstoß gegen Unionsrecht oder um einen Verstoß gegen deutsches Recht geht.[486] Beide Fälle sind innerhalb einer Verfahrensordnung gleich zu behandeln. Der Äquivalenzgrundsatz verpflichtet die Mitgliedstaaten demgegenüber nicht dazu, die – möglicherweise aus einer anderen innerstaatlichen Verfahrensordnung stammende – günstigste innerstaatliche Regelung auf alle Fälle zur Beseitigung von Verstößen gegen Unionsrecht anzuwenden.[487] Den Regelungen der Abgabenordnung ist – entsprechend dem im letzten Teil Dargestellten – eine Differenzierung zwischen Verstößen gegen Unionsrecht und Verstößen gegen deutsches Recht nicht zu entnehmen. Sie stehen daher mit dem Äquivalenzgrundsatz im Einklang.

323 Die Fälle, in denen nach der Rechtsprechung des Europäischen Gerichtshofs die Ausübung der durch die Unionsrechtsordnung verliehenen Rechte praktisch unmöglich oder übermäßig erschwert wird, sind vielgestaltig. Sie betreffen vornehmlich allgemeine Grundsätze des Prozessrechts[488], die Angemessenheit von Fristen[489] oder die Änderung des Verfahrensrechts durch den Gesetzgeber[490]. Auf diese Fälle wird im Rahmen der weiteren Untersuchung näher eingegangen. An einer allgemeinen Beschreibung, in welchen Fällen eine praktische Unmöglichkeit oder ein übermäßiges Erschweren angenommen werden kann, fehlt es bislang. Eine funktionale Annäherung kann hier möglicherweise weiterhelfen. Wenn das Effektivitätsgebot verlangt, dass die Durchsetzung des Unionsrechts nicht praktisch unmöglich oder übermäßig erschwert wird, bedeutet diese Aussage im Umkehrschluss, dass sich das Unionsrecht nicht in jedem Fall, eher sogar in den wenigsten Fällen durchsetzen muss. Damit treten zwei Prinzipien zutage, die auch aus dem deutschen Verfassungsrecht bekannt sind. Setzt sich das Unionsrecht

---

484 Ähnlich: *Blanke*, Vertrauensschutz im deutschen und europäischen Verwaltungsrecht, 2000, S. 461.

485 EuGH, Urt. v. 17.11.1998, Rs. C-228/96 – *Aprile*, Slg. 1998, I-7164 Rn. 20.

486 EuGH, Urt. v. 19.9.2006, verb. Rs. C-392/04 und 422/04 – *i-21 Germany und Arcor*, Slg. 2006, I-8591 Rn. 62.

487 EuGH, Urt. v. 9.2.1999, Rs. C-343/96 – *Dilexport*, Slg. 1999, I-600 Rn. 27; ders., Urt. v. 17.11.1998, Rs. C-228/96 – *Aprile*, Slg. 1998, I-7164 Rn. 20.

488 EuGH, Urt. v. 27.2.1980, Rs. 68/79 – *Just*, Slg. 1980, 501 Rn. 26; ders., Urt. v. 2.12.1997, Rs. C-188/95 – *Fantask* u. a., Slg. 1997, I-6820 Rn. 40.

489 EuGH, Urt. v. 16.12.1976, Rs. C-33/76 – *Rewe Zentralfinanz*, Slg. 1976, 1989 Rn. 5; ders., Urt. v. 17.11.1998, Rs. C-228/96 – *Aprile*, Slg. 1998, I-7164 Rn. 20.

490 EuGH, Urt. v. 2.2.1988, Rs. 309/85 – *Barra*, Slg. 1988, 371 Rn. 19; ders., Urt. v. 30.6.2011, Rs. C-262/09 – *Meilicke* II, ECLI: EU: C:2011:438 Rn. 58.

durch, wird der rechtlich richtige Zustand hergestellt. Dahinter verbirgt sich das Prinzip der materiellen Gerechtigkeit. Setzt sich das Unionsrecht hingegen nicht durch, bleiben die Rechtsverhältnisse so, wie sie der Verwaltungsakt geregelt hat. Dann genießt der Grundsatz der Rechtssicherheit Vorrang. Von dieser Warte aus betrachtet, bestimmt das Effektivitätsgebot also den Zeitpunkt, bis zu dem der nationale Gesetzgeber den Grundsatz der Rechtssicherheit gegenüber dem Prinzip der materiellen Gerechtigkeit – hier in Gestalt der Unionsrechtskonformität der Besteuerung – überwiegen lassen kann. Im deutschen Verfassungsrecht ist es – wie bereits erläutert – nicht möglich, diese widerstreitenden Prinzipien halbwegs trennscharf zu beschreiben (Rn. 119). Deshalb ist ein Versuch, das Prinzip der materiellen Gerechtigkeit mit dem Grundsatz der Rechtssicherheit nach Maßgabe eines strengen Verhältnismäßigkeitsprinzips in Ausgleich zu bringen, zum Scheitern verurteilt. Dem Gesetzgeber steht nach deutschem Verfassungsrecht daher ein weitreichender Gestaltungsspielraum zu, der nur durch das Untermaßverbot begrenzt wird, das als unverhältnismäßige staatliche Zurückhaltung verstanden werden kann. In diesem Sinne, als unverhältnismäßige staatliche Zurückhaltung bei der Schaffung von Möglichkeiten zur Durchsetzung des Unionsrechts, kann die gegen das Effektivitätsgebot verstoßende praktische Unmöglichkeit sowie das übermäßige Erschweren verstanden werden. Es dürfte daher auch im Unionsrecht darauf ankommen, dass die Rechtsbeständigkeit eines Steuerverwaltungsakts unerträglich ist, weil – aus unionsrechtlicher Sicht – bedeutende Rechtsnormen verletzt wurden.

Abschließend kann damit festgehalten werden, dass das Unionsrecht anders als 324
das deutsche Verfassungsrecht (Rn. 96 ff.) keine derart ausdifferenzierten Vorgaben für die Ausgestaltung der Bestandskraft von Steuerverwaltungsakten durch die Abgabenordnung macht. Es existieren mit dem Äquivalenzgrundsatz und dem Effektivitätsgebot nur zwei Grenzen. Im Übrigen wird dem nationalen Gesetzgeber ein erheblicher Gestaltungsspielraum zugestanden. Diese weitestgehende Zurückhaltung des Unionsrechts kann auch auf Art. 2 EUV zurückgeführt werden, nach dem zu den Werten, auf die sich die Europäische Union gründet und die allen Mitgliedstaaten gemeinsam sind, u. a. die Rechtsstaatlichkeit zählt. Den Grundsatz der Rechtsstaatlichkeit genau zu bestimmen, bereitet auf unionsrechtlicher Ebene nicht minder Schwierigkeiten als im deutschen Recht (vgl. Rn. 107). In der Regel wird hierunter eine Vielzahl von allgemeinen Rechtsgrundsätzen gefasst, die sich aus den gemeinsamen Verfassungsüberlieferungen der Mitgliedstaaten ergeben.[491] Dazu gehören z. B. das Rechtmäßigkeitsprinzip, der Grundsatz der Rechtssicherheit und die unabhängige, wirksame richterliche Kontrolle. Das Unionsrecht geht also in Art. 2 Satz 2 EUV davon aus, dass diese allgemeinen Rechtsgrundsätze, auch weil sie sich aus den gemeinsamen Verfassungsüberlieferungen der Mitgliedstaaten, zu denen das deutsche Grundgesetz gehört, ergeben, bereits vom nationalen

491 Vgl. Kommission, Mitteilung: Ein neuer EU-Rahmen zur Stärkung des Rechtsstaatsprinzips, COM(2014) 158 final, Anhang I.

Gesetzgeber beachtet wurden. Im Falle Deutschlands ist diese Annahme – wie im vorherigen Teil gezeigt wurde (Rn. 265 f.) – zutreffend. Bei der Ausgestaltung der Bestandskraft wurden die verfassungsrechtlichen Vorgaben der Rechtsweggarantie aus Art. 19 Abs. 4 GG, welche die Gewährleistung eines möglichst lückenlosen und effektiven Rechtsschutzes erfordert, und des Rechtsstaatsprinzips, das eine Abwägung des Prinzips der materiellen Gerechtigkeit mit dem Grundsatz der Rechtssicherheit vorschreibt, umgesetzt. Es bedarf daher aus unionsrechtlicher Sicht keiner weiterer Vorgaben als denen des Äquivalenzgrundsatzes und des Effektivitätsgebots.

2. *Besonderheiten bei verbotenen Beihilfen*

325 Der vorstehend dargestellte Grundsatz der Verfahrensautonomie findet uneingeschränkt bei *allen Steuerverwaltungsakten*, die gegen Unionsrecht verstoßen, Anwendung mit *Ausnahme* der Steuerverwaltungsakte, die gegen das *unionsrechtliche Beihilfeverbot* verstoßen. Im Bereich der Rückforderung von staatlichen Beihilfen besteht nämlich die Besonderheit, dass die VO (EU) 2015/1589 spezielle Vorgaben zur Ausgestaltung des nationalen Verfahrensrechts enthält, die vom nationalen Gesetzgeber beachtet werden müssen.[492] Da – wie bereits dargelegt – sowohl *allgemeine Steuerverwaltungsakte* als auch *Steuerbescheide* Verstöße gegen das unionsrechtliche Beihilfeverbot enthalten können (Rn. 291 ff.), sind die in dieser Verordnung enthaltenen Regelungen auch für die Anwendung der in der Abgabenordnung enthaltenen Bestimmungen zur Bestandskraft von Steuerverwaltungsakten relevant. So heißt es z. B. bereits im Erwägungsgrund Nr. 25 der VO (EU) 2015/1589, dass bei *rechtswidrigen Beihilfen* ein wirksamer Wettbewerb wiederhergestellt werden sollte, indem diese Beihilfen unverzüglich zurückgefordert werden. Die Rückforderung soll sich dabei nach den Verfahrensvorschriften des nationalen Rechts richten, wobei diese Vorschriften die Wiederherstellung eines wirksamen Wettbewerbs durch Verhinderung der sofortigen und tatsächlichen Rückzahlung der rechtswidrigen Beihilfe nicht erschweren sollen.

326 Mit dem Begriff „rechtswidrige Beihilfe“ werden nach Art. 1 Buchst. f) der VO (EU) 2015/1589 solche Beihilfen bezeichnet, die unter Verstoß gegen die Notifizierungspflicht und das Durchführungsverbot des Art. 108 Abs. 3 AEUV eingeführt werden. Erhält die Kommission davon Kenntnis, dass möglicherweise eine rechtswidrige Beihilfe gewährt wurde, leitet sie eine Überprüfung ein. Kommt sie hierbei

492 Die in der VO (EU) 2015/1589 enthaltenen, nachfolgend dargestellten verfahrensrechtlichen Vorgaben entsprechen denen, die bereits in der VO (EG) Nr. 659/1999 enthalten waren. Letztgenannte Vorschrift bestand bereits zu den Zeitpunkten, zu denen *Lehnert*, *Geisenberger* und *Grube* ihre jeweiligen Untersuchungen vorgelegt haben. Da sich die Vorgaben insofern nicht geändert haben, dürften sich deswegen keine Änderungen an der rechtlichen Einschätzung hinsichtlich der Bestandskraft von Steuerverwaltungsakten bei Verstößen gegen Unionsrecht ergeben.

zu dem Ergebnis, dass ein Mitgliedstaat tatsächlich eine rechtswidrige Beihilfe gewährt hat, so stellt sie dieses Ergebnis durch einen Negativbeschluss nach Art. 9 Abs. 5 der VO (EU) 2015/1589 fest. Hiermit verbunden ist der Rückforderungsbeschluss nach Art. 16 Abs. 1 der VO (EU) 2015/1589. Dieser Beschluss richtet sich an den Mitgliedstaat, der die rechtswidrige Beihilfe gewährt hat.

Art. 16 Abs. 3 der VO (EU) Nr. 2015/1589 bestimmt in einem solchen Fall, dass der 327 betroffene Mitgliedstaat die Rückforderung der Beihilfe unverzüglich nach seinem Verfahrensrecht vorzunehmen hat, sofern hierdurch die sofortige und tatsächliche Vollstreckung des Rückforderungsbeschlusses der Kommission ermöglicht wird. Zu diesem Zweck sollen die Mitgliedstaaten alle in ihren Rechtsordnungen erforderlichen Schritte einschließlich vorläufiger Maßnahmen ergreifen. Bei alledem stellt sich nun die Frage, was eigentlich passiert, wenn die nationale Rechtsordnung keine Rückforderung ermöglicht.

Die Regelung des Art. 16 Abs. 3 der VO (EU) Nr. 2015/1589 ist nach der Recht- 328 sprechung des Europäischen Gerichtshofs dergestalt zu verstehen, dass diese Vorschrift selbst keine Rechtsgrundlage für eine mögliche Rückforderung der rechtswidrigen Beihilfe bietet, sondern sich diese Rechtsgrundlage aus dem nationalen Recht ergibt.[493] Diese Einschätzung wird von *Ute Geisenberger* und *Friederike Grube* geteilt (Rn. 12 f.). Allerdings kommt den Mitgliedstaaten in puncto Rückforderung kein Ermessen zu. Die Mitgliedstaaten haben die Rückforderung zwingend vorzunehmen.[494] Dieses Verständnis steht mit dem bereits genannten Erwägungsgrund Nr. 25 der VO (EU) Nr. 2015/1589 (Rn. 325) im Einklang. Die Mitgliedstaaten sind also in der Wahl ihrer Mittel frei, mit denen sie ihrer Pflicht zur Rückforderung einer von der Kommission für mit dem Binnenmarkt unvereinbar erklärten Beihilfe nachkommen. Die gewählten Mittel dürfen freilich die Wirksamkeit des Unionsrechts nicht beeinträchtigen.[495] Es geht schließlich darum, die normalen Wettbewerbsbedingungen wiederherzustellen, die durch die Gewährung der Beihilfe, deren Rückforderung durch die Kommission angeordnet wurde, verfälscht wurden.[496] Den Anforderungen des Unionsrechts wäre nicht Genüge getan, wenn

---

493 EuGH, Urt. v. 5.10.2006, Rs. C-232/05 – *Kommission/Frankreich*, Slg. 2006, I-10097 Rn. 49; ders., Urt. v. 11.9.2014, Rs. C-527/12 – *Kommission/Deutschland*, ECLI: EU: C:2014:2193 Rn. 39, jeweils zur Vorgängerregelung des Art. 14 Abs. 3 der VO (EG) Nr. 659/1999.

494 EuGH, Urt. v. 20.3.1997, C-24/95- *Alcan*, Slg. 1997. I-1607 Rn. 24, 34; *Blumenberg/Kring*, Europäisches Beihilferecht und Besteuerung, 2011, S. 29; *Grube*, Der Einfluss des unionsrechtlichen Beihilfeverbots auf das deutsche Steuerrecht, 2014, S. 71.

495 EuGH, Urt. v. 20.5.2010, Rs. C-210/09 – *Scott und Kimberly Clark*, ECLI: EU: C:2010:294 Rn. 21; ders., Urt. v. 11.9.2014, Rs. C-527/12 – *Kommission/Deutschland*, ECLI: EU: C:2014:2193 Rn. 40, jeweils zur Vorgängerregelung des Art. 14 Abs. 3 der VO (EG) Nr. 659/1999.

496 EuGH, Urt. v. 12.12.2002, Rs. C-209/00 – *Kommission/Deutschland*, Slg. 2002, I-11715 Rn. 35; ders. Urt. v. 20.5.2010, Rs. C-210/09 – *Scott und Kimberly Clark*,

das nationale Verfahrensrecht keine Rechtsgrundlage für eine solche Rückforderung bereithielte.

329 Die Rückforderung einer als rechtswidrige Beihilfe eingestuften Steuervergünstigung findet ihre Rechtsgrundlage in dem Erstattungsanspruch des § 37 Abs. 2 AO. Der Erstattungsanspruch bestünde – worauf bereits hingewiesen wurde – nicht, soweit ein bestandskräftiger Steuerverwaltungsakt existiert und die Beihilfe deshalb nicht ohne rechtlichen Grund gezahlt wäre (Rn. 17 f.).

330 Durch die in Art. 16 Abs. 3 der VO (EU) Nr. 2015/1589 enthaltene Vorgabe sind die Mitgliedstaaten nunmehr in der Frage der Ausgestaltung ihres Verfahrensrechts zur Rückforderung von rechtswidrigen Beihilfen nicht frei. Indem die Mitgliedstaaten kein Ermessen haben, muss nach der nationalen Verfahrensordnung die Möglichkeit der Rückforderung einer rechtswidrigen Beihilfe bestehen. Kommt ein Mitgliedstaat dieser Vorgabe nicht nach, so verstößt das nationale Verfahrensrecht gegen die Vorgaben der Unionsrechtsordnung. Die zum Ausschluss des Erstattungsanspruchs führende Bestandskraft eines Steuerverwaltungsakts würde deshalb einen Verstoß gegen Art. 16 Abs. 3 der VO (EU) Nr. 2015/1589 darstellen. Da es sich hierbei nicht nur um eine Beschränkung der Verfahrensautonomie durch die allgemeinen Grundsätze der Äquivalenz und der Effektivität handelt, lohnt es sich hinsichtlich der Bestandskraft von Steuerverwaltungsakten bei Verstößen gegen das Beihilfeverbot (dazu V.) und der Bestandskraft von Steuerverwaltungsakten bei anderen Verstößen gegen Unionsrecht (dazu II.–IV.) zu differenzieren.[497]

II. Die Wirksamkeit von Steuerverwaltungsakten bei anderen Verstößen gegen Unionsrecht

331 Den Anfang sollen also die Fälle machen, in denen Steuerverwaltungsakte *gegen andere Bestimmungen des Unionsrechts als das Beihilfeverbot verstoßen*. Auch hierbei gilt, dass, wenn die Wirksamkeit eines Steuerverwaltungsakts – wie im deutschen Recht – Grundvoraussetzung seiner Bestandskraft ist (Rn. 33, 137), sich die Frage nach der Bestandskraft eines Steuerverwaltungsakts, der gegen Unionsrecht verstößt, erübrigen würde, sofern der Verstoß gegen Unionsrecht die Unanwendbarkeit oder Unwirksamkeit des Steuerverwaltungsakts nach sich zöge. Ein Steuerverwaltungsakt wird nach § 124 Abs. 1 AO mit seiner Bekanntgabe wirksam, und zwar grundsätzlich unabhängig von möglichen Rechtsanwendungsfehlern (Rn. 142). Etwas anderes kann sich allerdings dann ergeben, wenn der Anwendungsvorrang des Unionsrechts auch in diesem Fall bewirken würde, dass der Steuerverwaltungsakt nicht anzuwenden ist (dazu 1.). Darüber hinaus könnte

---

ECLI: EU: C:2010:294 Rn. 22, jeweils zur Vorgängerregelung des Art. 14 Abs. 3 der VO (EG) Nr. 659/1999.

497 Kritisch: *de Weerth*, DB 2009, 2677 (2679), der eine Ungleichbehandlung der Bestandskraft bei Verstößen gegen das Beihilfeverbot und bei anderen Verstößen gegen Unionsrecht für sachlich nicht gerechtfertigt hält.

der Verstoß gegen Unionsrecht (in bestimmten Fällen) auch als ein schwerwiegender Fehler anzusehen sein, der eine Unwirksamkeit des Steuerverwaltungsakts nach §§ 125 Abs. 1, 124 Abs. 3 AO zur Folge haben könnte (dazu 2.).

1. Kein Vorrang des Unionsrechts gegenüber deutschen Steuerverwaltungsakten

Der Vorrang des Unionsrechts führt dazu, dass eine nationale Bestimmung nicht 332
anzuwenden ist, wenn sie mit Unionsrecht kollidiert.[498] Die Ziele des Vertrags über die Europäische Union würden nämlich nicht erreicht sowie das in Art. 18 AEUV statuierte Diskriminierungsverbot würde nicht durchgesetzt, wenn das Unionsrecht je nach innerstaatlicher Gesetzgebung von Mitgliedstaat zu Mitgliedstaat unterschiedliche Geltung haben könnte.[499] Darüber hinaus ist dieser Anwendungsvorrang im Falle Deutschlands Art. 23 Abs. 1 GG zu entnehmen, der einen entsprechenden innerstaatlichen Rechtsanwendungsbefehl enthält.[500] Da der Anwendungsvorrang selbst im Verhältnis von Unionsrecht zum nationalen Verfassungsrecht gilt[501], stellt sich die Frage, ob er möglicherweise dazu führt, dass auch ein Steuerverwaltungsakt nicht angewendet werden darf, soweit dieser Steuerverwaltungsakt gegen Unionsrecht verstößt.

Für Irritationen hinsichtlich seiner eigenen Position bei der Beantwortung 333
dieser Frage sorgte der Europäische Gerichtshof mit der Entscheidung in der Rs. *Ciola*[502]. Mit dieser Entscheidung befand er nämlich, dass die Bestimmungen des

498 EuGH, Urt. v. 15.7.1964, Rs. 6/64 – *Costa/ENEL*, Slg. 1964, 1259 (1269 f.); BVerfG, Urt. v. 28.1.1992, 1 BvR 1025, 1 BvL 16/83 und 10/91, BVerfGE 85, 191 (204); *Englisch*, in: Tipke/Lang, Steuerrecht, 2018, § 4 Rn. 24; *Rust*, IStR 2009, 382 (384).

499 EuGH, Urt. v. 15.7.1964, Rs. 6/64 – *Costa/ENEL*, Slg. 1964, 1259 (1269 f.); *Weber-Grellet*, Europäisches Steuerrecht, 2016, § 5 Rn. 6.

500 BVerfG, Urt. v. 28.1.1992, 1 BvR 1025, 1 BvL 16/83 und 10/91, BVerfGE 85, 191 (204); *Blanke*, Vertrauensschutz im deutschen und europäischen Verwaltungsrecht, 2000, S. 538; *Schaumburg*, in: Schaumburg/Englisch, Europäisches Steuerrecht, 2015, Rn. 4.21.

501 EuGH, Urt. v. 17.12.1970, Rs. 11/70 – *Internationale Handelsgesellschaft*, Slg. 1970, 1125 Rn. 3; *Schaumburg*, in: Schaumburg/Englisch, Europäisches Steuerrecht, 2015, Rn. 4.19.

502 EuGH, Urt. v. 29.4.1999, Rs. C-224/97 – *Ciola*, Slg. 1999, I-2530. Der Europäische Gerichtshof hatte sich hierbei mit der Frage zu beschäftigen, ob wegen des Verstoßes gegen einen Verwaltungsakt, der vor dem Beitritt Österreichs zur Europäischen Gemeinschaft erlassen wurde, aber mittlerweile möglicherweise gegen Unionsrecht verstößt, eine Geldbuße verhängt werden durfte. Die Firma ABC-Boots-Charter GmbH war Pächterin einiger Ufergrundstücke am Bodensee, auf denen sie mit einer Genehmigung aus dem Jahr 1990 200 Bootsliegeplätze errichten durfte. Dieser Genehmigung war allerdings der Zusatz beigefügt, dass ab dem Jahr 1996 maximal 60 Liegeplätze an Bootseigner, die ihren Wohnsitz im Ausland hätten, vergeben werden durften. Im Jahr 1996 wurde gegen den Geschäftsführer der ABC-Boots-Charter

Unionsrechts, die in jedem Mitgliedstaat unmittelbar gelten und jedem nationalen Recht vorgehen, Rechte zugunsten der Betroffenen erzeugten, die die nationalen Behörden zu achten und zu wahren hätten. Dem Unionsrecht entgegenstehende Bestimmungen des nationalen Rechts müssten deshalb unangewendet bleiben. Zu diesen entgegenstehenden Bestimmungen des nationalen Rechts könnten sowohl Rechts- als auch Verwaltungsvorschriften inklusive der individuell-konkreten Verwaltungsentscheidungen gehören. Denn für die Frage des möglichen Rechtsschutzes dürfe es keinen Unterschied machen, gegen welche Art der entgegenstehenden Bestimmung des nationalen Rechts sich der Betroffene wende, also ob Klagegegenstand eine abstrakt-generelle oder konkret-individuelle Regelung sei.[503]

334 Die Entscheidung des Europäischen Gerichtshofs in der Rs. *Ciola* betrifft allerdings einen Sonderfall. In der an späterer Stelle (Rn. 359) näher dargestellten Entscheidung des Europäischen Gerichtshofs in der Rs. *Kühne & Heitz* hat der Europäische Gerichtshof festgestellt, dass das Unionsrecht nicht verlangt, dass eine Verwaltungsbehörde grundsätzlich dazu verpflichtet ist, eine bestandskräftige Verwaltungsentscheidung zurückzunehmen. Dabei verweist der Europäische Gerichtshof auf den Grundsatz der Rechtssicherheit, welcher ebenfalls zu den in der Unionsrechtsordnung anerkannten Rechtsgrundsätzen gehört (Rn. 324).[504] Einer solchen Feststellung bedurfte es aber nur, wenn die nationale Verwaltungsentscheidung nicht bereits aufgrund des Vorrangs des Unionsrechts keine Anwendung finden dürfte. Ansonsten bräuchte es nicht der Frage nach den Korrekturmöglichkeiten.

335 Die Besonderheit im Falle der Rs. *Ciola* bestand darin, dass der österreichische Verwaltungsakt schon vor dem Beitritt des Landes zur damals noch Europäischen Gemeinschaft erlassen wurde, der Verstoß gegen Gemeinschaftsrecht (Unionsrecht) erst ab dem Zeitpunkt des Beitritts bestand und die Geldbuße erst zu diesem Zeitpunkt festgesetzt wurde. Zum Zeitpunkt des Erlasses des Verwaltungsakts hätte der Verstoß gegen Unionsrecht daher noch gar nicht geltend gemacht werden können. Zum Zeitpunkt des Beitritts war die Rechtsbehelfsfrist bereits abgelaufen.[505] Deshalb sollte es in dieser besonderen Situation nicht dazu kommen,

---

GmbH, Herrn *Ciola*, eine Geldbuße verhängt, weil die Gesellschaft, obwohl das zulässige Ausländerkontingent überschritten war, Liegeplätze an zwei Bootseigner mit Wohnsitz im Ausland, davon einem mit Wohnsitz in Deutschland, vergeben hatte.

503 EuGH, Urt. v. 29.4.1999, Rs. C-224/97 – *Ciola*, Slg. 1999, S. I-2530 Rn. 33 f.

504 EuGH, Urt. v. 13.1.2004, Rs. C-453/00 – *Kühne & Heitz*, Slg. 2004, I-858 Rn. 24; *Hahn*, IStR 2005, 145 (147); *Schmahl/Köber*, EuZW 2010, 927 (927).

505 BFH, Urt. v. 23.11.2006, V R 67/05, BStBl. II 2007, 436 (440); *Englisch*, in: DV 2008, 99 (106); *Geisenberger*, Der Einfluss des Europarechts auf steuerliches Verfahrensrecht, 2010, S. 96, *Potacs*, EuR 2004, 595 (600); a. A.: *Weiß*, DÖV 2008, 477 (480), der die Besonderheit nicht im Sachverhalt, sondern im Vorliegen einer direkten Kollision zwischen nationalem Recht und Unionsrecht gesehen hat. Letzteres ist abzulehnen. Ansonsten müsste jeder Steuerverwaltungsakt, bei dem ein Verstoß gegen Unionsrecht z. B. im Rahmen einer Ermessensentscheidung begangen wurde, unwirksam sein.

dass weitere negative Konsequenzen aus dem nunmehr gegen Unionsrecht verstoßenden Verwaltungsakt gezogen werden konnten. Nach alledem ist festzustellen, dass der Anwendungsvorrang des Unionsrechts nicht dazu führt, dass ein deutscher Steuerverwaltungsakt, der gegen Unionsrecht verstößt, unangewendet bleiben muss.

2. *Keine Nichtigkeit des deutschen Steuerverwaltungsakts bei anderen Verstößen gegen Unionsrecht*

Würde sich der Verstoß gegen Unionsrecht als besonders schwerwiegender Fehler 336
darstellen und wäre dies bei verständiger Würdigung aller in Betracht kommenden Umstände offenkundig, dann würde der deutsche Steuerverwaltungsakt gemäß §§ 124 Abs. 3, 125 Abs. 1 AO nichtig, mithin unwirksam sein. Dafür reicht es nicht aus, dass der Steuerverwaltungsakt einer gesetzlichen Grundlage entbehrt oder die in Betracht kommenden Rechtsvorschriften unrichtig angewendet worden sind. Vielmehr ist es erforderlich, dass der Fehler die an eine ordnungsgemäße Verwaltung zu stellenden Anforderungen in einem so hohen und offenkundigen Maße verletzt, dass von niemandem erwartet werden kann, den Verwaltungsakt als verbindlich anzuerkennen.[506] Ein Fehler ist also nur dann besonders schwerwiegend, wenn er den Steuerverwaltungsakt als schlechterdings unerträglich erscheinen lässt, weil er mit tragenden Verfassungsprinzipien oder der Rechtsordnung immanenten Wertvorstellungen unvereinbar erscheint.[507] Offenkundig ist ein Fehler nur, wenn jeder verständige Dritte, dem die Kenntnis aller in Betracht kommenden Umstände unterstellt werden kann, in der Lage ist, den Fehler in seiner besonderen Schwere zu erkennen.[508]

Nach allgemeiner Ansicht in Rechtsprechung und Literatur – die auch *Anna* 337
Saßenroth[509] teilt – wird davon ausgegangen, dass ein unter Verstoß gegen Unionsrecht erlassener Steuerverwaltungsakt nicht allein wegen des Ranges oder der Bedeutung des Unionsrechts nichtig ist. Diese Auffassung wird zum Teil damit

506 BFH, Urt. v. 16.9.2010, V R 57/09, BStBl. II 2011, 151 Rn. 20; *Werth*, in: Kühn/v. Wedelstädt, AO/FGO, 2015, § 125 AO Rn. 3.

507 BFH, Urt. v. 30.11.1987, VIII B 3/87, BStBl. II 1988, 183 (185); *Rozek*, in: HHSp, AO/FGO (2017), § 125 AO Rn. 12; *Fritsch*, in: Koenig, AO, 2014, § 125 AO Rn. 10.

508 BFH, Urt. v. 27.11.1969, III 244/64, BStBl. II 1969, 250 (252); *M. Frotscher*, in: Schwarz/Pahlke, AO/FGO (2012), § 125 AO Rn. 2; *Werth*, in: Kühn/v. Wedelstädt, AO/FGO, 2015, § 125 AO Rn. 8; *Ratschow*, in: Klein, AO, 2016, § 125 AO Rn. 2.

509 *Saßenroth*, Die Bestandskraft deutscher Steuerbescheide im Licht der Rechtsprechung des EuGH, 2009, S. 57 f., die davon spricht, dass ein Verstoß gegen eine Bestimmung des Unionsrechts nicht zu einem schwerwiegenden Fehler und damit zur Nichtigkeit des Steuerverwaltungsakts führt, weil einen ebensolche Nichtigkeit selbst auf nationaler Ebene nicht eintritt, wenn ein Steuerverwaltungsakt auf einer Gesetzesgrundlage beruht, die zwar für verfassungswidrig gehalten, aber vom Bundesverfassungsgericht noch nicht hierzu erklärt wurde.

begründet, dass für einen Steuerverwaltungsakt, der gegen Unionsrecht verstößt, keine andere Behandlung geboten sei als für einen Steuerverwaltungsakt, der gegen deutsches Verfassungsrecht verstößt.[510] § 79 Abs. 2 Satz 1 BVerfGG ordnet bekanntermaßen an, dass Verwaltungsakte, die auf einer nach ihrem Erlass für nichtig erklärten verfassungswidrigen Norm beruhen, hiervon unberührt, mithin wirksam bleiben. Die Vorschrift räumt daher auch in Fällen von Verstößen gegen Verfassungsrecht der Rechtssicherheit den Vorrang gegenüber der materiellen Richtigkeit ein.[511]

338 Sofern § 79 Abs. 2 Satz 1 BVerfGG allerdings nun als eine Regelung angesehen wird, welche die Nichtigkeit eines Steuerverwaltungsakts, der auf einer nach seinem Erlass für verfassungswidrig erklärten und nichtigen Norm beruht, *ausschließt*[512], so treten erste Zweifel an der These auf, dass für einen Steuerverwaltungsakt, der gegen Unionsrecht verstößt, keine andere Behandlung geboten sei als für einen Steuerverwaltungsakt, der gegen Verfassungsrecht verstößt. Wird § 79 Abs. 2 Satz 1 BVerfGG eine derartige Ausschlusswirkung beigemessen, so bedeutet diese Ansicht im Umkehrschluss, dass Steuerverwaltungsakte, die auf einer verfassungswidrigen Norm beruhen, grundsätzlich unwirksam wären, wenn es § 79 Abs. 2 Satz 1 BVerfGG nicht gäbe. Steuerverwaltungsakte, die auf einer nach ihrem Erlass für verfassungswidrig und nichtig erklärten Norm beruhen, wären dieser Auffassung folgend ohne § 79 Abs. 2 Satz 1 BVerfGG folglich stets nichtig.[513] Diese Ansicht hätte zugleich zur Konsequenz, dass ein Steuerverwaltungsakt, da das Unionsrecht allgemein im Rang über dem nationalen Verfassungsrecht steht[514], erst recht nichtig sein müsste, wenn eine ihm zugrunde liegende Norm gegen Unionsrecht verstößt.[515] Es existiert nämlich in einem solchen Fall keine Regelung, die – vergleichbar § 79 Abs. 2 Satz 1 BVerfGG – die Unwirksamkeit bei Verstößen gegen Unionsrecht ausschließt.

---

510 BFH, Urt. v. 16.9.2010, V R 57/09, BStBl. II 2011, 151 Rn. 21; *Ratschow*, in: Klein, AO, 2016, § 125 AO Rn. 12; *Seer*, in: TK, AO/FGO (2015), § 125 AO Rn. 11.

511 *Fritsch*, in: Koenig, AO, 2014, § 125 AO Rn. 13; *Geiger*, BVerfGG, 1952, § 79 BVerfGG Rn. 1; *Graßhof*, in: Umbach/Clemens/Dollinger, BVerfGG, 2005, § 79 BVerfGG Rn. 1; *Zuck*, in: Lechner/Zuck, BVerfGG, 2015, § 79 BVerfGG Rn. 1.

512 So z. B. *Fritsch*, in: Koenig, AO, 2014, § 125 AO Rn. 14; *Seer*, in: TK, AO/FGO (2015), § 125 AO Rn. 10; *Rozek*, in: HHSp, AO/FGO (2017), § 125 AO Rn. 41.

513 *Seer*, in: TK, AO/FGO (2015), § 125 AO Rn. 11; a. A.: *Rozek*, in: HHSp, AO/FGO (2017), § 125 AO Rn. 41; *Fritsch*, in: Koenig, AO, 2014, § 125 AO Rn. 14, die eine Prüfung der Voraussetzungen des § 125 Abs. 1 AO für erforderlich halten.

514 EuGH, Urt. v. 17.12.1970, Rs. 11/70 – *Internationale Handelsgesellschaft*, Slg. 1970, 1125 Rn. 3; *Schaumburg*, in: Schaumburg/Englisch, Europäisches Steuerrecht, 2015, Rn. 4.19.

515 Ebenso: *de Weerth*, DStR 2008, 1368 (1369 f.), der bei einem Verstoß gegen Unionsrecht einen besonders schwerwiegenden Fehler annimmt, welcher mit der Veröffentlichung einer Entscheidung des Europäischen Gerichtshofs, durch die dieser Verstoß aufgedeckt wird, offenkundig wird.

Kurzum: Angenommen, die These von der Ausschlusswirkung des § 79 Abs. 2 Satz 1 BVerfGG wäre zutreffend, so würde diese These dazu führen, dass Steuerverwaltungsakte, die gegen Verfassungsrecht verstoßen, wegen eben § 79 Abs. 2 Satz 1 BVerfGG nicht nichtig wären; Steuerverwaltungsakte, die gegen Unionsrecht verstoßen, wären demgegenüber stets nichtig. Denn bei Verstößen gegen Unionsrecht gilt § 79 Abs. 2 Satz 1 BVerfGG nicht. Mit der These von der Ausschlusswirkung des § 79 Abs. 2 Satz 1 BVerfGG kann demzufolge in puncto Nichtigkeit des Steuerverwaltungsakts kein Gleichlauf zwischen Verfassungsrecht und Unionsrecht begründet werden. 339

Die These von der Ausschlusswirkung des § 79 Abs. 2 Satz 1 BVerfGG ist – nicht allein deshalb – abzulehnen. Sie beruht auf einer falschen Würdigung dieser Norm. Insoweit § 79 Abs. 2 Satz 1 BVerfGG statuiert, dass unanfechtbare Entscheidungen von der Nichtigerklärung des ihnen zugrunde liegenden Gesetzes unberührt bleiben, ist hiermit lediglich gemeint, dass die Entscheidungen mit „der Kraft und der Schwäche", die sie nach allgemeinen Grundsätzen haben, fortbestehen sollen.[516] Den auf für nichtig erklärten Gesetzen beruhenden Einzelakten soll keine stärkere oder schwächere Rechtsbeständigkeit beigemessen werden, als sie aufgrund der allgemeinen Regeln besitzen.[517] Einzelakte können dementsprechend aus anderen Gründen nichtig sein; allein aus der Tatsache, dass sie aufgrund der für nichtig erklärten Rechtsvorschrift ergangen sind, folgt deren Nichtigkeit nicht.[518] Wenn sich die Wirksamkeit eines Steuerverwaltungsakts, der auf einer *nachträglich* für nichtig erklärten Norm beruht, somit nach §§ 124 Abs. 3, 125 Abs. 1 AO beurteilt, dann muss gleichermaßen die Wirksamkeit eines Steuerverwaltungsakts, der auf einer *vor seinem Erlass* für nichtig erklärten Norm beruht, anhand dieser Voraussetzungen beurteilt werden.

Der These, dass ein Steuerverwaltungsakt, der gegen Unionsrecht verstößt, 340
nicht allein wegen des Ranges oder der Bedeutung des Unionsrechts an einem besonders schwerwiegenden Fehler leidet, ist deshalb im Ergebnis zuzustimmen. Dabei ist jedoch festzuhalten, dass ein Verstoß gegen Unionsrecht dann zu einer Unwirksamkeit des Steuerverwaltungsakts führt, wenn es sich hierbei um einen besonders schwerwiegenden, offenkundigen Fehler handelt. Ein besonders schwerwiegender Fehler ist bei Unvereinbarkeit mit tragenden Verfassungsprinzipien, mit Grundprinzipien der Europäischen Union oder mit der Rechtsordnung immanenten Wertvorstellungen anzunehmen. Ebendieses wird in aller Regel abzulehnen sein, wenn der Fehler in der unionsrechtswidrigen Anwendung oder Auslegung einer Norm besteht, deren Unionsrechtswidrigkeit noch nicht durch eine Entscheidung des Europäischen Gerichtshofs oder andere gerichtliche Feststellung

516 *Kneser*, AöR 89 (1964), 129 (181); *Klein*, in: Benda/Klein, Verfassungsprozessrecht, 2012, Rn. 1379.

517 *Graßhof*, in: Umbach/Clemens/Dollinger, BVerfGG, 2005, § 79 BVerfGG Rn. 26; *Zuck*, in: Lechner/Zuck, BVerfGG, 2015, § 79 BVerfGG Rn. 8.

518 *Geiger*, BVerfGG, 1952, § 79 BVerfGG Rn. 3.

publik gemacht wurde.[519] Die bereits dargestellten möglichen Verstöße gegen Unionsrecht (Rn. 268 ff.) können zudem nicht als Verstoß gegen die Grundprinzipien der Europäischen Union angesehen werden. Ist dementgegen die Unionsrechtswidrigkeit einer Norm bekannt, so müsste deren subjektiv oder objektiv willkürliche Anwendung regelmäßig zur Nichtigkeit des Steuerverwaltungsakts führen.[520]

341 Letztlich führt die Annahme, dass ein Steuerverwaltungsakt grundsätzlich nicht allein wegen eines Verstoßes gegen Unionsrecht nichtig und unwirksam ist, auch aus Sicht des Steuerpflichtigen zu einem sachgerechten Ergebnis. Wäre dieser Steuerverwaltungsakt unwirksam, könnte die Finanzbehörde einen neuen Steuerverwaltungsakt erlassen mit der Folge, dass weitere Fehler, die sich bisher zugunsten des Steuerpflichtigen auswirkt haben, nunmehr zu seinen Ungunsten korrigiert werden können.

3. Zwischenergebnis

342 Es kann daher als Zwischenergebnis festgehalten werden, dass für Steuerverwaltungsakte, die gegen Unionsrecht verstoßen, in Bezug auf ihre Wirksamkeit keine Besonderheiten im Vergleich zu Steuerverwaltungsakten, die gegen deutsches Recht verstoßen, bestehen. Der Vorrang des Unionsrechts führt nicht dazu, dass unionsrechtswidrige Steuerverwaltungsakte nicht angewendet werden. Etwas anderes kann auch nicht der Entscheidung des Europäischen Gerichtshofs in der Rs. *Ciola* entnommen werden (Rn. 332 ff.). Ein Verstoß gegen Unionsrecht führt nur dann zur Nichtigkeit, wenn es sich um einen besonders schwerwiegenden und offenkundigen Fehler handelt (Rn. 336 ff.). Dies dürfte in der Regel abzulehnen sein, wenn der Verstoß erst durch eine nach seinem Erlass ergehende Entscheidung des Europäischen Gerichtshofs aufgedeckt wird. Ein Verstoß gegen Unionsrecht wird daher in aller Regel nicht dazu führen, dass ein Steuerverwaltungsakt nicht in Bestandskraft erwachsen kann, weil dieser Steuerverwaltungsakt nicht anzuwenden oder unwirksam ist.

III. Die formelle Bestandskraft von Steuerverwaltungsakten bei anderen Verstößen gegen Unionsrecht

343 Steht ein Verstoß gegen andere Bestimmungen des Unionsrechts als dem Beihilfeverbot der Wirksamkeit des Steuerverwaltungsakts nicht entgegen, liegt damit die Grundvoraussetzung für dessen Bestandskraft vor. Die formelle Bestandskraft eines Steuerverwaltungsakts tritt – wie bereits dargelegt – mit dessen Unanfechtbarkeit ein (Rn. 34, 144). Wenn – wie soeben festgestellt – Verstöße gegen

519 BFH, Urt. v. 21.3.1996, XI R 36/95, BStBl. II 1996, 399 (401).
520 Vgl. allgemein zu willkürlichen Maßnahmen: BFH, Urt. v. 20.12.2000, I R 50/00, BStBl. II 2001, 381 (383); *Rozek*, in: HHSp, AO/FGO (2017), § 125 AO Rn. 12.

Unionsrecht grundsätzlich nicht zur Unwirksamkeit des Steuerverwaltungsakts führen, verbleibt einem Steuerpflichtigen, der Adressat eines solchen Steuerverwaltungsakts ist, zunächst die Möglichkeit, den Verstoß gegen Unionsrecht in einem Einspruchsverfahren nach §§ 347 ff. AO bzw. anschließend in einem Klageverfahren nach §§ 40 ff. FGO geltend zu machen und dadurch den Eintritt der formellen Bestandskraft zu verhindern. Beide Verfahren sind fristgebunden: Der Einspruch ist nach § 355 Abs. 1 Satz 1 AO innerhalb eines Monats nach Bekanntgabe des Steuerverwaltungsakts einzulegen; die gleiche Frist muss der Steuerpflichtige nach § 47 Abs. 1 Satz 1 FGO beachten, wenn sein Einspruch (teilweise) erfolglos geblieben ist und er Klage erheben will.

Für die Festlegung von Einspruchs- und Klagefristen gilt wie insgesamt für die 344
Ausgestaltung des Verfahrens für Rechtsbehelfe, die den Schutz der dem Steuerpflichtigen aus der unmittelbaren Anwendung des Unionsrechts erwachsenen Rechte gewährleisten sollen, der Grundsatz der Verfahrensautonomie (Rn. 320 ff.). Die Mitgliedstaaten haben bei der Festlegung dieser Fristen also zu beachten, dass die Bedingungen für die Geltendmachung der aus der Unionsrechtsordnung erwachsenen Rechte nicht ungünstiger sein dürfen, als es für gleichartige Klagen, die nur das innerstaatliche Recht betreffen, der Fall ist (Äquivalenzgrundsatz). Zudem dürfen die verfahrensrechtlichen Bestimmungen die Durchsetzung des Unionsrechts nicht praktisch unmöglich machen oder übermäßig erschweren (Effektivitätsgebot).[521]

1. *Kein Verstoß gegen das Effektivitätsgebot durch deutsche Rechtsbehelfsfristen*

Beiden Vorgaben, also sowohl dem Äquivalenzgrundsatz als auch dem Effektivi- 345
tätsgebot, werden die deutschen Regelungen zur Einspruchsfrist in § 355 Abs. 1 Satz 1 AO und zur Klagefrist in § 47 Abs. 1 Satz 1 FGO gerecht. Der Äquivalenzgrundsatz ist nicht betroffen, weil beide Regelungen nicht danach unterscheiden, ob es um die Anwendung von deutschem Recht oder von Unionsrecht geht. Auch verstoßen die genannten Regelungen nicht gegen das Effektivitätsgebot. Denn zum einen macht eine Rechtsbehelfsfrist von einem Monat eine Rechtsverfolgung nicht praktisch unmöglich; zum anderen wird die Rechtsverfolgung hierdurch nicht übermäßig erschwert. Am letztgenannten Punkt könnten zwar Zweifel bestehen, da es insbesondere bei Verstößen, die im Rahmen von Vorabentscheidungsersuchen i. S. d. Art. 267 AEUV aufgedeckt werden, aufgrund der Vorbefassung durch Finanzgerichte und/oder den Bundesfinanzhof oftmals Jahre dauert, bis die Entscheidung des Europäischen Gerichtshofs vorliegt. Es darf jedoch nicht verkannt werden, dass dieser Umstand bei Verstößen gegen deutsches Recht, insbesondere gegen deutsches Verfassungsrecht, in gleicher Weise zutrifft. Zudem erscheint es

---

521 EuGH, Urt. v. 16.12.1976, Rs. 33/76 – *Rewe Zentralfinanz*, Slg. 1976, 1989 Rn. 5; ders., Urt. v. 16.12.1976. Rs. 45/76 – *Comet*, Slg. 1976, 2043 Rn. 11/18.

mit dem Grundsatz der Rechtssicherheit, der auch dem Unionsrecht immanent ist (Rn. 324), schwerlich vereinbar, wenn ein Steuerpflichtiger, der sich ursprünglich durch einen Steuerverwaltungsakt nicht in rechtswidriger Art und Weise beschwert fühlte, diesen Steuerverwaltungsakt noch nach Jahren angreifen kann. Insoweit hat der Europäische Gerichtshof zutreffend entschieden, dass die Festlegung von Rechtsbehelfsfristen ein Anwendungsfall des im Unionsrecht bekannten grundlegenden Prinzips der Rechtssicherheit ist, das zugleich den Steuerpflichtigen und die Finanzbehörden schützt.[522] Als weiteres Argument kann angeführt werden, dass zu den allgemeinen Grundsätzen des Unionsrechts auch die Gewährleistung eines effektiven Rechtsschutzes[523] gehört. Aus diesem Grundsatz folgt nicht nur, dass überhaupt eine Rechtsschutzmöglichkeit eröffnet sein muss, sondern auch, dass diese effektiv sein muss. Ein effektiver Rechtsschutz setzt aber – wie im deutschen Verfassungsrecht (Rn. 100) – voraus, dass strittige Rechtsverhältnisse innerhalb einer angemessenen Zeit geklärt werden. Diesem Erfordernis dienen Rechtsbehelfsfristen. Die Rechtsbehelfsfristen von jeweils einem Monat sind dabei insgesamt angemessen.[524] *Anna Saßenroth* teilt in ihrer Untersuchung die hier vertretene Einschätzung.[525] Soweit ersichtlich wird die Vereinbarkeit der deutschen

---

522 EuGH, Urt. v. 16.12.1976, Rs. C-33/76 – *Rewe Zentralfinanz*, Slg. 1976, 1989 Rn. 5, welches die deutsche Regelung des Allgemeinen Verwaltungsrechts zur Widerspruchsfrist zum Gegenstand hatte. Die Rewe-Zentralfinanz eG und die Rewe-Zentral AG zahlten im Jahr 1968 bei der Einfuhr französischer Äpfel nach Deutschland für deren phytosanitäre Untersuchung Gebühren, die nach einem späteren Urteil des Europäischen Gerichtshofs aus dem Jahr 1973 nicht mit dem Unionsrecht vereinbar waren (EuGH, Urt. v. 11.10.1973, Rs. 39/73 – *Rewe Zentralfinanz*, Slg. 1973, 1039 Rn. 5). Im Anschluss an diese Entscheidung des Europäischen Gerichtshofs forderten die Firmen von der Landwirtschaftskammer des Saarlandes die Aufhebung der Gebührenbescheide und die Erstattung der gezahlten Beträge. Ein diesbezüglich eingelegter Widerspruch wurde wegen Fristversäumnis als unzulässig verworfen. Klage und Berufung blieben ebenfalls ohne Erfolg. Im Revisionsverfahren legte das Bundesverwaltungsgericht dem Europäischen Gerichtshof die Frage vor, ob Verstöße gegen Unionsrecht ohne Rücksicht auf die Verletzung von Fristen in allgemeinen nationalen Verfahrensvorschriften geltend gemacht werden können. Der Europäische Gerichtshof vermochte keinen Verstoß gegen Unionsrecht zu erkennen. Ebenso: EuGH, Urt. v. 16.12.1976, Rs. 45/76 – *Comet*, Slg. 1976, 2043 Rn. 11/18; ders., Urt. v. 15.9.1998, Rs. C-231/96 – *Edis*, Slg. 1998, I-4979 Rn. 20; BFH, Urt. v. 23.11.2006, V R 67/05, BStBl. II 2007, 436 (439); ders., Urt. v. 16.9.2010, V R 57/09, BStBl. II 2011, 151 Rn. 28; *Levedag*, in: Gräber, FGO, 2015, Anhang Rn. 111.

523 EuGH, Urt. v. 15.5.1986, Rs. 222/84 – Johnston, Slg. 1986, 1663 Rn. 19; ders., Urt. v. 15.10.1987, Rs. 222/86 – Unectef/Heylens, Slg. 1987, 4112 Rn. 14.

524 Ebenso: EuGH, Urt. v. 19.9.2006, verb. Rs. C-392/04 und C-422/04 – *i-21 Germany und Arcor*, Slg. 2006, I-8591 Rn. 60; BFH, Urt. v. 23.11.2006, V R 67/05, BStBl. II 2007, 436 (439); *Levedag*, in: Gräber, FGO, 2015, Anhang Rn. 111; *de Weerth*, DB 2005, 1407 (1410).

525 *Saßenroth*, Die Bestandskraft deutscher Steuerbescheide im Licht der Rechtsprechung des EuGH, 2009, S. 108.

Rechtsbehelfsfristen mit dem Unionsrecht nicht einmal von denjenigen Stimmen in der Literatur angezweifelt, die Bedenken gegen das System der Bestandskraft von Steuerverwaltungsakten im Falle eines Verstoßes gegen Unionsrecht äußern. Diese Vorbehalte richten sich gegen die materielle, nicht jedoch gegen die formelle Bestandskraft eines Steuerverwaltungsakts, der gegen Unionsrecht verstößt.[526]

2. *Keine generelle Anlaufhemmung bei anderen Verstößen gegen Unionsrecht*

Sind die Rechtsbehelfsfristen von einem Monat – wie vorstehend dargelegt – 346 angemessen, stellt sich die Frage, ob aufgrund des Verstoßes gegen Unionsrecht eine Anlaufhemmung greifen kann. Diese Frage wurde auch an den Bundesfinanzhof herangetragen, der hierzu zutreffend feststellte, dass die Einspruchsfrist bei Steuerverwaltungsakten, die gegen Unionsrecht verstoßen, grundsätzlich mit ihrer Bekanntgabe und nicht erst in dem Zeitpunkt beginnt, in dem der Steuerpflichtige Kenntnis von dem Verstoß erlangen konnte.[527] Die Grundsätze der Äquivalenz und der Effektivität verlangen nämlich nur, dass die Durchsetzung des Unionsrechts nicht ungünstiger ausgestaltet werden darf als in den nur das deutsche Recht betreffenden Verfahren und nicht praktisch unmöglich sein darf. Eine Besserstellung gegenüber Steuerpflichtigen, die sich nur auf eine Rechtsposition des deutschen Rechts berufen können, ist nicht erforderlich. Daher verlangt das Unionsrecht eben nicht, dass ein bestandskräftiger Steuerverwaltungsakt korrigiert werden muss.[528] Diese Aussage gilt sogar für den Fall, in dem ein Verstoß gegen Unionsrecht überhaupt nicht mehr beseitigt werden kann.[529] Ansonsten würde nämlich eine Besserstellung gegenüber solchen Steuerpflichtigen vorliegen, die sich auf eine Rechtsposition des innerstaatlichen Rechts berufen könnten, von dieser Rechtsposition aber erst nach Ablauf der maßgeblichen Rechtsbehelfsfristen Kenntnis erlangen.[530]

Legt ein Steuerpflichtiger gegen einen Steuerverwaltungsakt keinen Einspruch 347 ein, so nimmt er den Eintritt der formellen Bestandskraft bewusst in Kauf mit der Gefahr, dass sich eine unrichtige Rechtsanwendung erst zu einem späteren

---

526 Vgl. *Oellerich*, in: Schaumburg/Englisch, Europäisches Steuerrecht, 2015, Rn. 22.21; *Jahndorf/Oellerich*, DB 2008, 2559 (2564); ähnlich: *Schacht/Steffens*, BB 2008, 1254 (1257). Auf diese Kritik wird im Rahmen der Untersuchung der Korrektur von Steuerverwaltungsakten, die gegen Unionsrecht verstoßen, eingegangen (vgl. Rn. 434 ff.).

527 BFH, Urt. v. 16.9.2010, V R 57/09, BStBl. II 2011, 151 Rn. 28.

528 EuGH, Urt. v. 13.1.2004, Rs. C-453/00 – *Kühne & Heitz*, Slg. 2004, I-837 Rn. 24; ders., Urt. v. 19.9.2006, verb. Rs. C-392/04 und C-422/04 – *i-21 Germany und Arcor*, Slg. 2006, I-8591 Rn. 51; BFH, Urt. v. 23.11.2006, V R 67/05, BStBl. II 2007, 436 (438).

529 EuGH, Urt. v. 16.3.2006, Rs. C-234/04 – *Kapferer*, Slg. 2006, I-2605 Rn. 21; ders., Urt. v. 3.9.2009, Rs. 2/08 – *Fallimento Olimpiclub*, ECLI: EU: C:2009:506 Rn. 23.

530 BFH, Urt. v. 16.9.2010, V R 57/09, BStBl. II 2011, 151 Rn. 31.

Zeitpunkt (z. B. durch eine Entscheidung des Europäischen Gerichtshofs) ergibt. Die Rechtsverfolgung innerhalb der Rechtsbehelfsfristen ist ihm auch bei Fragen des Unionsrechts möglich.[531] Verstöße gegen Unionsrecht führen also nicht dazu, dass für den Beginn der Einspruchsfrist eine Anlaufhemmung anzunehmen ist. Auch solche Steuerverwaltungsakte können grundsätzlich in formeller und materieller Bestandskraft erwachsen.[532]

3. Sog. Emmott´sche Fristenhemmung bei anderen Verstößen gegen Unionsrecht

348 In Einzelfällen könnte es jedoch ausnahmsweise zu einer Ablaufhemmung der Rechtsbehelfsfrist unter Berufung auf die vom Europäischen Gerichtshof in der Rs. *Emmott*[533] aufgestellten Grundsätze kommen. Der Europäische Gerichtshof hatte in dieser Angelegenheit entschieden, dass, solange ein Mitgliedstaat die Bestimmungen einer Richtlinie nicht ordnungsgemäß in seine innerstaatliche Rechtsordnung umgesetzt hat, das Unionsrecht die zuständigen Behörden dieses Staates daran hindert, sich auf nationale Verfahrensvorschriften gegenüber einer Klage zu berufen, die ein Einzelner gegen sie vor nationalen Gerichten zum Schutz der durch die Richtlinie unmittelbar verliehenen Rechte erhoben hat.[534] Zur Bezeichnung dieser Fallkonstellation hat sich der Begriff der Emmott´schen Fristenhemmung eingebürgert, welche nicht nur in Bezug auf Klagefristen, sondern deren Übertragung auch auf Einspruchs- und Festsetzungsfristen diskutiert wird. Sie ist auf den Bereich der fehlerhaften Umsetzung von Richtlinien beschränkt und kann nicht auf anders gelagerte Verstöße gegen Unionsrecht übertragen werden.[535]

---

531 BFH, Urt. v. 23.11.2006, V R 67/05, BStBl. II 2007, 436 (439); ders., Urt. v. 16.9.2010, V R 57/09, BStBl. II 2011, 151 Rn. 32.

532 BFH, Urt. v. 16.9.2010, V R 57/09, BStBl. II 2011, 151 Rn. 27; *Hahn*, IStR 2005, 145 (149); *Seer*, in: TK, AO/FGO (2015), § 125 AO Rn. 11.

533 Vgl. EuGH, Urt. v. 25.7.1991, Rs. C-208/90 – *Emmott*, Slg. 1991, I-4292, das zum irischen Sozialrecht erging. Die Klägerin *Emmott* hatte unter Berufung auf eine von Irland nicht rechtzeitig umgesetzte EG-Richtlinie beim zuständigen irischen Minister Leistungen der Sozialhilfe nach Maßgabe dieser EG-Richtlinie beantragt. Sie bekam zur Antwort, dass über ihre Leistungen noch nicht entschieden werden könnte, da die Umsetzung der EG-Richtlinie Gegenstand eines anderen Verfahrens vor dem irischen High Court sei. Ihr Antrag werde geprüft, sobald ein Urteil vorliege. Als es im Folgejahr zu einem Klageverfahren kam, beriefen sich die irischen Behörden auf die Nichteinhaltung der Klagefrist von drei Monaten. Der Europäische Gerichtshof sah in der Berufung auf die Nichteinhaltung der Klagefrist einen Verstoß gegen Unionsrecht. Die Klagefrist beginne in diesem Fall erst im Zeitpunkt der ordnungsgemäßen Umsetzung der Richtlinie.

534 EuGH, Urt. v. 25.7.1991, Rs. C-208/90 – *Emmott*, Slg. 1991, I-4292 Rn. 24.

535 EuGH, Urt. v. 17.7.1997, Rs. C-90/94 – *Haahr Petroleum*, Slg. 1997, I-4142 Rn. 52; ders. Urt. v. 17.11.1998, Rs. C-228/96 – *Aprile*, Slg. 1998, I-7164 Rn. 44; *Weiß*, DÖV 2008, 477 (479).

Der Europäische Gerichtshof hat die Fristenhemmung mit dem den Grundsatz der Verfahrensautonomie begrenzenden Effektivitätsgebot begründet. Die Mitgliedstaaten seien gehalten, für die vollständige Anwendung der Richtlinien in hinreichend bestimmter und in hinreichend klarer Weise Sorge zu tragen, um den Einzelnen in die Lage zu versetzen, in vollem Umfang von den durch die Richtlinie begründeten Rechten Kenntnis zu erlangen und sie gegebenenfalls vor den nationalen Gerichten geltend zu machen.[536] Fehlt es an der Umsetzung einer Richtlinie, sind die Einzelnen nicht in die Lage versetzt worden, von ihren Rechten Kenntnis zu erlangen.[537] Bis zur Umsetzung der Richtlinie ist es dem Einzelnen demzufolge praktisch unmöglich, die ihm durch die Richtlinie verliehenen Rechte auszuüben. Da die Ausübung der durch eine Richtlinie verliehenen Rechte erst durch die Umsetzung der Richtlinie ermöglicht wird, könnten Klagefristen des nationalen Rechts nicht eher als zu diesem Zeitpunkt beginnen.[538] 349

Diese allgemein gehaltenen Ausführungen sorgten für Irritationen.[539] Der Europäische Gerichtshof sah sich deshalb in der Rs. *Fantask*[540] zu einer Klarstellung veranlasst. Unter Bezugnahme auf die Rs. *Emmott* stellte der Europäische Gerichtshof fest, dass die Entscheidung, dass ein säumiger Mitgliedstaat sich bis zum Zeitpunkt der ordnungsgemäßen Umsetzung einer Richtlinie nicht auf die Verspätung einer Klage berufen könne, durch die besonderen Umstände des Einzelfalls gerechtfertigt gewesen sei.[541] In den Schlussanträgen des Generalanwalts findet sich die Anmerkung, dass der in der Rs. *Emmott* aufgestellte Grundsatz nur auf ganz außergewöhnliche Umstände beschränkt bleibe. Ein Mitgliedstaat solle sich dann nicht 350

536 EuGH, Urt. v. 25.7.1991, Rs. C-208/90 – *Emmott*, Slg. 1991, I-4292 Rn. 19; zuvor bereits: ders., Urt. v. 9.4.1987, Rs. 363/85 – *Kommission/Italien*, Slg. 1987, 1740 Rn. 7.

537 EuGH, Urt. v. 25.7.1991, Rs. C-208/90 – *Emmott*, Slg. 1991, I-4292 Rn. 21.

538 EuGH, Urt. v. 25.7.1991, Rs. C-208/90 – *Emmott*, Slg. 1991, I-4292 Rn. 23.

539 Vgl. *Friedl*, UR 1993, 114 (116), der bei einer fehlerhaften Umsetzung von Richtlinien einen darauf beruhenden Steuerbescheid ohne Rücksicht auf die Bestandskraftregelungen der Abgabenordnung und unabhängig von einer Festsetzungsverjährung korrigieren will. Ähnlich: *Seibert*, BB 1995, 543 (550), der einen schlichten Änderungsantrag nach § 172 Abs. 1 Satz 1 Nr. 2 Buchst. a) AO ausreichen lassen will, da bei einer fehlerhaften Umsetzung von Richtlinien sowohl der Ablauf der Rechtsbehelfsfrist als auch der Festsetzungsfrist gehemmt sei. A. A.: *Lohse*, UR 1999, 288 (289), der einer Übertragung der vom Europäischen Gerichtshof in der Rs. *Emmott* aufgestellten Grundsätze auf die deutsche Umsatzsteuer ablehnt, weil die 6. EG-Richtlinie grundsätzlich umgesetzt wurde und weil der Unternehmer die Umsatzsteuer selbst anmelden und abführen muss und er sich dafür mit den für seine Besteuerung notwendigen Vorschriften, zu denen die 6. EG-Richtlinie gehört, selbst zu befassen hat.

540 EuGH, Urt. v. 2.12.1997, Rs. C-188/95 – *Fantask*, Slg. 1997, I-6820, das eine fehlerhafte Umsetzung einer EG-Richtlinie im dänischen Recht zum Gegenstand hatte.

541 EuGH, Urt. v. 2.12.1997, Rs. C-188/95 – *Fantask*, Slg. 1997, I-6820 Rn. 51; ebenso: BFH, Urt. v. 23.11.2006, V R 67/05, BStBl. II 2007, 436 (439); *Gundel*, NVwZ 1998, 910 (915); ablehnend: *Seibert*, BB 1995, 543 (548).

auf Ausschlussfristen berufen dürfen, wenn er sowohl eine Richtlinie nicht umgesetzt habe als auch die Ausübung eines auf sie gestützten Rechtsbehelfs erschwere und wenn der verspätete Gebrauch des Rechtsbehelfs in irgendeiner Weise auf das Verhalten der nationalen Behörden zurückzuführen sei. Die Entscheidung in der Rs. *Emmott* fuße damit auf den Grundsätzen der Billigkeit und des guten Glaubens.[542] Dem ist zuzustimmen. Zu überlegen ist nunmehr, wann ein solcher Fall vorliegt, in dem die Grundsätze der Billigkeit und des guten Glaubens bei der Geltendmachung der Unionsrechtswidrigkeit eines Steuerverwaltungsakts in einem Rechtsbehelfsverfahren zum Tragen kommen können.

351 Im Falle eines *allgemeinen Steuerverwaltungsakts* könnte die Finanzbehörde den Steuerpflichtigen zum Unterlassen eines Rechtsbehelfs bewegen, indem die Behörde dem Steuerpflichtigen verspricht, dass sie im Falle einer dem Steuerpflichtigen günstigen Entscheidung des Europäischen Gerichtshofs in einem gleich gelagerten Fall den angefochtenen allgemeinen Steuerverwaltungsakt nach § 130 Abs. 1 AO korrigieren wird. Unterbleibt die spätere Korrektur unter Hinweis auf eine Antragstellung nach Ablauf der Rechtsbehelfsfrist, stellt diese Entscheidung selbst einen allgemeinen Steuerverwaltungsakt i. S. d. § 118 AO dar, der mit einem Einspruch angefochten werden kann. Das treuwidrige Verhalten der Finanzbehörde dürfte dabei einen Ermessensfehler darstellen, wegen dem die Finanzbehörde dem Einspruch abhelfen bzw. letztlich das Finanzgericht der Klage stattgeben wird. Es bedarf daher in einem solchen Fall keiner Anwendung der sog. Emmott´schen Fristenhemmung auf die ursprüngliche Rechtsbehelfsfrist.

352 Im Falle eines *Steuerbescheids* könnte die Finanzbehörde den Steuerpflichtigen ebenfalls zum Unterlassen eines Rechtsbehelfs oder zur Rücknahme seines Einspruch nach § 362 Abs. 1 AO bzw. zur Rücknahme seiner Klage nach § 72 Abs. 1 Satz 1 FGO bewegen, indem sie dem Steuerbescheid einen Vorläufigkeitsvermerk beifügt. Eine solche Vorgehensweise ist nach § 165 Abs. 1 Satz 2 Nr. 3 AO möglich, weil die Voraussetzung für die Entstehung der Steuer im Hinblick auf ein laufendes Verfahren vor dem Europäischen Gerichtshof ungewiss ist. Die Vorläufigkeit bewirkt eine punktuelle Ablaufhemmung der Festsetzungsfrist nach § 171 Abs. 8 Sätze 1 und 2 AO, die nicht vor Ablauf von zwei Jahren, nachdem die Entscheidung des Europäischen Gerichtshofs ergangen ist und die Finanzbehörde hiervon Kenntnis erlangt hat, endet. Bleibt die Finanzbehörde trotz dieser Kenntnis untätig, d. h. kommt es nicht zur Korrektur des Steuerbescheids nach § 165 Abs. 2 Satz 1 AO, könnte überlegt werden, ob in diesem Fall nicht gegen den Steuerbescheid ein Rechtsbehelf erhoben werden kann, für den der Ablauf der Rechtsbehelfsfrist nach den Grundsätzen der sog. Emmott´schen Fristenhemmung unbeachtlich ist. In einem solchen Fall bliebe allerdings zunächst das Problem der abgelaufenen Festsetzungsfrist bestehen, und es müssten auch für den Ablauf der Festsetzungsfrist zunächst die Grundsätze der sog. Emmott´schen Fristenhemmung angewendet

542 GA *Jacobs*, Schlussanträge v. 26.6.1997, Rs. C-188/95 – *Fantask*, Slg. 1997, I-6786 Rn. 87 f.; ebenso: *Leonard/Szczekalla*, UR 2005, 420 (427).

werden. Anstelle der doppelten Anwendung dieser Grundsätze auf Rechtsbehelfs- und Festsetzungsfrist ist es überzeugender, nur einmal zur Anwendung dieser Grundsätze zu kommen, und zwar im Rahmen des Ablaufs der Festsetzungsfrist. Solange die Festsetzungsfrist nicht abgelaufen ist, besteht der Vorläufigkeitsvermerk fort, und es könnte zur Korrektur des Steuerbescheids nach § 165 Abs. 2 Satz 1 AO kommen. Allerdings ist es nicht gerechtfertigt, dem Steuerpflichtigen diese Möglichkeit ad calendas graecas einzuräumen. Entsprechend der für Finanzbehörden in § 170 Abs. 8 Satz 2 AO enthaltenen Regelung sollte die Festsetzungsfrist in einem solchen Fall spätestens mit Ablauf von zwei Jahren enden, nachdem die Entscheidung des Europäischen Gerichtshofs ergangen ist und der Steuerpflichtige hiervon Kenntnis erlangt hat. Eine maximale Begrenzung der Festsetzungsfrist gibt es nach der Abgabenordnung nicht. Ob des singulären Charakters einer solchen Sachverhaltsgestaltung wäre diese Begrenzung auch nicht erforderlich. Gelingt es der Finanzbehörde, den Steuerpflichtigen zum Unterlassen eines Rechtsbehelfs zu bewegen, ohne dass sie dem Steuerbescheid einen Vorläufigkeitsvermerk beifügt und lediglich das Versprechen abgibt, den Steuerbescheid bei einer dem Steuerpflichtigen günstigen Entscheidung des Europäischen Gerichtshofs zu korrigieren, so könnte die Anwendung der sog. Emmott´schen Fristenhemmung ernsthaft in Erwägung gezogen werden, wenn die Finanzbehörde anschließend eine Korrektur ablehnt. Zwar würde die Ablehnung der Korrektur eines Steuerbescheids selbst einen anfechtbaren Steuerbescheid darstellen[543], jedoch würde ein Rechtsbehelf hier – im Unterschied zu den zuvor behandelten allgemeinen Steuerverwaltungsakten (Rn. 351) – kaum Aussicht auf Erfolg haben, da – wie später gezeigt wird (Rn. 438 f.) – der Tatbestand einer Korrekturnorm in der Regel nicht eingreifen wird. Deshalb könnte es im Einzelfall gerechtfertigt sein, über die Anwendung der sog. Emmott´schen Fristenhemmung hier zu einer Hemmung der ursprünglichen Rechtsbehelfsfrist zu kommen.

4. *Keine Wiedereinsetzung in den vorigen Stand wegen anderer Verstöße gegen Unionsrecht*

Nachdem sich die bisherigen Ausführungen auf die Dauer der Rechtsbehelfsfrist, 353
eine mögliche Anlaufhemmung und ein denkbare Ablaufhemmung bei Verstößen gegen Unionsrecht bezogen, soll es abschließend um die Durchbrechung der formellen Bestandskraft durch eine Wiedereinsetzung in den vorigen Stand gehen. Die durch Ablauf der Einspruchs- bzw. Klagefrist eingetretene formelle Bestandskraft könnte nämlich dann durchbrochen werden, wenn der Verstoß gegen Unionsrecht als tauglicher Wiedereinsetzungsgrund i. S. d. § 110 AO bzw. § 56 FGO herhalten könnte. Bei alledem könnte als Wiedereinsetzungsgrund zunächst über den Fall eines unverschuldeten Rechtsirrtums nachgedacht werden. Ein solcher Irrtum kann eine Wiedereinsetzung in den vorigen Stand rechtfertigen, wenn

543 *Bartone*, in: Kühn/v. Wedelstädt, AO/FGO, 2015, Vor §§ 172–177 AO Rn. 4.

er sich auf die rechtlichen Vorschriften über die einzuhaltende Frist oder die Form des gebundenen Handelns, nicht jedoch auf das materielle Recht bezieht.[544] Irrt der Steuerpflichtige über die Anwendbarkeit oder Reichweite des Unionsrechts, so betrifft dieser Irrtum nicht die Vorschriften über die einzuhaltende Frist oder die Form. Die dargelegten möglichen Verstöße gegen Unionsrecht betreffen das materielle Steuerrecht (Rn. 268 ff.). Der Fall eines unverschuldeten Rechtsirrtums scheidet darum grundsätzlich aus.

354 Daran kann auch der Umstand nichts ändern, dass sich eine für den Steuerpflichtigen günstigere Rechtslage erst nach einer Entscheidung des Europäischen Gerichtshofs ergibt. Dieser Umstand rechtfertigt für sich allein keine Wiedereinsetzung in den vorigen Stand.[545] Nur ausnahmsweise können ein Rechtsirrtum und eine dadurch bewirkte Fristversäumnis unverschuldet sein, und zwar wenn die Rechtslage in hohem Maße unsicher ist und die Frist versäumt wird, weil es der Steuerpflichtige aufgrund vertretbarer Erwägungen unterlässt, einen Rechtsbehelf einzulegen.[546] Diese Voraussetzung wird im Falle von Verstößen gegen Unionsrecht in aller Regel nicht erfüllt sein. Unterlässt ein Steuerpflichtiger die Einlegung eines Rechtsbehelfs, weil z. B. die Vereinbarkeit einer gesetzlichen Bestimmung des deutschen Steuerrechts mit dem Unionsrechts zweifelhaft ist, so kann dieses Unterlassen nicht auf vertretbaren Erwägungen beruhen. Gerade in einem solchen Fall wäre es zu erwarten gewesen, dass der Steuerpflichtige seine aus der Unionsrechtsordnung verliehenen Rechte mittels eines Rechtsbehelfs wahrt. Unterlässt er hingegen die Einlegung eines Rechtsbehelfs, weil bisher keine Zweifel an der Vereinbarkeit einer gesetzlichen Bestimmung des deutschen Steuerrechts mit dem Unionsrecht geäußert wurden, so ist die Rechtslage nicht in hohem Maße unklar.

355 Diese Auslegung des § 110 AO entspricht dem Grundsatz, dass es unionsrechtlich nicht erforderlich ist, einen gegen Unionsrecht verstoßenden Steuerverwaltungsakt zu korrigieren, der nach Ablauf angemessener Fristen bestandskräftig geworden ist.[547] Abschließend ist darauf hinzuweisen, dass es auf die Frage einer möglichen Wiedereinsetzung in den vorigen Stand nicht ankommt, wenn die bereits dargelegten Grundsätze der sog. Emmott´schen Fristenhemmung greifen.

5. Zwischenergebnis

356 In der Zusammenschau lässt sich damit sagen, dass die formelle Bestandskraft eines Steuerverwaltungsakts nur in absoluten Ausnahmefällen durch einen Verstoß gegen Unionsrecht beeinträchtigt wird, nämlich wenn die Grundsätze der

---

544 *Wagner*, in: Kühn/v. Wedelstädt, AO/FGO, 2015, § 110 AO Rn. 23.

545 BFH, Urt. v. 16.9.2010, V R 57/09, BStBl. II 2011, 151 Rn. 33; *Wagner*, in: Kühn/v. Wedelstädt, AO/FGO, 2015, § 110 AO Rn. 23.

546 BFH, Urt. v. 20.6.1985, IV R 17/83, BFH/NV 1987, 343 (343); ders., Urt. v. 14.12.1989, III R 116/85, BFH/NV 1990, 530 (531).

547 BFH, Beschl. v. 28.12.2010, XI B 33/10, BFH/NV 2011, 859 Rn. 5.

sog. Emmott´schen Fristenhemmung greifen (Rn. 348 ff.). Ansonsten gilt für die formelle Bestandskraft, dass die Rechtsbehelfsfristen von einem Monat auch aus unionsrechtlicher Sicht nicht zu beanstanden sind (Rn. 345) und es wegen eines Verstoßes gegen andere Bestimmungen des Unionsrechts als das Beihilfeverbot weder zu einer Anlaufhemmung für die Rechtsbehelfsfrist (Rn. 346 f.) noch zu einer Wiedereinsetzung in den vorigen Stand (Rn. 353 ff.) kommt.

IV. Die materielle Bestandskraft von Steuerverwaltungsakten bei anderen Verstößen gegen Unionsrecht

Da der Eintritt der formellen Bestandskraft grundsätzlich mit dem Eintritt der materiellen Bestandskraft verbunden ist (Rn. 35) und soeben festgestellt wurde, dass auch Steuerverwaltungsakte, die gegen Unionsrecht verstoßen, in formeller Bestandskraft erwachsen können, ist nunmehr zu untersuchen, ob es auch in diesem Fall bei der Verbindung zwischen formeller und materieller Bestandskraft bleibt. Materielle Bestandskraft bedeutet – daran sei erinnert – dessen allseitige Bindungswirkung für die Finanzbehörde sowie den Adressaten und etwaige Drittbetroffene an seinen Rechtsfolgenausspruch (Rn. 46, 150). Hier stellt sich zunächst die Frage, ob einem Steuerverwaltungsakt allein aufgrund eines Verstoßes gegen Unionsrecht keine Bindungswirkung mehr zukommen kann. Da Steuerverwaltungsakte trotz eines Verstoßes gegen Unionsrecht grundsätzlich Wirksamkeit erlangen (Rn. 342), gehen von diesen Steuerverwaltungsakten auch Rechtswirkungen aus, welche die Finanzbehörde, den Adressaten und etwaige Drittbetroffene binden. Dem Steuerverwaltungsakt kommt daher selbst bei einem Verstoß gegen Unionsrecht Bindungswirkung zu. Daran anschließend bleibt zu klären, ob die Steuerverwaltungsakte nun mit einem geringeren Grad an Bestandskraft ausgestattet sind, als es bei vergleichbaren Steuerverwaltungsakten, die lediglich gegen deutsches Recht verstoßen, der Fall ist. Davon wäre auszugehen, wenn es stets oder zumindest unter erleichterten Bedingungen zu einer Durchbrechung der materiellen Bestandskraft von Steuerverwaltungsakten infolge ihrer Korrektur käme. 357

Für die Frage der Durchbrechung der materiellen Bestandskraft von Steuerverwaltungsakten bei Verstößen gegen Unionsrecht muss zweierlei klar sein: Erstens sind – obschon die Korrekturmöglichkeiten im Zuge der Reform der Abgabenordnung 1977 überarbeitet wurden – die ihnen zugrunde liegenden Gedanken bereits in einer Zeit formuliert worden, in der an die Möglichkeit des Verstoßes eines Steuerverwaltungsakts gegen Unionsrecht nicht zu denken war (Rn. 1). So finden sich in den Gesetzesmaterialien zur Reform der Abgabenordnung 1977 keinerlei Hinweise darauf, ob sich der Gesetzgeber im Zuge der Neukonzeption überhaupt mit einem möglichen Einfluss des Unionsrechts auf die Bestandskraft von Steuerverwaltungsakten auseinandergesetzt hat.[548] Zweitens beruhen die Korrekturvorschriften auf dem Gedanken, dass sich die Rechtsbeständigkeit eines 358

548 Vgl. BT-Drs. VI/1982, S. 1 ff.; BT-Drs. VII/4292, S. 1 ff.

Steuerverwaltungsakts nach Aspekten des Vertrauensschutzes und der Ausgestaltung des Verfahrens richtet, das dem Erlass des Verwaltungsakts vorausging (Rn. 234). Dahingegen ist es im Regelfall unerheblich, ob beim Erlass bestimmte Rechtsanwendungsfehler begangen wurden, was bei Steuerverwaltungsakten, die gegen Unionsrecht verstoßen, gegeben wäre.

359 Beeinträchtigt ein Verstoß gegen Unionsrecht im Regelfall weder die Wirksamkeit noch die formelle Bestandskraft des Steuerverwaltungsakts, so bleibt die Frage, ob und welche Besonderheiten im Vergleich zu Verstößen gegen deutsches Recht hinsichtlich der Durchbrechung der materiellen Bestandskraft, also hinsichtlich der Korrektur des Steuerverwaltungsakts bestehen. Hierbei ist zunächst in Erinnerung zu rufen, dass das Unionsrecht entsprechend dem Grundsatz der Rechtssicherheit nicht verlangt, eine Verwaltungsentscheidung zurückzunehmen, die nach Ablauf angemessener Fristen oder durch Erschöpfung des Rechtswegs bestandskräftig geworden ist (Rn. 346). Die Beachtung dieses Grundsatzes verhindert auch im Unionsrecht, dass Handlungen der Verwaltung, die Rechtswirkungen entfalten, unbegrenzt in Frage gestellt werden können.[549] In bestimmten Fällen soll nach der Rechtsprechung des Europäischen Gerichtshofs dieser Grundsatz jedoch eingeschränkt werden. So hat der Europäische Gerichtshof in der Rs. *Kühne & Heitz* ausgeführt, dass der in Art. 4 Abs. 3 EUV enthaltene Grundsatz der loyalen Zusammenarbeit die Finanzbehörde dazu verpflichte, auf einen entsprechenden Antrag hin, einen bestandskräftigen Steuerverwaltungsakt zu überprüfen, wenn bestimmte Kriterien erfüllt sind.[550] Eine Verpflichtung zur Überprüfung nahm er an, wenn

- die Behörde nach nationalem Recht befugt ist, diese Entscheidung zurückzunehmen,
- die Entscheidung infolge eines Urteils eines in letzter Instanz entscheidenden nationalen Gerichts bestandskräftig geworden ist,

---

549 EuGH, Urt. v. 19.9.2006, verb. Rs. C-392/04 und C-422/04 – *i-21 Germany und Arcor*, Slg. 2006, I-8591 Rn. 51.

550 EuGH, Urt. v. 13.1.2004, Rs. C-453/00 – *Kühne & Heitz*, Slg. 2004, I-837, das sich mit der Frage der Änderung eines unionswidrigen Rückforderungsbescheids auseinanderzusetzen hatte. Die niederländische Firma *Kühne & Heitz* war Adressat eines Verwaltungsakts, bei dessen Erlass eine EWG-Verordnung unzutreffend angewendet wurde. Widerspruch und Klage (erste Klage) blieben erfolglos. Durch eine spätere Entscheidung des Europäischen Gerichtshofs wurde der Verstoß gegen Unionsrecht aufgedeckt. Die Firma *Kühne & Heitz* stellte daraufhin bei der niederländischen Behörde einen Korrekturantrag, welcher abgelehnt wurde. Der Widerspruch blieb erneut erfolglos. Daraufhin erhob die Firma *Kühne & Heitz* erneut eine Klage (zweite Klage), in deren Rahmen das zuständige Gericht, dem Europäischen Gerichtshof die Frage zu Beurteilung vor, ob das das Unionsrecht eine Behörde unter den im Falle gegebenen Umständen zur Rücknahme eines rechtswidrigen Bescheids verpflichtet; ebenso: *Levedag*, in: Gräber, FGO, 2015, Anhang Rn. 114.

- das Urteil, wie eine nach seinem Erlass ergangene Entscheidung des Europäischen Gerichtshofs zeigt, auf einer unrichtigen Auslegung des Unionsrechts beruht, die erfolgt ist, ohne dass der Europäische Gerichtshof um Vorabentscheidung ersucht wurde, obwohl der Tatbestand des Art. 267 Abs. 3 AEUV erfüllt war, und
- der Betroffene sich, unmittelbar nachdem er Kenntnis von der besagten Entscheidung des Europäischen Gerichtshofs erlangt hat, an die Verwaltungsbehörde gewendet hat.[551]

Für den Bereich der Abgabenordnung schloss sich daran die Diskussion an, ob die vom Europäischen Gerichtshof in der Rs. *Kühne & Heitz* aufgestellten Kriterien als echte Tatbestandsmerkmale zu verstehen sind, die nicht nur eine Überprüfungspflicht, sondern auch eine materielle Änderungspflicht nach sich ziehen.[552] Der Gedanke an eine materielle Änderungspflicht verwundert zunächst, da die Entscheidung des Europäischen Gerichtshofs hierzu deutliche Hinweise enthielt.[553] Der Europäische Gerichtshof stellte einführend klar, dass die Rechtssicherheit zu den im Unionsrecht anerkannten allgemeinen Grundsätzen gehöre und die Bestandskraft einer Verwaltungsentscheidung, die nach Ablauf angemessener Klagefristen und Erschöpfung des Rechtswegs eingetreten sei, zu eben dieser Rechtssicherheit beitrage. Das Unionsrecht verlange daher nicht, dass eine Verwaltungsbehörde grundsätzlich verpflichtet sei, eine Verwaltungsentscheidung zu korrigieren.[554] Sofern eine Verwaltungsbehörde nach nationalen Recht aber die Befugnis habe, eine Verwaltungsentscheidung zu überprüfen, verdichte sich diese Befugnis zur Verpflichtung, wenn die vorstehend genannten Kriterien erfüllt seien.[555] 360

Der Bundesfinanzhof hat demzufolge wahrlich zu Recht entschieden, dass die „Kühne & Heitz-Doktrin des Europäischen Gerichtshofs" nicht verlange, einen „ungeschriebenen unionsrechtlichen Korrekturtatbestand" in die Abgabenordnung einzuführen.[556] Diese Auffassung wird von *Anna Saßenroth*[557] geteilt. Dem ist insgesamt nichts hinzuzufügen. Daraus folgt für die weitere Untersuchung, dass 361

551 EuGH, Urt. v. 13.1.2004, Rs. C-453/00 – *Kühne & Heitz*, Slg. 2004, I-858 Rn. 28.

552 Vgl. *Kanitz/Wendel*, EuZW 2008, 231 (234); *Krumm*, IWB 2005, 443 (691); *Meilicke*, DStR 2007, 1892 (1893); *Potacs*, EuR 2004, 595 (602).

553 Klarstellend: EuGH, Urt. v. 16.3.2006, Rs. C-234/04 – *Kapferer*, Slg. 2006, I-2605 Rn. 23.

554 EuGH, Urt. v. 13.1.2004, Rs. C-453/00 – *Kühne & Heitz*, Slg. 2004, I-858 Rn. 24; ebenso: *Drüen/Kahler*, StuW 2005, 171 (182), die davon sprechen, dass der Europäische Gerichtshof das Rechtsinstitut der Bestandskraft im Regelfall akzeptiert; *Frenz*, DVBl. 2004, 375 (375).

555 EuGH, Urt. v. 13.1.2004, Rs. C-453/00 – *Kühne & Heitz*, Slg. 2004, I-858 Rn. 27.

556 BFH, Urt. v. 16.9.2010, V R 57/09, BStBl. II 2011, 151 Rn. 44; BFH, Urt. v. 21.1.2015; X R 40/12, BStBl. II 2016, 117 Rn. 61; ebenso: *Birk/Jahndorf*, UR 2005, 198 (199); *Leonard/Szczekalla*, UR 2005, 420 (429).

557 *Saßenroth*, Die Bestandskraft deutscher Steuerbescheide im Licht der Rechtsprechung des EuGH, 2009, S. 145.

die Korrektur eines Steuerverwaltungsakts, der gegen Unionsrecht verstößt, in erster Linie anhand der Korrekturvorschriften der Abgabenordnung zu beurteilen ist. Für *allgemeine Steuerverwaltungsakte*, die gegen Unionsrecht verstoßen, wird es also auf §§ 130, 131 AO ankommen. Für die Korrektur von unionsrechtswidrigen *Steuerbescheiden* werden §§ 172 ff. AO einschlägig sein.[558]

1. *Durchbrechung der materiellen Bestandskraft bei anderen Verstößen gegen Unionsrecht infolge offenbarer Unrichtigkeiten*

362 Für *alle Steuerverwaltungsakte* ermöglicht jedoch zunächst § 129 AO die Durchbrechung der materiellen Bestandskraft. Allerdings handelt es sich bei einem Verstoß gegen Unionsrecht nicht um einen Schreibfehler, Rechenfehler oder eine ähnliche offenbare Unrichtigkeit im Sinne dieser Norm. Als ähnliche offenbare Unrichtigkeiten sind alle Arten von mechanischen Fehlern wie Eingabe- und Übertragungsfehler anzusehen. Sobald die mehr als theoretische Möglichkeit besteht, dass ein zur Rechtswidrigkeit eines Steuerverwaltungsakts führender Fehler auf einer fehlerhaften Rechtsanwendung beruht, ist eine Korrektur nach dieser Norm ausgeschlossen.[559] Bei Verstößen gegen Unionsrecht handelt es sich klassischerweise um Fehler, die auf einer unzutreffenden Rechtsanwendung beruhen. Die Finanzbehörde hat entweder eine materiell-rechtliche Norm angewendet, bei deren Erlass die Vorgaben des Unionsrechts nicht hinreichend beachtet wurden (Rn. 271) mit der Folge, dass diese Norm aufgrund des Vorrangs des Unionsrechts nicht hätte angewendet werden dürfen, oder sie selbst hat diese Vorgaben im Rahmen einer Ermessensentscheidung nicht hinreichend beachtet (Rn. 272). Eine offenbare Unrichtigkeit liegt daher nicht vor. Eine Durchbrechung der materiellen Bestandskraft nach § 129 AO scheidet demnach aus.

2. *Durchbrechung der materiellen Bestandskraft von allgemeinen Steuerverwaltungsakten bei anderen Verstößen gegen Unionsrecht*

363 Da § 129 AO keine Durchbrechung der materiellen Bestandskraft bei Verstößen gegen Unionsrecht ermöglicht, kommt eine solche Durchbrechung bei *allgemeinen Steuerverwaltungsakten* nur nach §§ 130, 131 AO in Betracht. § 130 AO betrifft die Rücknahme *rechtswidriger* Steuerverwaltungsakte, § 131 AO den Widerruf *rechtmäßiger* Steuerverwaltungsakte. Eine entsprechende Untersuchung der Bestandskraft von allgemeinen Steuerverwaltungsakten, die gegen andere Bestimmungen des Unionsrechts verstoßen, fehlt bisher. *Anna Saßenroth*, die als Einzige eine Untersuchung zur Bestandskraft bei Verstößen gegen andere Bestimmungen des

558 Ebenso: *Loose*, in: TK, AO/FGO (2017), Vor § 172 AO Rn. 9.

559 BFH, Urt. v. 13.9.2005, X B 55/05, BFH/NV 2005, 2158 (2158 f.); *Intemann*, in: Koenig, AO, 2014, § 129 AO Rn. 13; *Ratschow*, in: Klein, AO, 2016, § 129 AO Rn. 5, 9; *Werth*, in: Kühn/v. Wedelstädt, AO/FGO, 2015, § 129 AO Rn. 6.

Unionsrechts vorgelegt hat (Rn. 11), geht auf diese Fragestellung nicht. Sie behandelt nur die Bestandskraft unionsrechtswidriger Steuerbescheide, nicht jedoch von allgemeinen Steuerverwaltungsakten.

Indem sich die Frage, ob ein allgemeiner Steuerverwaltungsakt rechtswidrig 364
oder rechtmäßig ist, nach dem Zeitpunkt seines Erlasses richtet[560], sind die Fälle, in denen ein Verstoß gegen Unionsrecht bereits im Zeitpunkt des Erlasses des allgemeinen Steuerverwaltungsakts vorlag, nach § 130 AO zu lösen. Tritt der Verstoß gegen Unionsrecht erst nachträglich ein, ist § 131 AO anzuwenden. Dabei ist der Zeitpunkt des Eintritts des Verstoßes gegen Unionsrecht vom Zeitpunkt seiner Aufdeckung zu unterscheiden. Wird ein Verstoß erst nachträglich aufgedeckt, weil z. B. eine Entscheidung des Europäischen Gerichtshofs, aus der sich die Unvereinbarkeit einer gesetzlichen Bestimmung des deutschen Steuerrechts mit dem Unionsrecht ergibt, erst zu einem späteren Zeitpunkt ergeht, so ist der Zeitpunkt dieser Entscheidung für die Frage der Rechtmäßigkeit oder Rechtswidrigkeit eines Steuerverwaltungsakts unerheblich. Denn mit seiner Entscheidung erläutert und verdeutlicht der Europäische Gerichtshof, in welchem Sinn und mit welcher Tragweite eine Vorschrift des Unionsrechts seit ihrem Inkrafttreten zu verstehen und anzuwenden ist oder gewesen wäre.[561] Wenn diese Vorschrift des Unionsrechts also bereits zum Zeitpunkt des Erlasses des allgemeinen Steuerverwaltungsakts galt, dann lag der Verstoß gegen Unionsrecht zu diesem Zeitpunkt schon vor und führte zur Rechtswidrigkeit des allgemeinen Steuerverwaltungsakts.

a) *Rücknahme rechtswidriger Steuerverwaltungsakte bei anderen Verstößen gegen Unionsrecht*

Zunächst sollen nunmehr diese Fälle, in denen der Verstoß gegen Unionsrecht also 365
bereits im Zeitpunkt des Erlasses des allgemeinen Steuerverwaltungsakts vorgelegen hat, der Steuerverwaltungsakt mithin *rechtswidrig* ist, behandelt werden. § 130 AO ermöglicht bei allgemeinen Steuerverwaltungsakten auch die Korrektur von Rechtsanwendungsfehlern (Rn. 169). Bei einem Verstoß gegen Unionsrecht handelt es sich typischerweise um einen solchen Rechtsanwendungsfehler. Demnach ist nach dieser Norm eine Beseitung von Verstößen gegen Unionsrecht durch die Korrektur eines allgemeinen Steuerverwaltungsakts grundsätzlich möglich.

Bei *rechtswidrigen belastenden Steuerverwaltungsakten* steht diese Korrektur 366
allein im Ermessen der Finanzbehörde, welche dabei zwischen den verfassungsrechtlichen Vorgaben, wie der Gesetzmäßigkeit der Verwaltung einerseits und dem Interesse an Rechtssicherheit andererseits, abzuwägen hat. Bei Verstößen gegen deutsches Recht gilt, dass nicht jeder rechtswidrige Steuerverwaltungsakt zurückzunehmen ist (Rn. 170). Da die Schwere des Rechtsverstoßes allerdings in

560 *Loose*, in: TK, AO/FGO (2014), § 130 AO Rn. 8.

561 EuGH, Urt. v. 27.3.1980, Rs. 61/79 – *Denkavit italiana*, Slg. 1980, 1205 Rn. 16; ders., Urt. v. 15.9.1998, Rs. C-231/96 – *Edis*, Slg. 1998, I-4979 Rn. 15.

die Ermessensentscheidung einzubeziehen ist, erlangt der Verstoß gegen Unionsrecht an dieser Stelle besondere Bedeutung.[562] Das Unionsrecht steht grundsätzlich im Rang noch über dem nationalen Verfassungsrecht[563], was bei der Bewertung der Schwere des Rechtsverstoßes zu beachten ist. Weiterhin kommt dem Gesichtspunkt entscheidende Bedeutung zu, ob der Steuerpflichtige den Verstoß gegen Unionsrecht nicht bereits im Rahmen eines Rechtsbehelfsverfahrens hätte geltend machen können. Denn durch die Rücknahmemöglichkeit nach § 130 Abs. 1 AO sollen die Rechtsbehelfsfristen nicht unterlaufen werden.[564] Eine ähnliche Überlegung findet sich auch in den vom Europäischen Gerichtshof in der Rs. *Kühne & Heitz* aufgestellten Grundsätzen. Danach nimmt der Europäische Gerichtshof eine Verpflichtung zur Rücknahme nur an, wenn die Bestandskraft des Steuerverwaltungsakts infolge der Entscheidung eines Gerichts, dessen Entscheidungen nicht mehr mit Rechtsmitteln angefochten werden können, eingetreten ist.[565] Der Steuerpflichtige muss hierfür also selbst den Rechtsweg ausgeschöpft haben, in dessen Rahmen es nicht zu einem Vorabentscheidungsverfahren nach Art. 267 AEUV gekommen ist. Liegen diese vom Europäischen Gerichtshof in der Rs. *Kühne & Heitz* aufgestellten Grundsätze vor, ist auch bei § 130 Abs. 1 AO eine Ermessensreduktion auf Null anzunehmen. Ansonsten folgt aus dem bloßen Verstoß gegen Unionsrecht noch keine ebensolche Ermessensreduktion auf Null.[566] Es bleibt daher in den allermeisten Fällen bei einer Ermessensentscheidung, in dessen Rahmen die Schwere des Rechtsverstoßes in Gestalt der Verletzung des Unionsrechts besonderes Gewicht erlangt. Hieran schließt sich die Frage an, warum der Steuerpflichtige den Verstoß gegen Unionsrecht nicht bereits im Rahmen eines Rechtsbehelfs geltend gemacht hat. Letztlich muss aber auch hier gelten, dass, soweit nach innerstaatlichen Vorschriften ein rechtswidriger Steuerverwaltungsakt zu korrigieren

---

562 Ebenso: *M. Frotscher*, in: Schwarz/Pahlke, AO/FGO (2012), § 130 AO Rn. 2, die davon spricht, dass das Ermessen der Finanzbehörde zugunsten der Beseitigung des Verstoßes gegen Unionsrecht stark eingeschränkt, aber nicht gänzlich ausgeschlossen ist.

563 EuGH, Urt. v. 17.12.1970, Rs. 11/70 – *Internationale Handelsgesellschaft*, Slg. 1970, 1125 Rn. 3; *Schaumburg*, in: Schaumburg/Englisch, Europäisches Steuerrecht, 2015, Rn. 4.19.

564 BFH, Urt. v. 9.3.1989, VI R 101/84, BStBl. II 1989, 749 (751); *Intemann*, in: Koenig, AO, 2014, § 130 AO Rn. 23; *Loose*, in: TK, AO/FGO (2014), § 130 AO Rn. 38.

565 EuGH, Urt. v. 13.1.2004, Rs. C-453/00 – *Kühne & Heitz*, Slg. 2004, I-858 Rn. 27; ebenso: *Potacs*, EuR 2004, 595 (599); *Rüsken*, in: Klein, AO, 2016, § 130 AO Rn. 32a; a. A.: *Frenz*, DVBl. 2004, 375 (375); *Meilicke*, DStR 2007, 1892 (1893); *de Weerth*, DB 2005, 1407 (1410).

566 Ebenso: *Englisch*, DV 2008, 99 (109 f.); *Gosch*, DStR 2004, 1988 (1991); a. A.: *Balster/Petereit* DStR 2004, 1985 (1987); *Friedrich/Nagler*, DStR 2005, 403 (410); *Lindemann*, BB 2005, 1931 (1932), die von einer Ermessensreduktion auf Null ausgehen; *Delbrück/Hamacher*, IStR 2007, 627 (630), die eine Ermessensreduktion auf Null wohl dann als begründet ansehen, wenn der Europäische Gerichtshof keine zeitliche Beschränkung der Wirkungen seines Urteils vorgenommen hat.

ist, weil seine Aufrechterhaltung „schlechthin unerträglich" wäre, diese Verpflichtung zur Korrektur die Behörde in gleichem Maße trifft, wenn der Verwaltungsakt gegen Unionsrecht verstößt.[567] Es dürfte sich dabei jedoch – wie bei rein nationalen Rechtsverstößen – um einen Ausnahmefall handeln.

Bei der Rücknahme *rechtswidriger begünstigender Steuerverwaltungsakte* kom- 367
men die tatbestandsmäßigen Beschränkungen des § 130 Abs. 2 AO hinzu. Außerdem enthält § 130 Abs. 3 AO eine Frist, innerhalb derer die Rücknahme zu erfolgen hat. Bei Verstößen gegen Unionsrecht könnte hier teilweise auf die vom Europäischen Gerichtshof in der Rs. *Alcan*[568] entwickelten Grundsätze zum Ausschluss des Vertrauensschutzes und zur Nichtanwendung der Ausschlussfrist zurückgegriffen werden. Hierbei ist jedoch zu beachten, dass es in dieser Entscheidung um einen Verstoß gegen das unionsrechtliche Beihilfeverbot ging, für den – wie bereits erläutert – das Unionsrecht spezielle Verfahrensvorgaben enthält (Rn. 325 ff.). Eine Übertragung der dort entwickelten Grundsätze kann daher allenfalls mit Bedacht erfolgen.

Zuerst ist also zu prüfen, ob die tatbestandsmäßige Beschränkung des § 130 368
Abs. 2 AO bei Verstößen gegen Unionsrecht zu modifizieren ist. Die Vorschrift ermöglicht die Korrektur eines rechtswidrigen begünstigenden Steuerverwaltungsakts nur in Fällen, in denen

- dieser Steuerverwaltungsakt von einer sachlich unzuständigen Behörde erlassen worden ist (Nr. 1),
- er durch unlautere Mittel erwirkt worden ist (Nr. 2),
- ihn der Begünstigte durch Angaben erwirkt hat, die in wesentlicher Beziehung unrichtig oder unvollständig waren (Nr. 3), oder
- seine Rechtswidrigkeit dem Begünstigten bekannt oder infolge grober Fahrlässigkeit nicht bekannt war (Nr. 4).

Da § 130 Abs. 2 Nrn. 1–3 AO im Regelfall bei Verstößen gegen Unionsrecht ausscheiden, ist eine Rücknahme daher nur möglich, wenn dem Steuerpflichtigen

567 EuGH, Urt. v. 19.9.2006, verb. Rs. C-392/04 und 422/04 – *i-21 Germany und Arcor*, Slg. 2006, I-8591 Rn. 63.

568 EuGH, Urt. v. 20.3.1997, Rs. C-24/95 – *Alcan*, Slg. 1997, I-1607, bei dem es um die Rücknahme eines beihilfewidrigen Verwaltungsakts nach § 48 VwVfG ging. Nachdem der Europäische Gerichtshof im einem vorangegangenen Vertragsverletzungsverfahren festgestellt hat, dass das Land Rheinland-Pfalz der Firma *Alcan* eine verbotene Beihilfe gewährt hatte, nahm das Land die Beihilfebewilligungsbescheide zurück und verlangte die Rückzahlung der gewährten Beträge. Hiergegen wendete sich die Firma *Alcan* zunächst erfolgreich. In der Klage- sowie Berufungsinstanz obsiegte sie. Das Bundesverwaltungsgericht legte den Fall dem Europäischen Gerichtshof im Rahmen einer Vorabentscheidung vor. Dabei hatte der Europäische Gerichtshof zu beurteilen, ob der Ablauf der Frist aus § 48 Abs. 4 VwVfG, ein Verstoß gegen Treu und Glauben oder ein Wegfall der Bereicherung der Rücknahme entgegenstanden.

der Verstoß gegen Unionsrecht bekannt oder infolge grober Fahrlässigkeit nicht bekannt war. Der Europäische Gerichtshof hat hierzu in der Rs. *Alcan* ausgeführt, dass ein beihilfebegünstigtes Unternehmen auf die Ordnungsmäßigkeit der Beihilfe nur dann vertrauen darf, wenn diese Beihilfe unter Einhaltung des in Art. 108 AEUV vorgesehenen Verfahrens gewährt wurde. Einem Gewerbetreibenden sei es regelmäßig möglich, sich zu vergewissern, dass dieses Verfahren eingehalten wurde.[569] Diese strenge Anforderung ist den Besonderheiten des Beihilfeverbots aus Art. 107 AEUV geschuldet. Sie lässt sich jedoch nicht auf jedweden Verstoß gegen Unionsrecht übertragen. So dürften z. B. Verstöße gegen Unionsrecht, die zu einem rechtswidrigen begünstigenden Steuerverwaltungsakt führen, im Bereich der Umsatzsteuer regelmäßig auf einer fehlerhaften Richtlinienumsetzung beruhen.[570] Da nicht erwartet werden kann, dass jeder Steuerpflichtige aufgrund des Umfangs der Mehrwertsteuersystem-Richtlinie sämtliche darin enthaltenen Richtlinienbestimmungen kennt, ist grobe Fahrlässigkeit im Regelfall auszuschließen. Entsprechendes kann für andere vorstellbare Verstöße gegen primäres oder sekundäres Unionsrecht angenommen werden.

369 Darüber hinaus kann eine Rücknahme nicht auf eine entsprechende Anwendung des § 131 Abs. 2 Satz 1 Nr. 3 AO gestützt werden, sofern diese Vorschrift auch für rechtswidrige Steuerverwaltungsakte als anwendbar erachtet wird.[571] Die Regelung würde eine Rücknahme ermöglichen, wenn die Finanzbehörde aufgrund nachträglich eingetretener Tatsachen berechtigt wäre, den Steuerverwaltungsakt nicht zu erlassen, und wenn ohne die Rücknahme das öffentliche Interesse gefährdet wäre. Bei einer Entscheidung des Europäischen Gerichtshofs oder einer anderen gerichtlichen Entscheidung, aus der die Nichtanwendbarkeit einer gesetzlichen Bestimmung des deutschen Steuerrechts hervorgeht, handelt es sich nicht um eine nachträglich eingetretene Tatsache. Es wird hierdurch vielmehr lediglich die rechtliche Beurteilung deutlich. Eine entsprechende Anwendung des § 131 Abs. 2 Satz 1 Nr. 3 AO scheidet demzufolge ebenso aus.

370 Sollte im Einzelfall eine tatbestandsmäßige Beschränkung der Rücknahme eines rechtswidrigen begünstigenden Steuerverwaltungsakts nicht entgegenstehen, sprich aufgrund anderer Umstände eine Rücknahme nach § 130 Abs. 2 Nrn. 1–4 AO oder entsprechend § 131 Abs. 2 Satz 1 Nr. 3 AO zulässig sein, so hat

---

569 EuGH, Urt. v. 20.3.1997, Rs. C-24/95 – *Alcan*, Slg. 1997, I-1607 Rn. 25.

570 Z. B. bei Haftungsbescheiden, bei denen der Steueranspruch aufgrund einer fehlerhaften Richtlinienumsetzung zu niedrig ist.

571 *Lehnert*, Die Korrektur von gemeinschaftsrechtswidrigen Beihilfen in Form von Steuervergünstigungen, 2009, S. 163; in der Literatur wird überwiegend nur auf eine entsprechende Anwendbarkeit von § 131 Abs. 2 Satz 1 Nrn. 1, 2 AO hingewiesen: *M. Frotscher*, in: Schwarz/Pahlke, AO/FGO (2012), § 130 AO Rn. 51; *Loose*, in: TK, AO/FGO (2014), § 130 AO Rn. 34; *v. Wedelstädt*, in: Gosch, AO/FGO (2014), § 130 AO Rn. 68; ablehnend für Sachverhaltsänderung: *Intemann*, in: Koenig, AO, 2014, § 130 AO Rn. 47; *Wernsmann*, in: HHSp, AO/FGO (2017), § 130 AO Rn. 74.

die Rücknahme nach § 130 Abs. 3 AO innerhalb einer Ausschlussfrist von einem Jahr ab Kenntnis der Tatsachen, welche die Rücknahme rechtfertigen, zu erfolgen. Erforderlich ist dabei die Kenntnis der Finanzbehörde von der Rechtswidrigkeit des Steuerverwaltungsakts.[572] Der Europäische Gerichtshof hat in der Rs. *Alcan* zu der vergleichbaren Regelung des § 48 Abs. 4 VwVfG festgestellt, dass ein beihilfewidriger Steuerverwaltungsakt selbst dann noch zurückzunehmen ist, wenn die Behörde die nach nationalem Recht im Interesse der Rechtssicherheit bestehende Ausschlussfrist hat verstreichen lassen.[573] Denn bei unter Verstoß gegen Art. 107 AEUV gewährten staatlichen Beihilfen beschränke sich die Rolle der nationalen Behörden auf die Durchführung der Rückforderungsentscheidung der Kommission. Die nationalen Behörden verfügten insoweit über keinerlei Ermessen.[574] In dieser Strenge lässt sich der vom Europäischen Gerichtshof aufgestellte Grundsatz aber nicht auf jedweden Verstoß gegen Unionsrecht übertragen. Denn nicht jeder Verstoß führt dazu, dass der Finanzbehörde bezüglich der Rücknahmeentscheidung keinerlei Ermessen mehr zukommt (Rn. 366). Vielmehr kam in der Rs. *Alcan* der bereits angesprochene Aspekt hinzu, dass es in dieser Entscheidung um einen Verstoß gegen das unionsrechtliche Beihilfeverbot ging. Hier sieht – wie bereits dargestellt – Art. 16 Abs. 3 der VO (EU) Nr. 2015/1589 vor, dass den nationalen Behörden bei der Rückforderung von rechtswidrigen Beihilfen kein Ermessen zukommt (Rn. 328). Da eine vergleichbare Regelung für andere Verstöße gegen Unionsrecht fehlt, lassen sich die speziell für Verstöße gegen das Beihilfeverbot in der Rs. *Alcan* aufgestellten Grundsätze nicht ohne Weiteres auf alle Verstöße gegen Unionsrecht übertragen. Folglich bleibt es bei der Rücknahme von rechtswidrigen begünstigenden Steuerverwaltungsakten, die gegen andere Bestimmungen des Unionsrechts verstoßen, dabei, dass die Ausschlussfrist des § 130 Abs. 3 AO grundsätzlich zu beachten ist.

b) Widerruf rechtmäßiger Steuerverwaltungsakte bei anderen Verstößen gegen Unionsrecht

Nachdem die Rücknahme *rechtswidriger* Steuerverwaltungsakte bei Verstößen 371
gegen Unionsrecht gerade eben Gegenstand der Untersuchung war, wird es nun im Folgenden um den Widerruf *rechtmäßiger* Steuerverwaltungsakte bei Verstößen gegen Unionsrecht gehen. Es mag dabei zunächst verwundern, wie es sein kann, dass ein allgemeiner Steuerverwaltungsakt gegen Unionsrecht verstößt und trotzdem rechtmäßig sein kann. Dieses ist jedoch dem Umstand geschuldet, dass sich die Rechtmäßigkeit eines Steuerverwaltungsakts nach der Sach- und Rechtslage im Zeitpunkt seines Erlasses bestimmt. Kommt es nachträglich zu einer Änderung

572 BFH, Urt. v. 26.6.2007, VII R 35/06, BStBl. II 2007, 742 (744); *Rüsken*, in: Klein, AO, 2016, § 130 AO Rn. 55.
573 EuGH, Urt. v. 20.3.1997, Rs. C-24/95 – *Alcan*, Slg. 1997, I-1607 Rn. 38.
574 EuGH, Urt. v. 20.3.1997, Rs. C-24/95 – *Alcan*, Slg. 1997, I-1607 Rn. 34.

der Rechtslage, so kann dieser Änderung Rückwirkung zukommen oder diese Änderung kann auf einen Dauerverwaltungsakt derart einwirken (Rn. 173), dass der allgemeine Steuerverwaltungsakt in der gegebenen Art und Weise nicht hätte erlassen werden dürfen. Solche Änderungen der Rechtslage sind auch in Bezug auf das Unionsrecht vorstellbar, sei es, dass einer neuen Regelung im Unionsrecht Rückwirkung beigemessen wird oder dass eine neue Regelung des Unionsrechts auf einen Dauerverwaltungsakt einwirkt. Möglich wäre auch, dass ein Sachverhalt erstmals von einer Regelung des Unionsrechts erfasst wird, etwa – wie im Falle der bereits dargestellten Entscheidung des Europäischen Gerichtshofs in der Rs. *Ciola* (Rn. 333) – weil ein neuer Mitgliedstaat der Union beitritt.

372 Der Widerruf eines *rechtmäßigen nicht begünstigenden allgemeinen Steuerverwaltungsakts* steht nach § 131 Abs. 1 AO im Ermessen der Finanzbehörde. Die vom Europäischen Gerichtshof in der Rs. *Kühne & Heitz* aufgestellten Grundsätze können in dieser Konstellation nicht zu einer Ermessenreduktion auf Null führen. Denn sie sind erkennbar nur auf den Fall anwendbar, dass es sich um einen rechtswidrigen Steuerverwaltungsakt handelt. Zu den Grundsätzen gehört bekanntlich, dass der Steuerpflichtige den Rechtsweg beschritten haben muss und das letztinstanzliche Urteil auf einer unrichtigen Auslegung des Unionsrechts beruht. Also muss seinerzeit schon ein Verstoß gegen Unionsrecht bestanden haben, der folglich zur Rechtswidrigkeit des allgemeinen Steuerverwaltungsakts geführt hat.

373 Bei *rechtmäßigen begünstigenden allgemeinen Steuerverwaltungsakten* enthält § 131 Abs. 2 AO aus Gründen des Vertrauensschutzes (Rn. 175) eine tatbestandsmäßige Beschränkung des Widerrufs. Zu den dort aufgeführten Fällen gehört allerdings keine Regelung, welche einen Widerruf ermöglicht, weil sich die Rechtslage geändert hat. In § 131 Abs. 2 Nr. 3 AO ist lediglich der Fall genannt, dass die Finanzbehörde aufgrund nachträglich eingetretener Tatsachen berechtigt wäre, den Steuerverwaltungsakt nicht zu erlassen. Solche Tatsachen sind aber nur bei Veränderungen des Sachverhalts, auf dem der Steuerverwaltungsakt beruht, gegeben.[575] Um nachträglich eingetretene Tatsachen handelt es sich demgegenüber nicht, wenn sich nachträglich die Rechtslage ändert.[576] Eine andere Auslegung ist selbst aus Gründen des Unionsrechts nicht geboten. Der Grundsatz der Rechtssicherheit, dem der Schutz des Vertrauens des Steuerpflichtigen zugeordnet werden kann, gehört – wie mehrfach betont – zu den im Unionsrecht anerkannten allgemeinen Rechtsgrundätzen. Zur Rechtssicherheit trägt eben die Bestandskraft eines Steuerverwaltungsakts bei, weshalb das Unionsrecht nicht verlangt, dass eine Finanzbehörde grundsätzlich dazu verpflichtet ist, einen bestandskräftigen Steuerverwaltungsakt bei Verstößen gegen Unionsrecht

575 BFH, Urt. v. 8.9.2010, I R 90/09, BStBl. II 2013, 11 Rn. 21; *Intemann*, in: Koenig, AO, 2014, § 131 AO Rn. 23.

576 *Loose*, in: TK, AO/FGO (2014), § 131 AO Rn. 24; *Rüsken*, in: Klein, AO, 2016, § 131 AO Rn. 11.

abzuändern.[577] Demzufolge muss es in einem solchen Fall nicht zu einer Durchbrechung der materiellen Bestandskraft kommen.

c) *Zwischenergebnis*

Auch für die Korrektur allgemeiner Steuerverwaltungsakte nach §§ 130, 131 AO bei Verstößen gegen Unionsrecht bestehen daher – wie bei § 129 AO – keine wesentlichen Besonderheiten im Vergleich zur Korrektur allgemeiner Steuerverwaltungsakte bei Verstößen gegen deutsches Recht. Der Verstoß gegen Unionsrecht ist aufgrund seiner besonderen Schwere lediglich in die im Rahmen der Ermessensentscheidung vorzunehmende Abwägung einzubeziehen (Rn. 366). Die vom Europäischen Gerichtshof in der Rs. *Kühne & Heitz* aufgestellten Grundsätze, in denen es zu einer Ermessensreduktion auf Null kommen kann, sind allenfalls im Rahmen einer Korrektur nach § 130 Abs. 1 AO zu beachten (Rn. 366, 372). 374

3. *Durchbrechung der materiellen Bestandskraft von Steuerbescheiden bei anderen Verstößen gegen Unionsrecht*

Die vorliegende Untersuchung hat bislang gezeigt, dass für die Durchbrechung der 375 materiellen Bestandskraft von *allen Steuerverwaltungsakten* nach § 129 AO und für die Durchbrechung der materiellen Bestandskraft von *allgemeinen Steuerverwaltungsakten* nach §§ 130, 131 AO auch in Fällen von Verstößen gegen andere Bestimmungen des Unionsrechts als das Beihilfeverbot kaum Besonderheiten bestehen. Nachfolgend wendet sich die Untersuchung nunmehr der Durchbrechung der materiellen Bestandskraft von *Steuerbescheiden* nach §§ 172 ff. AO bei anderen Verstößen gegen Unionsrecht zu. Zwar wurde im Rahmen der Untersuchung bereits dargelegt, dass die Gleichbehandlung hinsichtlich der Korrekturmöglichkeiten zwischen *ausschließlich automationsgestützt erlassenen Steuerbescheiden* und *anderen Steuerbescheiden* bei Verstößen gegen deutsches Recht verfassungsrechtlich nicht zu beanstanden ist (Rn. 163 f.). Davon getrennt ist allerdings jetzt die Frage zu betrachten, ob es unter unionsrechtlichen Gesichtspunkten gerechtfertigt ist, ausschließlich automationsgestützt erlassenen Steuerbescheiden die gleiche Rechtsbeständigkeit wie anderen Steuerbescheiden zukommen zu lassen.

Zweifel an der Gleichbehandlung könnten deswegen aufkommen, weil bei 376 ausschließlich automationsgestützt erlassenen Steuerbescheiden die rechtliche Prüfung aufgrund der EDV-Vorprogrammierung abläuft und so nicht sichergestellt sein könnte, dass das Unionsrecht im jeweiligen Einzelfall hinreichend beachtet wird. Der Vorrang des Unionsrechts gebietet es bekanntermaßen allen mitgliedstaatlichen Behörden (und darum auch Finanzbehörden), und zwar unabhängig davon, ob sie der Zentralgewalt, einem Gliedstaat oder einer sonstigen

577 EuGH, Urt. v. 13.1.2004, Rs. C-453/00 – *Kühne & Heitz*, Slg. 2004, I-858 Rn. 24; BFH, Urt. v. 23.11.2006, V R 67/05, BStBl. II 2007, 436 (438).

Gebietskörperschaften zugehörig sind, im Rahmen ihrer jeweiligen Zuständigkeit die Einhaltung der unionsrechtlichen Vorgaben zu gewährleisten.[578] Es wäre nämlich widersprüchlich, wenn sich der Einzelne vor nationalen Gerichten auf die Vorgaben des Unionsrechts berufen könnte, um das Verhalten der Verwaltung zu beanstanden, und wenn dennoch die Verwaltung nicht als dazu verpflichtet angesehen würde, gegen Unionsrecht verstoßende Vorschriften des nationalen Rechts nicht anzuwenden.[579] Art. 4 Abs. 3 EUV hat nämlich nicht minder zur Folge, dass die Finanzbehörden alle geeigneten Maßnahmen allgemeiner und besonderer Art zu ergreifen haben, um die Verpflichtungen des Unionsrechts zu erfüllen. Steht aufgrund einer Entscheidung des Europäischen Gerichtshofs also fest, dass eine deutsche Steuernorm nicht mit Unionsrecht im Einklang steht, darf die Finanzbehörde diese Norm beim Erlass eines Steuerbescheids nicht anwenden.[580]

377 Darüber hinausgehend stellt sich die Frage, ob diese Verpflichtung auch gilt, wenn die Vereinbarkeit einer gesetzlichen Bestimmung des deutschen Steuerrechts mit dem Unionsrecht lediglich zweifelhaft ist, weil z. B. eine Entscheidung des Europäischen Gerichtshofs noch nicht vorliegt. Dann müsste eine Finanzbehörde in jedem Einzelfall prüfen, ob die von ihr angewendeten Vorschriften des deutschen Steuerrechts auch den unionsrechtlichen Vorgaben entsprechen. Da eine solche einzelfallbezogene Prüfung bei ausschließlich automationsgestützt erlassenen Steuerbescheiden nicht erfolgt, wäre die vorgenannte Anforderung nicht erfüllt.

378 Eine solche Anforderung würde allerdings mit dem in Deutschland geltenden System zur Gewaltenteilung nicht im Einklang stehen. Nach Art. 20 Abs. 3 GG ist die Gesetzgebung an die verfassungsmäßige Ordnung, die vollziehende Gewalt und die Rechtsprechung sind an Gesetz und Recht gebunden. In diesem Zusammenhang ist Art. 100 Abs. 1 GG die Wertung zu entnehmen, dass die Bindung des Rechtsanwenders an verfassungswidrige Parlamentsgesetze nur aufgrund einer verfassungsgerichtlichen Rechtsprechung gelöst werden kann.[581] Demzufolge haben die Finanzbehörden in Deutschland nicht das Recht, ein von der Gesetzgebung erlassenes Gesetz wegen verfassungsrechtlicher Bedenken nicht anzuwenden. Das Verwerfungsmonopol steht vielmehr allein dem Bundesverfassungsgericht zu.

379 Dieser Gedanke trägt auch zur Lösung von Fällen bei, in denen es um den Vorrang des Unionsrechts geht, wenn noch keine Entscheidung des Europäischen

578 Vgl. EuGH, Urt. v. 12.6.1990, Rs. C-8/88 – *Deutschland/Kommission*, Slg. 1990, I-2355 Rn. 3; *Englisch*, in: Tipke/Lang, Steuerrecht, 2018, § 4 Rn. 26.

579 EuGH, Urt. v. 22.6.1989, Rs. C-103/88 – *Fratelli Costanzo*, Slg. 1989, I-1861 Rn. 31; *Rust*, IStR 2009, 382 (383).

580 EuGH, Urt. v. 22.6.1989, Rs. C-103/88 – *Fratelli Costanzo*, Slg. 1989, I-1861 Rn. 31; *Krumm*, IWB 2005,443 (444); *Rust*, IStR 2009, 382 (383).

581 *Englisch*, in: Tipke/Lang, Steuerrecht, 2018, § 4 Rn. 50; *Wieland*, in: Dreier, GG, 2018, Art. 100 GG Rn. 11.

Gerichtshofs zur Vereinbarkeit einer deutschen Steuernorm mit dem Unionsrecht ergangen ist. Würde eine Finanzbehörde von sich aus eine deutsche Steuerregelung aufgrund des Vorrangs des Unionsrechts nicht anwenden, so würde sie sich über den demokratisch legitimierten Gesetzgeber hinwegsetzen, der die Regelung als mit dem Unionsrecht vereinbar angesehen hat. Denn ansonsten wäre er selbst aufgrund des in Art. 4 Abs. 3 EUV enthaltenen Grundsatzes der loyalen Zusammenarbeit dazu verpflichtet gewesen, eine derartige Steuerregelung nicht zu erlassen. Die Finanzbehörde hat somit eine deutsche Steuerregelung, solange sich ihre Unvereinbarkeit mit Unionsrecht nicht aus einer Entscheidung des Europäischen Gerichtshofs ergibt, anzuwenden.

Für dieses Ergebnis spricht auch ein Vergleich mit der „Verwerfungskompetenz“ 380 nationaler Gerichte in unionsrechtlichen Fragen. So dürfen Finanzgerichte ohne vorherige Vorlage an den Europäischen Gerichtshof steuergesetzliche Bestimmungen nur dann nicht anwenden, wenn deren Unionsrechtswidrigkeit vor dem Hintergrund der bisherigen Rechtsprechung des Europäischen Gerichtshofs als acte clair offenkundig ist.[582] Dies verlangt der Respekt vor dem demokratisch legitimierten Gesetzgeber.[583]

Der Finanzbehörde bleibt also in einem Fall, in dem sie eine deutsche Steuer- 381 regelung als nicht mit dem Unionsrecht vereinbar ansieht, nur die Möglichkeit, diesen Umstand der nächsthöheren Behörde bis hinauf zum Bundesministerium der Finanzen anzuzeigen. Sie kann gegen deren Anwendung lediglich remonstrieren, muss diese Regelung im Übrigen aber anwenden. Es ist deshalb davon auszugehen, dass deutsche Steuergesetze solange angewendet werden, bis ein Verstoß gegen Unionsrecht durch eine Entscheidung des Europäischen Gerichtshofs oder anderweitige gerichtliche Entscheidung festgestellt oder die gesetzliche Regelung (z. B. als Folge der Remonstration) geändert wird.

Die Situation im Falle des Erlasses eines Steuerverwaltungsakts durch einen 382 Amtsträger unterscheidet sich deshalb nicht grundsätzlich von derjenigen bei einem ausschließlich automationsgestützt erlassenen Steuerbescheid. Für die Vorprogrammierung des Datenverarbeitungssystems werden die Normen des deutschen Steuerrechts zugrunde gelegt. Die Anwendung einer Norm des deutschen Steuerrechts wird dabei solange erfolgen, wie ein Verstoß gegen Unionsrecht durch eine Entscheidung des Europäischen Gerichtshofs oder anderweitige gerichtliche Entscheidung nicht festgestellt oder die gesetzliche Regelung geändert wurde. Demnach bestehen für die Beachtung der Vorgaben des Unionsrechts durch Finanzbehörden insoweit keine Unterschiede zwischen ausschließlich automationsgestützt erlassenen Steuerbescheiden und anderen Steuerbescheiden.

Letztlich liegt es auch in der Hand des Steuerpflichtigen, seine ihm aus der 383 Unionsrechtsordnung erwachsenen Rechte möglichst frühzeitig geltend zu machen. Nach § 150 Abs. 7 Satz 1 AO wird es ihm bekanntlich ermöglicht, in einer

582 BVerfG, Beschl. v. 21.11.2011, 2 BvR 535/09, NJW 2012, 598 Rn. 28.
583 *Englisch*, in: Tipke/Lang, Steuerrecht, 2018, § 4 Rn. 51.

Steuererklärung Angaben zu machen, die nach seiner Auffassung Anlass für eine Bearbeitung durch einen einzelnen Amtsträger geben. Hierzu gehört die Angabe, dass eine steuerrechtliche Norm aus Sicht des Steuerpflichtigen gegen Unionsrecht verstößt und infolgedessen nicht angewendet werden darf. Es bestehen daher unter unionsrechtlichen Gesichtspunkten ebenfalls keine Bedenken, ausschließlich automationsgestützt erlassenen Steuerbescheiden die gleiche Rechtsbeständigkeit zukommen zu lassen wie allen anderen Steuerbescheiden. Kurzum: Sogar bei Verstößen gegen Unionsrecht können für ausschließlich automationsgestützt erlassene Steuerbescheide dieselben Korrekturregelungen Anwendung finden wie für alle anderen Steuerbescheide.

a) Eröffnung des Anwendungsbereichs

384 Nachdem feststeht, dass für alle Steuerbescheide selbst bei Verstößen gegen Unionsrecht dieselben Korrekturregelungen gelten, ist im Anschluss hieran zu bestimmen, ob Besonderheiten bei der Eröffnung des Anwendungsbereichs der §§ 172 ff. AO bestehen. Auch für Steuerbescheide, die gegen Unionsrecht verstoßen, kommt es für die Anwendung der §§ 172 ff. AO darauf an, dass diese Steuerbescheide nicht unter dem Vorbehalt der Nachprüfung stehen (dazu aa)), nicht vorläufig sind (dazu bb)) und die Festsetzungsfrist nicht abgelaufen ist (dazu cc)).

aa) Beseitigung von anderen Verstößen gegen Unionsrecht bei Vorbehaltsfestsetzungen

385 Steht der gegen Unionsrecht verstoßende Steuerbescheid nach § 164 Abs. 1 AO unter dem Vorbehalt der Nachprüfung, ist eine Korrektur zur Beseitigung dieses Verstoßes ohne Weiteres möglich. Denn § 164 Abs. 2 AO ermöglicht die Korrektur von Fehlern, die auf einer unzutreffenden Ermittlung des Sachverhalts oder einer unzutreffenden Rechtsanwendung beruhen.[584] Bei Verstößen gegen Unionsrecht handelt es sich um ebensolche Rechtsanwendungsfehler.

386 Trotz gewichtiger systematischer und teleologischer Bedenken bejahen allerdings Rechtsprechung und Literatur eine Einschränkung der Änderungsmöglichkeit nach § 164 Abs. 2 AO durch die Regelung des § 176 AO.[585] Durch § 176 AO werden der rechtlichen Überprüfung im deutschen Recht Grenzen gesetzt, indem nach Erlass des unter dem Vorbehalt der Nachprüfung stehenden Steuerbescheids ergangene Entscheidungen des Bundesverfassungsgerichts oder oberster Bundesgerichte (z. B. des Bundesfinanzhofs), aus denen sich eine für den Steuerpflichtigen ungünstige Rechtslage im Vergleich zum Zeitpunkt des Erlasses des

584 *Seer*, in: TK, AO/FGO (2017), § 164 AO Rn. 35; vgl. speziell zu Verstößen gegen Unionsrecht: *Krumm*, IWB 2005, 443 (446).

585 BFH, Urt. v. 28.9.1987, VIII R 154/86, BStBl. II 1988, 40 (40); *Rüsken*, in: Klein, AO, 2016, § 164 AO Rn. 21; instruktiv zu den Bedenken: *A. Leisner*, DStZ 1999, 358 (361 ff.).

Steuerbescheids ergibt, unberücksichtigt bleiben.[586] Diese Begrenzung gilt aber gerade nicht in Fällen, in denen der Verstoß gegen Unionsrecht durch eine Entscheidung des Europäischen Gerichtshofs festgestellt wird. Denn die Entscheidung des Europäischen Gerichtshofs erläutert und verdeutlicht bekanntermaßen, in welchem Sinn und mit welcher Tragweite die streitige Regelung des Unionsrechts seit ihrem Inkrafttreten zu verstehen und anzuwenden ist oder gewesen wäre.[587] Demzufolge sind auch Finanzbehörden dazu verpflichtet, die Regelung des Unionsrechts in dieser Auslegung auf Sachverhalte und Rechtsverhältnisse anzuwenden, die dem unter dem Vorbehalt der Nachprüfung stehenden Steuerbescheid zugrunde liegen. Alles andere würde einen Verstoß gegen das Effektivitätsgebot aus Art. 4 Abs. 3 EUV bedeuten.

Als hinderlich dürfte es sich jedoch regelmäßig erweisen, dass der Vorbehalt 387
der Nachprüfung eo ipso mit Ablauf der Festsetzungsfrist entfällt (vgl. § 164 Abs. 4 Satz 1 AO). Sofern die Festsetzungsfrist selbst keinen Verstoß gegen Unionsrecht beinhaltet (dazu cc)), ist eine Korrektur des Steuerbescheids daher regelmäßig nur bis zum Ablauf des vierten, auf seinen Erlass folgenden Kalenderjahrs möglich (vgl. §§ 169 Abs. 2 Satz 1 Nr. 2, 170 Abs. 2 Satz 1 Nr. 1 AO).[588] Sofern ein Steuerpflichtiger gegen seinen Steuerbescheid Einspruch eingelegt hat und anschließend den Finanzrechtsweg beschreitet, weil er der Auffassung ist, dass sein Steuerbescheid gegen Unionsrecht verstößt, wird bis zu einer Entscheidung des Europäischen Gerichtshofs die reguläre Festsetzungsfrist für vergleichbare Fälle anderer Steuerpflichtiger regelmäßig abgelaufen sein. Die Verfahrensdauer für ein Vorabentscheidungsverfahren beim Europäischen Gerichtshof beträgt durchschnittlich 15,7 Monate.[589] Dem sind bereits ein Einspruchsverfahren und möglicherweise ein finanzgerichtliches Verfahren vorangegangen. Ein Vorbehalt der Nachprüfung dürfte deshalb regelmäßig durch Ablauf der Festsetzungsfrist entfallen sein, bevor eine Entscheidung des Europäischen Gerichtshofs in einem vergleichbaren Fall vorliegt, so dass eine Korrektur nach § 164 Abs. 2 AO ausscheidet.

---

586 *A. Leisner*, DStZ 1999, 358 (358); *Seer*, in: TK, AO/FGO (2017), § 164 AO Rn. 38.

587 EuGH, Urt. v. 27.3.1980, Rs. 61/79 – *Denkavit italiana*, Slg. 1980, 1205 Rn. 16; ders., Urt. v. 15.9.1998, Rs. C-231/96 – *Edis*, Slg. 1998, I-4979 Rn. 15.

588 Bei Steuerbescheiden, mit denen Verbrauchsteuern oder Verbrauchsteuervergütungen festgesetzt werden, beträgt die Festsetzungsfrist nach § 169 Abs. 2 Satz 1 Nr. 1 AO nur ein Jahr. Da deren Korrektur nach § 172 Abs. 1 Satz 1 Nr. 1 AO innerhalb der Festsetzungsfrist ohne weitere Voraussetzungen möglich ist, bedarf es bei diesen Steuerbescheiden keines Vorbehalts der Nachprüfung. Damit kann die Darstellung hier auf Steuerbescheide, die andere als Verbrauchsteuern und Verbrauchsteuervergütungen festsetzen, beschränkt bleiben.

589 Vgl. EuGH, Pressemitteilung Nr. 36/18, S. 1, abgerufen unter: https://curia.europa.eu/jcms/upload/docs/application/pdf/2018-03/cp180036de.pdf (letzter Abruf: 12.1.2019).

bb) Beseitigung von anderen Verstößen gegen Unionsrecht bei vorläufigen Steuerfestsetzungen

388 Der Anwendungsbereich der Korrekturvorschriften ist neben dem zuvor behandelten Fall eines Vorbehalts der Nachprüfung ebenfalls nicht eröffnet, wenn der Steuerbescheid vorläufig i. S. d. § 165 AO ist. § 165 Abs. 2 Satz 1 AO ermöglicht eine Korrektur von Verstößen gegen Unionsrecht, soweit die vorläufige Steuerfestsetzung den Verstoß gegen Unionsrecht umfasst. Nach § 165 Abs. 1 Satz 2 Nr. 3 AO kann eine Steuerfestsetzung vorläufig erfolgen, wenn die Vereinbarkeit eines Steuergesetzes mit höherrangigem Recht Gegenstand eines Verfahrens beim Gerichtshof der Europäischen Union, dem Bundesverfassungsgericht oder einem obersten Bundesgericht ist. Hierzu zählen auch Verfahren im Hinblick auf die Vereinbarkeit eines Steuergesetzes mit dem Unionsrecht. Wenn eine Steuerfestsetzung im Hinblick auf ein solches Verfahren vorläufig erfolgt ist, dann können damit aufgedeckte Verstöße gegen Unionsrecht nach § 165 Abs. 2 Satz 1 AO korrigiert werden.

389 Sofern das Verfahren, in dem es um die Vereinbarkeit eines Steuergesetzes mit dem Unionsrecht geht, beendet ist, ist die Ungewissheit, welche die vorläufige Steuerfestsetzung gerechtfertigt hatte, entfallen.[590] Es besteht kein Ermessen, so dass die Finanzbehörde einen Verstoß gegen Unionsrecht beseitigen muss. Ein solches Vorgehen gebieten auch die vom Europäischen Gerichtshof in der Rs. *Kühne & Heitz* aufgestellten Grundsätze. Nach diesen Grundsätzen ist es zwar erforderlich, dass der Steuerpflichtige selbst den Rechtsweg beschreitet und eine Entscheidung des Bundesfinanzhofs herbeiführt.[591] Die Vorläufigkeit einer Steuerfestsetzung nach § 165 Abs. 1 Satz 2 Nr. 3 AO dient aber gerade der Vermeidung von massenhaften Rechtsbehelfen, wenn Musterfahren bei den genannten Gerichten anhängig sind. Dadurch sollen Finanzbehörden und Finanzgerichte entlastet werden.[592] Es wäre daher widersprüchlich, wenn eine Verpflichtung zur Korrektur erst angenommen würde, wenn ein Steuerpflichtiger eine letztinstanzliche Entscheidung herbeigeführt hat. Denn die vorläufige Steuerfestsetzung soll gerade bewirken, dass es nicht zu derartigen massenhaften Rechtsbehelfen kommt.

390 Im Unterschied zu einer Vorbehaltsfestsetzung hemmt der Vorläufigkeitsvermerk den Ablauf der Festsetzungsfrist nach § 171 Abs. 8 AO, soweit die Ungewissheit reicht. In diesem Fall endet die Festsetzungsfrist nicht vor Ablauf von zwei Jahren, nachdem die Ungewissheit beseitigt ist und die Finanzbehörde hiervon Kenntnis hat (§ 171 Abs. 8 Satz 2 AO). Auch deren Ablauf ist allerdings unerheblich, wenn die vom Europäischen Gerichtshof in der Rs. *Emmott* aufgestellten

---

590 BFH, Urt. v. 30.9.2010, III R 39/08, BStBl. II 2011, 11 Rn. 43; *Cöster*, in: Koenig, AO, 2014, § 165 AO Rn. 49.

591 EuGH, Urt. v. 13.1.2004, Rs. C-453/00 – *Kühne & Heitz*, Slg. 2004, I-858 Rn. 28; a. A.: *Meilicke*, DStR 2007, 1892 (1893).

592 BT-Drs. 12/5630, 98; *Seer*, in: TK, AO/FGO (2017), § 165 AO Rn. 1.

Grundsätze greifen, sprich die Finanzbehörde treuwidrig eine Korrektur innerhalb der Festsetzungsfrist unterlässt (Rn. 352).

cc) Festsetzungsverjährung bei anderen Verstößen gegen Unionsrecht

Schließlich ist der Anwendungsbereich der Korrekturvorschriften gleichfalls nicht 391 eröffnet, wenn zwischenzeitlich eine Festsetzungsverjährung nach §§ 169 ff. AO eingetreten ist. Denn die Festsetzungsverjährung bildet die äußerste zeitliche Grenze für die Abänderbarkeit von Steuerbescheiden[593], mithin des Eintritts der materiellen Bestandskraft.

Als problematisch erweisen sich dabei nicht die Fälle, in denen ein Steuerpflichti- 392 ger gegen seinen eigenen Steuerbescheid vorgeht, um den Verstoß gegen Unionsrecht geltend zu machen. Denn in diesen Fällen würde zu seinen Gunsten die Ablaufhemmung des § 171 Abs. 3a AO greifen mit der Folge, dass die Festsetzungsverjährung nicht eher eintritt, als über den Rechtsbehelf unanfechtbar entschieden ist. Anders stellt sich die Situation hingegen dar, wenn der Steuerpflichtige zunächst keinen Rechtsbehelf gegen den ihn betreffenden Steuerbescheid erhebt, sondern quasi als „Trittbrettfahrer" z. B. nach einer Entscheidung des Europäischen Gerichtshofs außerhalb der Rechtsbehelfsfrist einen Verstoß gegen Unionsrecht geltend macht. Denn bevor eine Entscheidung des Europäischen Gerichtshofs ergeht, ist es nicht unüblich, dass für gleich gelagerte, den gleichen Veranlagungszeitraum betreffende Fälle bereits die bei der Einkommen-, Körperschaft- und Umsatzsteuer geltende reguläre Festsetzungsfrist von vier Jahren nach §§ 169 Abs. 2 Satz 1 Nr. 2, 170 Abs. 2 Nr. 1 AO abgelaufen ist (Rn. 387).

Dem schließt sich nun die Frage an, ob die Regelungen zur Festsetzungsverjäh- 393 rung nach §§ 169 ff. AO möglicherweise gegen Unionsrecht verstoßen. Der Grundsatz der Verfahrensautonomie wird bekanntermaßen beschränkt durch den Äquivalenzgrundsatz sowie das Effektivitätsgebot. Ein Verstoß gegen den Äquivalenzgrundsatz scheidet aus, da die Regelungen nicht zwischen Verstößen gegen Unionsrecht und solchen gegen deutsches Recht differenzieren.[594] Ein Verstoß gegen das Effektivitätsgebot wäre anzunehmen, wenn die Festsetzungsfrist die Ausübung der aus der Unionsrechtsordnung erwachsenen Rechte übermäßig erschweren oder praktisch unmöglich machen würde.

Hierbei ist zunächst festzustellen, dass auch absolute Ausschlussfristen – wie 394 die Festsetzungsverjährung – mit dem Unionsrecht vereinbar sein können. Sie sind Ausdruck des – bereits mehrfach angesprochenen – im Unionsrecht verankerten

---

593 *Saßenroth*, Die Bestandskraft deutscher Steuerbescheide im Licht der Rechtsprechung des EuGH, 2009, S. 119.

594 FG Baden-Württemberg, Urt. v. 4.2.2005, 9 K 198/02, DStRE 2005, 1042 (1043); *Saßenroth*, Die Bestandskraft deutscher Steuerbescheide im Licht der Rechtsprechung des EuGH, 2009, S. 120.

Grundsatzes der Rechtssicherheit.[595] In Bezug auf das Effektivitätsgebot hat den Europäischen Gerichtshof eine Reihe von Fällen beschäftigt, in denen es um die Frage ging, ob Ausschlussfristen die Ausübung der durch die Unionsrechtsordnung verliehenen Rechte praktisch unmöglich machen oder übermäßig erschweren. Im Grundsatz erkennt der Europäische Gerichtshof angemessene Ausschlussfristen für die Rechtsverfolgung im Interesse der Rechtssicherheit, die zugleich den Steuerpflichtigen und die Finanzbehörde schützt, an.

395 Hinsichtlich der Länge der Festsetzungsfrist kann auf die Entscheidungen des Europäischen Gerichtshofs in den Rs. *Dilexport, Edis* und *Spac* hingewiesen werden. Der Europäische Gerichtshof hatte sich hierbei mit Verjährungsfristen zu beschäftigen, nach deren Ablauf die Erstattung einer unionsrechtswidrig erhobenen Abgabe nicht mehr zulässig war. In allen drei Fällen handelte es sich um eine Verjährungsfrist von drei Jahren, welche der Europäische Gerichtshof als angemessen erachtete.[596] Da die reguläre deutsche Festsetzungsfrist gemäß § 169 Abs. 2 Satz 1 Nr. 2 AO vier Jahre beträgt und somit länger ist als die in den Rs. *Dilexport, Edis* und *Spac* behandelten Fristen, ist davon auszugehen, dass der Europäische Gerichtshof in Bezug auf die Vereinbarkeit der deutschen Festsetzungsfrist mit Unionsrecht zu keinem anderen Ergebnis gelangen würde. Die reguläre Festsetzungsfrist von vier Jahren gemäß § 169 Abs. 2 Satz 1 Nr. 2 AO erschwert nach der zutreffenden allgemeinen Ansicht[597], die sich auf der Linie des Europäischen Gerichtshofs bewegt, die Durchsetzung der durch die Unionsrechtsordnung verliehenen Rechte nicht übermäßig und macht sie auch nicht praktisch unmöglich.

396 Darüber hinaus bestehen auch hinsichtlich der kurzen Verjährungsfrist von einem Jahr bei Verbrauchsteuern und Verbrauchsteuervergütungen nach § 169 Abs. 2 Satz 1 Nr. 1 AO keine Bedenken. Diese Frist ist Kehrseite der in § 172 Abs. 1 Satz 1 Nr. 1 AO geregelten freien Korrigierbarkeit von Verbrauchsteuerbescheiden. Da das Unionsrecht aber noch nicht einmal fordert, dass eine Verwaltungsbehörde grundsätzlich dazu verpflichtet sein muss, eine gegen Unionsrecht verstoßende Verwaltungsentscheidung, deren Bestandskraft nach Ablauf angemessener Rechtsbehelfsfristen eingetreten ist, zu korrigieren[598], ist eine Festsetzungsfrist von einem Jahr, innerhalb welcher die Korrektur eines Steuerbescheids über ein

---

595 EuGH, Urt. v. 16.12.1976, Rs. 33/76 – *Rewe Zentralfinanz*, Slg. 1976, 1989 Rn. 5; ders., Urt. v. 2.12.1997, Rs. C-188/95 – *Fantask*, Slg. 1997, I-6820 Rn. 48; ders., Urt. v. 9.2.1999, Rs. C-343/96 – *Dilexport*, Slg. 1999, I-600 Rn. 26.

596 EuGH, Urt. v. 15.9.1998, Rs. C-260/96 – *Spac*, Slg. 1998, I-5012 Rn. 19; ders., Urt. v. 15.9.1998, Rs. C-231/96 – *Edis*, Slg. 1998, I-4979 Rn. 35; ders., Urt. v. 9.2.1999, Rs. C-343/96 – *Dilexport*, Slg. 1999, I-600 Rn. 26.

597 Ebenso: *Bartone*, in: Kühn/v. Wedelstädt, AO/FGO, 2015, § 169 AO Rn. 25; *Drüen*, in: TK, AO/FGO (2017), § 169 AO Rn. 39; *Saßenroth*, Die Bestandskraft deutscher Steuerbescheide im Licht der Rechtsprechung des EuGH, 2009, S. 122.

598 EuGH, Urt. v. 13.1.2004, Rs. C-453/00 – *Kühne & Heitz*, Slg. 2004, I-858 Rn. 24; BFH, Urt. v. 23.11.2006, V R 67/05, BStBl. II 2007, 436 (438).

Rechtsbehelfsverfahren hinaus möglich ist, im Sinne des Effektivitätsgebots als angemessen anzusehen.

Abschließend ist damit festzuhalten, dass hinsichtlich der deutschen Regelungen zur Festsetzungsverjährung nach §§ 169, 170 AO bei Verstößen gegen Unionsrecht keine Besonderheiten im Vergleich zu Verstößen gegen deutsches Recht bestehen. 397

b) Eingreifen einer Korrekturnorm bei anderen Verstößen gegen Unionsrecht

Sofern der Anwendungsbereich der §§ 172 ff. AO bei einem gegen Unionsrecht verstoßenden Steuerbescheid nach den vorstehend behandelten Grundsätzen eröffnet ist, schließt sich daran die Frage an, nach welcher Korrekturnorm eine Aufhebung oder Änderung des unionsrechtswidrigen Steuerbescheids möglich ist. Dieser Frage stellte sich auch *Anna Saßenroth* in ihrer Untersuchung (Rn. 11). Sie betrachtete dabei – u. a. aufgrund des Umstands, dass ihre Arbeit bereits aus dem Jahr 2009 stammt und damit vorlag, ehe einige Korrekturtatbestände durch das Gesetz zur Modernisierung des Besteuerungsverfahrens neu in die Abgabenordnung aufgenommen wurden – allerdings nicht alle der nachfolgend behandelten Korrekturvorschriften, sondern nur §§ 172, 173 und 175 Abs. 1 Satz 1 Nr. 2 AO. 398

aa) Korrektur von anderen Verstößen gegen Unionsrecht nach § 172 AO

Aus dem Kreis der Korrekturnormen bildet § 172 AO auch bei Verstößen gegen Unionsrecht die Grundnorm für die Korrektur von Steuerbescheiden und demzufolge für die Durchbrechung ihrer Bestandskraft. Die Norm enthält – wie bereits dargestellt – vier verschiedene Korrekturtatbestände (Rn. 190). 399

(1) Verstöße gegen Unionsrecht in Verbrauchsteuerbescheiden

Als Erstes ist darüber nachzudenken, wie Verstöße gegen Unionsrecht in Verbrauchsteuerbescheiden nach § 172 Abs. 1 Satz 1 Nr. 1 AO korrigiert werden können. Es ist dabei daran zu erinnern, dass die Korrektur von Bescheiden über Verbrauchsteuern im Ermessen der Finanzbehörden steht. Die Korrektur ist an keine weiteren Voraussetzungen geknüpft. Daher können Verstöße gegen Unionsrecht in Verbrauchsteuerbescheiden – so sieht es ebenfalls *Anna Saßenroth*[599] – ohne Weiteres korrigiert werden. 400

Die Ausübung des Ermessens ist aufgrund des dem Erlass eines Verbrauchsteuerbescheids vorangehenden nur summarischen Prüfungsverfahrens im Hinblick auf eine Korrektur vorgeprägt (Rn. 191 ff.). Zur Frage, inwieweit sich die 401

599 *Saßenroth*, Die Bestandskraft deutscher Steuerbescheide im Licht der Rechtsprechung des EuGH, 2009, S. 60.

Unionsrechtswidrigkeit des Steuerverwaltungsakts nun auf die Ausübung dieses Ermessens ausübt, finden sich bei *Saßenroth*[600] keine Ausführungen. Diese Lücke soll hier geschlossen werden. Die Vorprägung des Ermessens muss sich aufgrund der Schwere des Rechtsverstoßes in den Fällen intensivieren, in denen es um die Beseitigung von Verstößen gegen Unionsrecht geht. Denn das Unionsrecht steht grundsätzlich im Rang über dem nationalen Verfassungsrecht.[601] Darüber hinausgehend ist – wie bei § 130 AO (Rn. 366) – sogar eine Ermessensreduktion auf Null anzunehmen, wenn die vom Europäischen Gerichtshof in der Rs. *Kühne & Heitz* aufgestellten Voraussetzungen vorliegen.[602]

(2) Beseitigung von Verstößen gegen Unionsrecht durch Zustimmung des Steuerpflichtigen

402 Als Zweites ist zu untersuchen, ob eine Beseitigung von Verstößen gegen Unionsrecht erfolgen kann, indem der Steuerbescheid mit Zustimmung oder auf Antrag des Steuerpflichtigen korrigiert wird. Da § 172 Abs. 1 Satz 1 Nr. 2 Buchst. a) AO die Korrektur von Rechtsanwendungsfehlern ermöglicht (Rn. 194), lassen sich Verstöße gegen Unionsrecht über die Anwendung dieser Norm beseitigen. Bei einer Korrektur zugunsten des Steuerpflichtigen ist ein solches Vorgehen – diese Ansicht teilt *Anna Saßenroth*[603] ebenfalls – jedoch nur möglich, wenn der Steuerpflichtige *vor Unanfechtbarkeit* des Steuerbescheids zugestimmt oder den Antrag gestellt hat oder soweit die Finanzbehörde einem Einspruch oder einer Klage abhilft.

403 Folglich ist hinsichtlich der Relevanz dieser Vorschrift danach zu unterscheiden, ob sich durch die Beseitigung des Verstoßes gegen Unionsrecht die festzusetzende Steuer erhöht oder ermäßigt. Dafür ist die durch die Korrektur eintretende Veränderung des Tenors maßgeblich. Bei Steuerbescheiden geht es also um die festzusetzende Steuer.[604] Im Falle der Ermäßigung der festzusetzenden Steuer, mithin einer Korrektur zugunsten des Steuerpflichtigen, dürfte die Vorschrift des § 172 Abs. 1 Satz 1 Nr. 2 Buchst. a) AO weitgehend ohne Bedeutung bleiben. Denn die

---

600 *Saßenroth*, Die Bestandskraft deutscher Steuerbescheide im Licht der Rechtsprechung des EuGH, 2009, S. 59.

601 EuGH, Urt. v. 17.12.1970, Rs. 11/70 – *Internationale Handelsgesellschaft*, Slg. 1970, 1125 Rn. 3; *Schaumburg*, in: Schaumburg/Englisch, Europäisches Steuerrecht, 2015, Rn. 4.19.

602 Ähnlich: *Bartone*, in: Kühn/v. Wedelstädt, AO/FGO, 2015, Vor §§ 172–177 AO Rn. 20, der von einer Verpflichtung spricht; *Frenz*, DVBl. 2004, 375 (376).

603 *Saßenroth*, Die Bestandskraft deutscher Steuerbescheide im Licht der Rechtsprechung des EuGH, 2009, S. 60.

604 *Balster/Petereit*, DStR 2004, 1985 (1987); *Engel/Hammerschmidt*, IStR 2005; 405 (408); *v. Groll*, in: HHSp, AO/FGO (2017), § 172 AO Rn. 140; *Koenig*, in: Koenig, AO, 2014, § 172 AO Rn. 38; *Lindemann*, BB 2005, 1931 (1932); a. A.: *Schnitger*, FR 2004, 1357 (1370), der für eine wirtschaftliche Betrachtungsweise plädiert, welche die Anrechnungsverfügung einbezieht.

Unionsrechtswidrigkeit müsste schon während des Laufs einer Rechtsbehelfsfrist feststehen. Ist dieses nicht der Fall, so wird der Steuerpflichtige regelmäßig auf die Erhebung eines Rechtsbehelfs angewiesen sein, um seine Rechte geltend zu machen. Ein „Antrag auf schlichte Änderung" dürfte dementgegen nicht zielführend sein.

Anders stellt sich die Situation dar, wenn die Beseitigung des Verstoßes gegen Unionsrecht zu einer höheren Steuerfestsetzung führt. Denn in diesem Fall ist ein Antrag bzw. eine Zustimmung des Steuerpflichtigen auch nach Ablauf der Rechtsbehelfsfrist noch möglich. In der Praxis dürfte hingegen nicht damit zu rechnen sein, dass ein Steuerpflichtiger einen solchen Antrag stellt bzw. seine Zustimmung erteilen wird, wenn es hierbei nicht zu einem vorteilhaften Ergebnis für ihn kommt. 404

Ein solch vorteilhaftes Ergebnis könnte sich allerdings dann einstellen, wenn die aus der Korrektur des Steuerbescheids resultierende höhere Steuer durch andere Vorgänge kompensiert wird. Als Beispiel einer solchen Kompensation außerhalb des Steuerbescheids kann auf die bereits dargestellte Entscheidung des Europäischen Gerichtshofs in der Rs. *Meilicke* verwiesen werden (Rn. 5). Diese Entscheidung erging zur Vereinbarkeit des deutschen Körperschaftsteuersystems mit dem Unionsrecht. 405

Steuerpflichtigen, die unter der Geltung des Anrechnungssystems Ausschüttungen ausländischer Kapitalgesellschaften erhielten, stand es grundsätzlich offen, auch nach Ablauf der Rechtsbehelfsfrist unter Hinweis auf die Entscheidung des Europäischen Gerichtshofs in der Rs. *Meilicke* nach § 172 Abs. 1 Satz 1 Nr. 2 Buchst. a) AO eine Korrektur des Steuerbescheids zu beantragen. Lag ein solcher Antrag vor und war die Festsetzungsfrist noch nicht abgelaufen, wurde bei ihnen die von der ausländischen Kapitalgesellschaft gezahlte und auf den Teil der Ausschüttung entfallende ausländische Körperschaftsteuer nach § 20 Abs. 1 Nr. 3 EStG a. F. als Einkünfte aus Kapitalvermögen angesetzt. Infolgedessen kam es zu einer höheren Steuerfestsetzung, mithin handelte es sich um eine Korrektur zuungunsten des Steuerpflichtigen. Die Anrechnung der ausländischen Körperschaftsteuer nach § 36 Abs. 2 Nr. 3 EStG a. F. vollzog sich nicht im Steuerbescheid, sondern im Anrechnungsteil, der einen eigenständigen Verwaltungsakt darstellt. Beim Anrechnungsteil handelt es sich weder um einen Steuerbescheid noch um einen diesem gleichgestellten Verwaltungsakt. Für die Korrektur des Anrechnungsteils gilt daher, da es sich wegen des Verstoßes gegen Unionsrecht um einen rechtswidrigen allgemeinen Steuerverwaltungsakt handelt, die Regelung des § 130 Abs. 1 AO. Folglich war in diesem Fall durch die Korrektur des Steuerbescheids zum Nachteil des Steuerpflichtigen der Weg zur Korrektur des sich daran anschließenden Anrechnungsteils als allgemeinem Steuerverwaltungsakt zum Vorteil des Steuerpflichtigen eröffnet. Die höhere Steuerfestsetzung wurde dabei durch die Anrechnung der ausländischen Körperschaftsteuer überkompensiert. Nach alledem wurde der Steuerpflichtige also bessergestellt, indem es zur Erstattung von Einkommensteuer kam. 406

Die Korrektur nach § 172 Abs. 1 Satz 1 Nr. 2 Buchst. a) AO steht im Ermessen der Finanzbehörde. Dieses Ermessen ist – wie bereits mehrfach erwähnt – in 407

Richtung auf die Korrektur vorgeprägt (Rn. 196). Die Vorprägung intensiviert sich wiederum aufgrund der Schwere des Rechtsverstoßes durch die Verletzung des Unionsrechts. Besonderes Gewicht erhält dieser Verstoß zudem aus der in Art. 4 Abs. 3 EUV niedergelegten Pflicht zum effektiven Vollzug des Unionsrechts. Darüber hinaus gilt auch hier, dass eine Ermessensreduktion auf Null – wie bei § 130 AO (Rn. 366) – anzunehmen ist, wenn die vom Europäischen Gerichtshof in der Rs. *Kühne & Heitz* aufgestellten Voraussetzungen erfüllt sind.[605]

(3) Verstöße gegen Unionsrecht bei sachlicher Unzuständigkeit der erlassenden Behörde

408 Als Drittes kommt eine Durchbrechung der materiellen Bestandskraft von Steuerbescheiden, die gegen Unionsrecht verstoßen, nach § 172 Abs. 1 Satz 1 Nr. 2 Buchst. b) AO in Betracht, wenn die sachlich unzuständige Behörde den unionsrechtswidrigen Steuerbescheid erlassen hat. Das Tätigwerden der sachlich unzuständigen Behörde kann selbst keinen Verstoß gegen Unionsrecht bedeuten. Sachlich unzuständig ist eine Behörde, die Aufgaben außerhalb eines ihr zugewiesenen Aufgabenkreises erledigt.[606] Da die Steuerverwaltung Sache der Mitgliedstaaten ist und dem Unionsrecht insoweit keine verfahrensrechtlichen Befugnisse zustehen, existieren im Unionsrecht auch keine Regelungen hinsichtlich der sachlichen Zuständigkeit. Es bedarf daher – so vertritt es auch *Anna Saßenroth*[607] – weiterer Umstände, um über diese Norm die Korrektur eines unionsrechtswidrigen Steuerbescheids durchführen zu können.

409 Sollten diese weiteren Umstände vorliegen, steht die Korrektur nach § 172 Abs. 1 Satz 1 Nr. 2 Buchst. b) AO im Ermessen der Finanzbehörde, die dabei zu berücksichtigen hat, dass das dem Erlass des Steuerbescheids vorausgegangene Verfahren an einem schwerwiegenden Mangel leidet (Rn. 199). Die Norm rechtfertigt sich bekanntermaßen aus der Überlegung, dass bei sachlicher Unzuständigkeit regelmäßig fachliche Inkompetenz vorliegt.[608] Der Verstoß gegen Unionsrecht ist für die Ausübung des Ermessens demgegenüber nachrangig. Denn – soweit es um die Anwendung von Steuergesetzen geht – hätte die sachlich zuständige Behörde den gleichen Fehler gemacht, der zu dem Verstoß gegen Unionsrecht geführt hat. Deutsche Steuergesetze sind nämlich solange anzuwenden, bis ihre Unionsrechtswidrigkeit durch eine Entscheidung des Europäischen Gerichtshofs oder anderweitige

---

605 A. A.: *Engel/Hammerschmidt*, IStR 2005, 405 (408), die stets eine Ermessensreduktion auf Null annehmen wollen; ebenso: *de Weerth*, DB 2005, 1427 (1410), der von einer Verpflichtung spricht.

606 *Koenig*, in: Koenig, AO, 2014, § 172 AO Rn. 48; *Rüsken*, in: Klein, AO, 2016, § 172 AO Rn. 53.

607 *Saßenroth*, Die Bestandskraft deutscher Steuerbescheide im Licht der Rechtsprechung des EuGH, 2009, S. 60 f.

608 *Kruse*, Steuerrecht I, 1991, S. 290; *Loose*, in: TK, AO/FGO (2017), § 172 AO Rn. 43; *Seer*, in: Tipke/Lang, Steuerrecht, 2018, § 21 Rn. 401.

gerichtliche Feststellung bekannt wird (Rn. 378 ff.). Deshalb kommt dem Verstoß gegen Unionsrecht bei § 172 Abs. 1 Satz 1 Nr. 2 Buchst. b) AO keine besondere Bedeutung im Rahmen der ohnehin schon vorgeprägten Ermessensausübung zu.

(4) Verstöße gegen Unionsrecht und Anwendung unlauterer Mittel

Als vierter und letzter Korrekturtatbestand kommt im Rahmen des § 172 AO eine Korrektur von Verstößen gegen Unionsrecht in Betracht, soweit der unionsrechtswidrige Steuerbescheid durch unlautere Mittel erwirkt worden ist. § 172 Abs. 1 Satz 1 Nr. 2 Buchst. c) AO ermöglicht die Korrektur von Rechtsanwendungsfehlern (Rn. 200) und demzufolge von Verstößen gegen Unionsrecht. Auch hier kann der Grund – so nimmt es auch *Anna Saßenroth*[609] an – für die Durchbrechung der Bestandskraft, nämlich die Anwendung eines unlauteren Mittels, selbst keinen Verstoß gegen Unionsrecht begründen. Der Verstoß kann vielmehr – wie beim Tätigwerden der sachlich unzuständigen Behörde nach § 172 Abs. 1 Satz 1 Nr. 2 Buchst. b) AO – nur anlässlich des Erlasses des Steuerbescheids erfolgen. 410

Eine weitere Parallele zu § 172 Abs. 1 Satz 1 Nr. 2 Buchst. b) AO besteht auf Rechtsfolgenseite. Da das Ermessen bei § 172 Abs. 1 Satz 1 Nr. 2 Buchst. c) AO ebenfalls vorgeprägt ist und nur bei Vorliegen besonderer Umstände von einer Korrektur abgesehen werden kann (Rn. 202), kommt dem Verstoß gegen Unionsrecht im Rahmen der Ermessensausübung in aller Regel gleichfalls keine besondere Bedeutung zu. 411

bb) Korrektur von anderen Verstößen gegen Unionsrecht wegen unzutreffender Entscheidungsgrundlage

Im Anschluss an die Grundfälle des § 172 AO soll es nunmehr um die Durchbrechung der materiellen Bestandskraft aufgrund einer unzutreffenden Entscheidungsgrundlage nach §§ 173, 173a AO bei Verstößen gegen Unionsrecht gehen. Eine unzutreffende Entscheidungsgrundlage liegt vor, wenn Tatsachen nachträglich bekannt werden, die zu einer höheren oder niedrigen Steuerfestsetzung führen, oder wenn dem Steuerpflichtigen bei Erstellung seiner Steuererklärung Schreib- oder Rechenfehler unterlaufen sind und er deshalb der Finanzbehörde bestimmte, nach den Verhältnissen zum Zeitpunkt des Erlasses des Steuerbescheids rechtserhebliche Tatsachen unzutreffend mitgeteilt hat. 412

(1) Verstöße gegen Unionsrecht als neue Tatsachen?

Zuerst soll es dabei um die Fälle gehen, in denen Tatsachen nachträglich bekannt werden, die zu einer höheren oder niedrigeren Steuerfestsetzung führen. Hier rechtfertigt § 173 AO die Durchbrechung der materiellen Bestandskraft nur bei 413

609 *Saßenroth*, Die Bestandskraft deutscher Steuerbescheide im Licht der Rechtsprechung des EuGH, 2009, S. 60 f.

Sachverhalts-, nicht jedoch bei Rechtsanwendungsfehlern (Rn. 204). Denn unter den Begriff der Tatsache ist alles zu fassen, was Merkmal oder Teilstück eines gesetzlichen Tatbestands sein kann.[610] Deren steuerrechtliche Würdigung sowie die juristische Subsumtion unter den Tatbestand einer gesetzlichen Norm stellen demgegenüber keine Tatsachen dar.[611] Eine Gerichtsentscheidung ist demnach nicht als Tatsache anzusehen, und zwar selbst dann nicht, wenn es sich um eine Rechtsprechungsänderung handelt.[612] Demzufolge kann auch eine Entscheidung des Europäischen Gerichtshofs nicht als Tatsache i. S. d. § 173 Abs. 1 AO angesehen werden.[613] Diese Einschätzung wird von *Anna Saßenroth* geteilt.[614]

414 Der Anwendungsbereich des § 173 Abs. 1 AO könnte jedoch eröffnet sein, wenn im Vertrauen auf die Unionsrechtskonformität des deutschen Steuerrechts der Steuerpflichtige bestimmte Angaben zum Sachverhalt nicht gemacht hat, die bei einer unionsrechtskonformen Anwendung des Rechts für die rechtliche Würdigung relevant gewesen wären.[615]

---

610 BFH, Urt. v. 18.12.1996, XI R 36/96, BStBl. II 1997, 264 (265); *Koenig*, in: Koenig, AO, 2014, § 173 AO Rn. 7.

611 BFH, Urt. v. 2.8.1994, VIII R 65/93, BStBl. II 1995, 264 (265); *Loose*, in: TK, AO/FGO (2017), § 173 AO Rn. 3.

612 BFH, Urt. v. 28.6.2006, III R 13/06, BStBl. II 2007, 714 (716); *Bartone*, in: Kühn/v. Wedelstädt, AO/FGO, 2015, § 173 AO Rn. 2a.

613 BFH, Urt. v. 31.3.1981, VII R 1/79, BStBl. II 1981, 507 (510); *Bartone*, in: Kühn/v. Wedelstädt, AO/FGO, 2015, Vor §§ 172–177 AO Rn. 20; *Krumm*, IWB 2005, 443 (452); *Leonard/Szczekalla*, UR 2005, 420 (426); *Loose*, in: TK, AO/FGO (2017), § 173 AO Rn. 3; *de Weerth*, DStR 2005, 1407 (1410).

614 *Saßenroth*, Die Bestandskraft deutscher Steuerbescheide im Licht der Rechtsprechung des EuGH, 2009, S. 61.

615 Als Beispiel sei hier die Entscheidung des Europäischen Gerichtshofs in der Rs. *Meilicke* (EuGH, Urt. v. 6.03.2003, Rs. C-292/04 – *Meilicke*, Slg. 2007, I-1872) genannt, mit welcher ein Verstoß des deutschen Anrechnungsverfahrens gegen die Kapitalverkehrsfreiheit festgestellt wurde. Nach dem Verständnis der Finanzverwaltung war es für die Anwendung des deutschen Steuerrechts bis dahin irrelevant, wie hoch die von einer ausländischen Kapitalgesellschaft an einen in Deutschland Steuerpflichtigen gezahlte Bruttodividende gewesen war. Deshalb dürften die Steuerpflichtigen in den allermeisten Fällen nur die Bardividende erklärt haben. Die Höhe der Bruttodividende wäre in diesem Fall erst nachträglich i. S. d. § 173 Abs. 1 AO bekannt geworden. Im Zeitpunkt der Steuerfestsetzung war die Bruttodividende bereits vorhanden, jedoch hätte die Finanzbehörde von deren Höhe erst nach Erlass des Steuerbescheids Kenntnis erlangt (*Rüsken*, in: Klein, AO, 2016, § 173 AO Rn. 48). Damit läge in einem solchen Fall eine neue Tatsache vor (*Sobanski*, DStR 2011, 1485 [1486]; *de Weerth*, DStR 2004, 1992 [1994]; a. A.: *Gosch*, DStR 2004, 1988 [1990]).

Dem kann in einem solchen Fall nicht das ungeschriebene Merkmal der Rechtserheblichkeit entgegenstehen.[616] Mit seinen Entscheidungen verdeutlicht der Europäische Gerichtshof, in welchem Sinn und mit welcher Tragweite eine Vorschrift des Unionsrechts seit ihrem Inkrafttreten zu verstehen und anzuwenden ist oder gewesen wäre.[617] Diesen Grundsatz hat der Europäische Gerichtshof in der Rs. *Fantask* dahingehend konkretisiert, dass ein allgemeiner Grundsatz des nationalen Rechts, nach dem Gerichte eines Mitgliedstaats Klagen auf Erstattung unionsrechtswidrig erhobener Abgaben abweisen müssen, wenn diese Abgaben lange Zeit erhoben worden sind und weder den Behörden des Mitgliedstaats noch den Abgabepflichtigen die Rechtswidrigkeit der Abgaben bewusst gewesen ist, mit dem Unionsrecht unvereinbar ist. Denn ein solcher Grundsatz würde es übermäßig erschweren, die Erstattung von unter Verstoß gegen Unionsrecht erhobenen Steuern zu erreichen. Darüber hinaus würde er Verstöße gegen Unionsrecht sogar begünstigen, wenn sich diese Verstöße über einen langen Zeitraum hingezogen haben.[618] Nichts anderes kann dann für die teleologische Reduktion des § 173 Abs. 1 AO durch das Merkmal der Rechtserheblichkeit gelten. Dieses Merkmal darf in den Fällen, in denen die Rechtserheblichkeit einer Tatsache erst durch eine nachfolgende Entscheidung des Europäischen Gerichtshofs deutlich wird, keine Anwendung finden.[619] 415

Erklärt ein Steuerpflichtiger im Vertrauen auf die Unionsrechtskonformität des deutschen Steuerrechts bestimmte Tatsachen nicht in seiner Steuererklärung und führen die nachträglich bekannt gewordenen Tatsachen zu einer niedrigeren Steuer, so kann dieser Umstand zudem grundsätzlich nicht zu einem Ausschluss der Anwendung des § 173 Abs. 1 AO wegen groben Verschuldens führen. Grobes Verschulden ist nämlich nur dann anzunehmen, wenn der Steuerpflichtige die Sorgfalt, zu der er nach seinen persönlichen Fähigkeiten verpflichtet und imstande ist, in ungewöhnlicher, nicht entschuldbarer Weise verletzt.[620] Dem Steuerpflichtigen soll ein solcher Vorwurf aber nicht schon dann gemacht werden können, wenn er eine Tatsache erst nach einer Änderung der Rechtsprechung offenlegt. Vielmehr bedarf es in einem solchen Fall weiterer Aspekte, die das Zurückhalten der Tatsache als eine auf grobem Verschulden beruhende Verletzung der Mitwirkungspflicht erscheinen lassen.[621] Dem Fall einer Rechtsprechungsänderung ist der Fall 416

616 *Sobanski*, DStR 2011, 1485 (1486 f.); a. A.: *Gosch*, DStR 2004, 1988 (1990); *Schnitger*, FR 2004, 1357 (1370).

617 EuGH, Urt. v. 27.3.1980, Rs. 61/79 – *Denkavit italiana*, Slg. 1980, 1205 Rn. 16; ders., Urt. v. 15.9.1998, Rs. C-231/96 – *Edis*, Slg. 1998, I-4979 Rn. 15.

618 EuGH, Urt. v. 2.12.1997, Rs. C-188/95 – *Fantask*, Slg. 1998, I-6820 Rn. 40.

619 *Sobanski*, DStR 2011, 1485 (1487).

620 BFH, Urt. v. 22.5.1995, VI R 17/91, BStBl. II 1993, 80 (81); *v. Groll*, in: HHSp, AO/FGO (2017), § 173 AO Rn. 275; *Rüsken*, in: Klein, AO, 2016, § 173 AO Rn. 112.

621 *Rüsken*, in: Klein, AO, 2016, § 173 AO Rn. 117; allgemein zu Mangel an Rechtskenntnissen des Steuerpflichtigen: BFH, Urt. v. 21.7.1989, III R 303/84, BStBl. II 1989, 960 (961); *Koenig*, in: Koenig, AO, 2014, § 173 AO Rn. 115; *Loose*, in: TK, AO/FGO (2017), § 173 Rn. 77.

gleichzustellen, in dem sich nachträglich die Unionsrechtswidrigkeit einer Norm des deutschen Steuerrechts aus einer Entscheidung des Europäischen Gerichtshofs oder des Gerichts der Europäischen Union ergibt. Denn erst hierdurch wird der Verstoß gegen Unionsrecht deutlich, so dass bis zu dieser Entscheidung nicht davon auszugehen ist, dass der Steuerpflichtige die ihm zumutbare Sorgfalt in ungewöhnlicher, nicht entschuldbarer Weise verletzt hat. Bei der Beauftragung eines steuerlichen Beraters gelten jedoch strengere Maßstäbe. Hier ist zu erwarten, dass der Berater bereits ab dem Zeitpunkt der Veröffentlichung des Vorlagebeschlusses (z. B. im Bundessteuerblatt) die zu einer niedrigeren Steuer führenden Tatsachen erklärt. Das Verschulden eines steuerlichen Beraters ist dem Steuerpflichtigen dann wie eigenes Verschulden zuzurechnen.[622]

(2) Verstöße gegen Unionsrecht und Schreib- und Rechenfehler bei Erstellung der Steuererklärung

417 Zu den Fällen der Durchbrechung der materiellen Bestandskraft wegen einer unzutreffenden Entscheidungsgrundlage gehören neben den gerade eben untersuchten Fällen der Korrektur wegen neuer Tatsachen die Fälle, in denen dem Steuerpflichtigen bei Erstellung seiner Steuererklärung Schreib- oder Rechenfehler unterlaufen sind. § 173a AO ermöglicht hierbei – wie zuvor § 173 AO – nicht die Korrektur von Rechtsanwendungsfehlern (Rn. 207). Demgemäß kann über diese Norm ein Verstoß gegen Unionsrecht nicht unmittelbar beseitigt werden. Darüber hinaus ist es im Unterschied zu § 173 AO aber auch kaum denkbar, dass anlässlich einer Korrektur nach § 173a AO Verstöße gegen Unionsrecht mittelbar korrigiert werden können. Denn § 173a AO erfasst nur Schreib- und Rechenfehler des Steuerpflichtigen. Ebenso wie für § 129 AO gilt auch hier, dass die Möglichkeit eines Rechtsanwendungsfehlers ausgeschlossen sein muss.[623] Bei Verstößen gegen Unionsrecht handelt es sich aber klassischerweise um solche Rechtsanwendungsfehler. Darum ist der Anwendungsbereich der Norm nicht eröffnet.

cc) Korrektur von anderen Verstößen gegen Unionsrecht bei widerstreitenden Steuerfestsetzungen

418 Als weitere Möglichkeit zur Durchbrechung der materiellen Bestandskraft ist nun die Korrektur von Verstößen gegen Unionsrecht bei widerstreitenden Steuerfestsetzungen ins Auge zu fassen. Die in § 174 AO geregelten Fälle weisen – wie bereits dargestellt wurde – die Gemeinsamkeit auf, dass es zu einer fehlerhaften Berücksichtigung oder Nichtberücksichtigung eines Sachverhalts gekommen ist. Dabei ist die Norm unionsrechtskonform so auszulegen, dass sich diese Frage zumindest

---

622 BFH, Urt. v. 9.5.2012, I R 73/10, BStBl. II 2013, 566 Rn. 14; *v. Groll*, in: HHSp, AO/FGO (2017), § 173 AO Rn. 275.

623 *Loose*, in: TK, AO/FGO (2017), §173a AO Rn. 6; *v. Wedelstädt*, in: Gosch, AO/FGO (2017), § 173a Rn. 12.

in den Fällen der Mehrfachberücksichtigung oder Nichtberücksichtigung eines Sachverhalts unter Einbeziehung von Steuerbescheiden, die von Finanzbehörden anderer Mitgliedstaaten erlassen wurden, beurteilt.[624] Dies folgt jedenfalls aus Art. 21 AEUV, der jedem Steuerpflichtigen das Recht gewährt, sich – vorbehaltlich bestimmter Beschränkungen und Bedingungen – im Hoheitsgebiet der Mitgliedstaaten frei zu bewegen und aufzuhalten. Steuerpflichtige, die international aktiv und dadurch in mehr als einem Mitgliedstaat steuerpflichtig sind, würden im Falle einer anderen Auslegung gegenüber solchen Steuerpflichtigen benachteiligt, deren Aktivitäten sich nur auf das Inland beschränken.[625]

Da der Anwendungsbereich durch eine fehlerhafte Berücksichtigung oder 419
Nichtberücksichtigung eines Sachverhalts eröffnet wird, kann eine Beseitigung von Verstößen gegen Unionsrecht wiederum nur eine mittelbare Folge sein. Sachverhalt ist nur jeder einzelne Lebensvorgang, an den das Gesetz steuerliche Folgen knüpft.[626] Daher scheiden bloße Fehler bei der steuerlichen Würdigung sowie der juristischen Subsumtion aus. Letztlich gelten bei der Anwendung des § 174 AO keine Besonderheiten, wenn der Steuerbescheid einen Verstoß gegen Unionsrecht beinhaltet, gegenüber den Fällen, in denen der Steuerbescheid gegen deutsches Recht verstößt.

dd) Korrektur von anderen Verstößen gegen Unionsrecht in sonstigen Fällen

Bei der im Folgenden zu untersuchenden Durchbrechung der materiellen Bestands- 420
kraft bei Verstößen gegen Unionsrecht in sonstigen Fällen geht es darum, inwieweit diese Verstöße gegen Unionsrecht mit Grundlagenbescheiden, rückwirkenden Ereignissen oder von Dritten übermittelten Daten im Zusammenhang stehen.

(1) Verstöße gegen Unionsrecht und Grundlagenbescheide

Die erste Möglichkeit der Durchbrechung der materiellen Bestandskraft in sons- 421
tigen Fällen besteht nach § 175 Abs. 1 Satz 1 Nr. 1 AO dann, wenn ein Grundlagenbescheid, dem Bindungswirkung für einen Folgebescheid zukommt, erlassen, aufgehoben oder geändert wird. Sofern dieser Grundlagenbescheid einen Verstoß gegen Unionsrecht enthält, wird auch der darauf beruhende Folgebescheid, in dem die durch den Grundlagenbescheid festgestellten Besteuerungsgrundlagen übernommen wurden, einen Verstoß gegen Unionsrecht beinhalten. Wird der im Grundlagenbescheid enthaltene Verstoß gegen Unionsrecht durch eine Korrektur

---

624 BFH, Urt. v. 9.5.2012, I R 73/10, BStBl. II 2013, 566 Rn. 16, 20; *Loose*, in: TK, AO/FGO (2017), § 174 AO Rn. 8; *Seer*, in: Tipke/Lang, Steuerrecht, 2018, § 21 Rn. 423; a. A.: *Koenig*, in: Koenig, AO, 2014, § 174 AO Rn. 12.

625 BFH, Urt. v. 9.5.2012, I R 73/10, BStBl. II 2013, 566 Rn. 23.

626 BFH, Urt. v. 18.2.1997, VIII R 54/95, BStBl. II 1997, 647 (649); *Loose*, in: TK, AO/FGO (2017), § 174 AO Rn. 5.

desselben Bescheids beseitigt, erfolgt die Beseitigung dieses Verstoßes infolgedessen auch im Folgebescheid, indem der Folgebescheid nach § 175 Abs. 1 Satz 1 Nr. 1 AO korrigiert wird.

422 Darüber hinaus könnte überlegt werden, ob nicht Entscheidungen des Europäischen Gerichtshofs möglicherweise als Grundlagenbescheide eingeordnet werden können. Dagegen spricht jedoch, dass, unabhängig davon, dass es sich bei einer Entscheidung des Europäischen Gerichtshofs nicht um einen Verwaltungsakt handelt, eine Gerichtsentscheidung grundsätzlich nur inter partes wirkt. Ihr kommt somit keine Bindungswirkung für andere Steuerfälle zu.

(2) Verstöße gegen Unionsrecht und rückwirkende Ereignisse

423 Die zweite Möglichkeit einer Durchbrechung der materiellen Bestandskraft in sonstigen Fällen erfordert, dass ein Ereignis eintritt, das steuerliche Wirkung für die Vergangenheit (rückwirkendes Ereignis) hat. Eine Korrektur nach § 175 Abs. 1 Satz 1 Nr. 2 AO setzt voraus, dass das rückwirkende Ereignis in der Weise in die Vergangenheit wirkt, dass nunmehr der veränderte Sachverhalt anstelle des zuvor verwirklichten Sachverhalts der Besteuerung zugrunde zu legen ist.[627] Eine Änderung der rechtlichen Beurteilung eines bestehenden und unverändert gebliebenen Sachverhalts rechtfertigt dem hingegen nicht die Anwendung dieser Regelung; dies gilt insbesondere für Gerichtsentscheidungen, da diese Entscheidungen nur inter partes wirken.[628] Durch eine Entscheidung des Europäischen Gerichtshofs ändert sich nicht der zu beurteilende Sachverhalt; vielmehr erläutert und verdeutlicht der Europäische Gerichtshof nur, wie das Unionsrecht seit seinem Inkrafttreten auszulegen ist bzw. gewesen wäre.[629] Eine Entscheidung des Europäischen Gerichtshofs ist demgemäß nicht als rückwirkendes Ereignis anzusehen.[630] Ansonsten wären Steuerbescheide – worauf *Anna Saßenroth*[631] ebenfalls zutreffend hinweist – fortwährend an die neue Rechtslage anzupassen, was das Rechtsinstitut der Bestandskraft entwerten würde.[632] Anders als in der Vergangenheit angenommen[633], wird dieses Ergebnis auch nicht durch die Regelung des § 176 AO, nach welcher eine

---

627 BFH, Beschl. v. 19.7.1993, GrS 2/92, BStBl. II 1993, 897 (901); *Loose*, in: TK, AO/FGO (2017), § 175 AO Rn. 26.

628 BFH, Urt. v. 26.10.1988, II R 55/86, BStBl. II 1989, 75 (75 f.); ders., Urt. v. 21.03.1996, XI R 36/95, BStBl. II 1996, 399 (401); *Rüsken*, in: Klein., AO, 2016, § 175 Rn. 83.

629 Vgl. BFH, Urt. v. 21.03.1996, XI R 36/95, BStBl. II 1996, 399 (401); ders., Urt. v. 23.11.2006, V R 28/05, BFH/NV 2007, 872 (873).

630 *Bartone*, in: Kühn/v. Wedelstädt, AO/FGO, 2015, Vor §§ 172–177 AO Rn. 20; *Koenig*, in: Koenig, AO, 2014, § 175 AO Rn. 38; *Krumm*, IWB 2005, 443 (452); *Leonard/Szczekalla*, UR 2005, 420 (426).

631 *Saßenroth*, Die Bestandskraft deutscher Steuerbescheide im Licht der Rechtsprechung des EuGH, 2009, S. 62.

632 Hessisches FG, Urt. v. 6.4.1995, 6 K 74/95, BB 1995, 914 (915).

633 Vgl. BFH, Urt. v. 21.3.1996, XI R 36/95, BStBl. II 1996, 399 (401).

Änderung der Rechtsprechung in bestimmten Fällen nicht nachteilig zuungunsten des Steuerpflichtigen berücksichtigt werden darf, bestätigt. Denn diese Regelung bezieht sich nicht auf Entscheidungen des Europäischen Gerichtshofs.

Der aufgedeckte Verstoß gegen Unionsrecht stellt demnach kein rückwirken- 424
des Ereignis dar; dieser Verstoß kann nur anlässlich der Korrektur aufgrund eines rückwirkenden Ereignisses beseitigt werden. Soweit teilweise[634] – wie bei § 173 AO – die Rechtserheblichkeit des rückwirkenden Ereignisses gefordert wird, kann diese ungeschriebene Einschränkung aus den bereits für § 173 AO dargelegten Gründen (Rn. 415) nicht für Fälle gelten, in denen es um die Korrektur von Verstößen gegen Unionsrecht geht.

Die Möglichkeit, Verstöße gegen Unionsrecht mittelbar zu beseitigen, ist 425
durch das Einfügen des § 175 Abs. 2 Satz 2 AO durch das Gesetz zur Umsetzung von EU-Richtlinien in nationales Steuerrecht und zur Änderung weiterer Vorschriften (EURLUmsG) vom 9.12.2004[635] wesentlich eingeschränkt worden. Diese als „Lex Manninen"[636] bezeichnete Regelung[637] verhindert, dass die Vorlage einer Bescheinigung ein rückwirkendes Ereignis darstellt, obschon die

634 FG Köln, Urt. v. 24.8.2010, 12 K 1839/07, EFG 2011, 210 (211); *Rüsken*, in: Klein, AO, 2016, § 175 AO Rn. 50.

635 BGBl. I 2004, S. 3323. Die Neuregelung trat dabei nicht am Tag der Verkündung, sondern rückwirkend zum 28.10.2004, dem Tag der 3. Lesung im Bundestag, in Kraft (vgl. Art. 97 § 9 Abs. 3 Satz 1 EGAO i. d. F. des EURLUmsG).

636 Vgl. *Geisenberger*, Der Einfluss des Europarechts auf steuerliches Verfahrensrecht, 2010, S. 119; *Gosch*, DStR 2004, 1988 (1992); *Loose*, in: TK, AO/FGO (2017), § 175 AO Rn. 49; *Ritzer/Stangl*, DStR 2004, 2176 (2178).

637 Der Europäische Gerichtshof hatte in der Rs. *Manninen* zum finnischen Anrechnungsverfahren entschieden, dass eine nationale Regelung gegen die Kapitalverkehrsfreiheit verstößt, wenn der Anspruch einer in einem Mitgliedstaat unbeschränkt steuerpflichtigen Person auf eine Steuergutschrift für die Dividende, die ihr von Aktiengesellschaften gezahlt werden, ausgeschlossen ist, wenn die betreffenden Gesellschaften ihren Sitz nicht in diesem Mitgliedstaat haben (EuGH, Urt. v. 7.9.2004, Rs. C-319/02 – *Manninen*, Slg. 2004, S. I-7498 Rn. 55). In der Literatur wurde daraus der Schluss gezogen, dass auch das insoweit dem finnischen System vergleichbare deutsche Anrechnungsverfahren unionsrechtswidrig sei (vgl. *Balster/Petereit*, DStR 2004, 1985 [1986]; *Eicker/Ketteler*, BB 2005, 131 [131]). Tatsächlich hat der Europäische Gerichtshof in der Rs. *Meilicke* diese Schlussfolgerung bestätigt (EuGH, Urt. v. 7.3.2007, Rs. C-292/04 – *Meilicke*, Slg. 2007, I-1872 Rn. 31) Demnach hätte die ausländische Körperschaftsteuer bei Vorlage einer Bescheinigung als Einnahme erfasst und angerechnet werden müssen. Bis zum Inkrafttreten des § 175 Abs. 2 Satz 2 AO wurde die nachträgliche Vorlage oder Erteilung einer Steuerbescheinigung über anrechenbare Körperschaftsteuer als rückwirkendes Ereignis i. S. d. § 175 Abs. 1 Satz 1 Nr. 2 AO angesehen. Damit hätte hinsichtlich der Festsetzungsverjährung die Anlaufhemmung des § 175 Abs. 1 Satz 2 AO Anwendung gefunden, so dass eine Anrechnung auch für Veranlagungszeiträume, bei denen die reguläre Festsetzungsfrist schon abgelaufen ist, unproblematisch hätte erfolgen können. Um diesen Korrekturen zuvor zu kommen, wurde per gesetzlicher Fiktion in

Bescheinigung Merkmal eines materiellen Steuergesetzes ist. Der Europäische Gerichtshof stellte in der Rs. *Meilicke II* zu Recht fest, dass diese Regelung gegen Unionsrecht verstößt.[638] § 175 Abs. 2 Satz 2 AO beinhalte einen Verstoß gegen das Effektivitätsgebot, weil die Regelung rückwirkend eingefügt wurde, ohne dass es den betroffenen Steuerpflichtigen ermöglicht worden wäre, ihre aus der Unionsrechtsordnung erwachsenen Rechte innerhalb einer angemessenen Übergangsfrist geltend zu machen.[639]

Zu diesem zutreffenden Ergebnis gelangte der Europäische Gerichtshof – wie zuvor schon *Anna Saßenroth* in ihrer Untersuchung[640] –, indem er den Grundsatz der Verfahrensautonomie nebst seinen Einschränkungen durch den Äquivalenzgrundsatz und das Effektivitätsgebot auch auf den Fall einer Änderung von nationalen Verfahrensvorschriften anwendete.[641] Durch die Änderung einer Verfahrensvorschrift darf es nicht dazu kommen, dass die Durchsetzung der durch die

---

§ 175 Abs. 2 Satz 2 AO die nachträgliche Vorlage oder Erteilung einer Bescheinigung aus dem Tatbestand herausgenommen. So konnte jedenfalls Bundesfinanzminister Hans Eichel verstanden werden, als er im Bundestag davon sprach, dass er in seinen Alpträumen erlebe, wie er die unter Verstoß gegen Unionsrecht erhobenen Steuern zurückzahlen müsse. Dann sei der Staatshaushalt pleite (vgl. Plenarprotokoll 15/140, 12881 [A]).

638 EuGH, Urt. v. 30.6.2011, Rs. C-262/09 – *Meilicke* II, ECLI: EU: C:2011:438 Rn. 59.

639 EuGH, Urt. v. 30.6.2011, Rs. C-262/09 – *Meilicke* II, ECLI: EU: C:2011:438 Rn. 58.

640 *Saßenroth*, Die Bestandskraft deutscher Steuerbescheide im Licht der Rechtsprechung des EuGH, 2009, S. 119.

641 Vgl. EuGH, Urt. v. 29.6.1988, Rs. 240/87 – *Deville*, Slg. 1988, 3524 Rn. 13, das sich mit der Vereinbarkeit einer französischen Regelung mit Unionsrecht beschäftigte, die in Folge einer anderen Entscheidung des Europäischen Gerichtshofs geändert wurde. Nachdem sich aus der Entscheidung des Europäischen Gerichtshofs in der Rs. *Humblot* (EuGH, Urt. v. 9.5.1985, Rs. 112/84 – *Humblot*, Slg. 1985, 1375 Rn. 16) die Unvereinbarkeit der französischen Kraftfahrzeugsteuer mit dem Unionsrecht ergab, verabschiedete der französische Gesetzgeber ein Gesetz, wonach die Erstattung der zu Unrecht erhobenen Kraftfahrzeugsteuer nur möglich war, wenn der Steuerpflichtige spätestens am 31.12. des zweiten auf das Jahr der Zahlung fallenden Jahres Einspruch eingelegt hatte. Bisher wäre als anderer Anknüpfungspunkt das Ereignis, auf das der Einspruch gestützt wird, in Betracht gekommen. Dieses Ereignis wäre die Entscheidung des Europäischen Gerichtshofs in der Rs. *Humblot* gewesen. Herr *Deville* begehrte die Erstattung der zu Unrecht gezahlten Kraftfahrzeugsteuer für frühere Jahre. Diese Erstattung wurde von der zuständigen französischen Behörde unter Berufung auf die Neuregelung abgelehnt. Der Europäische Gerichtshof stellte hierzu fest, dass der nationale Gesetzgeber nicht nach Verkündung eines Urteils des Europäischen Gerichtshofs, in welchem die Unionsrechtswidrigkeit einer bestimmten Rechtsnorm festgestellt wird, eine Verfahrensregel erlassen darf, die speziell die Möglichkeiten einschränkt, auf Erstattung der Abgaben zu klagen, die aufgrund dieser Vorschrift zu Unrecht erhoben wurden. Ob es sich im vorliegenden Fall um eine solche Verfahrensregel handelte, welche die Möglichkeiten, auf Erstattung zu klagen, einschränkt, sei durch das nationale Gericht zu prüfen.

Unionsrechtsordnung verliehenen Rechte praktisch unmöglich oder übermäßig erschwert wird. Eine Änderung des Verfahrensrechts ist demnach unzulässig, wenn die Geltendmachung von Ansprüchen auf die Korrektur von unionsrechtswidrigen Steuerverwaltungsakten ad hoc ausgeschlossen wird. Denn eine Regelung, deren Rückwirkung dem Einzelnen jede Möglichkeit nimmt, einen ihm zuvor zustehenden Anspruch auf Erstattung von unter Verstoß gegen Unionsrecht erhobenen Steuern geltend zu machen, ist mit dem Effektivitätsgebot unvereinbar.[642] Beabsichtigt der Gesetzgeber eine Änderung des Verfahrensrechts, die Einfluss auf die Geltendmachung von Ansprüchen auf die Korrektur unionsrechtswidriger Steuerverwaltungsakte hat, so kann er hierfür eine Vorgehensweise wählen, die entweder zu einem schrittweisen „Abschmelzen“ der Korrekturmöglichkeiten führt[643] oder er kann die Änderung des Verfahrensrechts mit einer Übergangsregelung

---

642 EuGH, Urt. v. 11.7.2002, Rs. C-62/00 – *Marks & Spencer*, Slg. 2002, I-6348 Rn. 40, in dem es um die Erstattung von unionsrechtswidrig erhobener Mehrwertsteuer ging. Im Vereinigten Königreich wurde aus Sorge angesichts zunehmender Risiken für den Staatshaushalt aufgrund von Anträgen auf Erstattung von rechtswidrig erhobenen Abgaben im Jahr 1997 die Verjährungsfrist von sechs Jahren auf drei Jahre verkürzt. Die neue Verjährungsfrist sollte für alle noch nicht beschiedenen Anträge gelten. Das Einzelhandelsunternehmen *Marks & Spencer* verkaufte Gutscheine an Unternehmen zu einem Betrag unter dem Nennwert. Die Mehrwertsteuer wurde jedoch nach dem Nennwert berechnet. Dies verstieß gegen die Vorgaben der 6. EG-Richtlinie (vgl. EuGH, Urt. v. 24.10.1996, Rs. C-288/94 – Argos Distributors, Slg. 1996, I-5327). *Marks & Spencer* beantragte daraufhin die Erstattung der zu Unrecht gezahlten Mehrwertsteuer. Diese Erstattung wurde von den Finanzbehörden des Vereinigten Königreichs für die Jahre 1991 und 1992 unter Berufung auf die Verjährung abgelehnt. Ebenso: *Hahn*, IStR 2005, 145 (149).

643 Vgl. EuGH, Urt. v. 17.11.1998, Rs. C-228/96 – *Aprile*, Slg. 1998, I-7164 Rn. 34, in dem es u. a. um die Verkürzung von Fristen zur Erstattung von unter Verstoß gegen Unionsrecht gezahlter Abgaben ging. In Italien wurden den Wirtschaftsteilnehmenden die Kosten der Kontrollen und der Verwaltungsformalitäten an den Zollstellen während der üblichen Öffnungszeiten auferlegt. Diese Kosten stellten Abgaben gleicher Wirkung dar und verstießen somit gegen Unionsrecht (vgl. EuGH, Urt. v. 30.5.1989, Rs. 340/87 – *Kommission/Italien*, Slg. 1989, 1507 Rn. 17). Die *Aprile Srl* beantragte im Jahr 1994 die Erstattung der von ihr im Jahr 1990 entrichteten Beiträge. Die italienischen Behörden beriefen sich demgegenüber auf die Verjährung dieser Ansprüche. Im Jahr 1991 hatte der italienische Gesetzgeber das Verjährungsrecht geändert, indem es für die Erstattung von Beträgen, die im Zusammenhang mit Zollhandlungen gezahlt wurden, die Verjährungsfrist von bisher zehn Jahren auf fünf Jahren verkürzte. Ab dem 90. Tag des Inkrafttretens reduzierte sich diese Frist sogar auf drei Jahre. Eine tatsächliche Rückwirkung wurde der Regelung nicht beigemessen, da für in der Vergangenheit gezahlte Abgaben die kürzere Verjährungsfrist erst drei Jahre nach dem Inkrafttreten der Neuregelung Anwendung finden sollte. Der Europäische Gerichtshof stellte hierzu fest, dass die Festsetzung angemessener Ausschlussfristen für die Rechtsverfolgung im Interesse der Rechtssicherheit, die

versehen[644]. Diese Übergangsregelung muss so bemessen sein, dass den Steuerpflichtigen eine angemessene Zeit bleibt, um einen Korrekturantrag zu stellen, wenn ein Antrag nach der Neuregelung bereits ausgeschlossen wäre. Im Regelfall wird dabei eine Übergangsfrist von sechs Monaten als angemessen anzusehen sein.[645] Diese Übergangsregelung fehlte bei § 175 Abs. 2 Satz 2 AO.

426 Im Umkehrschluss ist daher festzuhalten, dass, wenn der Gesetzgeber § 175 Abs. 2 Satz 2 AO mit einer angemessenen Übergangsfrist versehen hätte, es nicht zu einem Verstoß gegen das Effektivitätsgebot gekommen wäre. Daraus folgt gleichzeitig, dass ein Verstoß gegen das Effektivitätsgebot nur solange besteht, wie die – theoretisch hinzugedachte – angemessene Übergangsfrist liefe. Da eine angemessene Übergangsfrist heute, deutlich mehr als zehn Jahre nach Einfügen des § 175 Abs. 2 Satz 2 AO in die Abgabenordnung, jedenfalls abgelaufen wäre, kann für die bestehende Rechtslage davon ausgegangen werden, dass § 175 Abs. 2 Satz 2 AO mittlerweile auch bei Verstößen gegen Unionsrecht Anwendung findet.[646]

---

zugleich den Abgabepflichtigen und die Behörde schützt, nicht gegen das Effektivitätsgebot verstößt. Eine Frist von drei Jahren, die mit dem Zeitpunkt der fraglichen Zahlung beginnt, erschiene angemessen.

644 EuGH, Urt. v. 11.7.2002, Rs. C-62/00 – *Marks & Spencer*, Slg. 2002, I-6348 Rn. 38; *Rainer*, DStR 2007, 527 (529); *Ritzer/Stangl*, DStR 2004, 2176 (2180); *Schnitger*, FR 2004, 1357 (1373); *Sobanski*, DStR 2011, 1485 (1488).

645 EuGH, Urt. v. 24.9.2002, Rs. C-255/00 – *Grundig italiana*, Slg. 2002, I-8014 Rn. 40: In Italien wurde in den Jahren 1983 bis 1992 eine Verbrauchsteuer für audiovisuelle und foto-optische Erzeugnisse erhoben. Diese Steuer verstieß gegen Unionsrecht, da die Besteuerungsgrundlage und die Modalitäten der Erhebung der Steuer für inländische Erzeugnisse und für aus anderen Mitgliedstaaten eingeführte Erzeugnisse unterschiedlich waren (EuGH, Urt. v. 17.6.1998, Rs. C-68/96 – *Grundig italiana*, Slg. 1998, I-3797 Rn. 26). Die Firma *Grundig italiana* beantragte im Jahr 1993 die Erstattung der von ihr entrichteten Verbrauchsteuerbeträge. Die italienische Finanzbehörde berief sich demgegenüber auf die verspätete Einreichung des Erstattungsantrags für vor dem Jahr 1990 gezahlte Beträge. Der italienische Gesetzgeber hatte im Jahr 1991 das Verjährungsrecht geändert, indem für die Erstattung von Beträgen, die in Zusammenhang mit Zollhandlungen gezahlt wurden, die Verjährungsfrist von zehn auf fünf Jahre verkürzt wurde. Ab dem 90. Tag des Inkrafttretens reduzierte sich diese Frist sogar auf drei Jahre. Die Regelung wurde so angewendet, dass die Ansprüche erstmals drei Jahre nach ihrem Inkrafttreten verjährten und ihr daher keine tatsächliche Rückwirkung zukam. Der Europäische Gerichtshof sah hierin eine angemessene Übergangsfrist. Im Falle einer Verkürzung der Verjährungsfrist von zehn oder fünf Jahre auf drei Jahre könne bei vernünftiger Betrachtung eine Übergangsfrist von sechs Monaten als angemessen angesehen werden. Diese Übergangsfrist reiche aus, damit die Abgabepflichtigen, welche die gewöhnliche Sorgfalt anwenden, Kenntnis von der Neuregelung nehmen und ihren Antrag unter Voraussetzungen vorbereiten können, die ihre Erfolgschancen nicht beeinträchtigen.

646 Ebenso: FG Köln, Urt. v. 11.12.2014, 10 K 2414/12, EFG 2015 566 (570), unter Hinweis auf die in der Literatur vertretenen unterschiedlichen Meinungen. Danach wird teilweise davon ausgegangen, dass die erforderliche Übergangsfrist erst ab

(3) Verstöße gegen Unionsrecht und Datenübermittlung durch Dritte

Schließlich kommt eine Durchbrechung der materiellen Bestandskraft in sonstigen Fällen noch nach § 175b AO in Betracht. Die Norm rechtfertigt die Korrektur von Steuerbescheiden bei Sachverhaltsfehlern, die auf einer unzutreffenden Datenübermittlung beruhen; eine Korrektur von Rechtsanwendungsfehlern ermöglicht diese Norm hingegen nicht (Rn. 223). Damit scheidet eine unmittelbare Beseitigung von Verstößen gegen Unionsrecht aus. 427

Eine Beseitigung von Verstößen gegen Unionsrecht könnte daher lediglich mittelbar erfolgen. Hierfür müsste eine im Ergebnis unzutreffende Datenübermittlung aufgrund eines materiellen Steuergesetzes, das gegen Unionsrecht verstößt, stattgefunden haben. Dieser Verstoß würde sich durch die fehlerhaft übermittelten Daten im Steuerbescheid fortsetzen. Wird der Verstoß des materiellen Steuergesetzes bekannt und kommt es in der Folge zu einer erneuten Datenübermittlung, so würde mit der Korrektur des Steuerbescheids nach § 175b Abs. 2 AO auch dessen Verstoß gegen Unionsrecht beseitigt werden. 428

ee) Korrektur von anderen Verstößen gegen Unionsrecht durch Umsetzung von Verständigungsvereinbarungen

Zum Abschluss des Abschnitts, der sich mit dem Eingreifen der Korrekturnormen bei anderen Verstößen gegen Unionsrecht auseinandersetzt, sei noch kurz auf die Durchbrechung der materiellen Bestandskraft zur Umsetzung von Verständigungsvereinbarungen eingegangen. Hierzu ist anzumerken, dass eine Beseitigung von Verstößen gegen Unionsrecht nicht unmittelbar über eine Korrektur nach § 175a AO erreicht werden kann. Denn der Grund für die Korrektur des Steuerbescheids liegt in der Umsetzung einer Verständigungsvereinbarung oder eines Schiedsspruchs nach einem völkerrechtlichen Vertrag i. S. d. § 2 AO (Rn. 225). Demnach bestehen bei der Anwendung des § 175a AO für Steuerbescheide, die gegen Unionsrecht verstoßen, keine Besonderheiten gegenüber Steuerbescheiden, die gegen deutsches Recht verstoßen. 429

Ergehen der Entscheidung des Europäischen Gerichtshofs in der Rs. *Meilicke* II beginne und so bis zum 30.12.2011 bzw. 31.12.2011 andauern könne (vgl. *Gosch*, BFH/PR 2011, 338 [340]; *Kippenberg*, IStR 2011, 557 [557 f.]; *Linn/Müller*, IWB 2011, 576 [581]; *Rehm/Nagler*, GmbHR 2011, 881 [883]). Zum Teil wird vertreten, dass die Übergangsfrist in Anlehnung an die Dauer der regulären Festsetzungsfrist, welche dem Steuerpflichtigen durch den Wegfall der Anlaufhemmung nach § 175 Abs. 1 Satz 2 AO genommen wird, mit vier Jahren beginnend dem Ausfertigungsdatum des Gesetzes, also ab dem 9.12.2004 zu bemessen ist und daher mit Ablauf des 9.12.2008 enden würde (vgl. *Sobanski*, DStR 2011, 1485 [1488]). Andere gehen von einem noch früheren Ende der Übergangsfrist aus (vgl. *Rainer*, DStR 2007, 527 [529]; *Reichelt*, SteuK 2011, 471 [474]).

c) Begrenzung der Korrekturmöglichkeiten bei anderen Verstößen gegen Unionsrecht

430 Nachdem vorstehend die Eröffnung des Anwendungsbereichs der Korrekturvorschriften und das Eingreifen einer Korrekturnorm nach §§ 172 ff. AO bei Verstößen gegen Unionsrecht untersucht wurde, stellt sich die Frage, ob es bei Verstößen gegen Unionsrecht – wie bei Verstößen gegen deutsches Recht – aus Gründen des Vertrauensschutzes oder aus Gründen des Prinzips der materiellen Gerechtigkeit zur Begrenzung des eröffneten Korrekturrahmens nach §§ 176, 177 AO kommen kann.

aa) Vertrauensschutz bei anderen Verstößen gegen Unionsrecht

431 Als Erstes soll es dabei um die Begrenzung des Korrekturrahmens aus Gründen des Vertrauensschutzes gehen. Der Korrektur eines Steuerbescheids steht die Regelung des § 176 AO entgegen, wenn dieser Steuerbescheid eine für den Steuerpflichtigen günstige Rechtslage i. S. d. § 176 Abs. 1 Satz 1 Nrn. 1–3 AO bzw. § 176 Abs. 2 AO konkretisiert hat. Hiervon werden keine Fälle umfasst, in denen die dem Steuerbescheid zugrunde gelegte Rechtslage gegen Unionsrecht verstößt. Dieses Ergebnis wird zum einen aus dem Wortlaut der Norm deutlich, weil nur das Bundesverfassungsgericht und die obersten Gerichtshöfe des Bundes aufgezählt werden. Der Europäische Gerichtshof und das Gericht der Europäischen Union gehören gerade nicht zu den obersten Gerichtshöfen des Bundes i. S. d. § 176 Abs. 1 Satz 1 Nr. 2 oder Nr. 3 AO.[647] Zum anderen ist die Situation auch nicht vergleichbar. Ergibt sich aus einer Entscheidung des Europäischen Gerichtshofs die Unvereinbarkeit einer Norm des deutschen Steuerrechts mit dem Unionsrecht, so findet diese Regelung daher auch keine entsprechende Anwendung.[648] Zwar wird das in der Literatur teilweise anders gesehen.[649] Diese Ansicht vermag jedoch nicht zu überzeugen. Eine solche Auslegung würde nämlich dem Grundsatz zuwiderlaufen, dass der Europäische Gerichtshof mit seinen Entscheidungen verdeutlicht, in welchem Sinn und mit welcher Tragweite eine Vorschrift des Unionsrechts seit ihrem Inkrafttreten zu verstehen und anzuwenden ist oder gewesen wäre.[650] Eine entsprechende Anwendung des § 176 AO würde in diesem Sinne eher dem vom Europäischen Gerichtshof in der Rs. *Fantask* als unionsrechtswidrig angesehenen

---

647 FG Hamburg, Urt. v. 30.10.1978, IV 41/77 S-H, EFG 1979, 239 (240); *v. Groll*, in: HHSp, AO/FGO (2015), § 176 AO Rn. 151; *Loose*, in: TK, AO/FGO (2017), § 176 AO Rn. 13.

648 *G. Frotscher*, in: Schwarz/Pahlke, AO/FGO (2015), § 176 AO Rn. 30; *v. Groll*, in: HHSp, AO/FGO (2015), § 176 AO Rn. 144, 151; *Loose*, in: TK, AO/FGO (2017), § 176 AO Rn. 13; *v. Wedelstädt*, in: Gosch, AO/FGO (2018), § 176 AO Rn. 20, 24.

649 *Friedrich*, DStJG 11 (1988), 97 (101); *Koenig*, in: Koenig, AO, 2014, § 176 AO Rn. 16, 21; *Rüsken*, in: Klein, AO, 2016, § 176 AO Rn. 11.

650 EuGH, Urt. v. 27.3.1980, Rs. 61/79 – *Denkavit italiana*, Slg. 1980, 1205 Rn. 16; ders., Urt. v. 15.9.1998, Rs. C-231/96 – *Edis*, Slg. 1998, I-4979 Rn. 15.

Grundsatz entsprechen, nach dem eine Änderung von Abgabenbescheiden dann nicht mehr in Betracht kommt, wenn diese Abgaben lange Zeit erhoben worden sind und weder die Behörden des Mitgliedstaats noch die Abgabepflichtigen sich der Rechtswidrigkeit der Abgaben bewusst gewesen sind.[651] Hierdurch würden Verstöße gegen Unionsrecht begünstigt, die sich über einen langen Zeitraum hingezogen haben (Rn. 415).

bb) Berichtigung von materiellen Fehlern bei anderen Verstößen gegen Unionsrecht

Als Zweites soll nun darauf eingegangen werden, ob Besonderheiten hinsicht- 432
lich der Begrenzung des eröffneten Korrekturrahmens durch die Berichtigung von materiellen Fehler nach § 177 AO bei Verstößen gegen Unionsrecht bestehen. Erfolgt die Korrektur eines Steuerbescheids wegen eines Verstoßes gegen Unionsrecht, so sind nach § 177 AO andere materielle Fehler innerhalb des eröffneten Korrekturrahmens zu berücksichtigen. Derartige materielle Fehler sind nach § 177 Abs. 2 AO alle Fehler, die zur Festsetzung einer Steuer führen, welche von der kraft Gesetzes entstandenen Steuer abweicht. Verstöße gegen deutsches Recht können daher im Rahmen des § 177 AO selbst bei der Korrektur wegen eines Verstoßes gegen Unionsrecht berücksichtigt werden.

Zu den materiellen Fehlern i. S. d. § 177 Abs. 2 AO zählen aber auch Ver- 433
stöße gegen Unionsrecht selbst.[652] Daraus folgt, dass, wenn ein Steuerbescheid, der zugleich einen Verstoß gegen Unionsrecht in sich trägt, aus anderen Gründen korrigiert wird, der Verstoß gegen Unionsrecht im Rahmen einer Berichtigung der materiellen Fehler nach § 177 AO mitberücksichtigt werden kann. Beides entspricht dem Zweck des § 177 Abs. 1 AO, solche Fehler, die nicht Anlass der Korrektur sind, vom Steuerpflichtigen aber im Rechtsbehelfsverfahren gegen den korrigierten Steuerbescheid geltend gemacht werden könnten, bereits im Rahmen der Korrektur zu berichtigen. Darüber hinaus wird damit auch die von § 177 Abs. 2 AO bezweckte Waffengleichheit zwischen Finanzbehörde und Steuerpflichtigem hergestellt (Rn. 230). Es bestehen daher bei der Anwendung des § 177 AO bei Verstößen gegen Unionsrecht keine Besonderheiten im Vergleich zu Verstößen gegen deutsches Recht.

d) Kein Verstoß gegen Unionsrecht durch fehlende Korrekturmöglichkeit im deutschen Recht

Als Ergebnis der bisherigen Untersuchung lässt sich damit festhalten, dass eine 434
Durchbrechung der materiellen Bestandskraft zur Beseitigung von Verstößen gegen Unionsrecht bei *allgemeinen Steuerverwaltungsakten* eher erfolgen kann

651 EuGH, Urt. v. 2.12.1997, Rs. C-188/95 – *Fantask*, Slg. 1997, I-6820 Rn. 40.
652 *Koenig*, in: Koenig, AO, 2014, § 177 AO Rn. 17.

als bei den zuletzt behandelten *Steuerbescheiden*. Bei *allgemeinen Steuerverwaltungsakten* ermöglicht § 130 AO eine Korrektur von Rechtsfehlern, zu denen auch Verstöße gegen Unionsrecht gehören, nach pflichtgemäßem Ermessen der Finanzbehörde. Dabei müssen aus Gründen des Vertrauensschutzes nur bei Korrekturen zuungunsten des Steuerpflichtigen weitere Voraussetzungen gegeben sein (Rn. 365 ff.). In *Steuerbescheiden* enthaltene Rechtsanwendungsfehler, die einen Verstoß gegen Unionsrecht darstellen, können im Vergleich dazu bei *Verbrauchsteuerbescheiden* nur über § 172 Abs. 1 Satz 1 Nr. 1 (Rn. 400) und bei *allen anderen Steuerbescheiden* nur über § 172 Abs. 1 Satz 1 Nr. 2 Buchst. a) AO (Rn. 402) unmittelbar korrigiert werden. Eine Korrektur zugunsten des Steuerpflichtigen ist nach dem zuletzt genannten § 172 Abs. 1 Satz 1 Nr. 2 Buchst. a) AO sogar nur dann zulässig, wenn der Steuerpflichtige der Korrektur vor Ablauf der Rechtsbehelfsfrist zugestimmt hat oder der Antrag auf Korrektur vor Ablauf der Rechtsbehelfsfrist gestellt wurde. In allen anderen Fällen kann es nur mittelbar zur Beseitigung eines in einem Steuerbescheid enthaltenen Verstoßes gegen Unionsrecht anlässlich einer Korrektur aus einem anderen Grund kommen. Kurzum: Die Beseitigung von Verstößen gegen Unionsrecht *zugunsten* des Steuerpflichtigen ist bei *allgemeinen Steuerverwaltungsakten* nach pflichtgemäßem Ermessen ohne weitere tatbestandliche Voraussetzung möglich; umgekehrt ist die Beseitigung von Verstößen gegen Unionsrecht bei *Steuerbescheiden* nach pflichtgemäßem Ermessen (auf Antrag oder mit Zustimmung) nur *zuungunsten* des Steuerpflichtigen möglich.

435 Würden für *Steuerbescheide* gleichermaßen die Regelungen der §§ 130, 131 AO Anwendung finden, was nach § 172 Abs. 1 Satz 1 Nr. 2 Buchst. d) AO ausgeschlossen ist, wäre eine Korrektur von unionsrechtswidrigen Steuerbescheiden *zugunsten* des Steuerpflichtigen leichter möglich. Da sich Verstöße gegen Unionsrecht mehrheitlich *zuungunsten* des Steuerpflichtigen (Rn. 316) auswirken und ein Steuerpflichtiger die Aufhebung oder Änderung eines Steuerbescheids, der einen derartigen Verstoß gegen Unionsrecht enthält, nach dem Ergebnis der bisherigen Untersuchung *zu seinen Gunsten* nur im Rahmen eines Rechtsbehelfsverfahrens unter Beachtung der Rechtsbehelfsfrist, nicht jedoch im Korrekturverfahren geltend machen kann, wird teilweise bis heute diskutiert, ob nicht das Gesamtsystem der §§ 172 ff. AO mit dem Unionsrecht unvereinbar ist.[653] So geht *Ingo Oellerich*[654] davon aus, dass §§ 172 ff. AO gegen das Effektivitätsgebot verstoßen. Denn auch nach dem Eintritt der Bestandskraft müsse es möglich sein, nachträgliche Erkenntnisfortschritte bei der Auslegung des Unionsrechts zu berücksichtigen und einen unionsrechtswidrigen Steuerbescheid zu korrigieren. Indem nach deutschem Recht die effektive Durchsetzung des Unionsrechts allein dadurch möglich ist, dass sich der Steuerpflichtige innerhalb der Rechtsbehelfsfristen gegen einen Steuerbescheid wendet, komme die Bundesrepublik Deutschland ihrer Verpflichtung zur effektiven Durchsetzung des Unionsrechts nicht nach. Da eine effektive

653 *Jahndorf/Oellerich*, DB 2008, 2559 (2564); *Schacht/Steffens*, BB 2008, 1254 (1257).
654 *Oellerich*, in: Schaumburg/Englisch, Europäisches Steuerrecht, 2015, Rn. 22.21.

Durchsetzung ohne Weiteres möglich sei, wenn die dem § 48 VwVfG vergleichbare Regelung des § 130 AO zur Anwendung käme, einer solchen Anwendung allerdings der § 172 Abs. 1 Satz 1 Nr. 2 Buchst. d) AO entgegenstünde, sei die letztgenannte Vorschrift wegen des Verstoßes gegen das Effektivitätsgebot nicht anzuwenden.[655] Der Bundesfinanzhof[656] und die weit überwiegende Meinung in der Literatur[657] lehnen – ebenso wie *Anna Saßenroth* in ihrer Untersuchung[658] – eine solche Erweiterung der Korrekturmöglichkeiten für Steuerbescheide, die gegen Unionsrecht verstoßen, ab. Aus dem Unionsrecht ergebe sich keine Verpflichtung, die Korrektur bestandskräftiger Steuerbescheide, die gegen Unionsrecht verstoßen, zu ermöglichen.[659] Letztlich hat auch das Bundesverfassungsgericht diesen Standpunkt als vertretbar angesehen.[660]

Die Differenzierung zwischen *allgemeinen Steuerverwaltungsakten* und *Steuerbescheiden* ist aus unionsrechtlichen Gründen nicht zu beanstanden, obwohl diese 436
Differenzierung bei Verstößen gegen Unionsrecht dazu führt, dass die materielle Bestandskraft allgemeiner Steuerverwaltungsakte leichter durchbrochen werden kann als bei Steuerbescheiden. Die von *Ingo Oellerich* vorgenommene Auslegung überdehnt das in Art. 4 Abs. 3 EUV angelegte Effektivitätsgebot. Das Effektivitätsgebot gibt den Mitgliedstaaten nämlich nur die Verpflichtung auf, dass das nationale Verfahrensrecht die Ausübung der durch die Unionsrechtsordnung

---

655 *Oellerich*, in: Schaumburg/Englisch, Europäisches Steuerrecht, 2015, Rn. 22.21; ebenso: *Jahndorf/Oellerich*, DB 2008, 2559 (2564); ähnlich: *Schacht/Steffens*, BB 2008, 1254 (1257), die allerdings § 130 AO analog anwenden wollen.

656 BFH, Urt. v. 23.11.2006, V R 67/05, BStBl. II 2007, 436 (438); ders., Urt. v. 16.9.2010, V R 57/09, BStBl. II 2011, 151 Rn. 44; ders., Beschl. v. 3.12.2010, V B 29/10, BFH/NV 2011, 563 Rn. 7.

657 *Bartone*, in: Kühn/v. Wedelstädt, AO/FGO, 2015, Vor §§ 172–177 AO Rn. 20; *Birk/Jahndorf*, UR 2005, 198 (199); *Loose*, in: TK, AO/FGO (2017), Vor § 172 AO Rn. 9; *Rüsken*, in: Klein, AO, 2016, § 172 AO Rn. 7; *Sedemund*, DB 2008, 1120 (1123); *v. Wedelstädt*, in: Gosch, AO/FGO (2017), § 172 AO Rn. 74; *de Weerth*, DStR 2008, 1368 (1369); a. A.: *Friedrich/Nagler*, DStR 2005, 403 (409).

658 *Saßenroth*, Die Bestandskraft deutscher Steuerbescheide im Licht der Rechtsprechung des EuGH, 2009, S. 113, die davon spricht, dass es sich bei §§ 172 ff. AO „nicht um ein konzeptionell gemeinschaftswidriges System nationaler Verfahrensvorschriften" handelt.

659 BFH, Urt. v. 23.11.2006, V R 67/05, BStBl. II 2007, 436 (438); ders., Urt. v. 16.9.2010, V R 57/09, BStBl. II 2011, 151 Rn. 44; *Bartone*, in: Kühn/v. Wedelstädt, AO/FGO, 2015, Vor §§ 172–177 AO Rn. 20; *Loose*, in: TK, AO/FGO (2017), Vor § 172 AO Rn. 9.

660 BVerfG, Beschl. v. 29.5.2012, 1 BvR 640/11, NVwZ 2012, 1033 (1034), das keine Verletzung des gesetzlichen Richters aus Art. 101 Abs. 1 Satz 2 GG darin gesehen hat, dass der Bundesfinanzhof, trotzdem der Europäische Gerichtshof die Fragen zur Durchbrechung unionsrechtswidriger belastender Verwaltungsakte noch nicht erschöpfend beantwortet hat, hierüber keine Vorabentscheidung gemäß Art. 267 AEUV eingeholt hat und stattdessen selbst hierüber entschieden hat. Der Bundesfinanzhof sei hierbei innerhalb des ihm zustehenden Beurteilungsrahmens geblieben.

verliehenen Rechte nicht praktisch unmöglich oder übermäßig erschweren darf.[661] Fühlt sich der Steuerpflichtige durch einen Steuerbescheid in seinen Rechten verletzt, so steht ihm primär die Möglichkeit offen, seine Rechte mittels eines von ihm angestrengten Rechtsbehelfs zu wahren. Die Schwelle zum Einlegen eines Einspruchs ist dabei niedrig, da das Einspruchsverfahren kostenfrei ist. Dem Steuerpflichtigen ist damit die Verfolgung seiner aus der Unionsrechtsordnung verliehenen Rechte nicht praktisch unmöglich. Sie wird zudem nicht übermäßig erschwert. Einkommen-, Körperschaft- und Umsatzsteuererklärungen werden stets für einen abgelaufenen Veranlagungszeitraum (Kalenderjahr) abgegeben. Die Sachverhalte, welche der Besteuerung zugrunde gelegt werden, sind verwirklicht; die Rechtsvorschriften sind dabei bekannt. Bei der Umsatzsteuer stellt die Abgabe der Steuererklärung nach § 18 Abs. 3 Satz 1 UStG eine Steueranmeldung dar, die nach § 168 Satz 1 AO einer Steuerfestsetzung unter dem Vorbehalt der Nachprüfung gleichsteht. D. h. bis zum Wegfall des Vorbehalts der Nachprüfung, der im Regelfall erst mit Ablauf der regulären Festsetzungsfrist von vier Jahren entfällt, besteht für den Steuerpflichtigen die Möglichkeit, seine aus der Unionsrechtsordnung verliehenen Rechte geltend zu machen. Bei der Einkommen- und Körperschaftsteuer vergehen nach Abgabe der Steuererklärung typischerweise mehrere Wochen, bevor es zum Erlass des Steuerbescheids kommt. Es ist daher keinesfalls so, dass sich die Überprüfung seitens des Steuerpflichtigen, ob eine Verletzung der ihm durch die Unionsrechtsordnung verliehenen Rechte vorliegt, lediglich auf einen Zeitraum von einem Monat ab Bekanntgabe des Steuerbescheids beschränkt. Da die Steuerfestsetzung entsprechend dem Vertrauensvorschussprinzip (Rn. 160) zuvorderst auf seinen Angaben beruht, die Sachverhalte verwirklicht und die Rechtsvorschriften bekannt sind, kann der Steuerpflichtige schon vor Abgabe der Steuererklärung prüfen, ob eine Gefahr dafür besteht, dass er in seinen durch die Unionsrechtsordnung verliehenen Rechten verletzt wird. Außerdem kann er den Zeitraum der Prüfung über die Einspruchsfrist von einem Monat hinaus verlängern, indem er einen Einspruch einlegt, ohne dass ihm hierdurch ein Kostenrisiko entsteht. Bei Betrachtung der ihm zur Verfügung stehenden Zeit, beginnend mit Ablauf des Veranlagungszeitraums, zu dem der Sachverhalt feststeht und die Rechtsvorschriften bekannt sind, und endend mit dem möglichen Ablauf der Einspruchsfrist, wird deutlich, dass dem Steuerpflichtigen – vorsichtig geschätzt – mindestens sechs Monate für die Prüfung zur Verfügung stehen.[662] Bei einem solchen Zeitraum kann aber nicht davon ausgegangen werden, dass die

661 EuGH, Urt. v. 2.12.1997, Rs. C-188/95 – *Fantask*, Slg. 1997, I-6820 Rn. 39; ders., Urt. v. 19.9.2006, verb. Rs. C-392/04 und 422/04 – *i-21 Germany und Arcor*, Slg. 2006, I-8591 Rn. 57; ders., Urt. v. 30.6.2011, Rs. C-262/09 – *Meilicke* II, ECLI: EU: C:2011:438 Rn. 55.

662 Nach § 149 Abs. 2 Satz 1 AO sind Steuererklärungen grundsätzlich spätestens sieben Monate nach Ablauf des Kalenderjahres abzugeben. Die Annahme, dass dem Steuerpflichtigen mindestens sechs Monate Zeit für die Prüfung bleiben, dürfte daher eher am unten Rand der möglichen Skala liegen.

Durchsetzung der durch die Unionsrechtsordnung verliehenen Rechte übermäßig erschwert ist.

Sofern die Mitgliedstaaten – wie im Falle Deutschlands – dennoch eine Möglichkeit zur Durchbrechung der materiellen Bestandskraft vorsehen, sind sie nicht dazu verpflichtet, die jeweils günstigste Regelung auf alle Steuerverwaltungsakte, die gegen Unionsrecht verstoßen, anzuwenden, sondern es ist die jeweils für vergleichbare Steuerverwaltungsakte, die gegen nationales Recht verstoßen, geltende Regelung heranzuziehen.[663] Das Unionsrecht fordert eben nicht eine Besserstellung des Steuerpflichtigen, der einen Verstoß gegen Unionsrecht geltend macht.[664] Der Äquivalenzgrundsatz verlangt lediglich, dass der Steuerpflichtige nicht schlechter behandelt wird. Es bleibt also dabei, dass die Regelungen, welche eine Durchbrechung der materiellen Bestandskraft von unionsrechtswidrigen Steuerbescheiden ermöglichen, den §§ 172 ff. AO zu entnehmen sind. 437

4. *Zwischenergebnis*

Die soeben erfolgte Untersuchung der materiellen Bestandskraft von Steuerverwaltungsakten bei Verstößen gegen andere Bestimmungen des Unionsrechts als das Beihilfeverbot lässt sich dahingehend zusammenfassen, dass in derartigen Fällen an den Grundfesten des Systems zur Durchbrechung der materiellen Bestandskraft von *allgemeinen Steuerverwaltungsakten* und *Steuerbescheiden* nicht gerüttelt wird. Besondere Bedeutung erlangen diese Verstöße allenfalls im Rahmen der Ermessensausübung. Das Unionsrecht verlangt nicht, dass eine Korrektur von allgemeinen Steuerverwaltungsakten und Steuerbescheiden zur Beseitigung von Verstößen gegen Unionsrecht in jedem Fall möglich sein muss. 438

So ermöglicht § 129 AO, der für *alle Steuerverwaltungsakte* gilt, nicht die Durchbrechung der materiellen Bestandskraft bei Verstößen gegen Unionsrecht, weil es sich hierbei um Rechtsfehler handelt (Rn. 362). Bei *allgemeinen Steuerverwaltungsakten* kann diese Durchbrechung gestützt auf §§ 130, 131 AO erfolgen (Rn. 365 f., 371 f.); aus Vertrauensschutzgründen findet im Regelfall eine Beschränkung auf Korrekturen statt, die sich zugunsten des Steuerpflichtigen auswirken (Rn. 368 ff., 373). Der in einem *Steuerbescheid* enthaltene Verstoß gegen Unionsrecht lässt sich unmittelbar nur über §§ 172 Abs. 1 Satz 1 Nrn. 1 (Rn. 400) und 2 Buchst. a) AO (Rn. 402) korrigieren. Bei § 172 Abs. 1 Satz 1 Nr. 2 Buchst. a) AO ist ein solches Vorgehen mit Wirkung zugunsten des Steuerpflichtigen nur möglich, wenn der Steuerpflichtige innerhalb der Rechtsbehelfsfrist zustimmt oder die Änderung beantragt; ansonsten ist eine Korrektur nur zu seinen Ungunsten möglich. Im Rahmen der anderen Korrekturvorschriften kann eine Beseitigung von Verstößen gegen Unionsrecht allenfalls mittelbar erfolgen. Einen unmittelbaren 439

663 So auch: EuGH, Urt. v. 27.3.1980, verb. Rs. 66/79, 127/79 und 128/79 – *Salumi*, Slg. 1980, 1237 Rn. 21; ders., Urt. v. 15.9.1998, Rs. C-231/96 – *Edis*, Slg. 1998, I-4979 Rn. 36.

664 Vgl. BFH, Urt. v. 16.9.2010, V R 57/09, BStBl. II 2011, 151 Rn. 31.

Korrekturgrund liefern diese Korrekturvorschriften nicht (Rn. 408, 410, 413, 417, 419, 421, 423, 427, 429).

V. Im Besonderen: Die Bestandskraft von Steuerverwaltungsakten bei Verstößen gegen das Beihilfeverbot

440 Nachdem es vorstehend um die materielle Bestandskraft von Steuerverwaltungsakten bei *Verstößen gegen andere Bestimmungen des Unionsrechts als das Beihilfeverbot* und damit um den Grundfall ging, soll nun der Sonderfall, also die Bestandskraft von Steuerverwaltungsakten bei *Verstößen gegen das Beihilfeverbot* aus Art. 107 Abs. 1 AEUV untersucht werden. Diesem Untersuchungsgegenstand hatten sich auch *Sabine Lehnert* (Rn. 10), *Ute Geisenberger* (Rn. 12) und jedenfalls am Rande *Friederike Grube* (Rn. 13) verschrieben, ohne auf die Besonderheit der Verstöße gegen das Beihilfeverbot im Verhältnis zu anderen Verstößen gegen Unionsrecht hinzuweisen bzw. die unterschiedliche Behandlung gegenüberzustellen. Die unterschiedliche Behandlung beider Fallgruppen rechtfertigt sich – wie bereits dargestellt – aus dem Umstand, dass die Ausgestaltung des Verfahrens zur Rückforderung von unter *Verstoß gegen das Beihilfeverbot* gewährten Beihilfen bestimmten Vorgaben des Unionsrechts zu folgen hat, die in der VO (EU) 2015/1589 niedergelegt sind (vgl. Rn. 325 ff.). Für *andere Verstöße gegen Unionsrecht* besteht demgegenüber keine vergleichbare Regelung. Zu den speziellen Vorgaben, die Einfluss auf die Ausgestaltung des Verfahrens bei der Rückforderung von Beihilfen haben, gehört u. a. Art. 16 Abs. 3 der VO (EU) Nr. 2015/1589. Diese Vorschrift erlegt den Mitgliedstaaten die Verpflichtung auf, rechtswidrige Beihilfen zurückzufordern (Rn. 328). Es sei zudem daran erinnert, dass Steuervergünstigungen, insbesondere wenn diese selektiv wirken (Rn. 294), als rechtswidrige Beihilfen eingeordnet werden können. Solche Steuervergünstigungen können sowohl mittels eines allgemeinen Steuerverwaltungsakts (z. B. Stundung, Erlass) als auch mittels eines Steuerbescheids (z. B. Minderung der Steuerbemessungsgrundlage) gewährt werden (Rn. 292). Die nachstehende Untersuchung folgt bei alledem dem bewährten Aufbau: Zunächst soll es um die Wirksamkeit des beihilfewidrigen Steuerverwaltungsakts gehen (dazu 1.), denn auch hier gilt, dass ein Steuerverwaltungsakt nur dann in Bestandskraft erwachsen kann, wenn er wirksam ist. Anschließend wird die formelle Bestandskraft (dazu 2.) und sodann die materielle Bestandskraft (dazu 3.) untersucht. Im Rahmen der materiellen Bestandskraft wird wiederum zwischen *allgemeinen Steuerverwaltungsakten* und *Steuerbescheiden* zu unterscheiden sein.

1. Wirksamkeit von Steuerverwaltungsakten bei Verstößen gegen das Beihilfeverbot

441 Zuerst ist also der Frage nachzugehen, ob für die Wirksamkeit eines Steuerverwaltungsakts, der *gegen das Beihilfeverbot verstößt*, etwas anderes gelten muss als bei

anderen Verstößen gegen Unionsrecht (Rn. 342). Dabei kann zunächst festgehalten werden, dass die VO (EU) 2015/1589 hierzu keine besonderen Vorgaben enthält. Art. 16 Abs. 1 der VO (EU) Nr. 2015/1589 sieht lediglich vor, dass die Rückforderung einer rechtswidrigen Beihilfe (Rn. 326) unverzüglich nach dem Verfahren des betroffenen Mitgliedstaats zu erfolgen hat. Ob diese Rückforderung bei einer rechtswidrigen Beihilfe über den abgabenrechtlichen Erstattungsanspruch nach § 37 Abs. 2 AO erfolgt, weil der Steuerverwaltungsakt nicht anzuwenden oder unwirksam ist und die Beihilfe damit rechtsgrundlos gezahlt wurde, oder eine Korrektur des Steuerverwaltungsakts stattzufinden hat und somit der Rechtsgrund für die Zahlung später wegfällt, ist der Verordnung nicht zu entnehmen. Die konkrete Ausgestaltung des nationalen Verfahrensrechts bleibt dem betroffenen Mitgliedstaat überlassen.

Eine Prüfung hat demzufolge anhand der Regelungen der Abgabenordnung 442 zu erfolgen. Eine für den Erstattungsanspruch nach § 37 Abs. 2 AO erforderliche Rechtsgrundlosigkeit der Zahlung könnte sich entweder aus der *Nichtigkeit* des beihilfewidrigen Steuerverwaltungsakts oder aus der Unanwendbarkeit des beihilfewidrigen Steuerverwaltungsakts aufgrund des *Vorrangs des Unionsrechts* ergeben. Die Frage, ob ein gegen das Beihilfeverbot verstoßender Steuerverwaltungsakt *nichtig* ist, bestimmt sich nach §§ 124 Abs. 3, 125 AO. Eine Nichtigkeit wäre anzunehmen, wenn der Steuerverwaltungsakt durch den *Verstoß gegen das Beihilfeverbot* an einem besonders schwerwiegenden Fehler leiden und dies bei verständiger Würdigung aller in Betracht kommenden Umstände offenkundig sein würde. Dies wurde für *andere Verstöße gegen Unionsrecht* grundsätzlich abgelehnt (Rn. 340). Für Steuerverwaltungsakte, die *gegen das Beihilfeverbot verstoßen*, könnte hingegen zum Merkmal der Offenkundigkeit eine andere Sichtweise gelten, weil der Europäische Gerichtshof in der Rs. *Alcan* ausgeführt hat, dass ein Beihilfeempfänger grundsätzlich nur dann auf die Ordnungsmäßigkeit einer Beihilfe vertrauen kann, wenn diese Beihilfe unter Einhaltung des in Art. 108 AEUV zwingend vorgeschriebenen Verfahrens gewährt wurde.[665] Daraus ließe sich ableiten, dass ein Verstoß gegen das Beihilfeverbot stets offenkundig ist.

Hierzu vertritt *Ute Geisenberger* für beihilfewidrige *Steuerbescheide* den 443 Standpunkt, dass bei der Betrachtung eines solchen Steuerbescheids nicht jeder verständige Dritte auf einen Blick erkennen könnte, welche gesetzlichen Bestimmungen im Einzelnen angewendet wurden, welche dieser Bestimmungen eine begünstigende Beihilfe sei und bei welcher dieser begünstigenden Beihilferegelungen der Staat es versäumt habe, ein Notifizierungsverfahren durchzuführen. Die einem Steuerbescheid zugrunde liegenden gesetzlichen Bestimmungen seien selbst aus dem Begründungsteil nur teilweise ersichtlich. Daher sei ein Steuerverwaltungsakt auch bei einem Verstoß gegen das Beihilfeverbot nicht

665 EuGH, Urt. v. 20.3.1997, Rs. C-24/95 – *Alcan*, Slg. 1997, I-1607 Rn. 25.

nichtig, sondern wirksam.[666] Dem ist zuzustimmen. Die in einem Steuerbescheid aufgeführten Besteuerungsgrundlagen beschränken sich regelmäßig auf die Wiedergabe des Rechenwerks. Rechtsgrundlagen sind in der Regel nicht aufgeführt. Entsprechendes gilt für *allgemeine Steuerverwaltungsakte*, die häufig unter Zuhilfenahme vorformulierter Textbausteine erstellt werden. So finden sich z. B. in Haftungsbescheiden in aller Regel keine Angaben dazu, welche Rechtsgrundlagen bei der Ermittlung der Steuerschuld, für die gehaftet wird, zugrunde gelegt wurden.

444 Darüber hinaus kann die Entscheidung des Europäischen Gerichtshofs in der Rs. *Alcan* nicht als Maßstab für Steuervergünstigungen dienen. Die Entscheidung betraf eine Leistungsbeihilfe in Gestalt einer Überbrückungsbeihilfe in Höhe von 8 Millionen DM.[667] Hierbei lag es auf der Hand, dass es sich um eine selektive Beihilfe handelt. Anders und nicht vergleichbar ist demgegenüber die Situation bei einer Steuervergünstigung. Dass es sich um eine in den Anwendungsbereich des Art. 107 Abs. 1 AEUV fallende Beihilfe handelt, setzt voraus, dass der Steuerpflichtige nicht nur um die Anwendung einer bestimmten gesetzlichen Bestimmung weiß, sondern dass ihm auch die bereits dargestellte Problematik der Selektivität bei steuerlichen Regelungen bekannt ist (Rn. 294 ff.). Er muss also das steuerliche Referenzsystem bestimmen können, er muss erkennen, dass es sich um eine Ausnahme von diesem steuerlichen Referenzsystem handelt, und er muss letztlich noch erkennen, dass die Ausnahme nicht durch die Natur oder den inneren Aufbau des Systems gerechtfertigt ist. Wie schwer diese stufenweise Prüfung schon rechtskundigen Kreisen fällt, zeigt sich bei der Frage, ob § 8c Abs. 1a KStG eine verbotene Beihilfe darstellt (Rn. 6). Hierzu vertraten Kommission, Gericht der Europäischen Union, Generalanwalt und Europäischer Gerichtshof unterschiedliche Auffassungen. Beihilfewidrige Steuerverwaltungsakte sind daher nicht stets nichtig.

445 Der zweite Punkt, der zur Rechtsgrundlosigkeit der Beihilfegewährung führen könnte, war die mögliche Unanwendbarkeit des beihilfewidrigen Steuerverwaltungsakts aufgrund des *Vorrangs des Unionsrechts*. Auch hierbei ist nicht ersichtlich, warum in Bezug auf einen möglichen Vorrang des Unionsrechts für Steuerverwaltungsakte, die *gegen das Beihilfeverbot verstoßen*, etwas anderes gelten sollte als für Steuerverwaltungsakte, die *andere Verstöße gegen Unionsrecht* enthalten. Im Rahmen der Untersuchung, ob ein Steuerverwaltungsakt, der *gegen andere Bestimmungen des Unionsrechts als das Beihilfeverbot* verstößt, unanwendbar ist, wurde bereits gezeigt, dass es sich bei der Entscheidung des Europäischen Gerichtshofs in der Rs. *Ciola*, welche teilweise als Begründung für eine solche Unanwendbarkeit angeführt wird, um einen Sonderfall handelte (Rn. 332 ff.). Die Begründung für die Unanwendbarkeit des österreichischen Verwaltungsakts lag nicht in dem Verstoß gegen Unionsrecht, sondern in dem Umstand, dass zum Zeitpunkt des Erlasses des

666 *Geisenberger*, Der Einfluss des Europarechts auf steuerliches Verfahrensrecht, 2010, 2010, S. 94 f.

667 EuGH, Urt. v. 20.3.1997, Rs. C-24/95 – *Alcan*, Slg. 1997, I-1607 Rn. 3.

Verwaltungsakts vor dem Beitritt Österreichs zur Europäischen Gemeinschaft das Gemeinschaftsrecht (Unionsrecht) noch keine Anwendung fand und zum Beitrittszeitpunkt die Rechtsbehelfsfrist bereits abgelaufen war. Der Betroffene hatte damit keine Möglichkeit, den Verstoß gegen Unionsrecht geltend zu machen. Ob es sich bei dem Verstoß gegen Unionsrecht um einen Verstoß gegen das Beihilfeverbot oder um einen Verstoß gegen eine andere Bestimmung des Unionsrechts handelt, ist für die Frage des Vorrangs des Unionsrechts daher unerheblich. Folglich sind Steuerverwaltungsakte, die gegen das Beihilfeverbot verstoßen, grundsätzlich wirksam und fähig, in formeller und materieller Bestandskraft zu erwachsen.

2. *Die formelle Bestandskraft von Steuerverwaltungsakten bei Verstößen gegen das Beihilfeverbot*

Von den beiden Arten der Bestandskraft soll nun zunächst die formelle Bestandskraft bei Verstößen gegen das Beihilfeverbot im Fokus stehen. Bei Steuerverwaltungsakten, die *gegen andere Regelungen des Unionsrechts als das Beihilfeverbot* verstoßen, gilt, dass durch diesen Verstoß die formelle Bestandskraft nur in Ausnahmefällen beeinträchtigt wird, nämlich wenn die Grundsätze der sog. Emmott´schen Fristenhemmung greifen (Rn. 356). Der für Beihilfen geltenden VO (EU) 2015/1589 ist – wie bei der Frage der Wirksamkeit – wiederum keine Vorgabe hinsichtlich der Anfechtbarkeit eines Verwaltungsakts, mittels dessen eine verbotene Beihilfe gewährt wird, zu entnehmen. Da weitere Besonderheiten, die eine abweichende Beurteilung rechtfertigen würden, nicht ersichtlich sind, bleibt es auch für *beihilfewidrige* Steuerverwaltungsakte bei den Grundsätzen, die für Steuerverwaltungsakte, welche *andere Verstöße gegen Unionsrecht* enthalten, entwickelt wurden. 446

Der Steuerpflichtige ist nämlich auch bei beihilfewidrigen Steuerverwaltungsakten in seinen Rechten ausreichend geschützt. Zunächst einmal ist nicht davon auszugehen, dass er mittels eines Rechtsbehelfs die Beihilfewidrigkeit eines Steuerverwaltungsakts geltend macht. Denn die fehlerhafte Anwendung einer verbotenen Beihilfe erfolgt immer zugunsten des Steuerpflichtigen. Sollte der Steuerpflichtige einen Rechtsbehelf einlegen, dann wird sich die Situation eher so darstellen, dass der Steuerpflichtige die Gewährung einer Steuervergünstigung, welche gegen das Beihilfeverbot verstößt, erstreiten will. Die Finanzbehörde könnte z. B. aufgrund des in Art. 108 Abs. 3 Satz 2 AEUV enthaltenen Durchführungsverbots eine gesetzliche Bestimmung, die eine Steuervergünstigung enthält, bisher nicht angewendet haben. In einer solchen Situation könnte bis zum Abschluss eines etwaigen Notifizierungsverfahrens der Rechtsbehelf ruhen, oder es könnte – sofern es sich um einen Steuerbescheid handelt – der Rechtsbehelf dadurch erledigt werden, dass ein Vorläufigkeitsvermerk i. S. d. § 165 AO aufgenommen wird. Die Anzahl der laufenden Verfahren, in denen es um die Notifizierung von Steuervergünstigungen geht, ist überschaubar. Zudem werden diese Verfahren fast immer medial begleitet. Die Rechtsbehelfsfristen von einem Monat bieten dem Steuerpflichtigen daher ausreichend Zeit, um sich über seine rechtlichen Möglichkeiten zu informieren. Schließlich tritt zusätzliche Publizität häufig 447 dadurch ein, dass bereits im Gesetzestext (z. B. in den Schlussvorschriften) auf die erforderliche Notifizierung bestimmter gesetzlicher Bestimmungen, die Steuervergünstigungen enthalten, hingewiesen wird. Es ist deshalb nicht ersichtlich, warum für einen Steuerpflichtigen, der die Anwendung einer Steuervergünstigung, die gegen das Beihilfeverbot verstößt, anstrebt, hinsichtlich der Rechtbehelfsfristen eine Sonderbehandlung erfolgen sollte. Diese Sonderbehandlung würde ansonsten zu einer Besserstellung des Steuerpflichtigen führen, welche unionsrechtlich nicht gefordert ist.[668] Deshalb bleibt es für beihilfewidrige Steuerverwaltungsakte bei den normalen Regelungen zur formellen Bestandskraft.

3. Die materielle Bestandskraft von Steuerverwaltungsakten bei Verstößen gegen das Beihilfeverbot

448 Mit dem Eintritt der formellen Bestandskraft geht – wie bereits mehrfach angeführt – der Eintritt der materiellen Bestandskraft einher (Rn. 35), so dass sich die Untersuchung nunmehr der Frage zuwenden soll, welche Besonderheiten im Vergleich zu *Verstößen gegen andere Bestimmungen des Unionsrechts* möglicherweise für die Durchbrechung der materiellen Bestandskraft von Steuerverwaltungsakten gelten, die *gegen das Beihilfeverbot verstoßen.* Einleitend kann dabei kurz festgehalten werden, dass – wie bei anderen Verstößen gegen Unionsrecht (Rn. 362) – eine Durchbrechung der materiellen Bestandskraft von beihilfewidrigen Steuerverwaltungsakten aufgrund der Regelung des § 129 AO nicht in Betracht kommt. Ein Beihilfeverstoß zählt nämlich ebenfalls zur Gruppe der Rechtsanwendungsfehler, welche nicht in den Anwendungsbereich dieser Korrekturnorm fallen.[669] Außerhalb des § 129 AO ist – wie bisher – zwischen *allgemeinen Steuerverwaltungsakten* und *Steuerbescheiden* zu unterscheiden.

a) Durchbrechung der materiellen Bestandskraft von allgemeinen Steuerverwaltungsakten bei Verstößen gegen das Beihilfeverbot

449 Im Bereich des Möglichen bleibt für *allgemeine Steuerverwaltungsakte*, die gegen das Beihilfeverbot verstoßen, auch hier nur die Durchbrechung der materiellen Bestandskraft nach §§ 130, 131 AO. Dafür ist erneut zwischen *rechtswidrigen* und *rechtmäßigen* Steuerverwaltungsakten zu differenzieren.

450 Ein *rechtswidriger* Steuerverwaltungsakt in dem hier interessierenden Sinn liegt vor, wenn der allgemeine Steuerverwaltungsakt im Zeitpunkt seines Erlasses gegen das Beihilfeverbot verstößt. Es liegt also eine *rechtswidrige Beihilfe* i. S. d. Art. 1 Buchst. f) der VO (EU) 2015/1589 vor, d. h. eine Beihilfe, die unter Verstoß gegen Art. 108 Abs. 3 AEUV eingeführt und bei der demzufolge kein

668 Vgl. BFH, Urt. v. 16.9.2010, V R 57/09, BStBl. II 2011, 151 Rn. 31.

669 *Lehnert*, Die Korrektur von gemeinschaftsrechtswidrigen Beihilfen in Form von Steuervergünstigungen, 2009, S. 160.

Notifizierungsverfahren durchgeführt wurde. Die Korrektur eines allgemeinen Steuerverwaltungsakts, der eine rechtswidrige Beihilfe enthält, beurteilt sich nach § 130 AO.

Ein *rechtmäßiger* Steuerverwaltungsakt ist demgegenüber gegeben, wenn – wie 451 bei allgemeinen Steuerverwaltungsakten, die andere Verstöße gegen Unionsrecht enthalten – der allgemeine Steuerverwaltungsakt im Zeitpunkt seines Erlasses rechtmäßig ist und der Verstoß gegen das Beihilfeverbot nachträglich eintritt. Ein solcher Fall ist denkbar, wenn es sich bei der mit dem Steuerverwaltungsakt gewährten Steuervergünstigung um eine *bestehende Beihilfe* handelt. „Bestehende Beihilfen" sind nach Art. 1 Buchst. b) der VO (EU) 2015/1589 solche,

- die bereits vor Inkrafttreten des Vertrags über die Arbeitsweise der Europäischen Union bzw. seiner Vorgängerverträge in dem entsprechenden Mitgliedstaat eingeführt wurden,
- genehmigte oder als genehmigt geltende Beihilfen sowie
- Beihilfen, die zum Zeitpunkt, zu dem sie eingeführt wurden, keine Beihilfen waren und später aufgrund der Entwicklung des Binnenmarkts zu Beihilfen wurden, ohne dass sie eine Änderung durch den betreffenden Mitgliedstaat erfahren haben.

Bei einer bestehenden Beihilfe könnte es sich also z. B. um eine gesetzliche Bestimmung handeln, die eine Steuervergünstigung enthält, und die in dieser Form bereits vor Gründung der Europäischen Wirtschaftsgemeinschaft existiert hat. Ausreichend wäre es zudem ebenso, wenn die gesetzliche Bestimmung vor mehr als zehn Jahren eingeführt wurde (vgl. Art. 18 der VO (EU) 2015/1589).

Darüber hinaus kann der Fall eines *rechtmäßigen* Steuerverwaltungsakts anzu- 452 nehmen sein, wenn ein allgemeiner Steuerverwaltungsakt auf einer Ermessensentscheidung der Finanzbehörde beruht, diese Entscheidung zunächst rechtmäßig ist und damit keinen Verstoß gegen das Beihilfeverbot darstellt. Wird diese Maßnahme allerdings länger aufrechterhalten, als es nötig ist, könnte sich hieraus ein Beihilfeverstoß ergeben. Zu denken ist in diesem Zusammenhang beispielsweise an Stundungsmaßnahmen. In beiden Fällen, also sowohl bei bestehenden Beihilfen als auch bei Ermessensentscheidungen, richtet sich die Korrektur des allgemeinen Steuerverwaltungsakts nach § 131 AO.

aa) Rücknahme rechtswidriger Steuerverwaltungsakte bei Verstößen gegen das Beihilfeverbot

Zunächst soll nun die Rücknahme *rechtswidriger* Steuerverwaltungsakte, die gegen 453 das Beihilfeverbot verstoßen, untersucht werden. § 130 AO lässt – wie bereits dargestellt – eine Korrektur von Rechtsanwendungsfehlern zu (Rn. 169, 365). Daher lassen sich auch Verstöße gegen das Beihilfeverbot aus Art. 107 AEUV, bei denen es sich um ebensolche Rechtsanwendungsfehler handelt, über diese Norm korrigieren. Für die Anwendung der Norm ist dann danach zu unterscheiden, ob es bei einem beihilfewidrigen Steuerverwaltungsakt um einen *belastenden* oder einen *begünstigenden* Steuerverwaltungsakt handelt. Ein Verstoß gegen das Beihilfeverbot impliziert hier, dass ein Steuerpflichtiger in den Genuss einer Steuervergünstigung gekommen ist, obwohl es sich dabei um eine rechtswidrige Beihilfe handelt. Dementsprechend muss der allgemeine Steuerverwaltungsakt für ihn *begünstigend* gewesen sein. Dem Fall der Rücknahme eines rechtswidrigen *belastenden* Steuerverwaltungsakts nach § 130 Abs. 1 AO kommt daher hier keine Bedeutung zu.

454 Die Durchbrechung der materiellen Bestandskraft eines *begünstigenden* beihilfewidrigen Steuerverwaltungsakts richtet sich nach § 130 Abs. 2 und Abs. 3 AO, deren tatbestandsmäßige Beschränkungen grundsätzlich zu beachten sind. Da § 130 AO eine gewisse Ähnlichkeit mit § 48 VwVfG aufweist, kann in diesem Zusammenhang auf die bereits dargestellte Entscheidung des Europäischen Gerichtshofs in der Rs. *Alcan* zurückgegriffen werden (Rn. 367). Es liegt demgemäß nahe, dass nach einer unionsrechtskonformen Auslegung der Norm die Korrektur des allgemeinen Steuerverwaltungsakts möglich sein wird.[670]

455 Bei den tatbestandlichen Beschränkungen könnte zunächst überlegt werden, ob eine Korrektur deshalb in Betracht kommt, weil der allgemeine Steuerverwaltungsakt i. S. d. § 130 Abs. 2 Nr. 1 AO von einer sachlich unzuständigen Behörde erlassen wurde. Ohne das erforderliche Notifizierungsverfahren fehlt es an einem Beschluss der Kommission, der aussagen könnte,

- dass es sich nicht um eine Beihilfe handelt (Art. 4 Abs. 2, Art. 9 Abs. 2 VO (EU) 2015/1589) oder
- dass die Beihilfe mit dem Binnenmarkt vereinbar ist bzw. diesbezüglich keine Bedenken bestehen (Art. 4 Abs. 3 Satz 1, Art. 9 Abs. 3 Satz 1 der VO (EU) 2015/1589).

Indem die Finanzbehörde eine Steuervergünstigung gewährt, könnte hierin inzident die Feststellung enthalten sein, dass es sich nicht um eine verbotene Beihilfe i. S. d. Art. 107 AEUV handelt. Eine solche Entscheidung liegt allerdings nach Art. 108 AEUV allein in der Zuständigkeit der Kommission.

456 Die Auffassung, dass mit der Finanzbehörde eine sachlich unzuständige Behörde gehandelt hat, geht allerdings zu weit. Dem Tenor des allgemeinen Steuerverwaltungsakts lässt sich eine solche Feststellung keinesfalls entnehmen. Es dürfte sich nicht ansatzweise im Wortlaut ein entsprechender Ansatzpunkt dafür finden lassen, dass die Finanzbehörde über die Vereinbarkeit einer Steuervergünstigung mit dem Unionsrecht entschieden hat. Desgleichen kann ein darauf gerichteter Wille der Finanzbehörde nicht unterstellt werden. Eine auf § 130 Abs. 2 Nr. 1 AO gestützte Korrektur scheidet daher aus.

457 Als Nächstes lassen § 130 Abs. 2 Nrn. 2 und 3 AO eine Durchbrechung der materiellen Bestandskraft bei einem begünstigenden Steuerverwaltungsakt zu, wenn der Steuerpflichtige diesen Steuerverwaltungsakt durch unlautere Mittel

670 Ebenso: *Geisenberger*, Der Einfluss des Europarechts auf steuerliches Verfahrensrecht, 2010, S. 98.

oder durch Angaben erwirkt hat, die in wesentlicher Beziehung unrichtig oder unvollständig waren. Kommt es in solchen Fällen zur Gewährung einer Steuervergünstigung, die gegen das Beihilfeverbot verstößt, ist die Korrektur des allgemeinen Steuerverwaltungsakts zulässig. Allerdings gibt nicht der Beihilfeverstoß den Grund für die Korrektur her, sondern das unlautere Mittel bzw. das Verhalten des Steuerpflichtigen. Es dürfte sich hierbei allenfalls um zu vernachlässigende Einzelfälle handeln.

Deshalb bleibt für die Masse der Fälle, in denen ein allgemeiner Steuerverwal- 458
tungsakt gegen das Beihilfeverbot verstößt, nur die Möglichkeit des § 130 Abs. 2 Nr. 4 AO. Danach ist eine Korrektur möglich, wenn dem Steuerpflichtigen der Beihilfeverstoß bekannt oder infolge grober Fahrlässigkeit nicht bekannt war. Grob fahrlässige Unkenntnis ist anzunehmen, wenn der Steuerpflichtige die ihm zumutbare Sorgfalt in besonders schwerem Maße verletzt hat. Das Verschulden seines Vertreters ist dem Steuerpflichtigen bei alledem zuzurechnen.[671] Der Entscheidung des Europäischen Gerichtshofs in der Rs. *Alcan* ist zu entnehmen, dass ein beihilfebegünstigtes Unternehmen auf die Ordnungsmäßigkeit einer Beihilfe nur dann vertrauen darf, wenn diese Beihilfe unter Einhaltung des in Art. 108 AEUV vorgesehenen Verfahrens gewährt wurde.[672] Diesen zu § 48 VwVfG aufgestellten Grundsatz überträgt ein Teil der Literatur[673] auf § 130 Abs. 2 Nr. 4 AO. Dem kann in dieser Allgemeinheit jedoch nicht zugestimmt werden. Bei der angesprochenen Entscheidung des Europäischen Gerichtshofs ging es – daran sei erinnert – nämlich um eine Leistungssubvention in Höhe von 8 Millionen DM. Der Beihilfecharakter war hierbei offensichtlich. Anders stellt sich die Situation dahingegen bei einer Steuervergünstigung, die als Verschonungssubvention anzusehen ist, dar. Hier springt der Beihilfecharakter nicht sofort ins Auge. Bedenkend, dass zur Bestimmung des Beihilfecharakters einer gesetzlichen Bestimmung, die eine Steuervergünstigung gewährt, die Selektivität der Maßnahme festgestellt werden muss, und dazu das steuerliche Referenzsystem bestimmt, der Ausnahmecharakter der Maßnahme erkannt und eine Rechtfertigung durch die Natur oder den inneren Aufbau des Systems abgelehnt werden muss (Rn. 294 ff.), so wird es einen absoluten Ausnahmefall darstellen, dass einem Steuerpflichtigen diese gedankliche Überprüfung in seiner laienhaften Vorstellung abverlangt werden kann.[674] Grundsätzlich wird aber – mit *Sabine*

671 *Intemann*, in: Koenig, AO, 2014, § 130 AO Rn. 45; *Loose*, in: TK, AO/FGO (2014), § 130 AO Rn. 31, 32; *Werth*, in: Kühn/v. Wedelstädt, AO/FGO, 2015, § 130 AO Rn. 14.

672 EuGH, Urt. v. 20.3.1997, Rs. C-24/95 – *Alcan*, Slg. 1997, I-1607 Rn. 25.

673 *Wernsmann*, in: HHSp, AO/FGO (2017), § 130 AO Rn. 81.

674 So auch: *Lehnert*, Die Korrektur von gemeinschaftsrechtswidrigen Beihilfen in Form von Steuervergünstigungen, 2009, S. 148, nach der bereits im Rahmen des § 48 VwVfG nicht alle Unternehmer die Vereinbarkeit einer Beihilfe mit dem Binnenmarkt beurteilen können oder gar in der Lage sind, eine Maßnahme als Beihilfe einzustufen, wenn die Beihilfeeigenschaft nicht offensichtlich ist.

Lehnert[675] – davon auszugehen sein, dass zumindest bei einer Stundung oder einem Erlass von Steuern die Kenntnis des Beihilfecharakters dieser Maßnahme desto eher erwartet werden kann, je höher die Steuervergünstigung und je größer das Unternehmen ist. § 130 Abs. 2 Nr. 4 AO wird demzufolge nur in wenigen, nicht jedoch in allen Fällen, eine Korrektur des beihilfewidrigen Steuerverwaltungsakts zulassen.

459 Schließlich scheidet eine entsprechende Anwendung des § 131 Abs. 2 Nr. 3 AO ebenfalls aus, und zwar unabhängig davon, ob die entsprechende Anwendung dieser Norm bei § 130 AO überhaupt möglich ist (Rn. 369). Die Norm würde eine Rücknahme ermöglichen, wenn die Finanzbehörde aufgrund nachträglich eingetretener Tatsachen berechtigt wäre, den Steuerverwaltungsakt nicht zu erlassen, und wenn ohne die Rücknahme das öffentliche Interesse gefährdet wäre. Diese Voraussetzungen treffen allerdings auf eine Kommissionsentscheidung, aus der sich die Beihilfewidrigkeit einer Steuervergünstigung ergibt, nicht zu. Denn es liegt keine Änderung der tatsächlichen Verhältnisse vor; vielmehr wird hierdurch lediglich die rechtliche Beurteilung deutlich.[676]

460 Da nach alledem keine der soeben untersuchten Varianten eine Korrektur von beihilfewidrigen Steuerverwaltungsakten in allen Fällen zulässt, kommt *Sabine Lehnert* zu dem Schluss, dass, sofern die Tatbestandsvoraussetzungen des § 130 Abs. 2 AO nicht vorliegen, der allgemeine Steuerverwaltungsakt auch nicht zurückgenommen werden muss.[677] Obwohl ihre Untersuchung bereits vor der Neuregelung des Beihilfeverfahren durch die VO (EU) 2015/1589 vorgelegt wurde, so hat sie dabei die Wirkungsweise der inhaltsgleichen Vorgängerregelung zu Art. 16 Abs. 3 der VO (EU) Nr. 2015/1589 übersehen, welche in gleicher Weise bestimmte, dass die Rückforderung der Beihilfe unverzüglich nach dem Verfahrensrecht des betreffenden Mitgliedstaats zu erfolgen hat. Das nationale Verfahrensrecht hat also eine Möglichkeit zur Rückforderung vorzusehen (Rn. 327 ff.). Indem nach der Abgabenordnung keine Möglichkeit zur Rückforderung der Beihilfe, die durch einen allgemeinen Steuerverwaltungsakt gewährt wurde, besteht, liegt ein Verstoß gegen die Vorgaben des Unionsrechts vor. Die Korrektur eines allgemeinen Steuerverwaltungsakts, der gegen das Beihilfeverbot verstößt, ist daher praktisch unmöglich, so dass eine Verletzung des Effektivitätsgebots anzunehmen ist. Der Vorrang des Unionsrechts führt nun dazu, dass die tatbestandsmäßigen Beschränkungen des § 130 Abs. 2 AO auf die Korrektur beihilfewidriger Steuerverwaltungsakte nicht anzuwenden sind. Folglich besteht die Möglichkeit der Korrektur eines

---

675 *Lehnert*, Die Korrektur von gemeinschaftsrechtswidrigen Beihilfen in Form von Steuervergünstigungen, 2009, S. 162.

676 *Lehnert*, Die Korrektur von gemeinschaftsrechtswidrigen Beihilfen in Form von Steuervergünstigungen, 2009, S. 163.

677 *Lehnert*, Die Korrektur von gemeinschaftsrechtswidrigen Beihilfen in Form von Steuervergünstigungen, 2009, S. 164.

allgemeinen Steuerverwaltungsakts, der gegen das Beihilfeverbot verstößt, nicht nur, wenn einer der Fälle des § 130 Abs. 2 Nrn. 1–4 AO gegeben ist, sondern in jedem Fall.

Nach § 130 Abs. 3 AO könnte die Rücknahme des allgemeinen Steuerverwal- 461
tungsakts dann aber nur innerhalb einer Frist von einem Jahr ab dem Zeitpunkt erfolgen, in dem die Finanzbehörde Kenntnis von Tatsachen erlangt, welche die Rücknahme des Steuerverwaltungsakts rechtfertigen. Der Europäische Gerichtshof hat in der Rs. *Alcan* zu der vergleichbaren Regelung des § 48 Abs. 4 VwVfG festgestellt, dass eine solche Ausschlussfrist einer verspäteten Rückforderung der Beihilfe nicht entgegenstehen kann. Bei staatlichen Beihilfen beschränke sich die Rolle der nationalen Behörden auf die Durchführung der Rückforderungsentscheidung der Kommission. Sie hätten hierbei keinerlei Ermessen.[678] *Sabine Lehnert* findet dieses Ergebnis nicht überzeugend. Durch das Verstreichenlassen der Ausschlussfrist verhielte sich der Mitgliedstaat unionsrechtswidrig. Ein solches Verhalten dürfe nicht zulasten des Beihilfeempfängers gehen. Vielmehr müsse das Verhalten des Mitgliedstaates mittels eines Vertragsverletzungsverfahrens nebst weiterer Sanktion geahndet werden.[679] Bei alledem übersieht sie jedoch zweierlei: Zum einen gibt das Unionsrecht in Art. 16 Abs. 3 der VO (EU) Nr. 2015/1589 vor, dass eine Rückforderung zu erfolgen hat. Zum anderen bestimmt es in Art. 17 Abs. 1 der VO (EU) Nr. 2015/1589 eine Frist von zehn Jahren ab Gewährung der Beihilfe. Die in § 130 Abs. 3 AO enthaltene Regelung kollidiert somit wiederum mit den Vorgaben des Unionsrechts aus Art. 17 Abs. 1 der VO (EU) Nr. 2015/1589 und macht dessen Durchsetzung insoweit ebenfalls praktisch unmöglich. Durch den Verstoß gegen das Effektivitätsgebot muss es also dazu kommen, dass § 130 Abs. 3 AO aufgrund des Vorrangs des Unionsrechts gleichfalls nicht angewendet wird. Die Regelung kann daher der Korrektur eines allgemeinen Steuerverwaltungsakts, der gegen das Beihilfeverbot verstößt, nicht entgegenstehen.

Insgesamt ist zum Ausschluss des § 130 Abs. 2 und Abs. 3 AO darauf hinzu- 462
weisen, dass die unionsrechtlich gebotene Modifikation bei der Korrektur von allgemeinen Steuerverwaltungsakten, die gegen das Beihilfeverbot verstoßen, unter verfassungsrechtlichen Gesichtspunkten zwar nicht ganz unproblematisch ist.[680] Nach der Rechtsprechung des Bundesverfassungsgerichts wird dadurch jedoch das verfassungsrechtlich gebotene Mindestmaß an Vertrauensschutz nicht verletzt.[681] Dies erscheint im Hinblick auf den Vorrang des Unionsrechts gegenüber dem Verfassungsrecht auch plausibel. Bei der VO (EU) Nr. 2015/1589 handelt es sich weder

---

678 EuGH, Urt. v. 20.3.1997, Rs. C-24/95 – *Alcan*, Slg. 1997, I-1607 Rn. 38, 34.

679 *Lehnert*, Die Korrektur von gemeinschaftsrechtswidrigen Beihilfen in Form von Steuervergünstigungen, 2009, S. 152 f.

680 Vgl. *Blanke*, Vertrauensschutz im deutschen und europäischen Verwaltungsrecht, 2000, S. 490 f.; *Grzeszick*, in: Maunz/Dürig, GG (2006), Art. 20 GG VII Rn. 97.

681 BVerfG, Beschl. v. 17.2.2000, 2 BvR 1210/98, NJW 2000, 2015 (2015 f.), der zu § 48 Abs. 2 und Abs. 4 VwVfG erging.

um einen ausbrechenden Rechtsakt noch ist damit eine ins Gewicht fallende Minderung der Grundrechtsstandards im Sinne des Maastricht-Urteils des Bundesverfassungsgerichts[682] verbunden.

463 Die Durchbrechung der materiellen Bestandskraft durch Rücknahme eines allgemeinen Steuerverwaltungsakts nach § 130 AO steht grundsätzlich im Ermessen der Finanzbehörde. Bei *anderen Verstößen gegen Unionsrecht* besteht insoweit lediglich die Besonderheit, dass zwar die Schwere des Rechtsverstoßes im Rahmen der Abwägung zu berücksichtigen ist, aus diesem Verstoß aber noch keine Ermessensreduktion auf Null erfolgt (Rn. 366). Anders wird dieses in Teilen der Literatur für die Fälle, in denen ein Verstoß gegen das Beihilfeverbot gegeben ist, angenommen.[683] Der Europäische Gerichtshof hat hierzu in der Rs. *Alcan* ausgeführt, dass die nationalen Behörden hinsichtlich der Rücknahme über kein Ermessen verfügen.[684] Dieses Ergebnis ergibt sich direkt aus Art. 16 Abs. 3 der VO (EU) Nr. 2015/1589, der eine Rückforderung nach nationalem Verfahrensrecht für erforderlich erklärt. Ein etwaiger Vertrauensschutz wird allenfalls über Art. 16 Abs. 1 Satz 2 der VO (EU) Nr. 2015/1589 berücksichtigt, wonach die Kommission die Rückforderung der Beihilfe nicht verlangt, wenn ein solches Vorgehen gegen einen allgemeinen Grundsatz des Unionsrechts verstoßen würde. Deshalb ist es – anders als bei anderen Verstößen gegen Unionsrecht – in diesem Fall gerechtfertigt, eine Ermessensreduktion auf Null anzunehmen.

bb) Widerruf rechtmäßiger Steuerverwaltungsakte bei Verstößen gegen das Beihilfeverbot

464 Im Anschluss an die Untersuchung der Rücknahme *rechtswidriger* Steuerverwaltungsakte soll es nun um den Widerruf von *rechtmäßigen* Steuerverwaltungsakten, die gegen das Beihilfeverbot verstoßen, gehen. Wie bei der Rücknahme von rechtswidrigen Steuerverwaltungsakten (Rn. 453), so gilt auch beim Widerruf eines rechtmäßigen Steuerverwaltungsakts, dass der beihilfewidrige Steuerverwaltungsakt für den Steuerpflichtigen stets *begünstigend* wirkt. Bekanntermaßen wurde dem Steuerpflichtigen mit diesem Steuerverwaltungsakt eine Steuervergünstigung gewährt. Es stellt sich deshalb die Frage, ob auch hier – wie zuvor bei § 130 Abs. 2 AO – die tatbestandsmäßigen Beschränkungen des Widerrufs nach § 131 Abs. 2 AO grundsätzlich unbeachtlich sind. Denn die in § 131 Abs. 2 Satz 1

---

682 BVerfG, Urt. v. 12.10.1993, 2 BvR 2134, 2159/92, BVerfGE 89, 155 (174, 188).

683 *Blanke*, Vertrauensschutz im deutschen und europäischen Verwaltungsrecht, 2000, S. 470; *Loose*, in: TK, AO/FGO (2014), Vor § 130 AO Rn. 22; *Rüsken*, in: Klein, AO, 2016, § 130 AO Rn. 33a; *Wernsmann*, in: HHSp, AO/FGO (2017), § 130 Rn. 80; a. A.: *M. Frotscher*, in: Schwarz/Pahlke, AO/FGO (2012), § 130 AO Rn. 32; *Intemann*, in: Koenig, AO, 2014, § 130 AO Rn. 28; *Lehnert*, Die Korrektur von gemeinschaftsrechtswidrigen Beihilfen in Form von Steuervergünstigungen, 2009, S. 164.

684 EuGH, Urt. v. 20.3.1997, Rs. C-24/95 – *Alcan*, Slg. 1997, I-1607 Rn. 34.

Nrn. 1–3 AO aufgezählten Fälle treffen allesamt nicht zu. Dass es zur Aufnahme eines Widerrufsvorbehalts i. S. d. § 131 Abs. 2 Satz 1 Nr. 1 AO oder zur Verbindung mit einer Auflage i. S. d. § 131 Abs. 2 Satz 1 Nr. 2 AO gekommen ist, kann nur zufällig gewesen sein. Ferner stellt eine Kommissionsentscheidung über die Unvereinbarkeit einer Steuervergünstigung als Beihilfe mit dem Binnenmarkt keine nachträglich eingetretene Tatsache i. S. d. § 131 Abs. 2 Satz 1 Nr. 3 AO dar (Rn. 459).

Die Abgrenzung zwischen § 130 AO und § 131 AO vollzieht sich – wie bereits dargestellt – zum Teil danach, ob es sich um eine *rechtswidrige Beihilfe* oder um eine *bestehende Beihilfe* handelt (Rn. 449 ff.). Bei *rechtswidrigen Beihilfen* gilt Art. 16 der VO (EU) Nr. 2015/1589 mit den sich daraus im Rahmen des § 130 AO ergebenden Konsequenzen, dass die aus Gründen des Vertrauensschutzes eingefügten tatbestandsmäßigen Beschränkungen keine Anwendung finden. Bei *bestehenden Beihilfen* gilt diese Norm indessen nicht. Hier wird der Mitgliedstaat nach Art. 23 Abs. 1 Satz 2 der VO (EU) Nr. 2015/1589 lediglich dazu verpflichtet, die von der Kommission vorgeschlagenen zweckdienlichen Maßnahmen durchzuführen. Diese Maßnahmen können nach Art. 22 Satz 2 der VO (EU) Nr. 2015/1589 in der inhaltlichen Änderung der Beihilferegelung, der Einführung von Verfahrensvorschriften oder der Abschaffung der Beihilferegelung bestehen. Von der Rückforderung in der Vergangenheit bereits gewährter Beihilfen ist in der Norm hingegen nicht die Rede. Da § 131 Abs. 2 AO deswegen nicht mit Vorgaben des Unionsrechts kollidiert, bleiben die darin enthaltenen tatbestandlichen Beschränkungen des Widerrufs auch bei Verstößen gegen das Beihilfeverbot anwendbar. Im Regelfall dürfte dabei keine der in § 131 Abs. 2 Satz 1 Nrn. 1–3 AO aufgeführten Gründe eine Durchbrechung der Bestandskraft rechtfertigen. 465

Sollte aus einem anderen Anlass die Korrektur eines zugleich gegen das Beihilfeverbot verstoßenden allgemeinen Steuerverwaltungsakts nach § 131 Abs. 2 Satz 1 Nrn. 1–3 AO doch einmal statthaft sein, steht die Entscheidung über den Widerruf im Ermessen der Finanzbehörde. Hierbei würden in Ermangelung besonderer Vorgaben des Unionsrechts keine Besonderheiten gelten. 466

b) Durchbrechung der materiellen Bestandskraft von Steuerbescheiden bei Verstößen gegen das Beihilfeverbot

Durch die vorausgehenden Ausführungen zur Durchbrechung der materiellen Bestandskraft von *allgemeinen Steuerverwaltungsakten*, mit denen eine *rechtswidrige Beihilfe* gewährt wurde, dürfte eines bereits klar sein: Sollte eine Durchbrechung der materiellen Bestandskraft von *Steuerbescheiden* nach §§ 172 ff. AO bei Verstößen gegen das Beihilfeverbot nicht realisierbar sein, würde jedenfalls ein Konflikt mit den Vorgaben aus Art. 16 Abs. 3 der VO (EU) Nr. 2015/1589 vorliegen. Denn diese Norm erlegt – wie bereits dargestellt – den Mitgliedstaaten die Verpflichtung auf, eine rechtswidrige Beihilfe zurückzufordern. 467

aa) Eröffnung des Anwendungsbereichs bei Verstößen gegen das Beihilfeverbot

468 Bevor untersucht werden kann, ob sich nach den Korrekturvorschriften der §§ 172 ff. AO die Möglichkeit ergibt, beihilfewidrige Steuerbescheide zu korrigieren, muss zunächst die Eröffnung des Anwendungsbereichs dieser Regelungen bestimmt werden. Die Korrektur eines Steuerbescheids nach §§ 172 ff. AO setzt zunächst voraus, dass der Steuerbescheid endgültig ist, mithin weder unter dem Vorbehalt der Nachprüfung nach § 164 Abs. 1 AO steht noch vorläufig i. S. d. § 165 Abs. 1 AO ist. So könnte ein laufendes Notifizierungsverfahren bei der Kommission dazu führen, dass eine Finanzbehörde den Steuerbescheid mit einer entsprechenden Nebenbestimmung erlässt. Bei alledem würde sich die Wahl eines Vorläufigkeitsvermerks im Vergleich zu einem Vorbehalt der Nachprüfung als vorzugswürdig erweisen, weil damit Schwierigkeiten im Hinblick auf eine mögliche Festsetzungsverjährung vermieden würden. Der Vorläufigkeitsvermerk hemmt nämlich nach § 171 Abs. 8 AO den Ablauf der Festsetzungsfrist. Die Voraussetzungen für eine vorläufige Steuerfestsetzung sind zudem gegeben, da ein laufendes Notifizierungsverfahren eine rechtliche Ungewissheit i. S. d. § 165 Abs. 1 Satz 1 AO darstellt.[685]

469 Der Finanzbehörde ist es hierbei jedoch nicht gestattet, im Rahmen der Steuerfestsetzung die Steuervergünstigung, welche Gegenstand des Notifizierungsverfahrens ist, zu gewähren und im Hinblick auf eine mögliche Negativentscheidung der Kommission die Steuerfestsetzung mit einem Vorläufigkeitsvermerk zu versehen. Eine solche Vorgehensweise würde das von Art. 108 Abs. 3 Satz 3 AEUV angeordnete Durchführungsverbot missachten.[686] Danach ist es dem betreffenden Mitgliedstaat untersagt, eine dem laufenden Notifizierungsverfahren zugrunde liegende beabsichtigte Maßnahme durchzuführen, bevor die Kommission einen abschließenden positiven Beschluss erlassen hat.

470 Wegen des in Art. 108 Abs. 3 Satz 3 AEUV enthaltenen Durchführungsverbots ist es daher nur zulässig, wenn die Finanzbehörde die als verbotene Beihilfe in Rede stehende Steuervergünstigung nicht gewährt.[687] Dann würde sich – einen

685 *Grube*, Der Einfluss des unionsrechtlichen Beihilfeverbots auf das deutsche Steuerrecht, 2014, S. 72; *Lehnert*, Die Korrektur von gemeinschaftsrechtswidrigen Beihilfen in Form von Steuervergünstigungen, 2009, S. 175, 177.

686 *Grube*, Der Einfluss des unionsrechtlichen Beihilfeverbots auf das deutsche Steuerrecht, 2014, S. 72; *Geisenberger*, Der Einfluss des Europarechts auf steuerliches Verfahrensrecht, 2010, S. 49, 52, 53; *Lehnert*, Die Korrektur von gemeinschaftsrechtswidrigen Beihilfen in Form von Steuervergünstigungen, 2009, S. 177.

687 *Grube*, Der Einfluss des unionsrechtlichen Beihilfeverbots auf das deutsche Steuerrecht, 2014, S. 72; *Lehnert*, Die Korrektur von gemeinschaftsrechtswidrigen Beihilfen in Form von Steuervergünstigungen, 2009, S. 177.

entsprechenden Vorläufigkeitsvermerk vorausgesetzt – im Falle einer Positiventscheidung der Kommission eine Korrekturmöglichkeit aus § 165 Abs. 2 Satz 1 AO ergeben.

In der Praxis wahrscheinlicher dürfte jedoch die Situation sein, dass die Finanz- 471
behörde eine Steuervergünstigung gewährt, ohne sich des Beihilfecharakters bewusst zu sein und deshalb auch keinen entsprechenden Vorläufigkeitsvermerk aufnimmt. Kommt es im Nachhinein dazu, dass sich der Verstoß gegen das Beihilfeverbot aus einer Kommissionsentscheidung ergibt, so stellt sich die Frage, ob der Steuerbescheid zu korrigieren ist. Da in diesem Fall keine vorläufige Steuerfestsetzung vorliegt, ist der Anwendungsbereich der §§ 172 ff. AO zumindest deshalb nicht ausgeschlossen.

Liegt somit eine endgültige Steuerfestsetzung vor, könnte sich ein Ausschluss 472
des Anwendungsbereichs der §§ 172 ff. AO nur noch aufgrund einer Festsetzungsverjährung nach §§ 169 ff. AO ergeben. Die Regelungen zur Festsetzungsverjährung sehen vor, dass die Verjährung bei Steuern für gewöhnlich regulär mit Ablauf des vierten Kalenderjahrs, das auf das Jahr der Abgabe der Steuererklärung folgt, spätestens mit Ablauf des siebenten auf das Jahr der Steuerentstehung folgenden Kalenderjahrs eintritt. Nach Art. 17 Abs. 1 der VO (EU) Nr. 2015/1589 gelten die Befugnisse der Kommission zur Rückforderung der verbotenen Beihilfe für eine Frist von zehn Jahren. Dabei führen Maßnahmen, welche die Kommission oder ein Mitgliedstaat auf Antrag der Kommission bezüglich der verbotenen Beihilfe ergreift, nach Art. 17 Abs. 2 der VO (EU) Nr. 2015/1589 zu einer Unterbrechung des Fristlaufs, an deren Ende die Frist neu beginnt. Zudem ruht die Frist, solange der Beschluss der Kommission Gegenstand von Verhandlungen vor dem Gerichtshof der Europäischen Union ist. Im Einzelfall kann die Kommission die Rückforderung einer Beihilfe also auch für einen Zeitraum von deutlich mehr als zehn Jahren anordnen. Demzufolge steht die kürzere deutsche Regelung zur Festsetzungsverjährung, nach deren Ablauf die Korrektur eines beihilfewidrigen Steuerbescheids ausgeschlossen ist, im Widerspruch zu der in Art. 17 der VO (EU) Nr. 2015/1589 enthaltenen Regelung hinsichtlich des maximal zulässigen Rückforderungszeitraums. Eine unmittelbare Anwendung des Art. 17 der VO (EU) Nr. 2015/1589 scheidet aus, da diese Regelung keine Vorgabe hinsichtlich des Rückforderungsverfahrens auf nationaler Ebene, sondern nur hinsichtlich des zeitlichen Rahmens für die Befugnisse der Kommission enthält. Die Kollision des deutschen Rechts mit den Vorgaben des Unionsrechts kann daher nur beseitigt werden, wenn im Wege des Vorrangs des Unionsrechts die nationale Regelung solange nicht angewendet wird, solange die Kollision besteht, also bis zum Ablauf der Frist nach Art. 17 der VO (EU) Nr. 2015/1589.[688] Zwar gilt auch im Bereich der Rückforderung verbotener Beihilfen der Grundsatz der Verfahrensautonomie der Mitgliedstaaten.

688 Vgl. *Hahn/Suhrbier-Hahn*, DStZ 2002, 632 (640), die bezüglich der Vorgängerreglung des Art. 15 der VO (EG) Nr. 659/1999 davon sprachen, dass diese Regelung die Verjährungsregelungen der Abgabenordnung verdränge.

Diese Autonomie wird jedoch auch hier durch den Äquivalenzgrundsatz und das Effektivitätsgebot begrenzt. Eine nationale Regelung, die verfahrensrechtlich eine kürzere Frist, innerhalb derer es zur Rückforderung verbotener Beihilfen kommen kann, als die unionsrechtliche Frist, innerhalb derer die Kommission die Mitgliedstaaten zur Rückforderung verbotener Beihilfen auffordern kann, enthält, verstößt gegen das Effektivitätsgebot. Denn insoweit würde die Durchsetzung der durch die Unionsrechtsordnung statuierten Rechte praktisch unmöglich gemacht, weil der Mitgliedstaat nach Art. 16 Abs. 3 der VO (EU) Nr. 2015/1589 zur Rückforderung der rechtswidrigen Beihilfe verpflichtet ist. Deshalb muss eine möglicherweise eingetretene Festsetzungsverjährung unbeachtet bleiben. Dafür kann auch angeführt werden, dass der Steuerpflichtige bei einem unterlassenen Notifizierungsverfahren einen geringeren Vertrauensschutz genießt.[689]

bb) Eingreifen einer Korrekturnorm bei Verstößen gegen das Beihilfeverbot

473 Wenn der beihilfewidrige Steuerbescheid endgültig ist, also weder unter dem Vorbehalt der Nachprüfung steht noch vorläufig ist, und zudem keine Festsetzungsverjährung eingetreten ist, ist der Anwendungsbereich der §§ 172 ff. AO eröffnet. Es stellt sich danach die Frage, welcher Korrekturtatbestand eingreifen könnte, wenn es um die Korrektur von beihilfewidrigen Steuerbescheiden geht.

(1) Korrektur von Beihilfeverstößen nach § 172 AO

474 Als Erstes ist dabei erneut die Grundnorm des § 172 AO in den Blick zu nehmen. Bei *Verstößen gegen andere Bestimmungen des Unionsrechts als das Beihilfeverbot* ergab sich hiernach eine Korrekturmöglichkeit nach § 172 Abs. 1 Satz 1 Nr. 1 AO bei Verbrauchsteuerbescheiden und nach § 172 Abs. 1 Satz 1 Nr. 2 AO bei anderen Steuerbescheiden. § 172 Abs. 1 Satz 1 Nrn. 3 und 4 AO ließen demgegenüber keine unmittelbare Beseitigung von Verstößen gegen Unionsrecht zu, sondern nur, wenn einer der dort genannten Anlässe zur Korrektur vorlag.

475 Die Korrektur von Verbrauchsteuerbescheiden, die gegen das Beihilfeverbot verstoßen, ist nach § 172 Abs. 1 Satz 1 Nr. 1 AO in gleicher Weise wie bei anderen Verstößen gegen Unionsrecht vorbehaltlos möglich, da die Norm neben anderem die Beseitigung von Rechtsanwendungsfehlern zulässt. In Bezug auf die kürzere Festsetzungsfrist von einem Jahr nach § 169 Abs. 2 Nr. 1 AO ist zu beachten, dass diese Regelung mit der in Art. 17 der VO (EU) Nr. 2015/1589 enthaltenen Frist

689 Kritisch: *de Weerth*, IStR 2010, 172 (173), der dem Steuerpflichtigen für Jahre vor dem Veranlagungszeitraum 2009 Vertrauensschutz gewähren will. Warum dieser Veranlagungszeitraum eine Zäsur darstellen soll, führt *de Weerth* nicht aus. Ebenso wird nicht so recht deutlich, ob die Gewährung von Vertrauensschutz durch die Anwendung der Regelungen über Festsetzungsfristen oder auf anderem Wege erfolgen soll.

von zehn Jahren kollidiert. Entsprechend den Ausführungen zur regulären Festsetzungsfrist (Rn. 472) ist die kürzere Frist wegen des Verstoßes gegen das Effektivitätsgebot nicht anwendbar. Hinsichtlich der Ausübung des Ermessens gelten dieselben Grundsätze wie bei der Rücknahme von allgemeinen Steuerverwaltungsakten, die gegen das Beihilfeverbot verstoßen (Rn. 463). Im Unterschied zu einem Steuerbescheid, der *gegen andere Bestimmungen des Unionsrechts als das Beihilfeverbot* verstößt, ist das Ermessen also nicht nur im Hinblick auf eine Korrektur vorgeprägt (Rn. 401), sondern es findet bei *beihilfewidrigen Steuerbescheiden* wegen der in Art. 16 Abs. 3 der VO (EU) Nr. 2015/1589 enthaltenen Verpflichtung der Mitgliedstaaten zur Rückforderung der rechtswidrigen Beihilfe eine Ermessensreduktion auf Null statt.

Eine Korrektur nach § 172 Abs. 1 Satz 1 Nr. 2 Buchst. a) AO, sprich auf Antrag 476
oder mit Zustimmung des Steuerpflichtigen, ist – unabhängig vom Ablauf der Rechtsbehelfsfrist – denkbar, da es sich bei der Korrektur eines beihilfewidrigen Steuerbescheids immer um eine Änderung zuungunsten des Steuerpflichtigen handeln wird. Die Nichtberücksichtigung der Steuervergünstigung im Änderungsbescheid wird zu einer höheren Steuerfestsetzung führen. Deshalb erscheint es in der Praxis zweifelhaft, dass ein Steuerpflichtiger einer höheren Steuerfestsetzung zustimmen oder diese Änderung beantragen wird.[690] Demnach wird § 172 Abs. 1 Satz 1 Nr. 2 Buchst. a) AO als Rechtsgrundlage für die Korrektur eines Steuerbescheids, der gegen das Verbot staatlicher Beihilfen verstößt, im Regelfall ausscheiden. Sollte doch einmal eine entsprechende Zustimmung erteilt oder ein Antrag gestellt werden, gelten hinsichtlich der Ermessensausübung wiederum dieselben Grundsätze wie bei der Rücknahme von allgemeinen Steuerverwaltungsakten, die gegen das Beihilfeverbot verstoßen (Rn. 463). Folglich findet hier ebenfalls wegen Art. 16 Abs. 3 der VO (EU) Nr. 2015/1589 eine Ermessensreduktion auf Null statt.

Bei § 172 Abs. 1 Satz 1 Nr. 2 Buchst. b) AO, der die Korrektur von Steuerbeschei- 477
den ermöglicht, soweit diese von einer unzuständigen Behörde erlassen werden, und bei § 172 Abs. 1 Satz 1 Nr. 2 Bucht. c) AO, welcher die Korrektur von Steuerbescheiden zulässt, soweit diese Steuerbescheide durch unlautere Mittel erwirkt worden sind, gelten für beihilfewidrige Steuerbescheide keine Unterschiede im Vergleich zu dem Fall, in dem ein Steuerbescheid einen anderen Verstoß gegen Unionsrecht enthält (Rn. 408 ff.). Die Finanzbehörde, die den beihilfewidrigen Steuerbescheid erlassen hat, ist insbesondere nicht deshalb als sachlich unzuständige Behörde anzusehen, weil ihr nicht die Kompetenz für die Entscheidung über die Vereinbarkeit von Beihilfen mit dem Binnenmarkt zugewiesen wurde, sondern diese Kompetenz allein der Kommission zusteht. Das hierzu bereits für *allgemeine Steuerverwaltungsakte, die gegen das Beihilfeverbot verstoßen*, Ausgeführte

690 *Grube*, Der Einfluss des unionsrechtlichen Beihilfeverbots auf das deutsche Steuerrecht, 2014, S. 73; *Geisenberger*, Der Einfluss des Europarechts auf steuerliches Verfahrensrecht, 2010, S. 100 f.; *Lehnert*, Die Korrektur von gemeinschaftsrechtswidrigen Beihilfen in Form von Steuervergünstigungen, 2009, S. 182.

(Rn. 456) gilt nicht minder für *beihilfewidrige Steuerbescheide.* So wird sich dem Wortlaut des Tenors des Steuerbescheids eine Feststellung über die Vereinbarkeit der Steuervergünstigung mit Unionsrecht nicht entnehmen lassen. Zudem kann ein entsprechender Wille der Finanzbehörde nicht unterstellt werden. Handelte demgegenüber – aufgrund anderer Zuständigkeitsregelungen – eine sachlich unzuständige Behörde oder wurde der Steuerbescheid mit unlauteren Mitteln erwirkt, so können anlässlich dieser Korrektur aus dem betreffenden anderen Grund auch Verstöße gegen das Beihilfeverbot beseitigt werden. Sollte eine solche Korrekturmöglichkeit bestehen, wäre das Ermessen wegen Art. 16 Abs. 3 der VO (EU) Nr. 2015/1589 ebenfalls auf Null reduziert (Rn. 463).

478 Da die Korrekturmöglichkeiten für andere Steuerbescheide als Verbrauchsteuerbescheide nach dem Vorgenannten spärlich sind, Art. 16 Abs. 3 der VO (EU) Nr. 2015/1589 allerdings eine Verpflichtung der Mitgliedstaaten zur Rückforderung einer rechtswidrigen Beihilfen enthält, könnte in Betracht gezogen werden, § 172 Abs. 1 Satz 1 Nr. 2 Buchst. d) AO, der eine Anwendung der §§ 130, 131 AO für Steuerbescheide ausschließt, so auszulegen ist, dass es sich bei einem beihilfewidrigen Steuerbescheid nicht um einen Steuerbescheid im Sinne dieser Norm, sondern um einen allgemeinen Steuerverwaltungsakt handelt. Dem ist allerdings eine Absage zu erteilen. *Ute Geisenberger* führt diesbezüglich zu Recht aus, dass eine dem entsprechende Auslegung, die möglicherweise auch über den Wortlaut der Norm hinausgeht, systematisch verfehlt sei.[691] Eine solche Auslegung würde sich nämlich in Widerspruch zu dem austarierten System der Bestandskraft von *allgemeinen Steuerverwaltungsakten* und *Steuerbescheiden* in Abhängigkeit von den ihnen vorausgehenden Verfahren setzen. Darüber hinaus ist anzuführen, dass § 155 Abs. 1 Sätze 1 und 2 AO bestimmen, was ein Steuerbescheid ist. Danach werden Steuern durch Steuerbescheid festgesetzt, und ein Steuerbescheid ist der nach § 122 AO bekannt gegebene Verwaltungsakt. Auch ein Steuerbescheid, der gegen das Beihilfeverbot verstößt, erfüllt diese Voraussetzungen. Es ist nach alledem nicht gerechtfertigt, einen beihilfewidrigen Steuerbescheid nicht als Steuerbescheid anzusehen.

479 Die Anwendbarkeit der §§ 130, 131 AO, welche mit der soeben abgelehnten Auslegung des Begriffs „Steuerbescheid“ in § 172 Abs. 1 Satz 1 Nr. 2 Buchst. d) AO erreicht werden sollte, ließe sich möglicherweise auf anderem Wege erreichen. So könnte ein *beihilfewidriger Steuerbescheid* in *zwei Steuerverwaltungsakte* aufgeteilt werden, nämlich in einen *Steuerbescheid*, der ohne Berücksichtigung der Steuervergünstigung erlassen wurde, und in einen *allgemeinen Steuerverwaltungsakt* in Gestalt einer Billigkeitsentscheidung gemäß § 163 AO, mit der die im Steuerbescheid festgesetzte Steuer um die Steuervergünstigung gemindert wird. Hierzu hat *Ute Geisenberger* ebenfalls überzeugend dargelegt, dass die Finanzbehörde das Steuerrechtsverhältnis im Zweifel durch einen einheitlichen Steuerverwaltungsakt

---

691 *Geisenberger*, Der Einfluss des Europarechts auf steuerliches Verfahrensrecht, 2010, S. 98 f.

gestalten will und es regelmäßig nicht dem Willen des Sachbearbeiters entsprechen würde, einen zweiten Steuerverwaltungsakt zu erlassen. Es wäre lebensfremd, anzunehmen, dass sich dieser Sachbearbeiter tatsächlich über den Beihilfecharakter Gedanken macht, richtig subsumiert und die Norm dennoch anwendet. Dem ist zuzustimmen. Zur Begründung kann des Weiteren angeführt werden, dass eine gesetzliche Bestimmung, die eine Steuervergünstigung enthält, anzuwenden ist, sofern sie zum Tatbestand einer Steuer gehört und ihre Anwendung nicht in das Ermessen der Finanzbehörde gestellt ist. Es gilt auch hier, dass die Finanzbehörde aus Respekt vor dem demokratisch legitimierten Gesetzgeber eine solche Norm anwenden muss (Rn. 379 ff.), es sei denn, dass die Kommission die Maßnahme im Rahmen eines Verfahrens zur Überwachung der Beihilfe zuvor beanstandet hat. § 172 AO bietet demnach – außer für Verbrauchsteuerbescheide – keine ausreichende Möglichkeit zur Korrektur von beihilfewidrigen Steuerbescheiden, die den Anforderungen aus Art. 16 Abs. 3 der VO (EU) Nr. 2015/1589 gerecht wird.

(2) Korrektur von Beihilfeverstößen nach § 173 AO

Als Zweites ist im Anschluss an § 172 AO über eine Anwendung des § 173 AO 480 auf beihilfewidrige Steuerbescheide nachzudenken. Die Norm ermöglicht – wie bereits dargestellt – die Korrektur von Steuerbescheiden bei neuen Tatsachen. Sie lässt eine Durchbrechung der materiellen Bestandskraft bei Sachverhalts-, nicht jedoch bei Rechtsanwendungsfehlern zu (Rn. 204, 413). Wird der Verstoß gegen das Beihilfeverbot auf einen solchen Rechtsverstoß reduziert, scheidet § 173 AO als Korrekturmöglichkeit aus. Für die Anwendung der Norm müsste also ein anderer Anknüpfungspunkt gefunden werden.

Zu den Tatsachen gehört bekanntermaßen alles, was Merkmal oder Teilstück 481 eines gesetzlichen Steuertatbestands sein kann, also Zustände, Vorgänge, Beziehungen sowie Eigenschaften materieller oder immaterieller Art.[692] Davon zu unterscheiden sind Schlussfolgerungen aller Art, insbesondere auch juristische Subsumtionen und hierauf beruhende Gerichtsentscheidungen; diese Schlussfolgerungen stellen keine Tatsachen dar.[693] In die letztgenannte Kategorie fallen ob des Charakters als rechtlicher Würdigung neben Entscheidungen des Gerichts der Europäischen Union und des Europäischen Gerichtshofs über die Anwendung und Auslegung des Verbots staatlicher Beihilfen aus Art. 107 AEUV auch Negativentscheidungen der Kommission.[694] Eine Anknüpfung an die gerichtliche

692 BFH, Urt. v. 28.6.2006, III R 13/06, BStBl. II 2007, 714 (716); *Bartone*, in: Kühn/v. Wedelstädt, AO/FGO, 2015, § 173 AO, Rn. 2.

693 BFH, Urt. v. 27.1.2011, III R 90/07, BStBl. II 2011, 543 Rn. 28; *Bartone*, in: Kühn/v. Wedelstädt, AO/FGO, 2015, § 173 AO, Rn. 2a.

694 *Blumenberg/Kring*, Europäisches Beihilferecht und Besteuerung, 2011, S. 30; *Grube*, Der Einfluss des unionsrechtlichen Beihilfeverbots auf das deutsche Steuerrecht, 2014, S. 73; *Hahn/Suhrbier-Hahn*, DStZ 2002, 632 (640), welche allerdings § 173 AO „erweiternd“ anwenden wollen, um eine Korrekturmöglichkeit zu schaffen.

Entscheidung oder an die Entscheidung der Kommission als solche scheidet daher ebenfalls aus.

482 Es könnte jedoch überlegt werden, ob die Frage der Vereinbarkeit einer Steuervergünstigung mit dem Unionsrecht als ein vorgreifliches Rechtsverhältnis anzusehen ist. Vorgreifliche Rechtsverhältnisse können Tatsachen i. S. d. § 173 AO darstellen. Dafür müsste das aus einem anderen Rechtsgebiet stammende vorgreifliche Rechtsverhältnis allerdings Tatbestandsmerkmal einer steuerlichen Vorschrift sein.[695] Zwar entstammt das Rechtsverhältnis dem Unionsrecht, mithin einem anderen Rechtsgebiet. Weder die Frage der Vereinbarkeit einer Steuervergünstigung mit dem Verbot staatlicher Beihilfen aus Art. 107 AEUV noch eine diesbezügliche Entscheidung der Kommission sind jedoch als Tatbestandsmerkmal einer steuerlichen Norm auszumachen. Demzufolge liegt kein vorgreifliches Rechtsverhältnis vor, das als Tatsache zu qualifizieren ist.[696]

483 Abschließend zu § 173 AO ist darauf hinzuweisen, dass *Sabine Lehnert*[697] und *Ute Geisenberger*[698] in ihren Untersuchungen zwar die Auffassung vertreten, dass es sich bei der Entscheidung der Kommission um eine Tatsache i. S. d. § 173 Abs. 1 AO handelt. Im Endeffekt kommen beide allerdings zu keinem anderen Ergebnis. Eine Anwendung der Korrekturmöglichkeit des § 173 AO scheitert nämlich nach ihrer Ansicht am Tatbestandsmerkmal des *nachträglichen* Bekanntwerdens.[699] Ein nachträgliches Bekanntwerden erfordert, dass die Tatsache zum Zeitpunkt des Erlasses des Steuerbescheids bereits vorhanden, jedoch noch unbekannt war.[700] Diese Voraussetzung ist bei einer Negativentscheidung der Kommission jedoch nicht erfüllt, denn die Kommissionsentscheidung – darauf weist auch *Friederike Grube*[701] hin – war zum Zeitpunkt des Erlasses des Steuerbescheids noch nicht vorhanden, sondern entsteht erst später.[702] Nach alledem bietet die Beihilfewidrigkeit eines Steuerbescheids keinen hinreichenden Grund dafür, um die materielle

695 *Loose*, in: TK, AO/FGO (2017), § 173 AO Rn. 4.

696 Ebenfalls ablehnend: *Lehnert*, Die Korrektur von gemeinschaftsrechtswidrigen Beihilfen in Form von Steuervergünstigungen, 2009, S. 185.

697 *Lehnert*, Die Korrektur von gemeinschaftsrechtswidrigen Beihilfen in Form von Steuervergünstigungen, 2009, S. 185.

698 *Geisenberger*, Der Einfluss des Europarechts auf steuerliches Verfahrensrecht, 2010, S. 131.

699 *Geisenberger*, Der Einfluss des Europarechts auf steuerliches Verfahrensrecht, 2010, S. 133; *Lehnert*, Die Korrektur von gemeinschaftsrechtswidrigen Beihilfen in Form von Steuervergünstigungen, 2009, S. 187.

700 BFH, Urt. v. 16.9.1987, II R 178/85, BStBl. II 1988, 174 (175); *Loose*, in: TK, AO/FGO (2017), § 173 AO Rn. 25.

701 *Grube*, Der Einfluss des unionsrechtlichen Beihilfeverbots auf das deutsche Steuerrecht, 2014, S. 74.

702 *Geisenberger*, Der Einfluss des Europarechts auf steuerliches Verfahrensrecht, 2010, S. 135; *Lehnert*, Die Korrektur von gemeinschaftsrechtswidrigen Beihilfen in Form von Steuervergünstigungen, 2009, S. 187.

Bestandskraft des Steuerbescheids durch eine Korrektur nach § 173 AO zu durchbrechen.

(3) Korrektur von Beihilfeverstößen nach § 175 AO

Als Drittes kann eine Anwendung des § 175 AO auf beihilfewidrige Steuerbescheide untersucht werden. Die Norm ermöglicht die Durchbrechung der materiellen Bestandskraft von Steuerbescheiden, soweit nach § 175 Abs. 1 Satz 1 Nr. 1 AO ein Grundlagenbescheid erlassen, aufgehoben oder geändert wird oder soweit nach § 175 Abs. 1 Satz 1 Nr. 2 AO ein rückwirkendes Ereignis eintritt. 484

Die erste Möglichkeit, also die Korrektur aufgrund eines Grundlagenbescheides, findet bei *Sabine Lehnert*[703] und *Ute Geisenberger*[704] Unterstützung. Dazu müsste die Negativentscheidung der Kommission aber als Grundlagenbescheid zu qualifizieren sein. Als Grundlagenbescheide sind nach der in § 171 Abs. 10 AO enthaltenen Legaldefinition Feststellungsbescheide, Steuermessbescheide und andere Verwaltungsakte anzusehen, soweit sie für die Festsetzung einer Steuer bindend sind. Zwar setzt die Annahme einer Bindungswirkung grundsätzlich eine ausdrückliche gesetzliche Anordnung voraus.[705] Jedoch kann auch bei Fehlen einer solchen Anordnung eine Bindungswirkung angenommen werden, soweit die Finanzbehörde die Beurteilung eines Sachverhalts mangels eigener Sachkunde nicht selbst vornehmen kann.[706] Dabei wird der Grundlagenbescheid von einer ressortfremden Behörde, also keiner Finanzbehörde, erlassen.[707] 485

Es stellt sich zunächst die Frage, ob die Negativentscheidung der Kommission als Verwaltungsakt anzusehen ist. Ein Verwaltungsakt setzt nach § 118 AO voraus, dass es sich um eine hoheitliche Maßnahme handelt, die eine Behörde zur Regelung eines Einzelfalls auf dem Gebiet des öffentlichen Rechts trifft und die auf unmittelbare Rechtswirkung nach außen gerichtet ist. Behörde ist nach § 6 Abs. 1 AO jede Stelle, die Aufgaben der öffentlichen Verwaltung wahrnimmt. Diese Einordnung bereitet bei der Kommission schon Schwierigkeiten, da das Unionsrecht – anders als das deutsche Recht – keine strenge Gewaltenteilung zwischen 486

---

703 *Lehnert*, Die Korrektur von gemeinschaftsrechtswidrigen Beihilfen in Form von Steuervergünstigungen, 2009, S. 195 f.

704 *Geisenberger*, Der Einfluss des Europarechts auf steuerliches Verfahrensrecht, 2010, S. 135 ff., 155.

705 BFH, Urt. v. 30.6.2005, IV R 11/04, BStBl. II 2005, 809 (810); *Bartone*, in: Kühn/v. Wedelstädt, AO/FGO, 2015, § 175 AO Rn. 5.

706 BFH, Urt. v. 20.8.2009, V R 25/08, BStBl. II 2010, 15 (18); ders., Urt. v. 28.3.2012, II R 39/10, BStBl. II 2012, 712 (714); *Bartone*, in: Kühn/v. Wedelstädt, AO/FGO, 2015, § 175 AO Rn. 5.

707 BFH, Urt. v. 4.5.2004, XI R 38/01, BStBl. II 2005, 171 (172); ders., Urt. v. 21.2.2013, V R 27/11, BStBl. II 2013, 529 Rn. 28; *Bartone*, in: Kühn/v. Wedelstädt, AO/FGO, 2015, § 175 AO Rn. 4.

Legislative, Exekutive und Judikative kennt.[708] So könnte die Tätigkeit der Kommission in Beihilfeangelegenheiten entweder als Verwaltungstätigkeit oder als Rechtsprechungstätigkeit anzusehen sein. Nach deutschem Verständnis ist eine Rechtsprechungstätigkeit dadurch gekennzeichnet, dass es sich um eine verbindliche Entscheidung von Fällen durch unabhängige Organe in einem qualifizierten Verfahren nach den Maßstäben des geltenden Rechts handelt, die nur auf Antrag erfolgt und von der Gegensätzlichkeit der zum Sachverhalt vertretenen Rechtsauffassungen geprägt ist.[709] Nach unionsrechtlichem Verständnis[710] setzt eine Rechtsprechungstätigkeit voraus, dass es sich um ein Tätigwerden aufgrund einer gesetzlichen Grundlage und nicht aufgrund von Parteivereinbarung zur Durchführung streitiger Verfahren auf Antrag einer Partei handelt. Der Entscheidungsträger muss zudem eine ständige, unabhängige Einrichtung sein, die eine bindende Entscheidung mit Rechtsprechungscharakter erlässt.[711] Sowohl der deutsche als auch der unionsrechtliche Rechtsprechungsbegriff würden demgemäß erfordern, dass die Kommission im Beihilfeverfahren auf Antrag eines Beteiligten tätig wird. Diese Voraussetzung ist aber nicht erfüllt, weil der Kommission die Aufgabe der Beihilfeaufsicht durch Art. 108 AEUV aufgegeben ist. Sie wird daher in eigener Sache tätig, so dass keine Rechtsprechungstätigkeit, sondern eine Verwaltungstätigkeit anzunehmen ist.[712]

487 Weniger Schwierigkeiten als der Behördenbegriff bereitet das Merkmal „Regelung". Nach Art. 288 Uabs. 4 AEUV sind Beschlüsse in allen ihren Teilen verbindlich. Richten sich diese Beschlüsse an bestimmte Adressaten, sind sie nur für diese Adressaten verbindlich. Adressat einer Negativentscheidung ist der betreffende Mitgliedstaat. Die Kommissionsentscheidung über die Vereinbarkeit einer Beihilfe mit dem Unionsrecht stellt daher eine Regelung dar.

488 Darüber hinaus müsste es sich um eine *einzelfallbezogene* Regelung handeln. Dies setzt voraus, dass es sich um eine individuelle und konkrete Regelung handelt, die sich an eine oder mehrere Personen richtet und einen bestimmten Sachverhalt betrifft.[713] Dies erscheint zweifelhaft, da die Kommission bei einer Negativentscheidung über die Vereinbarkeit einer gesetzlich vorgesehenen Steuervergünstigung mit dem Verbot staatlicher Beihilfen aus Art. 107 AEUV eine

---

708 *Geisenberger*, Der Einfluss des Europarechts auf steuerliches Verfahrensrecht, 2010, S. 137.

709 *Geisenberger*, Der Einfluss des Europarechts auf steuerliches Verfahrensrecht, 2010, S. 138.

710 Z. B. für die Frage, ob ein Vorabentscheidungsverfahren i. S. d. Art. 267 AEUV zulässig ist.

711 *Geisenberger*, Der Einfluss des Europarechts auf steuerliches Verfahrensrecht, 2010, S. 138.

712 *Geisenberger*, Der Einfluss des Europarechts auf steuerliches Verfahrensrecht, 2010, S. 139.

713 *Werth*, in: Kühn/v. Wedelstädt, AO/FGO, 2015, § 118 AO Rn. 16.

abstrakte Entscheidung trifft. Deshalb argumentiert *Ute Geisenberger*[714] mit einer gebotenen Gleichbehandlung von Individualbeihilfen und Beihilferegelungen. Eine Beihilferegelung sei Ausgangspunkt vieler individueller Beihilfen und stelle sich daher mittelbar als konkret-individuelle Maßnahme dar. Bei Individualbeihilfen bestehe schließlich an der Einzelfallbezogenheit kein Zweifel. Diese Auffassung ist allerdings – so vertritt es auch *Friederike Grube*[715] – nicht zielführend. Aus dem Charakter als Grundlagenbescheid folgt nämlich, dass diese selbständig anfechtbaren Verwaltungsakte über bestimmte Besteuerungsgrundlagen (im weiteren Sinne) Vorentscheidungen treffen.[716] Dazu gehören nach § 199 Abs. 1 AO alle tatsächlichen und rechtlichen Verhältnisse, die für die Steuerpflicht und für die Bemessung der Steuer maßgebend sind. Zwar werden teilweise unter den Begriff der rechtlichen Verhältnisse auch Rechtsfragen gefasst.[717] Allerdings bezieht sich diese Aussage auf die steuerrechtliche Würdigung eines Sachverhalts, nicht auf die Gültigkeit oder Anwendbarkeit eines Steuergesetzes an sich. Folglich scheitert eine Anwendung des § 175 Abs. 1 Satz 1 Nr. 1 AO daran, dass es sich bei einer Negativentscheidung der Kommission – mangels Einzelfallbezogenheit – nicht um einen Grundlagenbescheid handelt.

Die zweite Möglichkeit einer Durchbrechung der materiellen Bestandskraft 489
durch Korrektur des beihilfewidrigen Steuerbescheids würde sich nach § 175 Abs. 1 Satz 1 Nr. 2 AO dann ergeben, wenn es sich bei einer Negativentscheidung der Kommission um ein Ereignis handeln würde, das steuerliche Wirkung für die Vergangenheit hätte. Ein rückwirkendes Ereignis ist anzunehmen, wenn es sich um einen rechtlich relevanten Vorgang handelt, der sich in der Weise auswirkt, dass nunmehr ein veränderter Sachverhalt anstelle des zuvor verwirklichten Sachverhalts der Besteuerung zugrunde zu legen ist.[718] Unabhängig davon, ob eine Negativentscheidung der Kommission als Ereignis i. S. d. Vorschrift anzusehen ist[719], kommt dieser Entscheidung keine steuerliche Wirkung für die Vergangenheit zu.

---

714 *Geisenberger*, Der Einfluss des Europarechts auf steuerliches Verfahrensrecht, 2010, S. 141.

715 *Grube*, Der Einfluss des unionsrechtlichen Beihilfeverbots auf das deutsche Steuerrecht, 2014, S. 74.

716 *Kruse*, in: TK, AO/FGO (2012), § 171 AO Rn. 90.

717 *Seer*, in: TK, AO/FGO (2013), § 199 AO Rn. 4; *Schallmoser*, in: HHSp, AO/FGO (2011), § 199 AO Rn. 10.

718 BFH, Beschl. v. 19.7.1993, GrS 2/02, BStBl. II 1993, 897 (901); *Loose*, in: TK, AO/FGO (2017), § 175 AO Rn. 25 f.; *Bartone*, in: Kühn/v. Wedelstädt, AO/FGO, 2015, § 175 AO Rn. 35 f.

719 Vgl. *Geisenberger*, Der Einfluss des Europarechts auf steuerliches Verfahrensrecht, 2010, S. 151; *Lehnert*, Die Korrektur von gemeinschaftsrechtswidrigen Beihilfen in Form von Steuervergünstigungen, 2009, S. 199. So wie es sich bei der Negativentscheidung der Kommission nicht um eine Tatsache i. S. d. § 173 AO handelt, handelt es sich hier nicht um ein Ereignis i. S. d. § 175 Abs. 1 Nr. 2 AO. Ebenso: *Blumenberg/Kring*, Europäisches Beihilferecht und Besteuerung, 2011, S. 30.

Bereits zum Zeitpunkt des Erlasses des Steuerbescheids lag der Verstoß gegen das Verbot staatlicher Beihilfen aus Art. 107 AEUV vor. Eine Änderung der Rechtslage ist folglich nicht gegeben.[720] Die Regelung des § 175 Abs. 1 Satz 1 Nr. 2 AO scheidet demgemäß als Rechtsgrundlage einer Korrektur ebenfalls aus.[721]

(4) Beihilfeverstöße und sonstige Korrekturtatbestände

490 Zu den verbleibenden Korrekturmöglichkeiten der §§ 172 ff. AO kann die Befassung kurz ausfallen. Auch die weiteren Korrekturnormen können nicht als Rechtsgrundlage herangezogen werden. Der Anwendungsbereich des § 173a AO ist nicht eröffnet, da es sich nicht um einen Schreib- oder Rechenfehler handelt, der dem Steuerpflichtigen bei Erstellung seiner Steuererklärung unterlaufen ist. Eine Korrektur nach § 174 AO scheitert am Fehlen der irrigen Beurteilung eines Sachverhalts. Es liegt auch keine Verständigungsvereinbarung oder ein Schiedsspruch i. S. d. § 175a EStG vor. Schließlich handelt es sich auch nicht um einen Fehler, der auf einer Übermittlung von Daten durch Dritte i. S. d. § 175b EStG beruht.

cc) Verstoß gegen Unionsrecht durch fehlende Korrekturmöglichkeit im deutschen Recht

491 Damit lässt sich festhalten, dass wiederum lediglich § 172 Abs. 1 Satz 1 Nrn. 1 und 2 Buchst. a) AO unmittelbar eine Korrektur von beihilfewidrigen Steuerbescheiden ermöglichen. Betroffen sind daher nur Fälle, in denen es um einen Verbrauchsteuerbescheid geht oder der Steuerpflichtige zustimmt oder einen entsprechenden Antrag stellt. Bei dem letzten Fall dürfte es sich in der Praxis um eine Ausnahme handeln, da eine Korrektur zuungunsten Steuerpflichtigen erfolgen würde. Für die überwiegende Mehrzahl von Steuerbescheiden, die gegen das Beihilfeverbot verstoßen, ist dem deutschen Recht demgemäß keine Korrekturmöglichkeit zu entnehmen. Demzufolge werden die Regelungen der §§ 172 ff. AO nicht den Vorgaben aus Art. 16 Abs. 3 der VO (EU) Nr. 2015/1589 gerecht. Das Unionsrecht gibt unmissverständlich vor, dass die nationalen Verfahrensordnungen eine Korrekturmöglichkeit bei Verstößen gegen das Beihilfeverbot vorsehen müssen (Rn. 328). Indem §§ 172 ff. AO eine solche Korrekturmöglichkeit nicht bieten, machen sie die von Art. 16 Abs. 3 der VO (EU) Nr. 2015/1589 geforderte „sofortige und tatsächliche Vollstreckung des Beschlusses der Kommission" praktisch unmöglich. Diese

720 *Hahn/Suhrbier-Hahn*, DStZ 2002, 632 (640); *Lehnert*, Die Korrektur von gemeinschaftsrechtswidrigen Beihilfen in Form von Steuervergünstigungen, 2009, S. 199.

721 Ebenso *Grube*, Der Einfluss des unionsrechtlichen Beihilfeverbots auf das deutsche Steuerrecht, 2014, S. 74, die allerdings ohne nähere Begründung nur darauf hinweist, dass höchstrichterliche Entscheidungen keine rückwirkenden Ereignisse seien und dem folgend auch Negativentscheidungen der Kommission bzw. diese bestätigende Rechtsprechung des Gerichts der Europäischen Union bzw. des Europäischen Gerichtshofs nicht in den Anwendungsbereich der Vorschrift fallen.

Bedingung spiegelt das Effektivitätsgebot wider[722], gegen welches infolgedessen verstoßen wird.

Hinsichtlich der Lösung dieses Kollisionsfalles werden nun unterschiedliche 492
Wege vorgeschlagen. Ein Vorschlag ist, dass – wie bereits im Rahmen der Einleitung geschildert (Rn. 6) – eine Korrektur des beihilfewidrigen Steuerbescheids *direkt* auf Art. 16 Abs. 3 der VO (EU) Nr. 2015/1589 gestützt wird.[723] Dem steht allerdings schon der Wortlaut dieser Norm entgegen. Denn danach soll „die Rückforderung unverzüglich und nach den Vorschriften des betreffenden Mitgliedstaats" erfolgen. Auch der Erwägungsgrund Nr. 25 der VO (EU) Nr. 2015/1589 legt diesen Schluss nahe. Dort findet sich die Formulierung, dass die Rückforderung „nach den Verfahrensvorschriften des nationalen Rechts" zu erfolgen hat. Eine Aussage dazu, was passieren soll, wenn die Rückforderung nicht realisierbar ist, fehlt. Gegen eine direkte Anwendung der VO (EU) Nr. 2015/1589 spricht ferner – worauf *Ute Geisenberger*[724] zur vergleichbaren Vorgängerregelung zu Recht hingewiesen hat –, dass Adressat des Art. 16 der VO (EU) Nr. 2015/1589 erkennbar der betreffende Mitgliedstaat, nicht der jeweilige Beihilfeempfänger ist. Insgesamt liegt die Rechtsprechung des Europäischen Gerichtshofs ebenfalls auf dieser Linie. Der Europäische Gerichtshof hat nämlich in einem gleichartig gelagerten Fall die unmittelbare Anwendung einer ähnlichen Norm abgelehnt und dieser Norm ausdrücklich die Eigenschaft einer Ermächtigungsgrundlage abgesprochen.[725] Entsprechende Rechtsprechung findet sich ebenso für die Vorgängerregelung des Art. 16 Abs. 3 der VO (EU) Nr. 2015/1589.[726]

Es erscheint daher vorzugswürdig, den Konflikt zwischen der unionsrechtlichen 493
Bestimmung des Art. 16 Abs. 3 der VO (EU) Nr. 2015/1589 und den deutschen Regelungen der §§ 172 ff. AO auf einem anderen Wege, nämlich über den Vorrang des

---

722 EuGH, Urt. v. 29.3.2012, Rs. C-243/10 – *Kommission/Italien*, ECLI: EU: C:2012:182 Rn. 36; ders.; Urt. v. 11.11.2014, Rs. C-527/12 – *Kommission/Deutschland*, ECLI: EU: C:2014:2193 Rn. 41, jeweils zur Vorgängerregelung des Art. 14 Abs. 3 der VO (EG) Nr. 659/1999.

723 BFH v. 30.1.2009, VII B 181/08, juris, Rn. 9, zur Vorgängerregelung in Art. 14 Abs. 3 der VO (EG) Nr. 659/1999; im Ergebnis ebenso: *de Weerth*, DB 2009, 2677 (2681); *ders.*, IStR 2010, 172 (172), der allerdings keine Norm für die Rückforderung anführt, sondern lediglich das nationale Verfahrensrecht als nicht anwendbar bezeichnet; a. A.: *Grube*, Der Einfluss des unionsrechtlichen Beihilfeverbots auf das deutsche Steuerrecht, 2014, S. 70; *Geisenberger*, Der Einfluss des Europarechts auf steuerliches Verfahrensrecht, 2010, S. 77 f.

724 *Geisenberger*, Der Einfluss des Europarechts auf steuerliches Verfahrensrecht, 2010, S. 78.

725 EuGH, Urt. v. 21.9.1983, Rs. 205–215/82 – *Deutsche Milchkontor*, Slg. 1983, I-2633 Rn. 18.

726 EuGH, Urt. v. 20.5.2010, Rs. C-210/09 – *Scott und Kimberly Clark*, ECLI: EU: C:2010:294 Rn. 19; ders., Urt. v. 11.11.2014, Rs. C-527/12 – *Kommission/Deutschland*, ECLI: EU: C:2014:2193 Rn. 39, jeweils zu Art. 14 Abs. 3 der VO (EG) Nr. 659/1999.

Unionsrechts, zu lösen. Der Vorrang des Unionsrechts verlangt in Kollisionsfällen nur einen minimalinvasiven Eingriff in das deutsche Recht. Rechtsmethodisch wird der Anwendungsvorrang je nach Regelungskonzept durch Nichtanwendung einer gegen Unionsrecht verstoßenden Spezialregelung oder aber durch Absehen von gegen Unionsrecht verstoßenden Tatbestandsmerkmalen sichergestellt.[727] Letztgenanntes kommt vorliegend zum Tragen. So wird eine Korrekturmöglichkeit für beihilfewidrige Steuerbescheide geschaffen, wenn der Vorrang des Unionsrechts lediglich dazu führt, dass § 172 Abs. 1 Satz 1 Nr. 2 Buchst. d) AO nicht angewendet wird.

494 § 172 Abs. 1 Satz 1 Nr. 2 Buchst. d) AO bestimmt, dass §§ 130, 131 AO nicht für die Änderung von Steuerbescheiden gelten. Würde diese Regelung nicht existieren, mithin die Vorschriften der §§ 130, 131 AO Anwendung finden, würde – wie bereits gezeigt (Rn. 449 ff.) – mit § 130 AO eine Korrekturmöglichkeit zur Verfügung stehen, welche die Beseitigung rechtlicher Fehler beim Erlass von Steuerverwaltungsakten ermöglicht. Soweit *de Weerth*[728] hiermit zudem den Vorteil verbunden sieht, dass über die Ausübung des pflichtgemäßen Ermessens Vertrauensschutz zugunsten des Steuerpflichtigen berücksichtigt werden kann, ist diese Auffassung allerdings abzulehnen. Denn Art. 16 Abs. 3 der VO (EU) Nr. 2015/1589 enthält – wie bereits mehrfach betont – eine Verpflichtung zur Rückforderung der Beihilfe, so dass bei Beihilfeverstößen im Rahmen des § 130 AO eine Ermessensreduktion auf Null erfolgt (Rn. 463). Das Vertrauen des Steuerpflichtigen ist ungeachtet dieses Umstandes nicht schutzlos, da Art. 16 Abs. 1 Satz 2 der VO (EU) Nr. 2015/1589 vorsieht, dass eine Rückforderung durch die Kommission nicht erfolgt, wenn dies gegen einen allgemeinen Grundsatz des Unionsrechts verstoßen würde. Zu diesen allgemeinen Grundsätzen gehören auch die Rechtssicherheit und der Vertrauensschutz. Darüber hinaus bietet die Anwendung des § 130 AO – wie im Rahmen der Begrenzung der Korrekturmöglichkeiten noch gezeigt wird (Rn. 495 ff.) – die Gelegenheit, auf ein bestehendes System zurückzugreifen, dass den hinter der materiellen Bestandskraft von Steuerbescheiden stehenden Wertungen entspricht. Es ist deshalb überzeugend, aufgrund des Vorrangs des Unionsrechts zur Nichtanwendung des § 172 Abs. 1 Satz 1 Nr. 2 Buchst. d) AO zu kommen und § 130 AO als Rechtsgrundlage für die Korrektur von beihilfewidrigen Steuerbescheiden heranzuziehen.[729] Nur so kann den Anforderungen des Art. 16 Abs. 3 der VO (EU) Nr. 2015/1589 entsprochen werden.

---

727 *Englisch*, in: Tipke/Lang, Steuerrecht, 2018, § 4 Rn. 26; a. A.: *Delbrück/Hamacher*, IStR 2007, 627 (629).

728 *de Weerth*, IStR 2010, 172 (172).

729 Ablehnend zu der hier vertretenen Ansicht, dass die Sperrwirkung bei Verstößen gegen das Beihilfeverbot nicht gilt, äußerten sich: *Blumenberg/Kring*, Europäisches Beihilferecht und Besteuerung, 2011, S. 30; *Geisenberger*, Der Einfluss des Europarechts auf steuerliches Verfahrensrecht, 2010, S. 100; *Grube*, Der Einfluss des unionsrechtlichen Beihilfeverbots auf das deutsche Steuerrecht, 2014, S. 75; *Hahn/Suhrbier-Hahn*, DStZ 2002, 632 (639).

dd) Begrenzung der Korrekturmöglichkeiten bei Verstößen gegen das Beihilfeverbot

Nachdem die Rechtsgrundlage für die Korrektur eines Steuerbescheids, der gegen das Beihilfeverbot verstößt, nunmehr in § 130 AO und daher außerhalb des Korrektursystems der §§ 172 ff. AO zu finden ist, stellt sich die Frage, ob in diesem Fall trotzdem eine Begrenzung der Korrekturmöglichkeit nach §§ 176, 177 AO in Betracht zu ziehen ist. 495

(1) Vertrauensschutz bei Verstößen gegen das Beihilfeverbot

Für die Anwendung des § 176 AO, der aus Gründen des Vertrauensschutzes einen verstärkten Schutz der Bestandskraft von Steuerbescheiden bewirkt, wenn diese Steuerbescheide eine dem Steuerpflichtigen günstige Rechtslage i. S. d. § 176 Abs. 1 Satz 1 Nrn. 1–3 AO bzw. § 176 Abs. 2 AO konkretisiert haben, lassen sich zwei Anwendungsfälle ersinnen. Zum einen könnte überlegt werden, ob die (entsprechende) Anwendung dieser Norm einer Korrektur entgegensteht, wenn sich der Beihilfeverstoß erst aus einer späteren Entscheidung der Kommission, des Gerichts der Europäischen Union oder des Europäischen Gerichtshofs ergibt. Zum anderen stellt sich die Frage, ob durch die Anwendung des § 130 AO auch weitere Fehler korrigiert werden können, und zwar auch dann, wenn im Rahmen der §§ 172 ff. AO eine Korrektur wegen § 176 AO ausgeschlossen wäre. 496

Zur ersten Anwendungsmöglichkeit ist zu sagen, dass eine Begrenzung der Korrekturmöglichkeiten aufgrund des § 176 AO wie bei anderen Verstößen gegen Unionsrecht (Rn. 431) nicht stattfindet. Weder der Europäische Gerichtshof noch das Gericht der Europäischen Union gehören zu den obersten Gerichtshöfen des Bundes. Zudem findet sich kein Hinweis darauf, dass nach Erlass des Steuerbescheids ergangene Kommissionsentscheidungen nicht in die Vergangenheit zurückwirken. Letzteres würde zudem einen Verstoß gegen Art. 16 Abs. 3 der VO (EU) Nr. 2015/1589 darstellen. 497

Für die zweite Anwendungsmöglichkeit ist zunächst zu beachten, dass der Vorrang des Unionsrechts die Anwendung des § 130 AO nur gebietet, soweit es zur Beseitigung des Verstoßes gegen Unionsrecht erforderlich ist (Rn. 493). Es geht darum, Art. 16 Abs. 3 der VO (EU) Nr. 2015/1589 Wirksamkeit zu verschaffen. Um dieses Ziel zu erreichen, ist § 172 Abs. 1 Satz 1 Nr. 2 Buchst. d) AO nur insoweit nicht anzuwenden, als es zum Erreichen dieses Ziels erforderlich. Das Ziel ist jedoch erreicht, sobald sich der Verstoß gegen das Beihilfeverbot beseitigen lässt. Leidet der beihilfewidrige Steuerbescheid daneben an anderen Fehlern, so ist deren Korrektur nur möglich, wenn der Tatbestand einer Korrekturnorm der §§ 172 ff. AO erfüllt ist. Für diese Fehler gilt § 176 AO dann uneingeschränkt. Handelt es sich bei dem anderen Fehler um einen anderen Verstoß gegen Unionsrecht gelten die hierzu dargelegten Grundsätze (Rn. 431). 498

(2) Berichtigung von materiellen Fehlern bei Verstößen gegen das Beihilfeverbot

499 Kommt es zur Korrektur eines beihilfewidrigen Steuerbescheids nach § 130 AO, besteht gleichermaßen wie bei §§ 172 ff. AO ein Bedürfnis für die Anwendung des § 177 AO. Andere materielle Fehler können – wie soeben gezeigt (Rn. 498) – nicht bereits im Rahmen der Korrekturnorm berücksichtigt werden. Denn zum einen gebietet der Vorrang des Unionsrechts von einer Anwendung des § 172 Abs. 1 Satz 1 Nr. 2 Buchst. d) AO nur insoweit abzusehen, als diese Nichtanwendung zur Beseitigung des Verstoßes gegen das Beihilfeverbot notwendig ist. Zum anderen findet bei der Anwendung des § 130 AO eine Ermessensreduktion auf Null statt (Rn. 463, 494), so dass andere materielle Fehler nicht schon indirekt bei der Ausübung des Ermessen einbezogen werden können. Beide Umstände verhindern daher, dass eine Berücksichtigung von anderen materiellen Fehlern bereits im Rahmen der Anwendung des § 130 AO erfolgen kann.

500 Zweck des § 177 AO ist es, Fehler, die nicht Anlass der Korrektur sind, aber im Rechtsbehelfsverfahren geltend gemacht werden könnten, bereits im Rahmen der Korrektur zu berichtigen. Wird ein beihilfewidriger Steuerbescheid korrigiert, kann der Steuerpflichtige diesen Steuerbescheid nach § 351 Abs. 1 AO bzw. § 42 FGO (nur) anfechten, soweit die Änderung reicht, also sich die festgesetzte Steuer geändert hat. Teilweise[730] wird zwar die Anwendbarkeit dieser Regelungen bei Korrekturen nach §§ 130, 131 AO in Abrede gestellt. Diese Auffassung kann allerdings kaum für die Fälle der Korrektur eines beihilfewidrigen Steuerbescheids nach § 130 AO gelten. Denn anders als bei der Korrektur von allgemeinen Steuerverwaltungsakten nach § 130 AO kann hier einzig der Verstoß gegen das Beihilfeverbot beseitigt werden und es kann nicht bereits innerhalb des § 130 AO zur Saldierung von Fehlern kommen (Rn. 498). Zudem würde die Annahme, dass ein nach § 130 AO korrigierter beihilfewidriger Steuerbescheid vollumfänglich angreifbar wäre, was die Konsequenz bei einer Nichtanwendbarkeit der §§ 351 Abs. 1 AO, 42 FGO wäre, eine Besserstellung des Steuerpflichtigen im Vergleich zur Korrektur von Steuerbescheiden, die gegen deutsches Recht verstoßen, bedeuten, welche unionsrechtlich nicht gefordert wird.[731] Entsprechend dem Zweck des §177 Abs. 1 AO sprechen die besseren Argumente demzufolge dafür, § 177 Abs. 1 AO auch bei der Korrektur von beihilfewidrigen Steuerbescheiden nach § 130 AO anzuwenden. Eine

---

730 BFH, Urt. v. 24.7.1984, VII R 122/80, BStBl. II 1984, 791 (795); FG Düsseldorf, Urt. v. 26.5.1986, 18 K 2172/07 AO, EFG 2008, 1345 (1346); *Rätke*, in: Klein, AO, 2016, § 351 AO Rn. 3; *Siegers*, in: HHSp, AO/FGO (2014), § 351 AO Rn. 32; a. A.: *Bartone*, in: Gosch, AO/FGO (2013), § 351 AO Rn. 11; *Seer*, in: TK, AO/FGO (2015), § 351 Rn. 6,22.

731 Vgl. BFH, Urt. v. 16.9.2010, V R 57/09, BStBl. II 2011, 151 Rn. 31.

gegenläufige Saldierung nach § 177 Abs. 2 AO zur Herstellung von Waffengleichheit von Finanzbehörde und Steuerpflichtigem (Rn. 230) kommt dann ebenfalls in Betracht. Für die Anwendung des § 177 AO substituiert § 130 AO demnach lediglich eine der Regelungen der §§ 172 ff. AO.

4. Zwischenergebnis

Als Zwischenergebnis kann daher festgehalten werden, dass es bei der Durchbrechung der materiellen Bestandskraft von *allgemeinen Steuerverwaltungsakten* und *Steuerbescheiden*, die *gegen das Beihilfeverbot verstoßen*, einige Unterschiede im Vergleich zur Durchbrechung der materiellen Bestandskraft von allgemeinen Steuerverwaltungsakten und Steuerbescheiden, welche andere Verstöße gegen Unionsrecht enthalten, gibt. Dieser Umstand liegt in der speziell für Beihilfen geltenden VO (EU) Nr. 2015/1589 begründet, welche Regelungen enthält, die Auswirkungen auf die Ausgestaltung des nationalen Verfahrensrechts haben. 501

So erfolgt die Rücknahme von rechtswidrigen allgemeinen Steuerverwaltungsakten, mit denen eine rechtswidrige Beihilfe gewährt wurde, nach § 130 AO ohne die dem Vertrauensschutz dienende tatbestandsmäßig Beschränkungen des § 130 Abs. 2 und Abs. 3 AO (Rn. 454 ff.). Zudem findet eine Ermessensreduktion auf Null statt mit der Folge, dass der Verstoß gegen das Beihilfeverbot zu beseitigen ist (Rn. 463). Beim Widerruf eines rechtmäßigen allgemeinen Steuerverwaltungsakts, mit dem eine bestehende Beihilfe gewährt wurde oder bei dem der Beihilfeverstoß erst mit der Zeit entsteht, gelten demgegenüber keine Besonderheiten im Vergleich zum Widerruf rechtmäßiger allgemeiner Steuerverwaltungsakte, die gegen andere Vorschriften des Unionsrechts verstoßen (Rn. 464 ff.). 502

Für Steuerbescheide, die gegen das Beihilfeverbot verstoßen, gilt die Besonderheit, dass nach hier vertretender Auffassung die Rechtsgrundlage der Korrektur ebenfalls in § 130 AO mit den für beihilfewidrige allgemeine Steuerverwaltungsakte geltenden Modifikationen zu finden ist (Rn. 491 ff.). Indem §§ 172 ff. AO keine hinreichende Rechtsgrundlage für die Korrektur von beihilfewidrigen Steuerbescheiden enthalten, stellt dieser Umstand einen Verstoß gegen das Effektivitätsgebot dar. Das deutsche Verfahrensrecht entspricht insoweit nicht den Vorgaben der VO (EU) Nr. 2015/1589 und macht die Durchsetzung des Unionsrechts daher praktisch unmöglich. Der Vorrang des Unionsrechts führt dazu, dass § 172 Abs. 1 Satz 1 Nr. 2 Buchst. d) AO bei beihilfewidrigen Steuerbescheiden nicht angewendet wird. Damit ist der Anwendungsbereich des § 130 AO eröffnet. Da diese Norm lediglich punktuell nur zur Beseitigung des Beihilfeverstoßes die §§ 172 ff. AO substituiert, finden die Vorschriften zur Begrenzung der Korrekturmöglichkeiten Anwendung. § 176 AO steht dabei der Korrektur eines beihilfewidrigen Steuerbescheids nicht entgegen (Rn. 496 ff.). Über § 177 AO können andere materielle Fehler, die nicht Anlass der Korrektur gewesen sind, innerhalb des Korrekturrahmens berücksichtigt werden (Rn. 499 f.). 503

C. Die Rechtskraft deutscher finanzgerichtlicher Urteile bei Verstößen gegen Unionsrecht

504 Nachdem zuvor die Bestandskraft von Steuerverwaltungsakten bei Verstößen gegen Unionsrecht Gegenstand der Untersuchung gewesen ist, soll abschließend der Frage nachgegangen werden, wie es sich mit der Rechtskraft von finanzgerichtlichen Urteilen bei Verstößen gegen Unionsrecht verhält. So soll untersucht werden, ob die Rechtskraft eines finanzgerichtlichen Urteils in gleicher Weise bei *Verstößen gegen Unionsrecht* wie bei *Verstößen gegen deutsches Recht* einer Korrektur von *allgemeinen Steuerverwaltungsakten* und *Steuerbescheiden* entgegensteht oder ob hier Besonderheiten gelten. Dazu sei in Erinnerung gerufen, dass die Rechtskraft von finanzgerichtlichen Urteilen bei Verstößen gegen Unionsrecht bisher nicht Gegenstand einer umfangreichen Untersuchung gewesen ist (Rn. 14). *Ulf Lange, Sabine Lehnert, Anna Saßenroth, Ute Geisenberger* und *Friederike Grube* haben sich jeweils nur mit dem Einfluss des Unionsrechts auf die Bestandskraft von Steuerverwaltungsakten auseinandergesetzt (Rn. 9 ff.).

505 Überdies ist einleitend ins Gedächtnis zu rufen, dass der Europäische Gerichtshof in seinen Entscheidungen stets die Bedeutung betont, welche der Grundsatz der Rechtssicherheit sowohl in der Unionsrechtsordnung als auch in den nationalen Rechtsordnungen hat. Die Bedeutung der Rechtssicherheit führt nach der Rechtsprechung des Europäischen Gerichtshofs nun dazu, dass auch im Unionsrecht unanfechtbare Gerichtsentscheidungen zur Gewährleistung des Rechtsfriedens und der Beständigkeit rechtlicher Beziehungen sowie einer geordneten Rechtspflege nach Ausschöpfung des Rechtswegs und nach Ablauf der entsprechenden Rechtsmittelfrist grundsätzlich nicht mehr in Frage gestellt werden können.[732] Dieser Aussage kann zweierlei entnommen werden: Zum einen sieht es der Europäische Gerichtshof als geboten an, dass die auf der einen Seite erforderliche Eröffnung des Rechtswegs auf der anderen Seite durch Rechtsbehelfs- und Rechtsmittelfristen begrenzt wird und demzufolge formelle Rechtskraft eintreten kann. Zum anderen ist diese Aussage im Hinblick auf die materielle Rechtskraft dahingehend zu interpretieren, dass die materielle Rechtskraft einer gerichtlichen Entscheidung – wie im deutschen Verfassungsrecht (Rn. 129) – nur noch bei Vorliegen außergewöhnlicher Umstände durchbrochen werden darf. Diese Sichtweise ist vor dem Hintergrund von Art. 2 EUV auch konsequent. Die Norm enthält bekanntermaßen eine Aufzählung der Werte, auf die sich die Europäische Union gründet und die allen Mitgliedstaaten gemeinsam sind. Genannt wird dort u. a. die Rechtsstaatlichkeit. Das unionsrechtliche Verständnis von Rechtsstaatlichkeit baut dabei maßgeblich auf den gemeinsamen Verfassungsüberlieferungen der Mitgliedstaaten auf. Zu diesen Verfassungsüberlieferungen gehört die Rechtskraft gerichtlicher Entscheidungen als wesentlicher Bestandteil eines Rechtsstaats.

---

732 EuGH, Urt. v. 30.9.2003, Rs. C-224/01 – *Köbler*, Slg. 2003, I-10290 Rn. 38; ders., Urt. v. 16.3.2006, Rs. C-234/04 – *Kapferer*, Slg. 2006, I-2605 Rn. 20.

Es wäre daher widersprüchlich, wenn sich die Europäische Union gemäß Art. 2 Satz 1 EUV einerseits auf den Wert der Rechtsstaatlichkeit gründet und andererseits das Unionsrecht die Einschränkung oder Abschwächung eines wesentlichen Elementes der Rechtsstaatlichkeit auf Ebene der Mitgliedstaaten erfordern würde. Das Unionsrecht gebietet es einem nationalen Gericht daher in der Regel nicht, von der Anwendung innerstaatlicher Verfahrensvorschriften, aufgrund derer eine Gerichtsentscheidung Rechtskraft erlangt, abzusehen. Dies gilt sogar in dem Fall, in dem dadurch ein Verstoß gegen Unionsrecht nicht abgestellt werden kann.[733]

Soweit Steuerverwaltungsakte einen Verstoß gegen Unionsrecht enthalten, 506
wurde zudem bereits auf die vom Europäischen Gerichtshof in der Rs. *Kühne & Heitz* entwickelten Grundsätze hingewiesen (Rn. 359). Danach folgt aus dem in Art. 4 Abs. 3 EUV verankerten Grundsatz der loyalen Zusammenarbeit die Verpflichtung einer Finanzbehörde, auf einen entsprechenden Antrag hin bei Vorliegen bestimmter Kriterien eine bestandskräftige Steuerfestsetzung zu überprüfen.[734] Zu den Voraussetzungen gehört, dass

- die Behörde nach nationalem Recht verfahrensrechtlich befugt ist, den Steuerverwaltungsakt zu korrigieren,
- der Steuerverwaltungsakt infolge eines Urteils des Bundesfinanzhofs bestandskräftig geworden ist,
- das Urteil des Bundesfinanzhofs, wie eine nach seinem Erlass ergangene Entscheidung des Europäischen Gerichtshofs zeigt, auf einer unrichtigen Auslegung des Unionsrechts beruht,
- die unrichtige Auslegung erfolgt ist, ohne dass der Europäische Gerichthof um Vorabentscheidung ersucht wurde und
- der Steuerpflichtige sich unmittelbar, nachdem er Kenntnis von der besagten Entscheidung des Europäischen Gerichtshofs erlangt hat, an die Finanzbehörde gewendet hat.

Diese zur Durchbrechung der Bestandskraft von Verwaltungsakten entwickelten Kriterien werden gleichermaßen für die Durchbrechung der Rechtskraft eines finanzgerichtlichen Urteils herangezogen.[735] Allerdings erfordert ein solches Vorgehen – wie bei bestandskräftigen Steuerverwaltungsakten – entsprechend der zuerst genannten Voraussetzung, dass das deutsche Steuerprozessrecht überhaupt eine Möglichkeit dafür vorsieht, die Rechtskraft einer finanzgerichtlichen Entscheidung zu durchbrechen. Ist diese Möglichkeit gegeben und liegen die übrigen

733 EuGH, Urt. v. 16.03.2006, Rs. C-234/04 – *Kapferer*, Slg. 2006, I-2605 Rn. 21; *Weiß*, DÖV 2008, 477 (481).

734 EuGH, Urt. v. 13.1.2004, Rs. C-453/00 – *Kühne & Heitz*, Slg. 2004, I-858 Rn. 27.

735 EuGH, Urt. v. 16.3.2006, C-234/04 – *Kapferer*, Slg. 2006, I-2605 Rn. 23; BFH, Urt. v. 21.1.2015, X R 40/12, BStBl. II 2016, 117 Rn. 55 f.; *Levedag*, in: Gräber, FGO, 2015, Anhang 114; *Schmahl/Köber*, EuZW 2010, 927 (929); zweifelnd: *Kremer*, EuR 2007, 470 (487).

Kriterien vor, hat eine Durchbrechung der Rechtskraft des finanzgerichtlichen Urteils zu erfolgen.

507 Nach alledem gilt auch bei der Ausgestaltung des Steuerprozessrechts der Grundsatz der Verfahrensautonomie der Mitgliedstaaten mit den bekannten Beschränkungen. Die Mitgliedstaaten dürfen demnach die Verfahrensmodalitäten in Bezug auf die Rechtskraft nicht ungünstiger ausgestalten, als es bei ähnlichen rein nationalen Sachverhalten der Fall ist (Äquivalenzgrundsatz). Zudem darf die Ausübung der Rechte aus dem Unionsrecht nicht praktisch unmöglich gemacht oder übermäßig erschwert werden (Effektivitätsgebot).[736] Da sich die Rechtskraft einer gerichtlichen Entscheidung – wie die Bestandskraft eines Verwaltungsakts – im Spannungsfeld von materieller Gerechtigkeit – hier in Gestalt der Unionsrechtskonformität der Besteuerung – und der Rechtssicherheit bewegt, sich beide Prinzipien kaum halbwegs trennscharf beschreiben lassen und beide Prinzipien damit nicht nach Maßgabe eines strengen Grundsatzes der Verhältnismäßigkeit in Ausgleich gebracht werden können, muss auch hier – wie im deutschen Verfassungsrecht (Rn. 119, 131) – gelten, dass die Gestaltungsfreiheit des nationalen Gesetzgebers nur durch das Untermaßverbot begrenzt wird (Rn. 323). Es kommt also – aus unionsrechtlicher Sicht – auf die Verletzung bedeutender Rechtsnormen an.

508 Da insoweit keine wesentlichen Unterschiede zwischen der Bestandskraft von Steuerverwaltungsakten und der Rechtskraft von finanzgerichtlichen Urteilen bestehen und sich die möglichen Verstöße gegen Unionsrecht ebenfalls gleichen, folgt der Aufbau der weiteren Untersuchung der bewährten Struktur. Dabei wird wegen der unterschiedlichen Vorgaben des Unionsrechts im Hinblick auf die Ausgestaltung des deutschen Verfahrensrechts erneut zwischen *Verstößen gegen andere Bestimmungen des Unionsrechts als das Beihilfeverbot* und *Verstößen gegen das Beihilfeverbot* differenziert werden. Denn Art. 16 Abs. 3 der VO (EU) Nr. 2015/1589, welcher die Verpflichtung der Mitgliedstaaten zur Rückforderung von rechtswidrigen Beihilfen enthält, unterscheidet nicht danach, ob eine etwaige Beihilfegewährung bestandskräftig oder sogar rechtskräftig ist. Zunächst wird es also darum geben, inwiefern ein Verstoß gegen andere Bestimmungen des Unionsrechts für die Frage der formellen Rechtskraft Bedeutung erlangen kann (dazu I.). Sodann wird zu untersuchen sein, wie es um die materielle Rechtskraft eines finanzgerichtlichen Urteils, das gegen andere Bestimmungen des Unionsrechts verstößt, bestellt ist (dazu II.). Am Schluss steht die Betrachtung der Rechtskraft von finanzgerichtlichen Urteilen an, die gegen das Verbot staatlicher Beihilfen aus Art. 107 Abs. 1 AEUV verstoßen (dazu III.).

---

736 EuGH, Urt. v. C-234/04 – *Kapferer*, Slg. 2006, I-2605 Rn. 22; ders., Urt. v. 3.9.2009, Rs. 2/08 – *Fallimento Olimpiclub*, ECLI: EU: C:2009:506 Rn. 24; *Schmahl/Köber*, EuZW 2010, 927 (932).

I. Die formelle Rechtskraft von finanzgerichtlichen Urteilen bei anderen Verstößen gegen Unionsrecht

Am Anfang steht demnach die Behandlung der formellen Rechtskraft von finanz- 509
gerichtlichen Urteilen *bei anderen Verstößen gegen Unionsrecht als Verstößen gegen das Beihilfeverbot*. Die Untersuchung der formellen Bestandskraft bei anderen Verstößen gegen Unionsrecht ergab, dass hier die formelle Bestandskraft nur in Ausnahmefällen beeinträchtigt wird, nämlich wenn die Grundsätze der sog. Emmott´schen Fristenhemmung greifen (Rn. 356). Sowohl die formelle Bestandskraft als auch die formelle Rechtskraft treten mit der Unanfechtbarkeit des Steuerverwaltungsakts bzw. finanzgerichtlichen Urteils ein. Bei der formellen Rechtskraft eines finanzgerichtlichen Urteils tritt diese Unanfechtbarkeit gemäß § 155 Satz 1 FGO i. V. m. § 705 Satz 1 ZPO nicht vor Ablauf der für die Einlegung des zulässigen Rechtsmittels bestimmten Frist ein (Rn. 236). Aufgrund der Parallelität zwischen formeller Rechtskraft und formeller Bestandskraft ähneln sich demzufolge die im Folgenden zu diskutierenden Fragen mit den bereits behandelten Themen. Es kann daher zum einen ebenfalls über die Angemessenheit der Rechtsmittelfrist, zum anderen über die Anwendbarkeit der sog. Emmott´schen Fristenhemmung nachgedacht werden.

Als Erstes soll es jetzt darum gehen, ob die Rechtsmittelfristen aus unions- 510
rechtlicher Sicht angemessen sind. Nach der Rechtsprechung des Europäischen Gerichtshofs ist die Festsetzung angemessener Ausschlussfristen für die Rechtsverfolgung im Interesse der Rechtssicherheit mit dem Unionsrecht vereinbar sind. Solche Ausschlussfristen sind nicht geeignet, die Ausübung der durch die Unionsrechtsordnung verliehenen Rechte praktisch unmöglich zu machen.[737] Dem ist zuzustimmen. Gründet sich die Europäische Union – wie es Art. 2 Satz 1 EUV bestimmt – auf den Wert der Rechtsstaatlichkeit und wird hierunter eine Vielzahl von allgemeinen Rechtsgrundsätzen verstanden, die sich aus den gemeinsamen Verfassungsüberlieferungen der Mitgliedstaaten ergeben, so gehören hierzu in jedem Fall die Rechtssicherheit und die Effektivität des Rechtsschutzes. Beidem dient die Einführung von Ausschlussfristen, zu denen die Rechtsmittelfristen gehören. Die Einführung einer Ausschlussfrist ist daher hier – wie bei der Bestandskraft – grundsätzlich möglich. Im deutschen Steuerprozessrecht ist nun in Bezug auf die Rechtsmittel, die einem Steuerpflichtigen gegen das Urteil eines Finanzgerichts zur Verfügung stehen, danach zu unterscheiden, ob das Finanzgericht die Revision zugelassen oder nicht zugelassen hat. Die Nichtzulassung der Revision kann der Steuerpflichtige nach § 116 FGO durch Beschwerde anfechten. Diese Beschwerde ist nach § 116 Abs. 2 Satz 1 FGO innerhalb eines Monats nach Zustellung des vollständigen Urteils beim Bundesfinanzhof einzulegen. Im Falle der Zulassung der Revision beträgt die Frist zur Einlegung der Revision nach § 120

737 EuGH, Urt. v. 24.9.2002, Rs. C-255/00 – Grundig italiana, Slg. 2002, I-8014 Rn. 34; ders., Urt. v. 17.2.2008, Rs. C-2/06 – *Kempter*, ECLI: EU: C:2008:78 Rn. 58.

Abs. 1 Satz 1 FGO ebenfalls einen Monat und beginnt mit Zustellung des vollständigen Urteils. Es stellt sich also die Frage, ob eine Rechtsmittelfrist von einem Monat auch in diesem Fall angemessen ist oder ob sie die Durchsetzung der aus der Unionsrechtsordnung erwachsenen Rechte übermäßig erschwert. Es darf derweil bei der Beantwortung dieser Frage nicht übersehen werden, dass, bevor sich die Frage der Einlegung eines Rechtsmittels überhaupt stellt, in aller Regel bereits zwei weitere Ausschlussfristen vorgeschaltet waren, nämlich die Einspruchs- und die Klagefrist. Beide betragen gleichermaßen einen Monat. Sowohl die Einspruchs- als auch die Klagefrist – so die bereits erfolgte Feststellung – erschweren die Durchsetzung des Unionsrechts nicht übermäßig (Rn. 345). Wenn nun die einmonatigen Rechtsbehelfsfristen, die den Zugang zu den Finanzgerichten regeln, die Durchsetzung des Unionsrechts nicht übermäßig erschweren, so muss das Gleiche für die einmonatigen Rechtsmittelfristen gelten, bei denen der Steuerpflichtige den Rechtsweg zuvor schon beschritten hat. Es ist nämlich nicht ersichtlich, warum die Schutzbedürftigkeit eines Steuerpflichtigen, der bereits eine gerichtliche Entscheidung erstritten hat, höher sein sollte als in dem Fall, in dem er erst noch überlegt, ob er den Einspruch einlegt oder Klage erhebt. Sowohl die Frist zur Einlegung der Nichtzulassungsbeschwerde aus § 116 Abs. 2 Satz 1 FGO als auch die Frist zur Einlegung der Revision nach § 120 Abs. 1 Satz 1 FGO stellen demnach keinen Verstoß gegen das Effektivitätsgebot dar.[738] Beide sind angemessen.[739]

511 Als Zweites ist der Frage nachzugehen, ob in Einzelfällen der Ablauf der Rechtsmittelfrist aufgrund der sog. Emmott´schen Fristenhemmung gehemmt sein kann. Wie bei der formellen Bestandskraft von Steuerverwaltungsakten (Rn. 348 ff.) gilt ebenso für die formelle Rechtskraft von finanzgerichtlichen Entscheidungen, dass ein Verstoß gegen Unionsrecht nicht per se zur Anwendung der sog. Emmott´schen Fristenhemmung führt. Vielmehr ist ein Anwendungsfall nur dann gegeben, wenn die Berufung auf die Versäumung der Rechtsmittelfrist bei fehlerhafter Umsetzung einer Richtlinie einen Verstoß gegen Treu und Glauben bedeuten würde.[740] Dies kann erneut nur in absoluten Ausnahmefällen angenommen werden. Wie bei der formellen Bestandskraft von Steuerverwaltungsakten (Rn. 351 f.) sind dabei unterschiedliche Konstellationen denkbar: In der ersten Konstellation könnte der Steuerpflichtige erfolglos Klage gegen einen *allgemeinen Steuerverwaltungsakt* erhoben haben. Bewegt die Finanzbehörde den Steuerpflichtigen, die Einlegung eines Rechtsmittels zu unterlassen, indem sie dem Steuerpflichtigen verspricht, dass sie im Falle einer dem Steuerpflichtigen günstigen Entscheidung des Europäischen Gerichtshofs in einem gleich gelagerten Fall den

738 Vgl. BFH, Urt. v. 21.1.2015, X R 40/12, BStBl. II 2016, 117 Rn. 50; *Levedag*, in Gräber, FGO, 2015, Anhang Rn. 111.

739 EuGH, Urt. v. 19.9.2006, verb. Rs. C-392/04 und C-422/04 – *i-21 Germany und Arcor*, Slg. 2006, I-8591 Rn. 60; BFH, Urt. v. 23.11.2006, V R 67/05, BStBl. II 2007, 436 (439).

740 BFH, Urt. v. 23.11.2006, V R 51/05, BStBl. II 2007, 433 (434); *Levedag*, in: Gräber, FGO, 2015, Anhang Rn. 113.

allgemeinen Steuerverwaltungsakt nach § 130 Abs. 1 AO korrigiert und unterbleibt die spätere Korrektur unter Hinweis auf den Ablauf der Rechtsmittelfrist oder die möglicherweise entgegenstehende materielle Rechtskraft des Urteils des Finanzgerichts, stellt die Ablehnung selbst einen anfechtbaren Steuerverwaltungsakt dar. Steht tatsächlich die materielle Rechtskraft – was Gegenstand der späteren Untersuchung sein wird – einer Korrektur nach § 130 Abs. 1 AO entgegen, hätte ein Einspruch gegen die Ablehnung keine Aussicht auf Erfolg. In diesem Fall könnte das treuwidrige Verhalten der Finanzbehörde im Einzelfall eine Anwendung der sog. Emmott´schen Fristenhemmung rechtfertigen. In der zweiten Konstellation besteht die Variation des Sachverhalts darin, dass es sich anstelle des allgemeinen Steuerverwaltungsakts um einen *Steuerbescheid* handelt. Lehnt die Finanzbehörde die spätere Korrektur mangels einer Korrekturmöglichkeit nach §§ 172 ff. AO oder wegen der entgegenstehenden materiellen Rechtskraft ab, könnte auch hier das treuwidrige Verhalten der Finanzbehörde eine Anwendung der sog. Emmott´schen Fristenhemmung gebieten. Bei beiden Konstellationen – das sei noch einmal deutlich betont – wird es sich um absolute Ausnahmefälle handeln.

Demzufolge sind zumindest hinsichtlich des *Eintritts der formellen Rechtskraft* 512
eines finanzgerichtlichen Urteils, das gegen Unionsrecht verstößt, kaum Besonderheiten im Vergleich zu einem finanzgerichtlichen Urteil, das gegen deutsches Recht verstößt, festzustellen. Lediglich in absoluten Ausnahmefällen kann es wegen eines treuwidrigen Verhaltens der Finanzbehörde zur Anwendung der sog. Emmott´schen Fristenhemmung kommen. Hieran anschließend muss jetzt untersucht werden, ob hinsichtlich der *Durchbrechung der formellen Rechtskraft* eines finanzgerichtlichen Urteils weitere Besonderheiten bestehen.

1. *Wiedereinsetzung in den vorigen Stand bei anderen Verstößen gegen Unionsrecht*

Hierbei ist zunächst an die Fälle der Wiedereinsetzung in den vorigen Stand gemäß 513
§ 56 FGO zu denken. Danach kommt eine Wiedereinsetzung in den vorigen Stand in Betracht, wenn der Beteiligte ohne Verschulden verhindert war, eine gesetzliche Frist einzuhalten. Zu den von dieser Vorschrift umfassten gesetzlichen Fristen gehören auch die sich aus §§ 116, 120 FGO ergebenden Rechtsbehelfs- bzw. Rechtsmittelfristen (Rn. 240).

Wie bei der Durchbrechung der formellen Bestandskraft von Steuerverwal- 514
tungsakten nach § 110 AO (Rn. 353) gilt auch bei § 56 FGO, dass ein Rechtsirrtum in aller Regel unbeachtlich ist, wenn er das materielle Recht betrifft. Denn es ist nicht Aufgabe der Wiedereinsetzungsvorschriften, derartige Fehlbeurteilungen auszugleichen.[741] Da es sich bei Verstößen gegen Unionsrecht um solche Rechtsirrtümer handelt, scheidet eine Wiedereinsetzung in den vorigen Stand nach § 56 FGO – wie

741 BFH, Beschl. v. 24.11.1970, II B 42/70, BStBl. II 1971, 110 (112); *Stapperfend*, in: Gräber, FGO, 2015, § 56 FGO Rn. 20.

bei § 110 AO – grundsätzlich aus. Ebenso wird das Vorliegen eines Ausnahmefalls abzulehnen sein (Rn. 354). Dieser ist anzunehmen, wenn ein Rechtsirrtum und eine dadurch bewirkte Fristversäumnis unverschuldet sind, da die Rechtslage in hohem Maße unsicher ist und die Frist versäumt wird, weil es der Steuerpflichtige aufgrund vertretbarer Erwägungen unterlässt, einen Rechtsbehelf einzulegen.[742] Diese Konstellation wird auch bei Verstößen gegen Unionsrecht im Regelfall nicht gegeben sein. Zum einen ist es dem Steuerpflichtigen – selbst hier – zumutbar, bei bestehenden Zweifeln an der Vereinbarkeit einer gesetzlichen Bestimmung des deutschen Steuerrechts mit dem Unionsrecht seine aus der Unionsrechtsordnung verliehenen Rechte mittels eines Rechtsmittels weiter zu verfolgen; denn – darauf sei hingewiesen – er hat den Rechtsweg bereits schon begonnen. Zum anderen ist die Rechtslage nicht in hohem Maße unsicher, wenn bisher keine Zweifel an der Unionsrechtskonformität einer gesetzlichen Bestimmung des deutschen Steuerrechts geäußert wurden, weil z. B. noch kein Vorabentscheidungsersuchen an den Europäischen Gerichtshof gerichtet wurde. Nach alledem scheidet eine Wiedereinsetzung in den vorigen Stand wegen eines Verstoßes gegen andere Bestimmungen des Unionsrechts als das Beihilfeverbot im Regelfall aus.

2. Wiederaufnahme des Verfahrens bei anderen Verstößen gegen Unionsrecht

515 Neben der soeben behandelten Wiedereinsetzung in den vorigen Stand könnte es durch eine Wiederaufnahme des Verfahrens zu einer Durchbrechung der formellen Rechtskraft von finanzgerichtlichen Urteilen kommen. Hierbei ist zunächst zu überlegen, ob eine Wiederaufnahme des Verfahrens bei Verstößen gegen andere Bestimmungen des Unionsrechts auf eine Anwendung des § 79 Abs. 1 BVerfGG gestützt werden kann. Diese Norm ermöglicht nach ihrem Wortlaut die Wiederaufnahme des Verfahrens gegen rechtskräftige Strafurteile, wenn diese Urteile auf einer vom Bundesverfassungsgericht mit dem Grundgesetz für unvereinbar oder nichtig erklärten Norm oder auf der Auslegung einer Norm beruhen, die vom Bundesverfassungsgericht mit dem Grundgesetz für unvereinbar erklärt worden ist (Rn. 242). Der Wortlaut passt zwar offenkundig nicht auf die vorliegenden Fälle von Verstößen gegen Unionsrecht. Allerdings stellt sich die Frage, ob es nicht wegen des Äquivalenzgrundsatzes unionsrechtlich geboten sein könnte, diese Norm ebenso auf Fälle anzuwenden, in denen es um Entscheidungen des Europäischen Gerichtshofs oder des Gerichts der Europäischen Union geht, aus denen sich die Unvereinbarkeit einer gesetzlichen Bestimmung des deutschen Steuerrechts mit dem Unionsrecht ergibt.

516 Der Äquivalenzgrundsatz verlangt allerdings nur, dass die Verfahrensmodalitäten für die Durchsetzung von Verstößen gegen Unionsrecht nicht ungünstiger sein

742 BFH, Urt. v. 20.6.1985, IV R 17/83, BFH/NV 1987, 343 (343); ders., Urt. v. 14.12.1989, III R 116/85, BFH/NV 1990, 530 (531).

dürfen als bei *vergleichbaren Verfahren* des nationalen Rechts. Bei dieser Angelegenheit ist zu beachten, dass § 79 Abs. 1 BVerfGG nur die Durchbrechung der formellen Rechtskraft bei *Strafurteilen* ermöglicht. Bei *finanzgerichtlichen Urteilen* gilt die Regelung des § 79 Abs. 2 Satz 1 BVerfGG, nach der solche Urteile nicht vollstreckt werden dürfen, wenn sie auf einer vom Bundesverfassungsgericht für nichtig erklärten Norm beruhen. Eine Anwendung des § 79 Abs. 1 BVerfGG auf Verstöße gegen Unionsrecht würde also eine Besserstellung des Steuerpflichtigen bedeuten, die unionsrechtlich nicht gefordert ist. Denn das Unionsrecht gebietet die Gleichbehandlung von Rechtsbehelfen, die einen Verstoß gegen deutsches Recht zum Gegenstand haben, und solchen Rechtsbehelfen, mit denen ein Verstoß gegen Unionsrecht geltend gemacht wird, lediglich innerhalb der gleichen Prozessordnung. Es ist nicht erforderlich, dass nach dem Meistbegünstigungsprinzip von Möglichkeiten anderer Prozessordnungen Gebrauch gemacht wird.[743] Folglich ist es unionsrechtlich nicht geboten, eine Wiederaufnahme des Verfahrens bei finanzgerichtlichen Urteilen, die gegen Unionsrecht verstoßen, durch eine entsprechende Anwendung des § 79 Abs. 1 BVerfGG zu ermöglichen.[744]

Da § 79 Abs. 1 BVerfGG keine Wiederaufnahme ermöglicht, kann es zur Durch- 517
brechung der formellen Rechtskraft des finanzgerichtlichen Urteils nur kommen, wenn der Verstoß gegen Unionsrecht als tauglicher Wiederaufnahmegrund im Rahmen einer Nichtigkeits- oder Restitutionsklage anzusehen ist.

a) Nichtigkeitsklagen bei anderen Verstößen gegen Unionsrecht

Mit dem zuerst genannten Fall einer Nichtigkeitsklage werden besonders schwer- 518
wiegende Verfahrensmängel geltend gemacht. Die in § 134 FGO i. V. m. § 579 ZPO genannten besonders schwerwiegenden Verfahrensmängel (Rn. 245 f.) weisen jedoch keinen spezifischen Bezug zum Unionsrecht auf. Insbesondere wird ein trotz Vorlagepflicht aus Art. 267 Abs. 3 AEUV unterbliebenes Vorabentscheidungsersuchen nicht als besonders schwerwiegender Verfahrensverstoß angesehen. Hier steht dem Steuerpflichtigen lediglich die Möglichkeit einer Verfassungsbeschwerde wegen der Verletzung des Rechts auf den gesetzlichen Richter gemäß Art. 101 Abs. 1 Satz 2 GG zur Verfügung. Mit dem Rechtsbehelf der Nichtigkeitsklage kann daher nicht die Wiederaufnahme eines Verfahrens, das durch ein gegen Unionsrecht verstoßendes finanzgerichtliches Urteil abgeschlossen wurde, erreicht werden.[745]

---

743 Vgl. EuGH, Urt. v. 28.1.2015, Rs. C-417/13 – *Starjakob*, ECLI: EU: C:2015:38 Rn. 74; ders., Urt. v. 6.10.2015, Rs. C-69/14 – *Târşia*, ECLI: EU: C:2015:662 Rn. 41.

744 Vgl. *Schneider*, EuR 2017, 433 (449), die allerdings eine analoge Anwendung des § 79 Abs. 1 BVerfGG für geboten erachtet, wenn es um die Wiederaufnahme des Verfahrens gegen ein rechtskräftiges Strafurteil geht, das auf einer Norm beruht, die mit dem Unionsrecht unvereinbar ist.

745 Vgl. BFH, Urt. v. 21.1.2015, X R 40/12, BStBl. II 2016, 117 Rn. 64; *Schneider*, EuR 2017, 433 (436).

b) Restitutionsklagen bei anderen Verstößen gegen Unionsrecht

519 Der zweitgenannte Fall einer Wiederaufnahme des Verfahrens durch Restitutionsklage ermöglicht eine Durchbrechung der formellen Rechtskraft bei inhaltlichen Mängeln. Aber auch hier lässt sich § 134 FGO i. V. m. § 580 ZPO auf den ersten Blick kein Fall entnehmen, in dem sich die Wiederaufnahme eines durch ein finanzgerichtliches Urteil, das gegen Unionsrecht verstößt, abgeschlossenen Verfahrens mittels einer Restitutionsklage erstreiten lässt. Die in § 134 FGO i. V. m. § 580 Nrn. 1–5 ZPO genannten Fälle setzen eine Straftat voraus, die in Zusammenhang mit dem Verfahren begangen wurde. Ein Verstoß gegen Unionsrecht kann nicht mittels einer der dort genannten Straftaten begangen werden.

520 § 134 FGO i. V. m. § 580 Nr. 6 ZPO betrifft den Fall, dass das Urteil eines ordentlichen Gerichts, eines früheren Sondergerichts oder eines Verwaltungsgerichts, auf welches das fragliche Urteil gegründet ist, durch ein anderes rechtskräftiges Urteil aufgehoben wird. Der bei Verstößen gegen Unionsrecht vorstellbare Fall, dass nach einem finanzgerichtlichen Urteil eine Entscheidung des Europäischen Gerichtshofs ergeht, die im Widerspruch zu dem bisherigen Urteil steht, stellt demgegenüber eine andere Konstellation dar. Das finanzgerichtliche Urteil gründet sich nämlich nicht auf die zeitlich nachfolgende Entscheidung des Europäischen Gerichtshofs.[746] § 134 FGO i. V. m. § 580 Nr. 6 ZPO kann daher ebenfalls nicht einschlägig sein.

521 Nach § 134 FGO i. V. m. § 580 Nr. 7 Buchst. a) ZPO kommt eine Restitutionsklage in Betracht, wenn die Partei ein in derselben Sache erlassenes, früher rechtskräftig gewordenes Urteil auffindet und zu benutzen in den Stand gesetzt wird, welches eine der Partei günstigere Entscheidung herbeigeführt haben würde. Dabei wird angenommen, dass ein Urteil in derselben Sache erlassen wurde, wenn es entweder denselben Streitgegenstand betrifft oder wenn das angegriffene Urteil im Widerspruch zu den präjudiziell wirkenden Feststellungen eines anderen Urteils steht, also solchen Feststellungen, die in materieller Rechtskraft erwachsen sind.[747] Ergeht ein Urteil des Europäischen Gerichtshofs nach dem angegriffenen finanzgerichtlichen Urteil, ist dieser Wiederaufnahmegrund kaum vorstellbar. Geht das Urteil des Europäischen Gerichtshofs dem finanzgerichtlichen Urteil voran und betrifft dieses Urteil denselben Streitgegenstand, so muss es sich hierbei um ein Vorabentscheidungsersuchen gehandelt haben. Dann wird es allerdings schwerlich vorstellbar sein, dass dieses Urteil nicht beachtet wurde. Eine auf § 134 FGO i. V. m. § 580 Nr. 7 Buchst. a) ZPO gestützte Restitutionsklage zur Durchbrechung

---

746 BFH, Beschl. v. 27.9.1977, VII K 1/76, BStBl. II 1978, 21 (22); *Bergkemper*, in: HHSp, AO/FGO (2015), § 134 FGO Rn. 69; *Loose*, in: TK, AO/FGO (2018), § 134 FGO Rn. 29; *Schneider*, EuR 2017, 433 (437); *Wendl*, in: Gosch, AO/FGO (2018), § 134 FGO Rn. 58; im Ergebnis ebenso: *Schmahl/Köber*, EuZW 2010, 927 (932), die allerdings auf den Ausnahmecharakter des § 580 ZPO verweisen und eine Ausdehnung deshalb ablehnen.

747 BFH, Urt. v. 4.7.1991, IV K 1/90, BStBl. II 1991, 813 (813); *Bergkemper*, in: HHSp, AO/FGO (2015), § 134 FGO Rn. 70; *Wendl*, in: Gosch, AO/FGO (2018), § 134 FGO Rn. 60.

der formellen Bestandskraft bei Verstößen gegen anderes Unionsrecht scheidet daher gleichermaßen aus.

In § 134 FGO i. V. m. § 580 Nr. 7 Buchst. b) ZPO ist vorgesehen, dass eine Wiederaufnahme des Verfahrens möglich ist, wenn eine andere Urkunde aufgefunden wird, die zu einer günstigeren Entscheidung geführt hätte. Andere Urkunde kann bei alledem sogar ein Urteil sein.[748] Allerdings muss dieses Urteil bereits zum Zeitpunkt des angegriffenen Urteils existiert haben.[749] Zudem muss diesem Urteil die Funktion eines Beweismittels zukommen.[750] Urteile des Europäischen Gerichtshofs, durch welche Verstöße gegen Unionsrecht aufgedeckt werden, ergehen häufig später als das angegriffene Urteil. Zudem geht es in diesen Urteilen um die Auslegung und Anwendung des Unionsrechts, so dass ihnen keine Beweisfunktion zukommt.[751] Eine Restitutionsklage nach § 134 FGO i. V. m. § 580 Nr. 7 Buchst. b) ZPO kommt daher ebenso wenig infrage. 522

§ 134 FGO i. V. m. § 580 Nr. 8 ZPO bestimmt schließlich, dass eine Restitutionsklage dann stattfindet, wenn der Europäische Gerichtshof für Menschenrechte eine Verletzung der Konvention zum Schutz der Menschenrechte und Grundfreiheiten (EMRK) oder ihrer Protokolle festgestellt hat und das Urteil auf dieser Verletzung beruht. Da der Wortlaut insoweit eindeutig ist, findet die Regelung auf Urteile des – aus dem Europäischen Gerichtshof und dem Gericht der Europäischen Union bestehenden – Gerichtshofs der Europäischen Union keine (direkte) Anwendung.[752] Fraglich ist, ob nicht in diesem Fall der Äquivalenzgrundsatz ein anderes Ergebnis fordert. Nach dem Äquivalenzgrundsatz darf die Durchsetzung des Unionsrechts in vergleichbaren Fällen nicht schlechter behandelt werden als nationales Recht. Soweit für ein nationales Gericht nach den anwendbaren innerstaatlichen Verfahrensvorschriften unter bestimmten Voraussetzungen die Möglichkeit besteht, eine rechtskräftig gewordene Entscheidung rückgängig zu machen, um die Situation mit dem nationalen Recht in Einklang zu bringen, muss daher, sofern diese Voraussetzungen erfüllt sind, nach den Grundsätzen der Äquivalenz und der Effektivität von dieser Möglichkeit in gleichem Maße Gebrauch gemacht werden, um die Vereinbarkeit mit dem Unionsrecht (wieder-) 523

748 BGH, Urt. v. 7.11.1990, IV ZR 218/89, NJW-RR 1991, 380 (381); *Bergkemper*, in: HHSp, AO/FGO (2015), § 134 FGO Rn. 72; *Wendl*, in: Gosch, AO/FGO (2018), § 134 FGO Rn. 62.

749 *Loose*, in: TK, AO/FGO (2018), § 134 FGO Rn. 32; *Wendl*, in: Gosch, AO/FGO (2018), § 134 FGO Rn. 65.

750 BGH, Urt. v. 7.11.1990, IV ZR 218/89, NJW-RR 1991, 380 (381); *Bergkemper*, in: HHSp, AO/FGO (2015), § 134 FGO Rn. 72.

751 BFH, Beschl. v. 27.9.1977, VII K 1/76, BStBl. II 1978, 21 (22).

752 *Kremer*, EuR 2007, 470 (479); *Schneider*, EuR 2017, 433 (438); *Schmahl/Köber*, EuZW 2010, 927 (932); *Wendl*, in: Gosch, AO/FGO (2018), § 134 FGO Rn. 67.

herzustellen.[753] Die Konvention zum Schutz der Menschenrechte und Grundfreiheiten hat – daran sei erinnert – den Rang eines Bundesgesetzes; es handelt sich somit um nationales Recht. Da das deutsche Recht nun eine Wiederaufnahmemöglichkeit nach Entscheidungen des Europäischen Gerichtshofs für Menschenrechte vorsieht, eine solche Möglichkeit für Entscheidungen des Gerichtshofs der Europäischen Union, die Verstöße gegen Unionsrecht feststellen, jedoch fehlt, ist folglich eine Verletzung des Äquivalenzgrundsatzes zu besorgen.

524 Dafür, ob eine Verletzung des Äquivalenzgrundsatzes tatsächlich besteht, wird es entscheidend darauf ankommen, ob beide Fälle, also die Entscheidungen des Europäischen Gerichtshofs für Menschenrechte auf der einen Seite und die Entscheidungen des Gerichtshofs der Europäischen Union auf der anderen Seite, vergleichbar sind. § 580 Nr. 8 ZPO wird dabei so ausgelegt, dass die Entscheidung des Europäischen Gerichtshofs für Menschenrechte in derselben Sache ergangen sein muss wie das angegriffene Urteil.[754] Als Begründung wird dabei Art. 46 EMRK herangezogen, der eine Bindungswirkung der Entscheidungen des Europäischen Gerichtshofs für Menschenrechte nur inter partes vorsieht.[755] Dafür spricht nach der Historie des Gesetzgebungsverfahrens auch, dass ein Gesetzesvorschlag, der eine Wiederaufnahme des Verfahrens auch nach Entscheidungen des Europäischen Gerichtshofs für Menschenrechte ermöglichen sollte, die gegen andere Vertragsparteien ergangen sind, nicht umgesetzt wurde.[756] Hier beginnen nun die Schwierigkeiten.

525 Denn Einzelne können sich ausschließlich per Individualbeschwerde nach Art. 34 EMRK an den Europäischen Gerichtshof für Menschenrechte wenden. Diese Individualbeschwerde ist nach Art. 35 Abs. 1 EMRK nur nach Ausschöpfung des Rechtswegs und nur innerhalb von sechs Monaten nach der endgültigen Entscheidung zulässig. Es gehört daher zum Kerngedanken der Regelung des § 580 Nr. 8 ZPO, dass die Wiederaufnahme nur demjenigen zugutekommen kann, der selbst aktiv eine Entscheidung des Europäischen Gerichtshofs für Menschenrechte erstritten hat.[757]

526 Eine Vergleichbarkeit mit Entscheidungen des Europäischen Gerichtshofs für Menschenrechte kann daher nur bestehen, wenn der Steuerpflichtige eine Entscheidung des Gerichtshofs der Europäischen Union ebenfalls selbst aktiv erstritten hat. In der Konstellation, dass die Entscheidung des Europäischen Gerichtshofs im Wege eines Vorabentscheidungsersuchens nach Art. 267 AEUV ergangen ist,

753 Vgl. EuGH, Urt. v. 10.7.2014, Rs.C-213/13 – *Impresa Pizzarotti*, ECLI: EU: C:2014: 2067 Rn. 62; GA *Jääskinen*, Schlussanträge v. 23.4.2015, Rs. C-69/14 – *Târşia*, ECLI: EU: C:2015:269 Rn. 53.

754 *Bergkemper*, in: HHSp, AO/FGO (2015), § 134 FGO Rn. 79a; *Schneider*, EuR 2017, 433 (441); *Wendl*, in: Gosch, AO/FGO (2018), § 134 FGO Rn. 69.

755 BT-Drs. 13/10333, 4.

756 BT-Drs. 13/10333, 3; *Schneider*, EuR 2017, 433 (441).

757 *Schneider*, EUR 2017, 433 (441).

hat das deutsche Finanzgericht oder der Bundesfinanzhof das Verfahren, dass der Steuerpflichtige selbst angestrengt hat, ausgesetzt und dem Europäischen Gerichtshof Fragen über die Auslegung des Unionsrechts zur Vorabentscheidung vorgelegt. Es besteht daher in dieser Konstellation kein Bedarf für eine Wiederaufnahme des Verfahrens, da nach der Entscheidung des Europäischen Gerichtshofs das ursprüngliche Verfahren vor dem Bundesfinanzhof oder dem Finanzgericht fortgesetzt wird.

Entscheidungen des Europäischen Gerichtshofs, die im Wege eines Vertragsver- 527 letzungsverfahrens ergangen sind, scheiden als mögliche Wiederaufnahmegründe aus, da diese Entscheidungen nicht vom Steuerpflichtigen erstritten werden können. Beteiligte eines Vertragsverletzungsverfahrens können nach Art. 258, 259 AEUV nämlich nur die Kommission und/oder die Mitgliedstaaten sein.

Bleibt noch die Möglichkeit, dass die Entscheidung des Europäischen Gerichts- 528 hofs oder des Gerichts der Europäischen Union im Wege einer Nichtigkeitsklage ergangen ist. Eine solche Klage kann nach Art. 263 Abs. 4 AEUV auch von einem Einzelnen erhoben werden. Denkbar sind hierbei im Bereich des Steuerrechts Fälle, in denen der Steuerpflichtige mit einer Nichtigkeitsklage gegen die Kommissionsentscheidung über die Vereinbarkeit oder Unvereinbarkeit einer Steuervergünstigung mit dem Verbot staatlicher Beihilfen aus Art. 107 AEUV vorgeht. Bei anderen Verstößen gegen Unionsrecht sind demgegenüber keine Fälle vorstellbar, in denen der Steuerpflichtige mittels einer Nichtigkeitsklage eine Entscheidung des Europäischen Gerichtshofs oder des Gerichts der Europäischen Union erstreitet. Es kann daher an dieser Stelle offengelassen werden, ob im Falle einer erfolgreichen Nichtigkeitsklage § 580 Nr. 8 ZPO entsprechend anzuwenden ist. Diese Frage wird erst Gegenstand einer späteren Erörterung sein (Rn. 550 ff.), nämlich wenn es um die Verstöße gegen das Beihilfeverbot geht. Für die Fälle der anderen Verstöße gegen Unionsrecht gilt somit, dass sich Entscheidungen des Europäischen Gerichtshofs für Menschenrechte und Entscheidungen des Gerichtshofs der Europäischen Union dermaßen unterscheiden, dass mangels Vergleichbarkeit kein Verstoß gegen den Äquivalenzgrundsatz vorliegt.[758] Folglich scheidet hier eine Wiederaufnahme durch Restitutionsklage aus.

3. *Klagen nach § 826 BGB bei anderen Verstößen gegen Unionsrecht*

Zu den Fällen der Durchbrechung der formellen Rechtskraft gehören – neben den 529 zuvor behandelten Wiedereinsetzungs- und Wiederaufnahmemöglichkeiten – noch die Klagen nach § 826 BGB. Da im finanzgerichtlichen Verfahren ebenfalls der Grundsatz gilt, dass niemand eine ihm unverdient zugefallene Rechtsposition in sittenwidriger Weise in Anspruch nehmen darf und diese Inanspruchnahme mittels einer Klage nach § 826 BGB abgewehrt werden kann (Rn. 249), stellt sich

758 Ebenso: *Schneider*, EuR 2017, 433 (443); insgesamt ablehnend: *Wendl*, in: Gosch, AO/FGO (2018), § 134 FGO Rn. 67.

hier die Frage, ob diese Möglichkeit bei Verstößen gegen Unionsrecht fruchtbar zu machen ist.

530 Da sich die Klage nach § 826 BGB gegen die Vollstreckung aus einem rechtskräftigen, aber materiell unrichtigen Titel richtet, dürfte dem Steuerpflichtigen regelmäßig ein einfacherer Weg zur Durchsetzung seiner Rechte zur Verfügung stehen.[759] Damit fehlt das Rechtsschutzbedürfnis für eine Klage nach § 826 BGB. Dem liegen hier folgende Erwägungen zugrunde: Nach § 251 Abs. 2 Satz 1 AO i. V. m. § 79 Abs. 2 Satz 2 BVerfGG ist die Vollstreckung eines nicht mehr anfechtbaren Steuerverwaltungsakts, der auf einer vom Bundesverfassungsgericht für nichtig erklärten Norm beruht, unzulässig. Der Äquivalenzgrundsatz verlangt – was schon mehrfach betont wurde –, dass die nationalen Verfahrensmodalitäten, welche den Schutz der dem Einzelnen aus dem Unionsrecht erwachsenden Rechte gewährleisten sollen, nicht ungünstiger sein dürfen als diejenigen, die gleichartige Sachverhalte innerstaatlicher Art regeln. Sieht das deutsche Verfahrensrecht vor, dass ein Steuerverwaltungsakt, der auf einer aus verfassungsrechtlichen Gründen für nichtig erklärten gesetzlichen Bestimmung beruht, nicht vollstreckt werden darf, so muss dieses Ergebnis erst recht gelten, wenn der Steuerverwaltungsakt gegen Unionsrecht verstößt.[760] Denn das Unionsrecht geht sogar dem nationalen Verfassungsrecht vor[761], steht also im Rang über diesem. Ein Berufen auf § 251 Abs. 2 Satz 1 AO i. V. m. § 79 Abs. 2 Satz 2 BVerfGG hat zudem den Vorteil, dass sich die Finanzbehörde nicht sittenwidrig oder ähnlich unlauter verhalten haben muss – wie es bei § 826 BGB erforderlich ist – und führt daher einfacher zum gleichen Ergebnis. Eine Durchbrechung der formellen Rechtskraft bei Verstößen gegen Unionsrecht kann daher nicht auf eine Klage nach § 826 BGB gestützt werden.

4. Gegenvorstellungen bei anderen Verstößen gegen Unionsrecht

531 Am Ende bleibt daher nur die Frage, ob eine Durchbrechung der formellen Rechtskraft von finanzgerichtlichen Urteilen bei Verstößen gegen Unionsrecht durch eine Gegenvorstellung erreicht werden kann. Zu der Möglichkeit einer Gegenvorstellung bei Verstößen gegen deutsches Recht wurde bereits dargestellt, dass die Gegenvorstellung nicht den verfassungsrechtlichen Anforderungen an die Rechtsmittelklarheit genügt. Rechtsbehelfe müssen gesetzlich normiert sein, damit die Steuerpflichtigen die Voraussetzungen erkennen können, unter welchen ein

759 Ebenfalls ablehnend, wenn auch nicht explizit für das Steuerprozessrecht: *Kremer*, EuR 2007, 470 (487); *Schmahl/Köber*, EuZW 2010, 927 (932).

760 Vgl. *Weiß*, DÖV 2008, 477 (487), der allerdings die Entscheidung des Europäischen Gerichtshofs in der Rs. *Ciola* dahingehend versteht, dass aus dem Vorrang des Unionsrechts ein Vollzugs- und Vollstreckungshindernis folgt.

761 EuGH, Urt. v. 17.12.1970, Rs. 11/70 – *Internationale Handelsgesellschaft*, Slg. 1970, 1125 Rn. 3; *Schaumburg*, in: Schaumburg/Englisch, Europäisches Steuerrecht, 2015, Rn. 4.19.

Rechtsbehelf eingelegt werden kann. Dies gilt jedenfalls, solange das finanzgerichtliche Urteil in materieller Rechtskraft erwächst (Rn. 250). Bei Verstößen gegen Unionsrecht ändert sich an dieser Beurteilung nichts. Denn das Unionsrecht gebietet über den Äquivalenzgrundsatz nur, dass der Steuerpflichtige nicht schlechter gestellt werden soll als bei vergleichbaren Rechtsbehelfen, mit denen Verstöße gegen deutsches Recht geltend gemacht werden. Eine Besserstellung ist nicht erforderlich.[762] Die Gegenvorstellung scheidet bei anderen Verstößen gegen Unionsrecht demzufolge als Mittel zu Durchbrechung der formellen Rechtskraft aus.

5. *Zwischenergebnis*

Hinsichtlich der formellen Rechtskraft von finanzgerichtlichen Urteilen, die gegen 532 andere Bestimmungen des Unionsrechts verstoßen, lässt sich als Zwischenergebnis festhalten, dass im Wesentlichen keine Besonderheiten im Vergleich zur formellen Bestandskraft von Steuerverwaltungsakten bestehen, die einen Verstoß gegen Unionsrecht enthalten. Die angemessene Rechtsmittelfrist verstößt nicht gegen das Effektivitätsgebot (Rn. 510). Die Grundsätze der sog. Emmott´schen Fristenhemmung werden nur bei treuwidrigem Verhalten, also in absoluten Ausnahmefällen, eingreifen (Rn. 511). Eine Wiedereinsetzung in den vorigen Stand (Rn. 514) oder ein Wiederaufgreifen des Verfahrens (Rn. 515 ff.) werden im Regelfall ausscheiden. Ebenso wird ein Vorgehen mittels einer Klage nach § 826 BGB (Rn. 530) oder einer Gegenvorstellung (Rn. 531) nicht zielführend sein.

II. Die materielle Rechtskraft von finanzgerichtlichen Urteilen bei anderen Verstößen gegen Unionsrecht

Die Basis für die materielle Rechtskraft von finanzgerichtlichen Urteilen, die gegen 533 Unionsrecht verstoßen, unterscheidet sich nach dem zuvor Festgestellten kaum von der für die materielle Rechtskraft von finanzgerichtlichen Urteilen, die Verstöße gegen deutsches Recht beinhalten. Da nur formell rechtskräftige Urteile in materieller Rechtskraft erwachsen können (Rn. 251) und es bei der formellen Rechtskraft keine nennenswerten Unterschiede gibt (Rn. 532), müssten sich Abweichungen zwischen der materiellen Rechtskraft von finanzgerichtlichen Urteilen bei anderen Verstößen gegen Unionsrecht als gegen das Beihilfeverbot zu Verstößen gegen deutsches Recht aus etwaigen Spezifika bei der Anwendung des § 110 FGO ergeben.

762 Vgl. BFH, Urt. v. 16.9.2010, V R 57/09, BStBl. II 2011, 151 Rn. 31.

1. *Subjektive Reichweite der materiellen Rechtskraft bei anderen Verstößen gegen Unionsrecht*

534 § 110 FGO bestimmt zunächst – wie bereits dargelegt – die subjektive Reichweite der materiellen Rechtskraft. Etwaige Besonderheiten bei Verstößen gegen andere Bestimmungen des Unionsrechts als das Beihilfeverbot im Vergleich zur subjektiven Reichweite der materiellen Rechtskraft bei Verstößen gegen deutsches Recht sind nicht ersichtlich. Es gilt hierbei folglich, was § 110 Abs. 1 FGO anordnet (Rn. 252). Die subjektive Reichweite umfasst daher auch in Fällen von Verstößen gegen Unionsrecht die Kläger und ihre Rechtsnachfolger (Satz 1 Nr. 1), die nicht klageberechtigten Gesellschafter oder Gemeinschafter (Satz 1 Nr. 2), die notwendig Beizuladenden (Satz 1 Nr. 3) und die öffentlich-rechtliche Körperschaft, der die beteiligte Finanzbehörde angehört (Satz 2).

2. *Objektive Reichweite der materiellen Rechtskraft bei anderen Verstößen gegen Unionsrecht*

535 Ähnlich wie bei der subjektiven Reichweite stellt sich die Situation bei der objektiven Reichweite der materiellen Rechtskraft eines finanzgerichtlichen Urteils, das gegen Unionsrecht verstößt, dar. Es sei daran erinnert, dass einleitend bereits festgestellt wurde (Rn. 505), dass der Grundsatz der materiellen Rechtskraft auch im Unionsrecht anerkannt ist. Die Bindungswirkung tritt nach § 110 Abs. 1 FGO ein, „soweit über den Streitgegenstand entschieden worden ist". Maßgeblich ist demzufolge – wie bereits herausgearbeitet – der Entscheidungsgegenstand, also der Sachverhalt, welcher dem finanzgerichtlichen Urteil zugrunde gelegt wurde, und die rechtlichen Erwägungen, die das Finanzgericht hierzu angestellt hat (Rn. 253 f.). Typisierend kann für die Frage, ob der Verstoß gegen Unionsrecht zum Entscheidungsgegenstand gehört, also objektiv von der materiellen Rechtskraft umfasst ist, wiederum zwischen der Art des Urteils und der Klageart unterschieden werden. Es ist demnach im Folgenden zwischen Prozessurteilen und Sachurteilen zu differenzieren. Innerhalb der Sachurteile ist ferner nach der Klageart zu unterscheiden.

536 Bei Prozessurteilen tritt die Bindungswirkung regelmäßig nicht hinsichtlich des Verstoßes gegen Unionsrecht ein, weil hier nur die im Einzelfall abgelehnten Sachurteilsvorrausetzungen von der Bindungswirkung umfasst sind (Rn. 255). Verstöße gegen Unionsrecht können bei dieser Fallgestaltung daher nicht in materieller Rechtskraft erwachsen.

537 Bei der Stattgabe einer Anfechtungsklage geht die Bindungswirkung dahin, dass die Behauptung des Klägers zutreffend ist. Der Umfang bestimmt sich danach, inwieweit die Rechtswidrigkeit des Steuerverwaltungsakts tatsächlich überprüft worden ist (Rn. 256). Verbirgt sich der Verstoß gegen Unionsrecht z. B. in Besteuerungsgrundlagen, zu denen das Finanzgericht keine Feststellungen getroffen hat, so erwachsen diese Besteuerungsgrundlagen und die damit einhergehende fehlerhafte rechtliche Beurteilung nicht in materieller Rechtskraft. Wurde eine Anfechtungsklage als unbegründet abgewiesen, umfasst die Bindungswirkung die in

den Entscheidungsgründen konkretisierte Feststellung, dass die Voraussetzungen des angefochtenen Steuerverwaltungsakts vorliegen und dass der Steuerverwaltungsakt weder rechtswidrig noch nichtig war (Rn. 256). Dies beinhaltet auch die Feststellung, dass der Steuerverwaltungsakt keinen Verstoß gegen Unionsrecht enthält. Bei der Fortsetzungsfeststellungsklage gilt das soeben Ausgeführte entsprechend (Rn. 258).

Bei einer Verpflichtungsklage geht die Bindungswirkung schließlich dahin, 538 dass dem Kläger ein bestimmter Rechtsanspruch auf den mit der Klage begehrten Steuerverwaltungsakt zusteht oder gerade nicht zusteht (Rn. 257). Die Bindungswirkung schließt dabei eine rechtliche Beurteilung im Hinblick auf mögliche Verstöße gegen Unionsrecht ein. Sie werden damit von der materiellen Rechtskraft umfasst. Kommt es zu einem Bescheidungsurteil, ist für die Frage, ob der Beseitigung eines Verstoßes gegen Unionsrecht die materielle Rechtskraft eines finanzgerichtlichen Urteils entgegensteht, auf die Entscheidungsgründe abzustellen (Rn. 257).

3. Wirkung der materiellen Rechtskraft bei anderen Verstößen gegen Unionsrecht

Soweit nach dem vorstehend Behandelten zum Entscheidungsgegenstand eines 539 finanzgerichtlichen Urteils die rechtlichen Erwägungen gehören, die zum Verstoß gegen Unionsrecht führen, tritt für diese Erwägungen nach § 110 Abs. 1 AO Bindungswirkung ein. Die Bindungswirkung entfällt jedoch, wenn und soweit sich die dem finanzgerichtlichen Urteil zugrunde gelegte Sach- und Rechtslage ändert (Rn. 260). Bei einer Entscheidung des Europäischen Gerichtshofs, durch die ein Verstoß gegen Unionsrecht aufgedeckt wird, handelt es sich aber weder um eine nachträgliche Tatsache oder ein rückwirkendes Ereignis noch wird eine neue Rechtslage geschaffen. Der Europäische Gerichtshof erläutert und verdeutlicht lediglich, in welchem Sinn und mit welcher Tragweite eine Vorschrift des Unionsrechts seit ihrem Inkrafttreten zu verstehen und anzuwenden ist oder gewesen wäre.[763] Folglich ändert sich durch eine nachträgliche Entscheidung des Europäischen Gerichtshofs nichts an der Bindungswirkung.

a) Berichtigung von anderen Verstößen gegen Unionsrecht als offenbare Unrichtigkeit

Deshalb ist an dieser Stelle über eine Durchbrechung der materiellen Rechtskraft 540 nachzudenken. Eine solche Durchbrechung der materiellen Rechtskraft zur Beseitigung von Verstößen gegen Unionsrecht durch eine Berichtigung von offenbaren Unrichtigkeiten nach § 107 FGO scheidet aber aus. Bei einem Verstoß gegen

763 EuGH, Urt. v. 27.3.1980, Rs. 61/79 – *Denkavit italiana*, Slg. 1980, 1205 Rn. 16; ders., Urt. v. 15.9.1998, Rs. C-231/96 – *Edis*, Slg. 1998, I-4979 Rn. 15.

Unionsrecht handelt sich – wie schon mehrfach herausgestellt wurde – nicht um einen Schreibfehler, einen Rechenfehler oder eine andere offenbare Unrichtigkeit. Rechtsfehler, die zu Verstößen gegen Unionsrecht führen, zählen gerade nicht zu den von § 107 FGO erfassten Unrichtigkeiten.[764]

b) Bindung der Finanzbehörden an ein finanzgerichtliches Urteil bei anderen Verstößen gegen Unionsrecht

541 Die materielle Rechtskraft eines finanzgerichtlichen Urteils ist daher, obschon dieses Urteil gegen Unionsrecht verstößt, in einem nachfolgenden Korrekturverfahren von der Finanzbehörde zu beachten. Die Bindung der Finanzbehörden besteht demzufolge unverändert fort. Diese Folge des § 110 Abs. 2 FGO ist unionsrechtlich nicht zu beanstanden. Sofern die rechtliche Würdigung, welche den Verstoß gegen Unionsrecht enthält, vom Entscheidungsgegenstand umfasst ist, darf dieser Verstoß nicht in einem nachfolgenden Korrekturverfahren beseitigt werden. Dies gilt selbst dann, wenn der Bundesfinanzhof eine Vorlage an den Europäischen Gerichtshof unterlässt und dadurch seiner Vorlagepflicht aus Art. 267 Abs. 3 AEUV nicht nachkommt.[765] Denn auch in diesem Fall ist der Grundsatz der Rechtssicherheit höher einzuschätzen als die Unionsrechtskonformität. Im deutschen Recht wäre der Fall vergleichbar, in dem es in einem Gerichtsverfahren nicht zu einer konkreten Normenkontrolle i. S. d. Art. 100 GG kommt. Stellt sich hier im Anschluss an das Urteil die Verfassungswidrigkeit einer dabei angewendeten Norm heraus, bleibt es ebenfalls bei der materiellen Rechtskraft der gerichtlichen Entscheidung. Genauso verhält es sich bei Verstößen gegen Unionsrecht, auch wenn eine Vorlagepflicht bestanden hätte. Der Steuerpflichtige ist insoweit nämlich nicht schutzlos gestellt, da es durch den Verstoß gegen die Vorlagepflicht – soweit es um die Verletzung subjektiver Rechte geht, die aus dem primären oder sekundären Unionsrecht folgen – zu einem unionsrechtlichen Staatshaftungsanspruch kommen kann, dessen Voraussetzungen im Einzelfall zu prüfen wären. Sofern der Verstoß gegen Unionsrecht hingegen nicht zum Entscheidungsgegenstand des finanzgerichtlichen Urteils gehört, ist eine Durchbrechung der materiellen Bestandskraft des Steuerverwaltungsakts im Rahmen der hierzu bereits dargestellten Möglichkeiten gegeben (Rn. 438 f.).

---

764 BFH, Beschl. v. 22.8.1995, I B 171/94, BFH/NV 1996, 161 (162); *Ratschow*, in: Gräber, FGO, 2015, § 107 FGO Rn. 5.

765 BFH, Beschl. v. 9.6.2010, X B 41/10, BFH/NV 2010, 1783 Rn. 3; *Bartone*, in: Kühn/v. Wedelstädt, AO/FGO, 2015, Vor §§ 172–177 AO Rn. 20; a. A.: *Schmahl/Köber*, EuZW 2010, 927 (928).

c) *Bindung der Finanzgerichte an ein finanzgerichtliches Urteil bei anderen Verstößen gegen Unionsrecht*

Schließlich führt die Bindungswirkung bei Verstößen gegen Unionsrecht in gleichem Maße dazu, dass bei Identität des Entscheidungsgegenstands jedes nachfolgende finanzgerichtliche Verfahren bereits unzulässig ist (Rn. 264). Gehört also der Verstoß gegen Unionsrecht zum Entscheidungsgegenstand, ist ein Finanzgericht in einem nachfolgenden Verfahren hieran gebunden. 542

Übersieht ein Finanzgericht einmal diese Bindungswirkung, so liegt, trotzdem es sich um die Beseitigung eines Verstoßes gegen Unionsrecht handelt, ein schwerer Verfahrensfehler vor, der eine Wiederaufnahme des Verfahrens nach § 134 FGO i. V. m. § 580 Nr. 7 Buchst. a) ZPO rechtfertigt (Rn. 264). Die Verletzung der materiellen Rechtskraft ist hierbei als schwerwiegender zu werten als die Beseitigung des Verstoßes gegen Unionsrecht, selbst wenn die Wiederaufnahme des Verfahrens dazu führen würde, dass der Verstoß wiederhergestellt wird. Ein anderes Ergebnis würde eine Besserstellung des Steuerpflichtigen bedeuten, die unionsrechtlich eben nicht gefordert ist.[766] 543

4. *Zwischenergebnis*

Nach alledem ist festzuhalten, dass zwischen der materiellen Rechtskraft von finanzgerichtlichen Urteilen, die andere Verstöße gegen Unionsrecht als solche gegen das Beihilfeverbot enthalten, und der materiellen Rechtskraft von solchen Urteilen, die gegen deutsches Recht verstoßen, keine nennenswerten Unterschiede bestehen. 544

III. Im Besonderen: Die Rechtskraft von finanzgerichtlichen Urteilen bei Verstößen gegen das Beihilfeverbot

Die vorangegangenen Abschnitte beschäftigten sich mit der formellen und materiellen Rechtskraft von finanzgerichtlichen Entscheidungen, die *andere Verstöße gegen Unionsrecht als solche gegen das Beihilfeverbot* enthielten. Im nun folgenden Abschnitt soll es abschließend um die Rechtskraft finanzgerichtlicher Entscheidungen bei *Verstößen gegen das Verbot staatlicher Beihilfen* aus Art. 107 AEUV gehen. Im Rahmen der Untersuchung der *Bestandskraft von Steuerverwaltungsakten* wurde gezeigt, dass *Verstöße gegen das Beihilfeverbot* bis zur zeitlichen Grenze von zehn Jahren (nahezu) ausnahmslos zu einer Durchbrechung der materiellen Bestandskraft führen. Hintergrund war, dass Art. 16 Abs. 3 der VO (EU) Nr. 2015/1589 erkennbar vom Vorhandensein einer nationalen Verfahrensregelung ausgeht, welche die Rückforderung einer unter Verstoß gegen das Beihilfeverbot gewährten Steuervergünstigung vorsieht (Rn. 501). Bei *allgemeinen* 545

766 Vgl. BFH, Urt. v. 16.9.2010, V R 57/09, BStBl. II 2011, 151 Rn. 31.

Steuerverwaltungsakten fand sich diese Regelung in § 130 AO (Rn. 502). Für *Steuerbescheide* ergab sich aus den §§ 172 ff. AO keine einschlägige Regelung, so dass hier ein Verstoß gegen das Effektivitätsgebot festzustellen war. Nach der hier vertretenen Auffassung führt der Vorrang des Unionsrechts in diesem Fall dazu, dass § 172 Abs. 1 Satz 1 Nr. 2 Buchst. d) AO keine Anwendung findet, so dass eine Korrektur des beihilfewidrigen Steuerbescheids ebenfalls auf § 130 AO gestützt werden kann (Rn. 503). An dieser Stelle stellt sich nunmehr die Frage, ob die *Rechtskraft einer finanzgerichtlichen Entscheidung* der Korrektur eines allgemeinen Steuerverwaltungsakts oder eines Steuerbescheids bei Verstößen gegen das Beihilfeverbot entgegenstehen kann.

546 Zugleich soll aber auch der Fall untersucht werden, in dem einem Steuerpflichtigen eine Steuervergünstigung nicht gewährt wurde und dieser Steuerpflichtige hiergegen erfolglos den Finanzrechtsweg beschritten hat. Kommt es anschließend dazu, dass entweder die Kommission die Vereinbarkeit der Beihilfe mit dem Unionsrecht feststellt oder diese Feststellung durch eine Entscheidung des Gerichts der Europäischen Union oder eine Entscheidung des Europäischen Gerichtshofs erfolgt, stellt sich ebenfalls die Frage, ob die Rechtskraft der finanzgerichtlichen Entscheidung nunmehr die Gewährung der Steuervergünstigung ausschließt.

1. Die formelle Rechtskraft von finanzgerichtlichen Urteilen bei Verstößen gegen das Beihilfeverbot

547 Zuerst ist dabei wieder die *formelle Rechtskraft* von finanzgerichtlichen Urteilen bei Verstößen gegen das Beihilfeverbot ins Auge zu fassen, bevor es anschließend um die materielle Rechtskraft gehen wird. Hinsichtlich der formellen Rechtskraft von finanzgerichtlichen Urteilen, die gegen das Beihilfeverbot verstoßen, gilt zunächst das Gleiche wie für finanzgerichtliche Urteile, die andere Verstöße gegen Unionsrecht enthalten (Rn. 509 ff.). Die Rechtsmittelfrist ist angemessen und stellt keinen Verstoß gegen das Effektivitätsgebot dar. Auch führt ein Verstoß gegen das Beihilfeverbot nicht per se zur Anwendung der sog. Emmott´schen Fristenhemmung. Deren Grundsätze kommen nur bei treuwidrigem Verhalten in eng begrenzten Ausnahmefällen zum Tragen.

a) Wiedereinsetzung in den vorigen Stand bei Verstößen gegen das Beihilfeverbot

548 Sodann ist zu untersuchen, ob eine Durchbrechung der formellen Rechtskraft bei Verstößen gegen das Beihilfeverbot durch eine Wiedereinsetzung in den vorigen Stand nach § 56 FGO erfolgen kann. Verstöße gegen das Beihilfeverbot stellen Rechtsanwendungsfehler dar. Hierfür ist in Erinnerung zu rufen, dass ein Rechtsirrtum bei der Anwendung des § 56 FGO in aller Regel unbeachtlich ist, wenn er das materielle Recht betrifft. Denn es ist – dies sei noch einmal wiederholt – nicht Aufgabe der Wiedereinsetzungsvorschriften, derartige Fehlbeurteilungen

auszugleichen.[767] Für Verstöße gegen das Beihilfeverbot gilt damit im Rahmen der Frage einer Wiedereinsetzung in den vorigen Stand nichts anderes als bei anderen Verstößen gegen Unionsrecht (Rn. 513 f.). Eine Durchbrechung der formellen Rechtskraft durch Wiedereinsetzung in den vorigen Stand scheidet daher auch bei Verstößen gegen das Beihilfeverbot im Regelfall aus.

b) Wiederaufnahme des Verfahrens bei Verstößen gegen das Beihilfeverbot

Daran schließt sich wiederum die Frage an, ob eine Durchbrechung der formellen Rechtskraft durch eine Wiederaufnahme des Verfahrens bei *Verstößen gegen das Beihilfeverbot* in Betracht kommt. Für *andere Verstöße gegen Unionsrecht* wurde bereits gezeigt, dass der Äquivalenzgrundsatz nicht dazu zwingt, den Rechtsgedanken des § 79 Abs. 1 BVerfGG entsprechend auf Entscheidungen des Gerichts der Europäischen Union bzw. Entscheidungen des Europäischen Gerichtshofs anzuwenden (Rn. 515 f.). Finanzgerichtliche Urteile fallen nämlich unter § 79 Abs. 2 Sätze 1 und 2 BVerfGG, der keine Wiederaufnahme des Verfahrens vorsieht, sondern lediglich die Vollstreckung ausschließt. Das Unionsrecht gebietet die Gleichbehandlung von Rechtsbehelfen, die einen Verstoß gegen deutsches Recht zum Gegenstand haben, und solchen Rechtsbehelfen, mit denen einen Verstoß gegen Unionsrecht geltend gemacht wird, aber nur innerhalb der gleichen Prozessordnung. Es ist demgegenüber nicht erforderlich, dass nach dem Meistbegünstigungsprinzip von Möglichkeiten anderer Prozessordnungen Gebrauch gemacht wird.[768] 549

Gegenstand der Untersuchung war ebenfalls bereits die Frage, ob der Äquivalenzgrundsatz es erfordert, dass hinsichtlich der Wiederaufnahme eines Verfahrens nach § 134 FGO i. V. m. § 580 Nr. 8 ZPO Entscheidungen des *Europäischen Gerichtshofs für Menschenrechte* und Entscheidungen des *Gerichtshofs der Europäischen Union* gleichbehandelt werden müssen (Rn. 523 ff.). Diese Frage wurde für die Fälle, in denen die Entscheidung des Europäischen Gerichtshofs bzw. des Gerichts der Europäischen Union im Rahmen einer Nichtigkeitsklage nach Art. 263 AEUV ergangen ist, bisher offengelassen. Denn im Bereich des Steuerrechts spielt dieses Verfahren nur bei Kommissionsentscheidungen über die Vereinbarkeit oder Unvereinbarkeit einer Steuervergünstigung mit dem Beihilfeverbot aus Art. 107 AEUV eine Rolle. Hierbei muss nunmehr im Folgenden zum einen danach unterschieden werden, ob es sich um eine *neue Beihilfe* oder eine *rechtswidrige Beihilfe* handelt, und zum anderen muss danach differenziert werden, ob der Steuerpflichtige oder 550

767 BFH, Beschl. v. 24.11.1970, II B 42/70, BStBl. II 1971, 110 (112); *Stapperfend*, in: Gräber, FGO, 2015, § 56 FGO Rn. 20.

768 Vgl. *Schneider*, EuR 2017, 433 (449), die allerdings eine analoge Anwendung des § 79 Abs. 1 BVerfGG für geboten erachtet, wenn es um die Wiederaufnahme des Verfahrens gegen ein rechtskräftiges Strafurteil geht, das auf einer Norm beruht, die mit dem Unionsrecht unvereinbar ist.

ein Dritter gegen die Kommissionsentscheidung vorgeht. „Neue Beihilfen" sind nach Art. 1 Buchst. c) der VO (EU) 2015/1589 alle Beihilfen, also Beihilferegelungen und Einzelbeihilfen, die keine bestehenden Beihilfen sind. „Bestehende Beihilfen" sind – dies sei in Erinnerung gerufen – nach Art. 1 Buchst. b) der VO (EU) 2015/1589 solche,

- die bereits vor Inkrafttreten des Vertrags über die Arbeitsweise der Europäischen Union bzw. seiner Vorgängerverträge in dem entsprechenden Mitgliedstaat eingeführt wurden,
- genehmigte oder als genehmigt geltende Beihilfen sowie
- Beihilfen, die zum Zeitpunkt, zu dem sie eingeführt wurden, keine Beihilfen waren und später aufgrund der Entwicklung des Binnenmarkts zu Beihilfen wurden, ohne dass sie eine Änderung durch den betreffenden Mitgliedstaat erfahren haben.

Bei neuen Beihilfen handelt es sich also typischerweise um solche, deren Einführung beabsichtigt und für die ein Notifizierungsverfahren durchgeführt wird. Demgegenüber sind „rechtswidrige Beihilfen" – wie bereits dargestellt – nach Art. 1 Buchst. f) der VO (EU) 2015/1589 solche Beihilfen, die unter Verstoß gegen die Notifizierungspflicht und das Durchführungsverbot des Art. 108 Abs. 3 AEUV eingeführt werden.

aa) Wiederaufnahme des Verfahrens bei neuen Beihilfen

551 Als Erstes soll nun die Möglichkeit der Wiederaufnahme des Verfahrens bei *neuen Beihilfen* untersucht werden. Handelt es sich um eine neue Beihilfe, welche die Kommission in ihrer Entscheidung als verbotene Beihilfe i. S. d. Art. 107 Abs. 1 AEUV einordnet, so kann der Steuerpflichtige gegen die Kommissionsentscheidung mit einer Nichtigkeitsklage gemäß Art. 263 AEUV vorgehen. Aufgrund des in Art. 108 Abs. 3 Satz 3 AEUV enthaltenen Durchführungsverbot dürfte Deutschland die fragliche Steuervergünstigung bis dahin nicht gewährt haben. Wäre gegenüber dem Steuerpflichtigen deshalb schon ein Steuerverwaltungsakt erlassen worden, in dem ihm die fragliche Steuervergünstigung nicht gewährt wurde, so hätte er diesen Steuerverwaltungsakt mit Rechtsbehelf anfechten müssen. Ein entsprechender Einspruch hätte nach § 363 AO ausgesetzt oder ruhend gestellt werden können. Gegen eine negative Einspruchsentscheidung hätte der Steuerpflichtige Klage erheben müssen. Auch hier hätte das Verfahren nach § 74 FGO ausgesetzt und die Entscheidung des Gerichts der Europäischen Union oder die Entscheidung des Europäischen Gerichtshofs abgewartet werden können. Nach § 121 Satz 1 i. V. m. § 74 FGO wäre ein solches Vorgehen auch im Revisionsverfahren möglich. Ein formell rechtskräftiges Urteil wäre daher in einer solchen Konstellation nur vorstellbar, wenn sowohl die Finanzbehörde als auch das Finanzgericht und der Bundesfinanzhof die Entscheidung des Gerichts der Europäischen Union bzw. die Entscheidung des Europäischen Gerichtshofs nicht hätten abwarten wollen. In dieser Situation ist nun

zu überlegen, ob eine Wiederaufnahme des Verfahrens nach § 134 FGO i. V. m. § 580 Nr. 8 ZPO in Betracht kommt, weil der Äquivalenzgrundsatz dazu zwingt, Entscheidungen des Europäischen Gerichtshofs für Menschenrechte und Entscheidungen des Europäischen Gerichts gleich zu behandeln. Hierbei ist in Erinnerung zu rufen, dass, soweit für ein nationales Gericht nach den anwendbaren innerstaatlichen Verfahrensvorschriften unter bestimmten Voraussetzungen die Möglichkeit besteht, eine rechtskräftig gewordene Entscheidung rückgängig zu machen, um die Situation mit dem nationalen Recht in Einklang zu bringen, dieselbe Möglichkeit bestehen muss, um die Vereinbarkeit mit dem Unionsrecht (wieder-) herzustellen.[769] Hierzu wurde oben bereits herausgearbeitet, dass eine Individualbeschwerde vor dem Europäischen Gerichtshof für Menschenrechte nach Art. 34 EMRK mit einer Nichtigkeitsklage des Einzelnen vor dem Europäischen Gerichtshof bzw. dem Gericht der Europäischen Union nach Art. 263 AEUV prinzipiell vergleichbar ist (Rn. 524 ff.). Da das Verfahren vor dem Europäischen Gerichtshof für Menschenrechte eine Ausschöpfung des Rechtswegs voraussetzt, ist es zudem geboten, dass auch bei der Nichtigkeitsklage die Wiederaufnahme des Verfahrens nur möglich ist, wenn der Steuerpflichtige auf nationaler Ebene den Rechtsweg ausgeschöpft hat. Eine Erschöpfung des Rechtswegs wäre gegeben, wenn eine Entscheidung des Bundesfinanzhofs über die Revision oder die Nichtzulassung der Revision vorliegt. Obschon gegen eine Entscheidung des Bundesfinanzhofs eine Verfassungsbeschwerde möglicherweise erfolgversprechend sein könnte, kann deren Erhebung demgegenüber nicht gefordert werden.[770] Denn bei der Verfassungsbeschwerde handelt es sich um einen außerordentlichen Rechtsbehelf, welcher desgleichen nicht Voraussetzung einer Individualverfassungsbeschwerde i. S. d. Art. 34 EMRK ist. Nach alledem kommt in dieser Konstellation eine Wiederaufnahme des Verfahrens in entsprechender Anwendung des § 134 FGO i. V. m. § 580 Nr. 8 ZPO in Betracht. Probleme in Bezug auf einen möglichen absoluten Ausschluss durch Fristablauf können bei dieser Art der Restitutionsklage nicht entstehen. Es sei daran erinnert, dass die Klagen zur Wiederaufnahme des Verfahrens nach § 134 FGO i. V. m. § 586 ZPO grundsätzlich fristgebunden sind (Rn. 243). Sie sind zum einen nach § 586 Abs. 2 Satz 1 ZPO innerhalb einer Notfrist von einem Monat ab dem Tag der Kenntnis des Anfechtungsgrundes, frühestens jedoch ab dem Zeitpunkt der Rechtskraft des finanzgerichtlichen Urteils zu erheben; zum anderen sind sie gemäß § 586 Abs. 2 Satz 2 ZPO prinzipiell unstatthaft, wenn sie nicht innerhalb von fünf Jahren ab dem Tag der Rechtskraft des finanzgerichtlichen Urteils erhoben werden. Hinsichtlich des ersten Fristerfordernisses dürfte es kaum zu Schwierigkeiten kommen, da der Steuerpflichtige die Entscheidung des Gerichts

---

769 Vgl. EuGH, Urt. v. 10.7.2014, Rs.C-213/13 – *Impresa Pizzarotti*, ECLI: EU: C:2014: 2067 Rn. 62; GA *Jääskinen*, Schlussanträge v. 23.4.2015, Rs. C-69/14 – *Târşia*, ECLI: EU: C:2015:269 Rn. 53.

770 So aber: *Schneider*, EuR 2017, 433 (443).

der Europäischen Union oder des Europäischen Gerichtshofs selbst erstritten hat und damit unmittelbar Kenntnis vom Anfechtungsgrund erlangt. Was das zweite Fristerfordernis anbelangt, sieht § 134 FGO i. V. m. § 586 Abs. 4 ZPO vor, dass für Restitutionsklagen nach § 580 Nr. 8 ZPO die absolute Ausschlussfrist nicht anzuwenden ist. Die Klage kann deshalb auch noch nach Ablauf von fünf Jahren ab dem Tag der Rechtskraft des finanzgerichtlichen Urteils erhoben werden.

bb) Wiederaufnahme des Verfahrens bei rechtswidrigen Beihilfen

552 Nach den Fällen der neuen Beihilfen soll es nun um die Wiederaufnahme des Verfahrens bei *rechtswidrigen Beihilfen* gehen. In diesen Fällen müssen wiederum mehrere Konstellationen unterschieden werden.

553 In der ersten Konstellation wurde gegenüber dem Steuerpflichtigen ein Steuerverwaltungsakt erlassen, der eine beihilfewidrige Steuervergünstigung enthält. Hat der Steuerpflichtige aus anderen Gründen gegen diesen Steuerverwaltungsakt Rechtsbehelf eingelegt und anschließend den Finanzrechtsweg beschritten, so käme es hinsichtlich der Rechtskraft i. S. d. § 110 Abs. 1 FGO darauf an, ob die Steuervergünstigung zum Entscheidungsgegenstand gehört hat. Dies dürfte regelmäßig nicht der Fall sein. Dann wäre eine Korrektur des Steuerverwaltungsakts nach den bereits dargestellten Grundsätzen möglich (Rn. 501 ff.). Eine Wiederaufnahme des Verfahrens zur Beseitigung der formellen Rechtskraft ist dafür nicht erforderlich.

554 In der zweiten Konstellation wurde gegenüber dem Steuerpflichtigen ein Steuerverwaltungsakt erlassen, der die beihilfewidrige Steuervergünstigung nicht enthält. Der Steuerpflichtige hat hiergegen erfolglos Einspruch eingelegt und anschließend erfolgreich auf dem Finanzrechtsweg die Anwendung der fraglichen Steuervergünstigung erstritten. Kommt es nach Eintritt der formellen Rechtskraft des finanzgerichtlichen Urteils dazu, dass die Kommission die Unvereinbarkeit der gewährten Steuervergünstigung mit dem Unionsrecht festgestellt, so kann der Steuerpflichtige und/oder der betreffende Mitgliedstaat diese Entscheidung mit einer Nichtigkeitsklage nach Art. 263 AEUV anfechten. Bestätigt das Gericht der Europäischen Union bzw. anschließend der Europäische Gerichtshof die Einschätzung der Kommission, dass es sich um eine verbotene Beihilfe handelt, stellt sich die Frage, ob und wie der Steuerverwaltungsakt, der in der Fassung, die er durch die finanzgerichtliche Entscheidung erhalten hat, einen Verstoß gegen das Beihilfverbot enthält, korrigiert werden kann. Es wurde bereits gezeigt, dass eine deutsche Finanzbehörde – sofern keine besonderen verfahrensrechtlichen Maßnahmen getroffen werden – dazu verpflichtet ist, den unter Verstoß gegen das Verbot staatlicher Beihilfen erlassenen Steuerverwaltungsakt in jedem Fall zu ändern (Rn. 501 ff.). Dem könnte nun die Bindungswirkung des § 110 Abs. 1 FGO entgegenstehen. Denn in dieser Konstellation gehört die Steuervergünstigung zum Entscheidungsgegenstand des finanzgerichtlichen Urteils, da explizit über die Anwendung dieser Regelung gestritten

wurde. Eine Wiederaufnahme des Verfahrens entsprechend § 134 FGO i. V. m. § 580 Nr. 8 ZPO – jetzt auf einen Antrag der Finanzbehörde hin – kommt in diesem Fall nicht Betracht. Denn hier fehlt es an der erforderlichen Vergleichbarkeit der Entscheidung des Gerichts der Europäischen Union bzw. des Europäischen Gerichtshofs mit einer Entscheidung des Europäischen Gerichtshofs für Menschenrechte. Die Vergleichbarkeit würde nämlich voraussetzen, dass der Steuerpflichtige selbst eine Entscheidung zu seinen Gunsten erstreitet (Rn. 525). Die Entscheidung des Gerichts der Europäischen Union bzw. des Europäischen Gerichtshofs ergeht aber im Endeffekt zu seinen Lasten, weil sie den Verstoß gegen das Beihilfeverbot bestätigt. Ob die Bindungswirkung des § 110 Abs. 1 FGO auf anderem Wege einzuschränken ist, kann an dieser Stelle offenbleiben (dazu später Rn. 562 ff.).

In der dritten und letzten Konstellation wurde gegenüber dem Steuerpflichtigen ein Steuerverwaltungsakt erlassen, der die beihilfewidrige Steuervergünstigung enthält. Ein Dritter hat gegen diesen Steuerverwaltungsakt erfolglos Einspruch eingelegt und anschließend den Finanzrechtsweg beschritten mit dem Einwand, dass eine verbotene Beihilfe i. S. d. Art. 107 Abs. 1 AEUV vorliegt. Auch die Klage sowie die anschließende Nichtzulassungsbeschwerde bzw. Revision blieben erfolglos. Sollte es jetzt dazu kommen, dass eine Kommissionsentscheidung die Unvereinbarkeit der Steuervergünstigung mit dem Unionsrecht feststellt oder die Feststellung in einer Entscheidung des Gerichts der Europäischen Union oder Entscheidung des Europäischen Gerichtshofs erfolgt, kommt eine Wiederaufnahme des Verfahrens entsprechend § 134 FGO i. V. m. § 580 Nr. 8 ZPO ebenso wenig in Betracht. Dies muss selbst dann gelten, wenn der Dritte die Kommissionsentscheidung bzw. die Entscheidung des Gerichts der Europäischen Union oder Entscheidung des Europäischen Gerichtshofs selbst erstritten hat. Denn auch hier ist die Konstellation nicht mit der des § 134 FGO i. V. m. § 580 Nr. 8 ZPO vergleichbar. Die Entscheidung des Europäischen Gerichtshofs für Menschenrechte wird durch den Steuerpflichtigen selbst aktiv zu seinen Gunsten erstritten. In der hier behandelten Konstellation wurde die Entscheidung des Gerichts der Europäischen Union oder des Europäischen Gerichtshofs weder vom Steuerpflichtigen selbst erstritten noch ist diese Entscheidung zu seinen Gunsten ausgefallen. Ob in diesem Fall die Bindungswirkung des § 110 Abs. 1 FGO auf anderem Wege eingeschränkt wird, kann an dieser Stelle ebenfalls offenbleiben (dazu später Rn. 562 ff.). 555

cc) Zwischenergebnis

Nach alledem zwingt der Äquivalenzgrundsatz nur in dem Fall einer neuen Beihilfe, bei der der Steuerpflichtige selbst eine Entscheidung des Gerichts der Europäischen Union bzw. eine Entscheidung des Europäischen Gerichtshofs erstreitet, die Wiederaufnahme des Verfahrens entsprechend § 134 FGO i. V. m. § 580 Nr. 8 ZPO zu ermöglichen (Rn. 551). Bei rechtswidrigen Beihilfen findet diese Regelung dem hingegen keine entsprechende Anwendung (Rn. 552 ff.) 556

c) Klagen nach § 826 BGB bei Verstößen gegen das Beihilfeverbot

557 Für die dritte Möglichkeit der Durchbrechung der formellen Rechtskraft von finanzgerichtlichen Urteilen, nämlich für die Klagen nach § 826 BGB, gelten bei *Verstößen gegen das Beihilfeverbot* im Grunde genommen keine Besonderheiten gegenüber Klagen nach § 826 BGB bei *Verstößen gegen andere Vorschriften des Unionsrechts.* Die Klage nach § 826 BGB dürfte desgleichen ohne Bedeutung und ohne Anwendungsbereich sein. Da die Verstöße gegen das Beihilfeverbot durch die Gewährung von Steuervergünstigungen erfolgen und demgemäß ein begünstigender Steuerverwaltungsakt vorliegt, ist es schwer vorstellbar, dass sich ein Steuerpflichtiger selbst gegen die Vollstreckung des Steuerverwaltungsakts wendet.

d) Gegenvorstellungen bei Verstößen gegen das Beihilfeverbot

558 Anders verhält es sich bei der Gegenvorstellung, also der vierten Möglichkeit zur Durchbrechung der formellen Rechtskraft. Deren Existenz wurde bei Verstößen gegen deutsches Recht und bei Verstößen gegen andere Vorschriften des Unionsrechts abgelehnt, da sie nicht den verfassungsrechtlichen Anforderungen an die Rechtsmittelklarheit genügt. Dies sollte jedenfalls gelten, solange das finanzgerichtliche Urteil in materieller Rechtskraft erwächst (Rn. 250, 531). Bei finanzgerichtlichen Urteilen, die gegen das Beihilfeverbot verstoßen, wird sich noch zeigen, dass diese Urteile insoweit nicht in materieller Rechtskraft erwachsen (Rn. 562 ff.). Darum entfällt die bisherige Begründung für die Ablehnung einer Gegenvorstellung. Es erscheint vielmehr sogar geboten, den von einem finanzgerichtlichen Urteil ausgehenden Rechtsschein zu beseitigen, indem dem Finanzgericht zugestanden wird, sein eigenes Urteil aufzuheben bzw. abzuändern. Dazu könnte eine Gegenvorstellung Anlass geben. Allerdings erscheint ein solches Vorgehen nur in Fällen relevant zu werden, in denen ein Dritter gegen die beihilfewidrige Steuervergünstigung vorgegangen ist.

e) Zwischenergebnis

559 Demzufolge lässt sich als Zwischenergebnis festhalten, dass es im möglichen Anwendungsbereich des Beihilfeverbots zur Durchbrechung der formellen Rechtskraft in zwei Fällen kommen kann: Zum einen ist eine Durchbrechung der formellen Rechtskraft durch die Wiederaufnahme des Verfahrens entsprechend § 134 FGO i. V. m. § 580 Nr. 8 ZPO möglich, wenn im Falle einer *neuen Beihilfe* der Steuerpflichtige selbst eine positive Entscheidung des Gerichts der Europäischen Union bzw. eine Entscheidung des Europäischen Gerichtshofs erstreitet (Rn. 556), mithin kein Beihilfeverstoß vorliegt. Zum anderen ist an eine von einem Dritten vorgebrachte Gegenvorstellung zu denken, wenn mittels eines Steuerverwaltungsakts eine *rechtswidrige Beihilfe* gewährt wurde und der Verstoß gegen das Beihilfeverbot durch eine Entscheidung der Kommission, des Gerichts der Europäischen Union oder des Europäischen Gerichtshofs festgestellt wird (Rn. 558).

2. *Die materielle Rechtskraft von finanzgerichtlichen Urteilen bei Verstößen gegen das Beihilfeverbot*

Im Anschluss an die formelle Rechtskraft soll nun die *materielle Rechtskraft* von 560
finanzgerichtlichen Urteilen bei Verstößen gegen das Beihilfeverbot betrachtet werden. Da die formelle Rechtskraft eines finanzgerichtlichen Urteils Voraussetzung seiner materiellen Rechtskraft ist, entfällt die materielle Rechtskraft – nach dem zuvor Behandelten – im Falle eines erfolgreichen Verfahrens zur Wiederaufnahme entsprechend § 134 FGO i. V. m. § 580 Nr. 8 ZPO. Bei der Gegenvorstellung ist es demgegenüber umgekehrt: Nur weil das finanzgerichtliche Urteil – soweit sei vorweggenommen – nicht in materieller Rechtskraft erwächst (Rn. 562 ff.), ist die Gegenvorstellung überhaupt möglich. Da hinsichtlich der subjektiven und objektiven Reichweite der materiellen Rechtskraft keine Unterschiede dahingehend bestehen, ob das finanzgerichtliche Urteil Verstöße gegen das Beihilfeverbot oder gegen andere Bestimmungen des Unionsrechts enthält, kann auf die diesbezüglichen Ausführungen verwiesen werden (Rn. 534 ff.). Die nachstehende Untersuchung kann sich deshalb sogleich auf die Wirkung der materiellen Rechtskraft bei Verstößen gegen das Beihilfeverbot fokussieren.

a) *Berichtigung wegen einer offenbaren Unrichtigkeit bei Verstößen gegen das Beihilfeverbot*

Einleitend kann dabei festgehalten werden, dass die Durchbrechung der mate- 561
riellen Rechtskraft durch eine Berichtigung wegen einer offenbaren Unrichtigkeit auch bei Verstößen gegen das Beihilfeverbot von vornherein ausscheidet. Die Regelung des § 107 FGO greift nicht, da es sich bei einem Verstoß gegen das Beihilfeverbot nicht um einen Schreibfehler, einen Rechtenfehler oder eine sonstige offenbare Unrichtigkeit, sondern um einen Rechtsanwendungsfehler handelt.

b) *Bindung der Finanzbehörden an ein finanzgerichtliches Urteil bei Verstößen gegen das Beihilfeverbot*

Daran schließt sich die Frage, ob die Bindung der Finanzbehörden an ein finanzge- 562
richtliches Urteil bei Verstößen gegen das Beihilfeverbot unverändert fortbesteht oder ob es zur Einschränkung der Bindungswirkung des § 110 Abs. 1 FGO kommt, wenn die Steuervergünstigung zum Entscheidungsgegenstand des finanzgerichtlichen Urteils gehört. Würde es zu keiner Einschränkung kommen, würde die Bindungswirkung nach der in § 110 Abs. 2 FGO enthaltenen Regelung einer Korrektur des Steuerverwaltungsakts grundsätzlich entgegenstehen. Dies würde wiederum einen Widerspruch zu den Vorgaben des Unionsrechts bedeuten, das in Art. 16 Abs. 3 der VO (EU) 2015/1589 eine Korrektur des Steuerverwaltungsakts zwingend gebietet (Rn. 501 ff.).

In diesem Zusammenhang ist zu beachten, dass nach der Rechtsprechung des 563
Europäischen Gerichtshofs die Zuständigkeiten der nationalen Gerichte auf dem

Gebiet der staatlichen Beihilfen begrenzt sind. So kann zwar ein nationales Gericht mit Rechtsstreitigkeiten befasst werden, in denen der Begriff der staatlichen Beihilfe i. S. d. Art. 107 Abs. 1 AEUV auszulegen ist. Dabei wird es aber vornehmlich um die Frage gehen, ob der Mitgliedstaat ein Notifizierungsverfahren i. S. d. Art. 108 Abs. 3 Satz 1 AEUV hätte in Gang setzen müssen, insbesondere ob das Durchführungsverbot des Art. 108 Abs. 3 Satz 3 AEUV hätte beachtet werden müssen.[771] Nationalen Gerichten steht jedoch nicht die Kompetenz zu, über die Vereinbarkeit einer staatlichen Beihilfe mit dem Binnenmarkt zu befinden. Diese Kompetenz steht nach dem Unionsrecht gemäß Art. 108 AEUV ausschließlich der Kommission zu, die wiederum der Kontrolle des Gerichts der Europäischen Union bzw. des Europäischen Gerichtshofs unterliegt.[772] Indem das Finanzgericht eine Steuervergünstigung gewährt, setzt es sich über diese unionsrechtlich vorgesehene Kompetenzverteilung hinweg. Sofern es das Vorliegen einer staatlichen Beihilfe i. S. d. Art. 107 Abs. 1 AEUV übersehen hat, erfolgte diese Kompetenzüberschreitung zumindest implizit.

564 Das finanzgerichtliche Urteil enthält daher einen zweifachen Verstoß gegen Unionsrecht: Zum einen liegt eine fehlerhafte Auslegung des Art. 107 Abs. 1 AEUV vor; zum anderen hat das Finanzgericht seine ihm nach der Unionsrechtsordnung zustehenden Befugnisse in Bezug auf staatliche Beihilfen überschritten. Für diesen zweiten Verstoß sieht das deutsche Prozessrecht – zum jetzigen Zeitpunkt der Untersuchung – keine Möglichkeit vor, um ihn zu korrigieren. Daraus würde bei einer entsprechenden Übertragung der vom Europäischen Gerichtshof in seiner Rechtsprechung entwickelten Grundsätze folgen, dass die Durchsetzung des Unionsrechts bei Kompetenzüberschreitungen deutscher Finanzgerichte nicht nur übermäßig erschwert, sondern sogar praktisch unmöglich ist. Der Europäische Gerichtshof würde hier zu einem Verstoß gegen das Effektivitätsgebot kommen. Folglich könnte in einem solchen Fall die Bindungswirkung des § 110 Abs. 1 FGO einer Korrektur des beihilfewidrigen Steuerverwaltungsakts nicht entgegenstehen.[773]

---

771 EuGH, Urt. v. 22.03.1977, Rs. 78/76 – *Steinike & Weinlig*, Slg. 1977, 595 Rn. 14; ders., Urt. v. 21.11.1991, Rs. 354/90 – *Fédération nationale du commerce extérieur des produits alimentaires u. a.*, Slg. 1991, I-5523 Rn. 10; vgl. auch: *Kremer*, EuR 2007, 470 (489).

772 EuGH, Urt. v. 22.03.1977, Rs. 78/76 – *Steinike & Weinlig*, Slg. 1977, 595 Rn. 9; ders., Urt. v. 11.7.1996, Rs. C-39/94 – *SFEI u. a.*, Slg. 1996, I-3577 Rn. 42; *Schmahl/Köber*, EuZW 2010, 927 (929).

773 Im Ergebnis vergleichbar: EuGH, Urt. v. 18.7.2007, Rs. C-119/05 – *Lucchini*, Slg. 2007, I-6228 Rn. 63, in der es um die Rückforderung einer verbotenen Beihilfe nach italienischem Recht ging. Im Jahr 1985 reichte die Firma *Lucchini* bei den zuständigen Behörden einen Antrag für die finanzielle Unterstützung bei der Modernisierung bestimmter Anlagen der Eisen- und Stahlindustrie ein. Die zuständigen Behörden meldeten daraufhin das Vorhaben, der Firma *Lucchini* eine Beihilfe zu gewähren, bei der Kommission an. Letztere sah weiteren Aufklärungsbedarf, welchem die

Auch wenn dem Ergebnis, dass die eine Korrektur des beihilfewidrigen Steuerverwaltungsakts ausschließende materielle Rechtskraft eines finanzgerichtlichen Urteils gegen das Effektivitätsgebot verstößt, zuzustimmen ist, vermag die dafür gegebene Begründung des Europäischen Gerichtshofs nicht zu überzeugen. Es ist daran zu erinnern, dass es sich im Steuerrecht um einen Fall des indirekten Vollzugs von Unionsrecht handelt (Rn. 270). Das Rechtsverhältnis, in dem sich der Vollzug abspielt, besteht zwischen dem Steuerpflichtigen und der Finanzbehörde und im Falle des Steuerprozessrechts zudem dem Finanzgericht. Nach dem Grundsatz der Verfahrensautonomie steht es den Mitgliedstaaten zu, die Ausgestaltung des Verfahrens zu regeln, was bekanntermaßen durch den Äquivalenzgrundsatz und das Effektivitätsgebot beschränkt wird. Nach dem Letztgenannten soll die Durchsetzung der aus der Unionsrechtsordnung verliehenen Rechte nicht praktisch unmöglich oder übermäßig erschwert werden. Der Europäische Gerichtshof stellt nun auf eine Durchsetzung der sich aus den Vorschriften über die Kompetenzverteilung ergebenden Rechte der Kommission ab. Die Kommission ist allerdings gar nicht am Besteuerungsverfahren beteiligt. Angesichts des gleichfalls im Unionsrecht geltenden Grundsatzes der Rechtssicherheit und des Vertrauensschutzes erscheint es zudem hier zweifelhaft, eine Verletzung der Regelungen über 565

italienischen Behörden jedoch nicht nachkamen. Stattdessen bewilligten die Behörden der Firma *Lucchini* im Jahr 1988 vorläufig die Beihilfe, wobei eine Auszahlung jedoch vorerst nicht erfolgte. Die endgültige Gewährung der Beihilfe wurde von der Zustimmung der Kommission abhängig gemacht. Im Jahr 1990 stellte die Kommission die Unvereinbarkeit der Beihilfe mit dem Unionsrecht fest. Zwischenzeitlich hatte die Firma *Lucchini* Klage gegen die zuständigen Behörden auf Auszahlung der gewährten Beihilfe erhoben. Das erstinstanzliche Gericht gab – trotz der Negativentscheidung der Kommission – der Klage im Jahr 1991 statt. Die hiergegen eingelegte Berufung blieb im Jahr 1994 ebenfalls ohne Erfolg. Eine Kassationsbeschwerde wurde von Seiten der zuständigen Behörden nicht eingelegt. Die Entscheidung der Berufungsinstanz erwuchs damit Anfang des Jahres 1995 in Rechtskraft. Im Jahr 1996 kam es schließlich zur Auszahlung der Beihilfe. Nachdem die Kommission von diesem Sachverhalt Kenntnis erlangt hat, forderte sie die italienischen Behörden zur Rückforderung der gewährten Beihilfen auf. Die Behörden kamen dieser Aufforderung nach und widerriefen die gewährte Beihilfe. Gegen diesen Widerruf sowie die Rückforderung erhob die Firma *Lucchini* wiederum Klage. Das erstinstanzliche Gericht gab dieser Klage mit der Begründung statt, dass den verwaltungsrechtlichen Befugnissen zum Widerruf der Gewährung der Beihilfe in diesem Fall die rechtskräftige Entscheidung der Berufungsinstanz entgegenstehe. Im Rahmen der hiergegen gerichteten Berufungsverfahren legte das italienische Berufungsgericht die Sache dem Europäischen Gerichtshof zur Vorabentscheidung vor. Der Europäische Gerichtshof kam zu dem Ergebnis, dass die Rechtskraft in diesem Fall einem Widerruf nicht entgegenstehen könne, soweit dadurch die Rückforderung einer unter Verstoß gegen Unionsrecht gewährten staatlichen Beihilfe behindert würde, deren Unvereinbarkeit mit dem Unionsrecht durch eine bestandskräftig gewordene Kommissionsentscheidung festgestellt worden ist.

die Kompetenzverteilung zu Lasten des Steuerpflichtigen gehen lassen. Erstaunlicherweise stellt der Europäische Gerichtshof dieses Argument bei der Frage der Bestandskraft von beihilfewidrigen Steuerverwaltungsakten, bei denen es um die Kompetenzverteilung zwischen Finanzbehörden und Kommission geht, nicht in den Vordergrund. Es erscheint daher vorzugswürdig, gleichermaßen wie bei der Frage der Bestandskraft beihilfewidriger Steuerverwaltungsakte auf Art. 16 Abs. 3 der VO (EU) 2015/1589 abzustellen. Aus der Norm ergibt sich die Verpflichtung der Mitgliedstaaten, eine rechtswidrige Beihilfe zurückzufordern. Da die Vorschrift in ihrem Wortlaut keinerlei Einschränkungen enthält, gilt diese Verpflichtung ebenso im Falle einer materiell rechtskräftigen Gerichtsentscheidung. Indem die Einschränkung der materiellen Rechtskraft auf Art. 16 Abs. 3 der VO (EU) 2015/1589 zurückgeführt wird, bietet sich zudem der Vorteil, den Grundsatz der Rechtssicherheit in das Steuerrechtsverhältnis einfließen zu lassen. Die Verletzung der Kompetenzverletzung besteht zeitlich unbegrenzt fort. In letzter Konsequenz könnte das dazu führen, dass niemals materielle Rechtskraft eintreten kann. Eine Rückforderung der rechtswidrigen Beihilfen ist hingegen zeitlich begrenzt. Art. 17 Abs. 1 der VO (EU) 2015/1589 sieht eine Frist von zehn Jahren vor. Der Ablauf dieser Frist stellt dann den Zeitpunkt dar, in dem das finanzgerichtliche Urteil auch im Falle eines Verstoßes gegen das Beihilfeverbot in materieller Rechtskraft erwachsen kann. Dieser Zeitpunkt würde übereinstimmen mit dem Eintritt der materiellen Bestandskraft. Nach alledem können finanzgerichtliche Urteile, die gegen das Beihilfeverbot verstoßen, insoweit zunächst nicht in materieller Rechtskraft erwachsen. Eine Finanzbehörde darf – auch nachdem ein finanzgerichtliches Urteil ergangen ist – einen Steuerverwaltungsakt, mit dem eine rechtswidrige Beihilfe gewährt wurde, korrigieren.

c) Bindung der Finanzgerichte an ein finanzgerichtliches Urteil bei Verstößen gegen das Beihilfeverbot

566 Die Bindungswirkung nach § 110 Abs. 1 FGO entfällt nicht nur gegenüber Finanzbehörden. Auch andere Finanzgerichte sind in diesem Fall nicht an das finanzgerichtliche Urteil gebunden. Die Bindungswirkung gegenüber anderen Finanzgerichten kann nämlich insgesamt nicht stärker sein als gegenüber Finanzbehörden.

567 Sieht sich ein Finanzgericht in einem Fall irrigerweise an ein vorangegangenes finanzgerichtliches Urteil, das gegen das Beihilfeverbot verstößt, gebunden, so setzt sich der Beihilfeverstoß im anschließenden Urteil fort mit der Folge, dass auch diesem Urteil keine Bindungswirkung i. S. d. § 110 Abs. 1 FGO zukommen kann.

3. Zwischenergebnis

568 Nach alledem ist festzuhalten, dass es hinsichtlich der formellen und materiellen Rechtskraft von finanzgerichtlichen Urteilen bei *Verstößen gegen das Beihilfeverbot* zu einigen Besonderheiten kommt. Dabei müssen zwei Konstellationen unterschieden werden: In der ersten Konstellation wurde einem Steuerpflichtigen

eine Steuervergünstigung verwehrt, weil diese von der Kommission als verbotene Beihilfe eingestuft wurde. Hat der Steuerpflichtige gegen den Steuerverwaltungsakt erfolglos den Finanzrechtsweg beschritten und zugleich gegen die Kommissionsentscheidung erfolgreich eine Nichtigkeitsklage nach Art. 263 Abs. 4 AEUV erhoben, dann kommt es zur Durchbrechung der formellen Bestandskraft des finanzgerichtlichen Urteils, indem der Steuerpflichtige eine Wiederaufnahme des Verfahren entsprechend § 134 FGO i. V. m. § 580 Nr. 8 ZPO beantragt (Rn. 554). § 580 Nr. 8 ZPO, der ausweislich seines Wortlauts nur für Entscheidungen des Europäischen Gerichtshofs für Menschenrechte gilt, muss aufgrund des unionsrechtlichen Äquivalenzgrundsatzes auch dann Anwendung finden, wenn der Steuerpflichtige selbst eine Entscheidung des Gerichts der Europäischen Union oder des Europäischen Gerichtshofs erstreitet. Abgesehen von dieser Fallkonstellation steht die formelle und materielle Rechtskraft einer finanzgerichtlichen Entscheidung nach § 110 Abs. 1 FGO der Korrektur eines Steuerverwaltungsakts, mit der die begehrte Steuervergünstigung nicht gewährt wurde, entgegen, soweit die Steuervergünstigung zum Entscheidungsgegenstand gehört hat.

In der zweiten Konstellation wurde ein Steuerverwaltungsakt erlassen, der eine 569
gegen das Beihilfeverbot verstoßende Steuervergünstigung enthielt. Die materielle Rechtskraft einer diesen Steuerverwaltungsakt bestätigenden finanzgerichtlichen Entscheidung steht in diesem Fall der Korrektur des allgemeinen Steuerverwaltungsakts oder des Steuerbescheid nach § 130 AO nicht entgegen (Rn. 564 f.). Dies erfordert nach der hier vertretenen Ansicht – wie bei der Bestandskraft von beihilfewidrigen Steuerverwaltungsakten – Art. 16 Abs. 3 der VO (EU) 2015/1589, der zwingend eine Rückforderung rechtswidriger Beihilfen vorschreibt. In dieser Konstellation kann auch eine Gegenvorstellung mit dem Ziel der Beseitigung des von dem finanzgerichtlichen Urteil ausgehenden Rechtsscheins erfolgen.

4. Teil: Zusammenfassung der wesentlichen Ergebnisse

Die vorliegende Untersuchung verfolgte das überordnete Ziel, ein systematisches und umfassendes System der Rechtsbeständigkeit von Steuerverwaltungsakten und finanzgerichtlichen Urteilen bei Verstößen gegen Unionsrecht zu erarbeiten (Rn. 15). Um dieses Ziel zu erreichen, wurde in einem ersten Schritt das System der Rechtsbeständigkeit von Steuerverwaltungsakten und finanzgerichtlichen Urteilen bei Verstößen gegen deutsches Recht dargestellt, bevor im sich anschließenden zweiten Schritt untersucht wurde, ob und welche Änderungen dieses System bei Verstößen gegen Unionsrecht erfährt. Diese Vorgehensweise wurde gewählt, weil die Grundlegung der Vorschriften über die Rechtsbeständigkeit von Steuerverwaltungsakten und finanzgerichtlichen Urteilen mit der Reichsabgabenordnung 1919 zu einer Zeit erfolgte, zu welcher der spätere Einfluss des Unionsrechts auf das deutsche Steuerrecht noch nicht absehbar war (Rn. 1). Die dabei gewonnen Erkenntnisse lassen sich nun wie folgt zusammenfassen: 570

I. Der erste Schritt der Untersuchung hat gezeigt, dass die Rechtsbeständigkeit von Steuerverwaltungsakten und finanzgerichtlichen Urteilen im deutschen Rechtskreis ein historisch gewachsenes und austariertes System darstellt, das den divergierenden verfassungsrechtlichen Vorgaben zu optimaler Wirksamkeit verhilft. Aufgrund der Heterogenität dieser verfassungsrechtlichen Vorgaben, aufgrund der unterschiedlichen Art des Zustandekommens von Steuerverwaltungsakten auf der einen Seite und finanzgerichtlichen Urteilen auf der anderen Seite und aufgrund des abweichenden Grads ihrer Rechtsbeständigkeit ist es nach wie vor berechtigt, begrifflich zwischen Bestandskraft und Rechtskraft zu trennen (Rn. 28 f., 38). 571

1. Die *Bestandskraft* bezeichnet dabei die Rechtsbeständigkeit von Steuerverwaltungsakten. Hinsichtlich der Bestandskraft wird gemeinhin zwischen der formellen Bestandskraft als verfahrensrechtlicher Komponente (Rn. 34) und der materiellen Bestandskraft als inhaltlicher Komponente (Rn. 35) unterschieden. 572

a) Damit ein Steuerverwaltungsakt in Bestandskraft erwachsen kann, bedarf es zunächst jedoch seiner *Wirksamkeit* (Rn. 32). Nach § 124 Abs. 1 AO wird ein Steuerverwaltungsakt grundsätzlich mit seiner Bekanntgabe wirksam (Rn. 137). Eine Ausnahme besteht dann, wenn der Steuerverwaltungsakt an einem schwerwiegenden Fehler leidet, der nach §§ 124 Abs. 3, 125 AO zu seiner Nichtigkeit führt (Rn. 142). 573

b) Darauf aufbauend tritt die *formelle Bestandskraft* eines Steuerverwaltungsakts mit seiner Unanfechtbarkeit ein (Rn. 34). Dass die Abgabenordnung mit dem Einspruch ein verwaltungsinternes Überprüfungsverfahren vorsieht, ist – nach der hier vertretenen Ansicht – Ausfluss der materiellen Grundrechte (Rn. 103). Eine Gewährleistung des Grundrechtsschutzes kann nämlich aufgrund der Komplexität 574 des Steuerrechts und des anfallenden Arbeitsaufwandes nicht allein durch die Finanzgerichte erfolgen. Dass dem Steuerpflichtigen des Weiteren eine gerichtliche Überprüfungsmöglichkeit zustehen muss, lässt sich Art. 19 Abs. 4 GG und Art. 92 GG entnehmen (Rn. 98 f.). Die zeitliche Beschränkung dieser Möglichkeiten durch Einspruchs- und Klagefrist ist Ausfluss der Gewährleistung eines effektiven Verwaltungsverfahrens aus Art. 20 Abs. 3, Art. 83 ff. GG (Rn. 102) sowie der Effektivität des Rechtsschutzes aus Art. 19 Abs. 4 GG (Rn. 100).

575 Die einfachgesetzlichen Regelungen zur formellen Bestandskraft von Steuerverwaltungsakten finden sich zum einen in den Regelungen über den Einspruch gemäß §§ 347 ff. AO, zum anderen in der Finanzgerichtsordnung, wenn ein Einspruch nach § 348 AO nicht statthaft ist. Da die Regelungen für *alle Steuerverwaltungsakte* gelten, wurde die in der Reichsabgabenordnung 1919 noch vorgesehene Zweiteilung des Rechtsbehelfsverfahrens, bei der zwischen *allgemeinen Steuerverwaltungsakten* und *Steuerbescheiden* differenziert wurde (Rn. 79 ff.), aufgegeben. Die seinerzeit existierenden Regelungen über die Anfechtung von allgemeinen Steuerverwaltungsakten würden heutzutage nämlich gegen die Rechtsweggarantie des Art. 19 Abs. 4 GG verstoßen, weil diese Regelungen für allgemeine Steuerverwaltungsakte keine grundsätzliche gerichtliche Überprüfungsmöglichkeit vorsahen (Rn. 89). Die bedeutendsten Fälle, in denen heute die formelle Bestandskraft eintreten kann, sind die Fälle des Ablaufs der in § 355 AO bestimmten Einspruchsfrist bzw. der in § 47 FGO geregelten Klagefrist, ohne dass ein entsprechender Rechtsbehelf fristgerecht eingelegt wurde. Beide Fristen betragen jeweils einen Monat (Rn. 145 f.). Eine *Durchbrechung der formellen Bestandskraft* kann nur durch eine Wiedereinsetzung in den vorigen Stand gemäß § 110 AO oder § 56 FGO erfolgen (Rn. 149).

576 c) Die *materielle Bestandskraft* eines Steuerverwaltungsakts bezeichnet die von ihm ausgehende allseitige Bindungswirkung für die Finanzbehörde, den Steuerpflichtigen und etwaige Drittbetroffene (Rn. 46). Sie dient der Rechtssicherheit sowie dem Schutz des Vertrauens des Steuerpflichtigen (Rn. 109 ff.) und sichert die Gleichmäßigkeit der Besteuerung (Rn. 113). Ihr Eintritt ist mit dem Eintritt der formellen Bestandskraft verbunden (Rn. 35).

577 Die Korrekturvorschriften stellen – nach der hier vertretenen Ansicht – Fälle der *Durchbrechung der materiellen Bestandskraft* von Steuerverwaltungsakten dar (Rn. 40 ff.). Hierbei hat der Gesetzgeber andere verfassungsrechtliche Vorgaben als vorzugswürdig erachtet, zu denen z. B. die Gesetzmäßigkeit der Besteuerung (Rn. 115) oder die Gewährleistung eines effektiven Verwaltungsverfahrens aus Art. 20 Abs. 2, Art. 83 ff. GG (Rn. 121) gehören. Der Gesetzgeber hat bei der Abwägung der divergierenden verfassungsrechtlichen Vorgaben einen weitreichenden Gestaltungsspielraum, der nur durch das Untermaßverbot begrenzt ist (Rn. 119). Schon zu Zeiten der Reichsabgabenordnung 1919 wurde bei den Regelungen zur Durchbrechung der materiellen Bestandskraft zwischen der Korrektur von *allgemeinen Steuerverwaltungsakten* und der Korrektur von *Steuerbescheiden* unterschieden (Rn. 67 f.). Steuerbescheide wiesen im Vergleich zu allgemeinen Steuerverwaltungsakten nach der Reichsabgabenordnung 1919 einen höheren

Grad an Rechtsbeständigkeit auf, weil das ihrem Erlass vorangehende Verfahren durch die Einbeziehung von Steuerausschüssen so strukturiert war, dass es eine erschöpfende Sachverhaltsaufklärung und inhaltliche Richtigkeit der Steuerbescheide gewährleisten sollte (Rn. 69 f.) Auch wenn das Verfahren, das heutzutage dem Erlass eines Steuerbescheids vorangeht, z. B. durch das Fehlen von Steuerausschüssen und den Einsatz automationsgestützter Risikomanagementsysteme, deutlich vom dem Verfahren nach der Reichsabgabenordnung 1919 abweicht, so ist es dennoch gerechtfertigt, wenn die Abgabenordnung an der Zweiteilung der Korrekturvorschriften festhält (Rn. 152 ff.). Die Rechtfertigung ergibt sich mittlerweile aus dem Umstand, dass das dem Erlass eines Steuerbescheids vorangehende Verfahren nunmehr eine möglichst gleichmäßige Besteuerung der Steuerpflichtigen im Gesamtvollzug gewährleistet (Rn. 162). Dazu wird dem einzelnen Steuerpflichtigen ein Vertrauensvorschuss gewährt, der sich auf die Richtigkeit und Vollständigkeit seiner Angaben in der Steuererklärung bezieht (Vertrauensvorschussprinzip). Dieser Vertrauensvorschuss wird durch das Verifikationsprinzip ergänzt, welches eine Plausibilitätskontrolle und eine Stichprobenkontrolle umfasst (Rn. 160 f.). Bei der EDV-unterstützten Steuerfestsetzung wird nun der Amtsträger der Finanzbehörde von einem Risikomanagementsystem unterstützt (Rn. 159), so dass insgesamt sichergestellt ist, dass bei der Verifikation der Angaben des Steuerpflichtigen die gleichen Kriterien wie bei anderen Steuerpflichtigen angewendet werden. Dadurch ist gewährleistet, trotzdem es sich beim Besteuerungsverfahren um ein Massenverfahren handelt, dass eine möglichst gleichmäßige Besteuerung erfolgt. Diese Gewährleistungsfunktion setzt sich im Korrekturverfahren fort und führt somit zu einer erhöhten materiellen Bestandskraft von Steuerbescheiden im Vergleich zu allgemeinen Steuerverwaltungsakten. Für deren Erlass ist nämlich kein derart strukturiertes Ermittlungsverfahren vorgeschrieben.

Das in der Abgabenordnung einfachgesetzlich geregelte System zur Durch- 578
brechung der materiellen Bestandskraft stellt sich dabei wie folgt dar: Für *alle Steuerverwaltungsakte* ermöglicht § 129 AO eine Korrektur zur Beseitigung von Schreibfehlern, Rechenfehlern oder ähnlichen offenbaren Unrichtigkeiten (Rn. 165 ff.). Darüber hinaus gelten für *allgemeine Steuerverwaltungsakte* die den §§ 48, 49 VwVfG nachgebildeten §§ 130, 131 AO, welche eine Rücknahme bzw. einen Widerruf ermöglichen (Rn. 168). Die Rücknahme kann dabei auch zur Beseitigung von Rechtsfehlern erfolgen (Rn. 169). Dahingegen finden für *Steuerbescheide* über den § 129 AO hinaus nur die §§ 172 ff. AO Anwendung (Rn. 176 ff.). Dies gilt – nach der hier vertretenen Ansicht – selbst in dem Fall, in dem es sich um einen ausschließlich automationsgestützt erlassenen Steuerbescheid handelt, da hier lediglich die manuelle Freigabe durch einen Amtsträger durch das vollautomatisierte Risikomanagementsystem ersetzt wird und so zumindest dieselbe Gewähr für die Gleichmäßigkeit der Besteuerung im Gesamtvollzug besteht (Rn. 163 f.). Der Anwendungsbereich der §§ 172 ff. AO ist nur eröffnet, soweit der Steuerbescheid nicht unter dem Vorbehalt der Nachprüfung i. S. d. § 164 Abs. 1 AO steht und nicht vorläufig i. S. v. § 165 Abs. 1 AO ist sowie noch keine Festsetzungsverjährung nach §§ 169 ff. AO eingetreten ist (Rn. 178 ff.). Erst danach

ist zu prüfen, ob eine Korrekturvorschrift gemäß §§ 172 ff. AO einschlägig ist (Rn. 189 ff.). Eine direkte Korrektur von Rechtsanwendungsfehlern ist bei Verbrauchsteuerbescheiden nach § 172 Abs. 1 Satz 1 Nr. 1 AO ohne weitere Voraussetzung möglich (Rn. 191 ff.). Bei anderen Steuerbescheiden erlaubt § 172 Abs 1 Satz 1 Nr. 2 Buchst. a) AO eine direkte Korrektur von Rechtsanwendungsfehlern, wenn der Steuerpflichtige zustimmt oder seinem Antrag der Sache nach entsprochen wird; dies gilt zugunsten des Steuerpflichtigen jedoch nur, wenn der Antrag oder die Zustimmung innerhalb der Rechtsbehelfsfrist erfolgt (Rn. 194 ff.). Ansonsten ist eine Korrektur von Rechtsanwendungsfehlern bei anderen Steuerbescheiden nur möglich, wenn nach § 172 Abs. 1 Satz 1 Nr. 2 Buchst. b) AO eine unzuständige Behörde den Steuerbescheid erlassen hat (Rn. 197 ff.) oder wenn nach § 172 Abs. 1 Satz 1 Nr. 2 Buchst. c) AO der Steuerbescheid durch unlautere Mittel erwirkt wurde (Rn. 200 ff.). Die übrigen Fälle der §§ 172 ff. AO betreffen vornehmlich Sachverhaltsfehler und sind dadurch bedingt, dass sich der dem Steuerpflichtigen gewährte Vertrauensvorschuss insoweit als unzutreffend erweist bzw. der Finanzbehörde der falsche Sachverhalt bekannt war (Rn. 203 ff.). Greift eine Korrekturnorm der §§ 172 ff. AO ein, ist abschließend über eine Begrenzung der dadurch eröffneten Korrekturmöglichkeit aus Gründen des Vertrauensschutzes nach § 176 AO (Rn. 227 f.) oder wegen der Berichtigung anderer materieller Fehler i. S. d. § 177 AO (Rn. 229 f.) nachzudenken.

579 2. Die *Rechtskraft* meint begrifflich die Rechtsbeständigkeit von finanzgerichtlichen Urteilen. Wie bei der Bestandskraft wird dabei allgemein zwischen der verfahrensrechtlichen Komponente der formellen Rechtskraft (Rn. 48) und der inhaltlichen Komponente der materiellen Rechtskraft (Rn. 49) unterschieden.

580 a) Die *formelle Rechtskraft* eines finanzgerichtlichen Urteils tritt – wie die formelle Bestandskraft – mit der Unanfechtbarkeit des Urteils ein (Rn. 48). Die einfachgesetzliche Bestimmung findet sich hierzu in § 155 Satz 1 FGO i. V. m. § 705 ZPO. Formelle Rechtskraft ist insbesondere gegeben, wenn gegen das Urteil eines Finanzgerichts nicht innerhalb von einem Monat nach § 120 Abs. 1 Satz 2 FGO Revision oder – sofern die Revision nicht zugelassen wurde – nach § 116 Abs. 1 und Abs. 2 Satz 1 FGO Nichtzulassungsbeschwerde eingelegt wurde (Rn. 237). Die zu beachtenden Rechtsmittelfristen dienen dabei der Effektivität des Rechtsschutzes aus Art. 19 Abs. 4 GG und der Rechtssicherheit (Rn. 126). Der fachgerichtliche Instanzenzug sichert insoweit die Effektivität des verfassungsgerichtlichen Rechtsschutzes (Rn. 125). Ansonsten verlangen Art. 19 Abs. 4 GG und Art. 92 GG nur, dass überhaupt die Möglichkeit einer gerichtlichen Entscheidung eröffnet ist (Rn. 123). Ergeht ein Urteil des Bundesfinanzhofs, ist dieses von vornherein nicht anfechtbar, mithin formell rechtskräftig (Rn. 237).

581 Eine *Durchbrechung der formellen Rechtskraft* einer finanzgerichtlichen Entscheidung kann wiederum durch eine Wiedereinsetzung in den vorigen Stand gemäß § 121 i. V. m. § 56 FGO erfolgen (Rn. 240 f.). Darüber hinaus kann eine Durchbrechung durch eine Wiederaufnahme des Verfahrens nach § 134 FGO i. V. m. §§ 579 ff. ZPO erfolgen (Rn. 242 ff.). Bei schwerwiegenden Verfahrensfehlern kann dabei eine Wiederaufnahme mittels einer Nichtigkeitsklage gemäß § 134

FGO i. V. m. § 579 ZPO angestrebt werden (Rn. 245 f.); eine Restitutionsklage i. S. d. § 134 FGO i. V. m. § 580 ZPO schafft hingegen eine Wiederaufnahmemöglichkeit bei bestimmten inhaltlichen Mängeln (Rn. 247 f.). Kaum von Bedeutung sind demgegenüber die Fälle einer Durchbrechung der formellen Rechtskraft durch eine auf § 826 BGB gestützte Klage (Rn. 249). Eine Gegenvorstellung gibt bei Verstößen gegen deutsches Recht keine Möglichkeit zur Durchbrechung der formellen Rechtskraft (Rn. 250).

b) Die *materielle Rechtskraft* bezeichnet die inhaltliche Bindungswirkung in 582
persönlicher, sachlicher und zeitlicher Hinsicht (Rn. 49). Diese Bindungswirkung ist bei finanzgerichtlichen Urteilen ist unabhängig von der angefochtenen Maßnahme, also ob Gegenstand des Verfahrens ein allgemeiner Steuerverwaltungsakt oder ein Steuerbescheid ist (Rn. 251). Sie tritt mit der formellen Rechtskraft ein und ist von deren Bestand abhängig. Die materielle Rechtskraft ist nach § 110 Abs. 1 FGO auf den Entscheidungsgegenstand begrenzt (Rn. 254 ff.). Außerhalb des Entscheidungsgegenstands gelten die normalen Regeln zur Bestandskraft von Steuerverwaltungsakten (Rn. 263). Eine *Durchbrechung der materiellen Rechtskraft* ist nur zur Berichtigung von Schreibfehlern, Rechenfehlern und anderen offenbaren Unrichtigkeiten gemäß § 107 Abs. 1 FGO zulässig (Rn. 261). Im Vergleich zur materiellen Bestandskraft von Steuerverwaltungsakten ist ein materiell rechtskräftiges finanzgerichtliches Urteil damit deutlich rechtsbeständiger, was im deutschen Recht durchaus den verfassungsrechtlichen Vorgaben der Rechtssicherheit und der Effektivität des Rechtsschutzes aus Art. 19 Abs. 4 GG entspricht (Rn. 129 ff.).

II. Die Grundlinien dieses im ersten Schritt herausgearbeiteten Systems der 583
Bestandskraft von Steuerverwaltungsakten und der Rechtskraft von finanzgerichtlichen Urteilen gelten nun auch bei den im zweiten Schritt zu untersuchenden *Verstößen gegen Unionsrecht.* Als solche kommen aus dem Bereich des Primärrechts vor allem die sich regelmäßig zuungunsten des Steuerpflichtigen auswirkenden Verstöße gegen die Grundfreiheiten (Rn. 278 ff.), das allgemeine Diskriminierungsverbot (Rn. 287 ff.) und die EU-Grundrechte (Rn. 302 ff.) in Betracht. Zugunsten des Steuerpflichtigen wirken sich dem hingegen Verstöße gegen das Beihilfeverbot aus, welche insbesondere durch die Anwendung einer gesetzlichen Bestimmung, die eine Steuervergünstigung gewährt, erfolgen können (Rn. 291 ff.). Verstöße gegen sekundäres Unionsrecht, insbesondere gegen die Mehrwertsteuersystem-Richtlinie, ziehen wiederum mehrheitlich eine für den Steuerpflichtigen nachteilige Folge nach sich, wobei auch der entgegengesetzte Fall denkbar ist (Rn. 306 ff.).

Enthält nun ein Steuerverwaltungsakt oder ein finanzgerichtliches Urteil einen 584
der genannten Verstöße gegen Unionsrecht, ist es entsprechend dem Grundsatz der Verfahrensautonomie der Mitgliedstaaten Sache eines jeden Mitgliedstaats, die Verfahrensmodalitäten zu regeln, welche den Schutz der aus der Unionsrechtsordnung erwachsenen Rechte gewährleisten sollen (Rn. 320 ff., 507). Diese weitreichende Autonomie wird lediglich durch den Äquivalenzgrundsatz und das Effektivitätsgebot beschränkt. Der Äquivalenzgrundsatz gebietet es, eine nationale Verfahrensregelung in gleicher Weise für Sachverhalte, bei denen die Verletzung des Unionsrechts erfolgte, wie auch für Sachverhalte, bei denen ein Verstoß gegen

innerstaatliches Rechts vorliegt, anzuwenden (Rn. 322). Demgegenüber verlangt der Effektivitätsgrundsatz, dass die Ausübung der durch die Unionsrechtsordnung verliehenen Rechte nicht praktisch unmöglich oder übermäßig erschwert wird (Rn. 323). Dazu kommt es – nach der hier vertretenen Ansicht – darauf an, ob die Rechtsbeständigkeit des Steuerverwaltungsakts oder des finanzgerichtlichen Urteils unerträglich ist, weil – aus unionsrechtlicher Sicht – bedeutende Rechtsnormen verletzt wurden. Die weitgehende Zurückhaltung des Unionsrechts erklärt sich daraus, dass das Unionsrecht in Art. 2 EUV auf dem Gedanken aufbaut, dass die Rechtsstaatlichkeit sowohl der Europäischen Union als auch den Mitgliedstaaten gemeinsam ist, folglich bei der Ausgestaltung des nationalen Verfahrensrecht bereits Prinzipien wie Rechtssicherheit, Vertrauensschutz oder Gesetzmäßigkeit beachtet wurden (Rn. 324). Diese Vorgaben gelten uneingeschränkt für alle Verstöße gegen Unionsrecht mit Ausnahme der Verstöße gegen das Beihilfeverbot. Denn für diese Verstöße enthält VO (EU) Nr. 2015/1589 spezielle unionsrechtliche Vorgaben hinsichtlich der Ausgestaltung des nationalen Verfahrensrechts (Rn. 325 ff.). Dazu gehört nach Art. 16 Abs. 3 der VO (EU) Nr. 2015/1589, dass das nationale Verfahrensrecht eine Rechtsgrundlage für die Rückforderung rechtswidriger Beihilfen vorsehen muss. Aus diesem Grund ist zwischen der Rechtsbeständigkeit bei *Verstößen gegen das Beihilfeverbot* und bei *anderen Verstößen gegen Unionsrecht* zu differenzieren.

585 1. Nach dem Grundsatz der Verfahrensautonomie der Mitgliedstaaten sind die Vorschriften über die *Bestandskraft von Steuerverwaltungsakten* selbst bei Verstößen gegen Unionsrecht der Abgabenordnung und der Finanzgerichtsordnung zu entnehmen (Rn. 320). Es gilt deshalb prinzipiell das gleiche System der Bestandskraft von Steuerverwaltungsakten wie bei Verstößen gegen deutsches Recht.

586 a) Auf die *Wirksamkeit* eines Steuerverwaltungsakts, die Grundvoraussetzung seiner Bestandskraft ist, hat ein *Verstoß gegen eine andere Bestimmung des Unionsrechts als das Beihilfeverbot* zunächst keine Auswirkung (Rn. 331). Etwas anderes ergibt sich auch nicht aufgrund des Vorrangs des Unionsrechts (Rn. 332 ff.). Dieser hat nicht zur Folge, dass der Steuerverwaltungsakt nicht angewendet wird. Die Entscheidung des Europäischen Gerichtshofs in der Rs. *Ciola* betraf insoweit einen Sonderfall, so dass die darin enthaltenen Grundsätze nicht verallgemeinerungsfähig sind. Darüber hinaus ist eine Nichtigkeit aufgrund des Verstoßes gegen anderes Unionsrecht nur bei besonders schwerwiegenden, offenkundigen Fehlern anzunehmen (Rn. 336 ff.). Das Vorliegen eines solchen besonders schwerwiegenden Fehlers kann dabei nicht bereits aus dem Umstand hergeleitet werden, dass § 79 Abs. 2 Satz 1 BVerfGG die Nichtigkeit in bestimmten Fällen für Verstöße gegen deutsches Verfassungsrecht ausschließt, für das höherrangige Unionsrecht eine entsprechende Regelung fehlt. Es bedarf stattdessen einer Prüfung im Einzelfall. Die zudem erforderliche Offenkundigkeit dürfte in der Regel abzulehnen sein, wenn sich der Verstoß gegen Unionsrecht erst nachträglich aus einer Entscheidung des Europäischen Gerichtshofs ergibt.

587 b) Die *formelle Bestandskraft* eines Steuerverwaltungsakt divergiert bei *Verstößen gegen anderes Unionsrecht* nur in absoluten Ausnahmefällen von der formellen

Bestandskraft bei Verstößen gegen deutsches Recht. So machen die deutschen Rechtsbehelfsfristen von jeweils einem Monat eine Beseitigung des Verstoßes gegen anderes Unionsrecht nicht praktisch unmöglich und erschweren diese Durchsetzung nicht übermäßig; folglich liegt kein Verstoß gegen das Effektivitätsgebot vor (Rn. 345). Es besteht zudem kein Grund für eine generelle Anlaufhemmung bei Verstößen gegen anderes Unionsrecht (Rn. 346 f.). Schließlich vermögen Verstöße gegen anderes Unionsrecht, da es sich um Rechtsirrtümer handelt, gleichfalls keine Durchbrechung der formellen Bestandskraft durch eine Wiedereinsetzung in den vorigen Stand zu begründen (Rn. 353 ff.). Der absolute Ausnahmefall, in dem ein Verstoß gegen anderes Unionsrecht einen Einfluss auf die formelle Bestandskraft hat, ist gegeben, wenn aufgrund der sog. Emmott´schen Fristenhemmung die Rechtsbehelfsfrist nicht abläuft (Rn. 348 ff.). Dafür ist erstens ein treuwidriges Verhalten der Finanzbehörde erforderlich und zweitens muss der Verstoß auf der fehlerhaften Umsetzung einer Richtlinie in nationales Recht bestehen.

c) Tritt die formelle Bestandskraft auch im Falle eines *Verstoßes gegen eine* 588
andere Bestimmung des Unionsrechts als das Beihilfeverbot ein, geht damit zugleich der Eintritt der *materiellen Bestandskraft* einher (Rn. 357). Ob es in diesem Fall zu einer *Durchbrechung der materiellen Bestandskraft* kommt, beurteilt sich nach den gleichen Korrekturvorschriften wie bei Verstößen gegen deutsches Recht. Eine Korrektur nach § 129 AO, dessen Anwendung bei *allen Steuerverwaltungsakten* zulässig wäre, scheidet aus, da nach dieser Vorschrift eine Korrektur von Rechtsanwendungsfehlern nicht zulässig ist (Rn. 362). Bei *allgemeinen Steuerverwaltungsakten* gelten §§ 130, 131 AO, welche eine Korrektur von Rechtsanwendungsfehlern und demgemäß von Verstößen gegen Unionsrecht ermöglichen. Hierbei sind für die Korrektur von begünstigenden Steuerverwaltungsakten die aus Gründen des Vertrauensschutzes erfolgten tatbestandsmäßigen Beschränkungen in § 130 Abs. 2 und Abs. 3 AO und § 131 Abs. 2 AO anzuwenden (Rn. 367 ff.; 373). Im Übrigen steht die Entscheidung über die Korrektur des allgemeinen Steuerverwaltungsakts grundsätzlich im Ermessen der Finanzbehörde (Rn. 366; 372). Die vom Europäischen Gerichtshof in der Rs. *Alcan* zu § 48 VwVfG aufgestellten Grundsätze sind in einem solchen Fall – nach der hier vertretenen Ansicht – bei einer Rücknahme nach § 130 Abs. 1 AO nicht einschlägig, da diese nur für Verstöße gegen das Beihilfeverbot entwickelt wurden (Rn. 368, 370). Eine Ermessensreduktion auf Null ist bei § 130 Abs. 1 AO jedoch anzunehmen, wenn die vom Europäischen Gerichtshof in der Rs. *Kühne & Heitz* entwickelten Grundsätze gegeben sind (Rn. 366). Für die Korrektur von *Steuerbescheiden* gilt – auch bei Verstößen gegen Unionsrecht – das Korrektursystem der §§ 172 ff. AO, und zwar sogar für ausschließlich automationsgestützt erlassene Steuerbescheide (Rn. 376 ff.). Dessen Anwendungsbereich ist also wiederum eröffnet, soweit der Steuerbescheid weder unter dem Vorbehalt der Nachprüfung steht noch vorläufig ist und wenn noch keine Festsetzungsverjährung eingetreten ist. Steht der Steuerbescheid unter dem Vorbehalt der Nachprüfung i. S. d. § 164 AO, ist eine Korrektur von Verstößen gegen Unionsrecht ohne Weiteres möglich (Rn. 385 ff.). Liegt eine vorläufige Steuerfestsetzung vor, gilt das Gleiche, wenn die Vorläufigkeit aufgenommen wurde, weil der Verstoß

gegen Unionsrecht bei Erlass des Steuerbescheids noch ungewiss war (Rn. 388). Da diese Vorschrift insgesamt dazu dient, massenhaften Rechtsbehelfen vorzubeugen, kann in diesem Fall – nach der hier vertretenen Ansicht – die Verpflichtung zur Korrektur des Steuerbescheids durch eine Ermessensreduktion auf Null mit einer Übertragung der Grundsätze aus der Entscheidung des Europäischen Gerichtshofs in der *Rs. Kühne & Heitz*, die eigentlich eine Erschöpfung des Rechtswegs voraussetzen, begründet werden (Rn. 389). Ist der Anwendungsbereich der §§ 172 ff. AO eröffnet, ist eine Beseitigung von Verstößen gegen anderes Unionsrecht bei Verbrauchsteuerbescheiden direkt über § 172 Abs. 1 Satz 1 Nr. 1 AO zulässig (Rn. 400 f.). Bei anderen Steuerbescheiden ist eine Beseitigung direkt nur im Rahmen einer Anwendung des § 172 Abs. 1 Satz 1 Nr. 2 Buchst. a) AO möglich, also mit Zustimmung oder auf Antrag des Steuerpflichtigen (Rn. 402 ff.). Letztgenanntes ist bei Korrekturen zugunsten des Steuerpflichtigen, d. h. vor allem bei Verstößen gegen die Grundfreiheiten, das allgemeine Diskriminierungsverbot, die EU-Grundrechte und die Mehrwertsteuersystem-Richtlinie nur statthaft, wenn die Zustimmung oder der Antrag innerhalb der Rechtsbehelfsfrist erfolgt ist. Darüber hinaus können Verstöße gegen Unionsrecht beseitigt werden, wenn gemäß § 172 Abs. 1 Satz 1 Nr. 2 Buchst. b) AO die sachlich unzuständige Behörde tätig geworden ist (Rn. 408 f.) oder nach § 172 Abs. 1 Satz 1 Nr. 2 Buchst. c) AO der Steuerbescheid zugleich durch ein unlauteres Mittel erwirkt wurde (Rn. 410 f.). Im Übrigen muss mit dem Verstoß gegen Unionsrecht ein Sachverhaltsfehler oder Ähnliches einher gegangen sein, um zumindest mittelbar zum Eingreifen eines Korrekturtatbestands zu kommen. In einem solchen Fall ist bei Korrekturen nach § 173 Abs. 1 AO und § 175 Abs. 1 Satz 1 Nr. 2 AO, welche bei Verstößen gegen deutsches Recht als ungeschriebenes Tatbestandsmerkmal die Rechtserheblichkeit der neuen Tatsache oder des rückwirkendes Ereignis verlangen, diese teleologische Reduktion bei Verstößen gegen Unionsrecht nicht vorzunehmen (Rn. 415, 424). Ansonsten wäre die Geltendmachung des Unionsrechts in diesen Fällen praktisch unmöglich. Darüber hinaus ist ein grobes Verschulden, dass einen Steuerpflichtigen bei dem nachträglichen Bekanntwerden von Tatsachen bei Korrekturen zu seinen Gunsten nach § 173 Abs. 1 Nr. 2 AO nicht treffen darf, bei Verstößen gegen anderes Unionsrecht im Regelfall abzulehnen (Rn. 416). Im Übrigen bestehen hinsichtlich der Begrenzung der Korrekturmöglichkeiten nach §§ 176, 177 AO keine Besonderheiten (Rn. 430 ff.). Obwohl nach alledem eine Korrektur von Steuerbescheiden bei Verstößen gegen Unionsrecht nur in wenigen Fällen möglich ist, verstößt das Gesamtsystem der §§ 172 ff. AO nicht gegen das Effektivitätsgebot (Rn. 434 ff.). Eine praktische Unmöglichkeit liegt nicht vor, da der Steuerpflichtige seine aus der Unionsrechtsordnung verliehenen Rechte mittels eines Rechtsbehelfs geltend machen kann. Einer weitergehenden Korrekturmöglichkeit bedarf es nach den unionsrechtlichen Vorgaben nicht.

589 d) Bei *Verstößen gegen das Beihilfeverbot* gilt zwar nach dem Grundsatz der Verfahrensautonomie zunächst einmal das gleiche System wie bei Verstößen gegen deutsches Recht und bei Verstößen gegen andere Bestimmungen des Unionsrechts. Es ist jedoch daran zu erinnern, dass hier die VO (EU) Nr. 2015/1589 einige spezielle

Vorgaben für die Ausgestaltung des nationalen Verfahrensrechts enthält (Rn. 440). Die speziellen Vorgaben führen im Vergleich zu anderen Verstößen gegen Unionsrecht allerdings nicht dazu, dass sich etwas an der *Wirksamkeit* (Rn. 441 ff.) oder dem Eintritt der *formellen Bestandskraft* des beihilfewidrigen Steuerverwaltungsakts (Rn. 446) ändert. Mit der formellen Bestandskraft geht gleichermaßen der Eintritt der *materiellen Bestandskraft* einher (Rn. 448). Zur Durchbrechung der materiellen Bestandskraft kann es bei Verstößen gegen das Beihilfeverbot – ebenso wie bei allen anderen Verstößen – nicht über eine Anwendung des § 129 AO kommen, da die Korrektur von Rechtsanwendungsfehlern hiernach ausgeschlossen ist (Rn. 448). Für *allgemeine Steuerverwaltungsakte*, die darüber hinaus nur nach §§ 130, 131 AO korrigiert werden können und die eine Korrektur von Rechtsanwendungsfehlern zulassen, kommt es jetzt bei der Anwendung des § 130 AO zu einigen Besonderheiten (Rn. 449 ff.). Verstöße gegen das Beihilfeverbot wirken sich zugunsten des Steuerpflichtigen aus, so dass eine Korrektur immer zu seinen Lasten erfolgen würde (Rn. 453). Im Falle einer *rechtswidrigen Beihilfe* sind nun – nach der hier vertretenen Ansicht – bei der Korrektur begünstigender Steuerverwaltungsakte die tatbestandsmäßigen Beschränkungen des § 130 Abs. 2 und Abs. 3 AO nicht anzuwenden (Rn. 454 ff.). Ansonsten wäre die Rückforderung, welche nach Art. 16 Abs. 3 der VO (EU) Nr. 2015/1589 zwingend zu erfolgen hat, und zwar nach Art. 17 Abs. 1 der VO (EU) Nr. 2015/1589 rückwirkend für eine Frist von zehn Jahren, praktisch unmöglich, so dass ein Verstoß gegen das Effektivitätsgebot vorliegen würde. Hieraus folgt zudem eine Ermessensreduktion auf Null (Rn. 463). Demgegenüber können die vom Europäischen Gerichtshof in der Rs. *Alcan* entwickelten Grundsätze nur bedingt auf Steuervergünstigungen übertragen werden, da dieser Entscheidung eine Leistungssubvention in beträchtlicher Höhe zugrunde lag, wohingegen es sich bei Steuervergünstigungen typischerweise um Verschonungssubventionen handelt, bei denen der Beihilfecharakter nicht auf der Hand liegt (Rn. 458, 463). Bei der Anwendung von § 131 AO gelten demgegenüber keine Besonderheiten. Verstößt ein *Steuerbescheid* gegen das Beihilfeverbot, ergibt sich bereits bei der Eröffnung des Anwendungsbereichs der §§ 172 ff. AO eine Abweichung zu den Fällen von Verstößen gegen anderes Unionsrecht. Denn aus Art. 17 Abs. 1 der VO (EU) Nr. 2015/1589 ergibt sich, dass die Korrektur eines Steuerbescheids, mit dem eine *rechtswidrige Beihilfe* gewährt wurde, rückwirkend für eine Frist von zehn Jahren zulässig sein muss (Rn. 472). Da die Festsetzungsfrist nach §§ 169 ff. AO im Regelfall kürzer ist, ist diese aufgrund des Vorrangs des Unionsrechts bis zum Ablauf der in Art. 17 Abs. 1 der VO (EU) Nr. 2015/1589 bestimmten Frist nicht anzuwenden. In der Folge ist dann §§ 172 ff. AO selbst keine hinreichende Rechtsgrundlage für die Durchbrechung der materiellen Bestandskraft zu entnehmen, welche bei *rechtswidrigen Beihilfen* aufgrund des Art. 16 Abs. 3 der VO (EU) Nr. 2015/1589 zwingend erforderlich ist (Rn. 491 ff.). Der Vorrang des Unionsrechts erfordert in diesem Fall, dass § 172 Abs. 1 Satz 1 Nr. 2 Buchst. d) AO nicht angewendet wird, so dass eine Korrektur über § 130 AO mit den für allgemeine Steuerverwaltungsakte bereits dargestellten Modifikationen erfolgen kann. Für die

Begrenzung der Korrekturmöglichkeiten nach §§ 176, 177 AO sind bei Verstößen gegen das Beihilfeverbot keine Besonderheiten festzustellen (Rn. 495 ff.).

590 2. Die *Rechtskraft von finanzgerichtlichen Urteilen* bestimmt sich in Fällen von Verstößen gegen Unionsrecht gleicherweise entsprechend dem Grundsatz der Verfahrensautonomie nach der Finanzgerichtsordnung (Rn. 507). Es gilt somit ebenfalls das gleiche System wie bei Verstößen gegen deutsches Recht.

591 a) Die *formelle Rechtskraft* von finanzgerichtlichen Urteilen, die *gegen andere Vorschriften des Unionsrechts als das Beihilfeverbot* verstoßen, weist grundsätzlich keine Besonderheiten auf. Die Rechtsmittelfristen sind angemessen und verstoßen nicht gegen das Effektivitätsgebot (Rn. 510). Die Anwendung der sog. Emmott´schen Fristenhemmung bleibt auf absolute Ausnahmefälle, in denen ein treuwidriges Verhalten der Finanzbehörde und eine fehlerhafte Umsetzung von Richtlinien in nationales Recht vorliegen, beschränkt (Rn. 511). Eine *Durchbrechung der formellen Rechtskraft* durch eine Wiedereinsetzung in den vorigen Stand (Rn. 513 f.) oder ein Wiederaufnahme des Verfahrens (Rn. 515 ff.) scheidet aus. Bei der Wiederaufnahme des Verfahrens kann jedoch festgehalten werden, dass – nach der hier vertretenen Ansicht – prinzipiell eine Möglichkeit zur Wiederaufnahme des Verfahrens in entsprechender Anwendung des § 134 FGO i. V. m. § 580 Nr. 8 ZPO zur Verfügung gestanden hätte (Rn. 523 ff.). Da das deutsche Recht eine Wiederaufnahmemöglichkeit nach Entscheidungen des Europäischen Gerichtshofs für Menschenrechte vorsieht, für Entscheidungen des Gerichtshofs der Europäischen Union eine solche jedoch fehlt, ist es nach dem Äquivalenzgrundsatz geboten, diese Regelung entsprechend anzuwenden. Allerdings scheitert die entsprechende Anwendung bei anderen Verstößen gegen Unionsrecht als das Beihilfeverbot an der erforderlichen Vergleichbarkeit, weil hier der Steuerpflichtige die Entscheidung des Gerichtshofs der Europäischen Union nicht selbst erstreiten kann (Rn. 526 ff.). Des Weiteren wird einer Klage nach § 826 BGB das Rechtsschutzbedürfnis fehlen, da dem Steuerpflichtigen hier entsprechend § 251 Abs. 2 Satz 1 AO i. V. m. § 79 Abs. 2 Satz 2 BVerfGG eine einfachere Möglichkeit zur Abwehr der Vollstreckung zur Verfügung steht (Rn. 529 f.). Eine Gegenvorstellung scheidet mit derselben Begründung wie bei Verstößen gegen deutsches Recht aus (Rn. 531).

592 b) Die *materielle Rechtskraft* von finanzgerichtlichen Urteilen, die *gegen andere Vorschriften des Unionsrechts verstoßen*, weist ebenfalls keine Besonderheiten im Vergleich zu Verstößen gegen deutsches Recht auf. Die materielle Rechtskraft steht nach § 110 Abs. 1 und Abs. 2 FGO einer Korrektur des Steuerverwaltungsakts also entgegen, wenn der Verstoß gegen anderes Unionsrecht zum Entscheidungsgegenstand des finanzgerichtlichen Urteils gehört hat (Rn. 539). Wenn der Verstoß nicht zum Entscheidungsgegenstand gehört hat, ist eine Korrektur des Steuerverwaltungsakts nach den zuvor behandelten Grundsätzen zulässig (Rn. 588).

593 c) Bei *Verstößen gegen das Beihilfeverbot* gilt im Hinblick auf die Rechtskraft zunächst wiederum das gleiche System wie bei Verstößen gegen deutsches Recht und bei Verstößen gegen andere Bestimmungen des Unionsrecht. Es ergeben sich hier jedoch sowohl im Hinblick auf die formelle als auch die materielle Rechtskraft erneut einige Besonderheiten. Bei der *formellen Rechtskraft* von finanzgerichtlichen

Urteilen, bei denen irrtümlich ein Verstoß gegen das Beihilfeverbot angenommen wurde, gibt es nunmehr die Möglichkeit einer *Durchbrechung der formellen Rechtskraft* durch Wiederaufnahme des Verfahrens entsprechend § 134 FGO i. V. m. § 580 Nr. 8 ZPO, sofern im Falle einer *neuen Beihilfe* der Steuerpflichtige selbst mittels einer Nichtigkeitsklage i. S. d. Art. 263 AEUV eine für ihn positive Entscheidung des Gerichts der Europäischen Union oder des Europäischen Gerichtshofs erstreitet (Rn. 550 ff.). Obgleich die Vorschrift nach ihrem Wortlaut nur auf Entscheidungen des Europäischen Gerichtshofs für Menschenrechte anwendbar ist, so gebietet der Äquivalenzgrundsatz in diesem Fall eine entsprechende Anwendung. Darüber hinaus ist bei *rechtswidrigen Beihilfen* eine Durchbrechung der formellen Rechtskraft durch eine Gegenvorstellung möglich, weil das finanzgerichtliche Urteil diesbezüglich nicht in materieller Rechtskraft erwachsen kann (Rn. 558). Die zuletzt genannte Besonderheit der fehlenden *materiellen Rechtskraft* eines finanzgerichtlichen Urteils, das gegen das Beihilfeverbot verstößt, folgt – nach der hier vertretenen Ansicht – erneut aus Art. 16 Abs. 3 der VO (EU) Nr. 2015/1589, der stets eine Rückforderung der rechtswidrigen Beihilfe gebietet (Rn. 562 ff.). Demgegenüber ergibt sich diese Konsequenz nicht – worauf der Europäische Gerichtshof in der Rs. *Lucchini* die fehlende materielle Rechtskraft zurückgeführt hat – aus einem Verstoß gegen die unionsrechtliche Kompetenzverteilung, nach der ausschließlich die Kommission, überwacht durch den Gerichtshof der Europäischen Union, über die Vereinbarkeit einer Beihilfe mit dem Unionsrecht entscheidet. Es ist nämlich nicht eingängig, warum aus dem bloßen Verstoß gegen die Kompetenzverteilung nachteilige Folgen zu Lasten des Steuerpflichtigen abgeleitet werden sollen (Rn. 565).

Literaturverzeichnis

v. Arnauld, Andreas: Rechtssicherheit, Tübingen 2006.

Arndt, Marcus: Rücknahme und Widerruf von Verwaltungsakten – Aufhebung und Änderung von Steuerbescheiden, Berlin 1998.

Baldauf, Sina: Gesetz zur Modernisierung des Besteuerungsverfahrens – Kritische Betrachtung des Regierungsentwurfs, in: DStR 2016, S. 833–839.

Balster, Benedikt/Petereit, Axel: Anrechnung ausländischer Steuern nach dem EuGH-Urteil in der Rechtssache „Manninen“ trotz Bestandskraft!, in: DStR 2004, S. 1985–1995.

Bartone, Roberto: Kommentierungen zu § 169 AO, Vorbemerkungen zu §§ 172–177 AO, § 172, § 173 AO, § 174 AO, § 175 AO, § 176 AO, Vorbemerkungen zur FGO und § 56 FGO, in: Kühn, Rolf/v. Wedelstädt, Alexander (Hrsg.), Abgabenordnung und Finanzgerichtsordnung, 21. Auflage, Stuttgart 2015.

ders.: Kommentierung zu § 351 AO (Kommentierungsstand: November 2013), in: Gosch, Dietmar (Hrsg.), Abgabenordnung – Finanzgerichtsordnung, Band 3: §§ 193–367 AO, Steuerstrafrecht (§§ 369–384 AO), Bonn, Loseblatt, Stand: 140. Ergänzungslieferung, Juli 2018.

Becker, Enno: Reichsabgabenordnung, 5. Auflage, Berlin 1926.

Bergkemper, Winfried: Kommentierung zu § 134 FGO (Kommentierungsstand: August 2015), in: Hübschmann, Walter/Hepp, Ernst/Spitaler, Armin (Begr.), Abgabenordnung – Finanzgerichtsordnung, Band 14: §§ 107–184 FGO, Köln, Loseblatt, Stand: 248. Lieferung, August 2018.

Bernatzik, Edmund: Rechtsprechung und materielle Rechtskraft, Wien 1886.

Beul, Carsten René: Zukunftsperspektiven der Rechtsprechung des EuGH zur Grundrechtecharta und die Auswirkungen auf das Steuerrecht, in: steueranwalt 2017, S. 69–73.

Birk, Dieter: Ein (kritischer) Blick auf das finanzrichterliche Selbstverständnis, in: DStR 2018, S. 1–9.

Birk, Dieter/Desens, Marc/Tappe, Henning: Steuerrecht, 20. Auflage, Heidelberg 2017.

Birk, Dieter/Jahndorf, Christian: Anmerkung zu EuGH, Urt. v. 17.2.2005 – Rs. C-453/02 und C-462/02 – Edith Linneweber und Savvas Akritidis, in: UR 2005, S. 198–201.

Blanke, Hermann-Josef: Vertrauensschutz im deutschen und europäischen Verwaltungsrecht, Tübingen 2000.

Blesinger, Karl: Kommentierung zu § 37 AO, in: Kühn, Rolf/v. Wedelstädt, Alexander (Hrsg.), Abgabenordnung und Finanzgerichtsordnung, 21. Auflage, Stuttgart 2015.

Blumenberg, Jens/Kring, Wulf: Europäisches Beihilferecht und Besteuerung, IFST-Schrift Nr. 473, Berlin 2011.

Brandau, Janina/Neckenich, Lennart/Reich, Daniel/Reimer, Ekkehart: Brennpunkt Beihilferecht: Das deutsche Steuerrecht auf dem Prüfstand, in: BB 2017, S. 1175–1188.

Brandt, Jürgen: Kommentierung zu § 110 FGO (Kommentierungsstand: Juni 2016), in: Gosch, Dietmar (Hrsg.), Abgabenordnung – Finanzgerichtsordnung, Band 5: §§ 80–184 FGO, Bonn, Loseblatt, Stand: 140. Ergänzungslieferung, Juli 2018.

Braun Binder, Nadja: Ausschließlich automationsgestützt erlassene Steuerbescheide und Bekanntgabe durch Bereitstellung zum Datenabruf, in: DStZ 2016, S. 526–535.

Classen, Claus Dieter: Kommentierung zu Art. 92 GG, in: v. Mangoldt, Hermann/Klein, Friedrich/Starck, Christian (Begr.), Kommentar zum Grundgesetz, Band 3: Art. 83–146 GG, 7. Auflage, München 2018.

Cordewener, Axel/Henze, Thomas: EU-Beihilfeverbot und nationale Unternehmensbesteuerung, in: FR 2016, S. 756–760.

Cöster, Thilo: Kommentierungen zu § 164 AO, § 165 AO, § 169 AO und Vorbemerkung zu §§ 347–368 AO, in: Koenig, Ulrich (Hrsg.), Abgabenordnung, 3. Auflage, München 2014.

Deckers, Sebastian/Vieten, Lars: Finanzverwaltung 2.0 – Schlaglichter, Entwicklungslinien und Trends, in: FR 2015, S. 913–921.

Delbrück, Hans Helmuth/Hamacher, Rolfjosef: Meilicke und die Rückwirkung – Zu § 130 AO bei der praktischen Umsetzung des EuGH-Urteils Meilicke, in: IStR 2007, S. 627–631.

Detterbeck, Steffen: Kommentierung zu Art. 92 GG, in: Sachs, Michael (Hrsg.), GG, 8. Auflage, München 2018.

ders.: Streitgegenstand und Entscheidungswirkungen im Öffentlichen Recht, Tübingen 1995.

Dietlein, Johannes: § 123 Grundrechtliche Aspekte des Rechtsschutzes und der Staatshaftung, in: Stern, Klaus (Hrsg.), Das Staatsrecht der Bundesrepublik Deutschland, Band IV: Die einzelnen Grundrechte, 2. Halbband, München 2011, S. 1849–2128.

Dreier, Horst: Kommentierungen zu Vorbemerkungen vor Art. 1 GG und Art. 2 Abs. 1 GG, in: Dreier, Horst (Hrsg.), Grundgesetz, Band I: Präambel, Artikel 1–19, 3. Auflage, Tübingen 2013.

Drüen, Klaus-Dieter: Kommentierung zu § 37 AO (Kommentierungsstand: Januar 2014), in: Tipke, Klaus/Kruse, Heinrich Wilhelm (Begr.), Abgabenordnung – Finanzgerichtsordnung, Band 1: Gesetzestexte, §§ 1–107 AO, Köln, Loseblatt, Stand: 152. Lieferung, Juni 2018.

ders.: Kommentierungen zu Vorbemerkungen zu §§ 169–171 AO (Kommentierungsstand: Oktober 2017) und § 169 (Kommentierungsstand: Oktober 2017), in: Tipke, Klaus/Kruse, Heinrich Wilhelm (Begr.), Abgabenordnung – Finanzgerichtsordnung, Band 2: §§ 108–232 AO, Köln, Loseblatt, Stand: 152. Lieferung, Juni 2018.

Drüen, Klaus-Dieter/Kahler, Björn: Die nationale Steuerhoheit im Prozess der Europäisierung, in: StuW 2005, S. 171–184.

Ehlers, Dirk: Rechtsfragen der Existenz, der Wirksamkeit und der Bestandskraft von Verwaltungsakten, in: Krebs, Walter (Hrsg.), Festschrift für Hans-Uwe Erichsen, Köln/Berlin/München 2004, S. 1–17.

Eicker, Klaus/Ketteler, Thomas: Die verfahrensrechtliche Durchsetzung von Gemeinschaftsrecht im Steuerrecht am Beispiel der Rs. Manninen und die Frage der Durchbrechung der Bestandskraft, in: BB 2005, S. 131–135.

Engel, Dietmar/Hammerschmidt, Lars: Die Bedeutung der Rechtssache Manninen für die deutsche Besteuerungspraxis, in: IStR 2005, S. 405–410.

Englisch, Joachim: Anspruch auf Rücknahme gemeinschaftsrechtswidrig belastender Verwaltungsakte nach Eintritt der Bestandskraft?, in: DV 2008, S. 99–116.

ders.: Das Beihilfenverbot im Steuerrecht, in: Schaumburg, Harald/Englisch, Joachim (Hrsg.), Europäisches Steuerrecht, Köln 2015, S. 411–477.

ders.: § 4 Europäisches Steuerrecht, in: Tipke, Klaus/Lang, Joachim (Begr.), Steuerrecht, 23. Auflage, Köln 2018, S. 149–204.

ders.: § 17 Umsatzsteuer, in: Tipke, Klaus/Lang, Joachim (Begr.), Steuerrecht, 23. Auflage, Köln 2018, S. 975–1076.

Erichsen, Hans-Uwe/Knoke, Ulrich: Bestandskraft von Verwaltungsakten, in: NVwZ 1983, S. 185–192.

Everett, Mary: Der Einfluss der EuGH-Rechtsprechung auf die direkten Steuern, in: DStZ 2006, S. 357–369.

Di Fabio, Udo: Kommentierung zu Art. 2 Abs. 1 GG (Kommentierungsstand: Juli 2001), in: Maunz, Theodor/Dürig, Günter (Begr.), Grundgesetz, Band I: Texte-Art. 5, München, Loseblatt, Stand: 83. Lieferung, April 2018.

Forsthoff, Ernst: Lehrbuch des Verwaltungsrechts, Erster Band: Allgemeiner Teil, 10. Auflage, München 1973.

Frenz, Walter: Anmerkung zu EuGH, Urteil vom 13.1.2004 – C-453/00 – (Kühne & Heitz NV), in: DVBl. 2004, S. 375–376.

Frenz, Walter/Roth, David: Steuer- und Abgabebefreiungen als Beihilfen – Aktuelle Rechtsprechung und Entwicklungen (Energiesteuer), in: DStZ 2006, S. 465–474.

Friedl, Helmut: Auswirkung nicht ordnungsgemäßer Umsetzung der 6. EG-Richtlinie auf Bestandskraft und Festsetzungsfrist bei der Umsatzsteuer, in: UR 1993, S. 114–116.

Friedrich, Katja/Nagler, Jürgen: Bricht EU-Recht die Bestandskraft nach nationalem Verfahrensrecht?, Anmerkung zum BFH-Beschluss I R 83/04 (DStR 2004, 2005) und zum Beitrag von Gosch (DStR 2004, 1988), in: DStR 2005, S. 403–412.

Friedrich, Klaus: Erstattung, Erlaß und Nacherhebung von Zöllen, Steuern und Abgaben, in: Kruse, Heinrich Wilhelm (Hrsg.), Zölle, Verbrauchsteuern, europäisches Marktordnungsrecht, DStJG Band 11, Köln 1988, S. 97–134.

Fritsch, Rainer: Kommentierungen zu § 122 AO, § 124 AO und § 125 AO, in: Koenig, Ulrich (Hrsg.), Abgabenordnung, 3. Auflage, München 2014.

Frotscher, Gerrit: Kommentierungen zu § 174 AO (Kommentierungsstand: März 2015) und § 176 AO (Kommentierungsstand: März 2015), in: Schwarz, Bernhard/Pahlke, Armin (Hrsg.), Abgabenordnung/Finanzgerichtsordnung, Band 2: §§ 93–178a AO, Freiburg, Loseblatt, Stand: 183. Lieferung, August 2018.

Frotscher, Marion: Kommentierungen zu § 124 AO (Kommentierungsstand: Juni 2012), § 125 AO (Kommentierungsstand: November 2012) und § 130 AO (Kommentierungsstand: März 2012), in: Schwarz, Bernhard/Pahlke, Armin (Hrsg.), Abgabenordnung/Finanzgerichtsordnung, Band 2: §§ 93–178a AO, Freiburg, Loseblatt, Stand: 183. Lieferung, August 2018.

Fu, Reiner: Kommentierung zu § 110 AO (Kommentierungsstand: Juni 2010), in: Schwarz, Bernhard/Pahlke, Armin (Hrsg.), Abgabenordnung/Finanzgerichtsordnung, Band 5: Stichwortverzeichnis FGO, §§ 1–160 FGO, Freiburg, Loseblatt, Stand: 183. Lieferung, August 2018.

Geiger, Willi: Gesetz über das Bundesverfassungsgericht, Berlin/Frankfurt am Main 1952.

Geisenberger, Ute: Der Einfluss des Europarechts auf steuerliches Verfahrensrecht, Baden-Baden 2010.

Gosch, Dietmar: Anrechnung ausländischer Steuern nach dem EuGH-Urteil in der Rechtssache „Manninen“ trotz Bestandskraft?, in: DStR 2004, S. 1988–1992.

ders.: EuGH in der Rechtssache „Meilicke II“: Erforderliche Nachweise über die anrechenbare ausländische KSt, in: BFH/PR 2011, S. 338–341.

ders.: Schlussurteil zu den EuGH-Urteilen Meilicke I und Meilicke II: Anrechnung niederländischer und dänischer Körperschaftsteuer auf die Einkommensteuer, in: BFH/PR 2015, S. 266–269.

Goutier, Klaus: Die Änderung von Steuerverwaltungsakten nach der Abgabenordnung 1977, Frankfurt am Main 1983.

Graßhof, Malte: Kommentierung zu § 79 BVerfGG, in: Umbach, Dieter C./Clemens, Thomas/Dollinger, Franz-Wilhelm (Hrsg.), Bundesverfassungsgerichtsgesetz, 2. Auflage, Heidelberg 2005.

v. Groll, Rüdiger: Kommentierungen zu Vorbemerkungen zu §§ 172–177 AO (Kommentierungsstand: November 2016), § 172 AO (Kommentierungsstand: Mai 2017), § 173 AO (Kommentierungsstand: September 2017), § 174 AO

(Kommentierungsstand: April 2014), § 175 AO (Kommentierungsstand: September 2014) und § 176 AO (Kommentierungsstand: Februar 2015), in: Hübschmann, Walter/Hepp, Ernst/Spitaler, Armin (Begr.), Abgabenordnung – Finanzgerichtsordnung, Band 6: §§ 155–192 AO, Köln, Loseblatt, Stand: 248. Lieferung, August 2018.

Große, Thomas: Probleme bei der Geburt von Steuerbescheiden – Über das interne Entstehen und die ordnungsgemäße Bekanntgabe von Steuerbescheiden, in: DStZ 1990, S. 348–354.

Grube, Friederike: Der Einfluss des EU-Beihilfenrechts auf das deutsche Steuerrecht, in: DStZ 2007, S. 371–382.

dies.: Der Einfluss des unionsrechtlichen Beihilfeverbots auf das deutsche Steuerrecht, Frankfurt am Main 2014.

Grzeszick, Bernd: Kommentierung zu Art. 20 GG VII (Kommentierungsstand: November 2006), in: Maunz, Theodor/Dürig, Günter (Begr.), Grundgesetz, Band III: Art. 16–22, München, Loseblatt, Stand: 83. Lieferung, April 2018.

Gundel, Jörg: Keine Durchbrechung nationaler Verfahrensfristen zugunsten von Rechten aus nicht umgesetzten EG-Richtlinien – Zum Ende der „Emmott´schen Fristenhemmung" nach der Fantask-Entscheidung des EuGH, in: NVwZ 1998, S. 910–916.

Güroff, Georg: Kommentierung zu § 124 AO (Kommentierungsstand: November 2014), in: Gosch, Dietmar (Hrsg.), Abgabenordnung – Finanzgerichtsordnung, Band 2: §§ 94–192 AO, Bonn, Loseblatt, Stand: 140. Ergänzungslieferung, Juli 2018.

Haase, Florian: Internationales und Europäisches Steuerrecht, 5. Auflage, Heidelberg 2017.

Habel, Michael/Müller, Sergej: Korrekturvorschriften 2.0 – Einführung des § 173a AO, in: DStR 2016, S. 2791–2794.

Hahn, Hartmut: § 8a KStG und gemeinschaftsrechtlicher Erstattungsanspruch – zugleich ein Beitrag zur Dogmatik des § 37 Abs. 2 AO im Kontext des Europarechts -, in: DStZ 2004, S. 489–497.

ders.: § 175 Abs. 2 AO n. F. und das EuGH-Urteil in der Rechtssache Manninen – ein Lehrstück darüber, wie man es nicht macht, in: IStR 2005, S. 145–150.

Hahn, Hartmut/Suhrbier-Hahn, Ute: Einwirkungen des Europarechts auf die Abgabenordnung – untersucht am Beispiel der Rückforderung von Investitionszulagen –, in: DStZ 2002 S. 632–640.

Haltern, Ulrich: Europarecht, Band I: Entwicklung, Institutionen, Prozesse, 3. Auflage, Tübingen 2017.

Hamacher, Rolfjosef/Hahne, Klaus: Aspekte der Anrechnung von Körperschaftsteuern auf ausländische Dividendenerträge, in: DB 2004, S. 2386–2389.

Hatje, Armin: Kommentierung zu Art. 4 EUV, in: Schwarze, Jürgen (Hrsg.), EU-Kommentar, 3. Auflage, Baden-Baden 2012.

Haunhorst, Sabine: Risikomanagement in der Finanzverwaltung – ein Fall für die Finanzgerichte?, in: DStR 2016, S. 2105–2110.

Hein, Werner: Überlegungen zur Entstehung des steuerrechtlichen Erstattungsanspruchs, in: DStR 1990, S. 301–306.

Heintzen, Markus: Das gemeinsame Konzept von Bund und Ländern zur Modernisierung des Besteuerungsverfahrens, in: DÖV 2015, S. 780–787.

Hensel, Albert: Steuerrecht, 3. Auflage, Berlin 1933.

Hering, Wolfgang: Die Berichtigung offenbarer Unrichtigkeiten im Steuerbescheid, in: DStZ 1984, S. 220–228.

Hesse, Konrad: Grundzüge des Verfassungsrechts der Bundesrepublik Deutschland, 20. Auflage, Heidelberg 1995.

Heuermann, Bernd: Kommentierungen zu § 164 AO (Kommentierungsstand: März 2013) und § 165 AO (Kommentierungsstand: Juni 2018), in: Hübschmann, Walter/Hepp, Ernst/Spitaler, Armin (Begr.), Abgabenordnung – Finanzgerichtsordnung, Band 6: §§ 155–192 AO, Köln, Loseblatt, Stand: 248. Lieferung, August 2018.

Heun, Werner: Kommentierung zu Art. 3 GG, in: Dreier, Horst (Hrsg.), Grundgesetz, Band I: Präambel, Artikel 1–19, 3. Auflage, Tübingen 2013.

Hillgruber, Christian: Kommentierung zu Art. 92 GG (Kommentierungsstand: Dezember 2007), in: Maunz, Theodor/Dürig, Günter (Begr.), Grundgesetz, Band VI: Art. 86–106a, München, Loseblatt, Stand: 83. Lieferung, April 2018.

Hofmann, Hans: Kommentierungen zu Art. 19 GG und Art. 20 GG, in: Schmidt-Bleibtreu, Bruno/Hofmann, Hans/Henneke, Hans-Günter (Hrsg.), Kommentar zum Grundgesetz, 14. Auflage, Köln 2018.

Holz, Bertram: Zur materiellen Bestandskraft von Steuerverwaltungsakten, insbesondere von Steuerbescheiden, einschließlich der Korrekturvorschriften der §§ 130, 131 und 172–177 AO, Ulm 1993.

Hölzle, Gerrit: Europarecht und Steuerrecht, Grundlagen des Europarechts und direkte Steuern in der Rechtsprechung des EuGH, in: SteuerStud 2007, S. 80–90.

Hopfauf, Axel: Kommentierung zu Art. 92 GG, in: Schmidt-Bleibtreu, Bruno/Hofmann, Hans/Henneke, Hans-Günter (Hrsg.), Kommentar zum Grundgesetz, 14. Auflage, Köln 2018.

Huber, Peter Michael: Kommentierung zu Art. 19 Abs. 4 GG; in: v. Mangoldt, Hermann/Klein, Friedrich/Starck, Christian (Begr.), Kommentar zum Grundgesetz, Band 1: Präambel, Artikel 1–19, 7. Auflage, München 2018.

Intemann, Jens: Das Körperschaftsteueranrechnungsverfahren auf dem Prüfstand des EuGH, in: NWB 2005, S. 691–700.

ders.: Kommentierungen zu § 129 AO, § 130 AO, § 131 AO und § 193 AO, in: Koenig, Ulrich (Hrsg.), Abgabenordnung, 3. Auflage, München 2014.

Ipsen, Jörn: Verbindlichkeit, Bestandskraft und Bindungswirkung von Verwaltungsakten, in: DV 1984, S. 169–195.

Jachmann, Monika: Kommentierung zu Art. 95 GG (Kommentierungsstand: Oktober 2011), in: Maunz, Theodor/Dürig, Günter (Begr.), Grundgesetz, Band VI: Art. 86–106a, München, Loseblatt, Stand: 83. Lieferung, April 2018.

Jahndorf, Christian/Oellerich, Ingo: Bestandskraft von Steuerbescheiden und rückwirkende Durchsetzung von Europarecht, in: DB 2008, S. 2559–2565.

Juntunen, Henning: Die Einwirkungen des Gemeinschaftsrechts auf die Bestandskraft von Verwaltungsakten und die Rechtskraft von Gerichtsurteilen, Berlin 2009.

Kahl, Wolfgang: Grundrechtsschutz durch Verfahren in Deutschland und in der EU, in: VerwArch Band 95 (2004), S. 1–37.

Kanitz, Ralf M./Wendel, Mattias: Gemeinschaftsrechtlich gebotene Grenzen der Bestandskraftdurchbrechung im europäisierten Verwaltungsverfahren? – Zur Frage prozessualer Vorbedingungen und zeitlicher Schranken der Überprüfungspflicht bestandskräftiger Verwaltungsakte, in: EuZW 2008, S. 231–235.

Kippenberg, Johannes: Anmerkung zu EuGH, Urt. v. 30.6.2011, Wienand Meilicke, Heidi Christa Weyde, Marina Söffler/Finanzamt Bonn-Innenstadt, C-262/09 (Vorabentscheidungsersuchen FG Köln), in: IStR 2011, S. 557–558.

Klein, Eckart: § 39 Entscheidungsbefugnis, in: Benda, Ernst/Klein, Eckart/Klein, Oliver (Hrsg.), Verfassungsprozessrecht, 3. Auflage, Heidelberg/München/Landsberg/Frechen/Hamburg 2012.

Khan, Daniel-Erasmus: Kommentierung zu Art. 113 AEUV, in: Geiger, Rudolf/Khan, Daniel-Erasmus/Kotzur, Markus (Hrsg.), EUV/AEUV, 6. Auflage, München 2017.

Kneser, Andreas: Der Einfluß der Nichtigerklärung von Normen auf unanfechtbare Entscheidungen – § 79 BVerfGG –, in: AöR Band 89 (1964), S. 170–211.

Knöpfle, Franz: „Tatbestands"- und „Feststellungswirkung" als Grundlage der Verbindlichkeit von gerichtlichen Entscheidungen und Verwaltungsakten, in: BayVBl. 1982, S. 225–230.

Koenig, Ulrich: Kommentierungen zu Vorbemerkung zu §§ 172–177 AO, § 172 AO, § 173 AO, § 174 AO, § 175 AO, § 176 und § 177 AO, in: Koenig, Ulrich (Hrsg.), Abgabenordnung, 3. Auflage, München 2014.

Kofler, Georg: Europäischer Grundrechtsschutz im Steuerrecht, in: Lang, Michael (Hrsg.), Europäisches Steuerrecht, DStJG Band 41, Köln 2018, S. 125–185.

Kokott, Juliane/Ost, Hartmut: Europäische Grundfreiheiten und nationales Steuerrecht, in: EuZW 2011, S. 496–503.

Kopp, Ferdinand: Die Bestandskraft von Verwaltungsakten, in: DVBl. 1983, S. 392–400.

Kormann, Karl: System der rechtsgeschäftlichen Staatsakte – Verwaltungs- und prozessrechtliche Untersuchungen zum allgemeinen Teil des öffentlichen Rechts, Berlin 1910.

Kremer, Carsten: Gemeinschaftsrechtliche Grenzen der Rechtskraft, in: EuR 2007, S. 470–493.

Krumm, Marcel: Rückabwicklung und Kompensation gemeinschaftswidriger Vermögensverschiebungen im Lichte der Rechtsprechung des EuGH – zugleich Anmerkung zur Rs. Kühne und Heitz (EuGH v. 13.1.2004, Rs. C-453/00) –, in: IWB 2005, S. 443–456.

Kruse, Heinrich Wilhelm: Kommentierung zu § 171 AO (Kommentierungsstand: Januar 2012), in: Tipke, Klaus/Kruse, Heinrich Wilhelm (Begr.), Abgabenordnung/ Finanzgerichtsordnung, Band 2: §§ 108–232 AO, Köln, Loseblatt, Stand: 152. Lieferung, Juni 2018.

ders.: Lehrbuch des Steuerrechts, Band 1: Allgemeiner Teil, München 1991.

Kunig, Philip: Das Rechtsstaatsprinzip, Tübingen 1986.

Lange, Hans-Friedrich: Kommentierung zu § 110 FGO (Kommentierungsstand: Februar 2015), in: Hübschmann, Walter/Hepp, Ernst/Spitaler, Armin (Begr.), Abgabenordnung – Finanzgerichtsordnung, Band 14: §§ 107–184 FGO, Köln, Loseblatt, Stand: 248. Lieferung, August 2018.

Lange, Ulf: Der Anspruch auf Erstattung gemeinschaftsrechtswidrig erhobener Steuern, Berlin 2008.

Lehnert, Sabine: Die Korrektur von gemeinschaftsrechtswidrigen Beihilfen in Form von Steuervergünstigungen, Frankfurt am Main 2009.

Leisner, Anna: Vorbehaltsfestsetzungen und Vertrauensschutz, in: DStZ 1999, S. 358–365.

Leonard, Axel/Szczekalla, Peter: Anwendungsvorrang und Bestandskraft – Eine Bestandsaufnahme aus Anlass der Rechtssache Linneweber –, in: UR 2005, S. 420–433.

Levedag, Christian: Kommentierung zu Anhang. Der steuerliche Individualrechtsschutz vor dem Verfassungsgericht, dem Gerichtshof der Europäischen Union und dem Europäischen Gerichtshof für Menschenrechte, in: Gräber, Fritz (Begr.), Finanzgerichtsordnung, 8. Auflage, München 2015.

Lindemann, Alexander: Auswirkungen der EuGH-Verfahren Manninen/Meilicke für die Investmentbesteuerung, in: BB 2005, S. 1931–1935.

Linn, Alexander: Die Anwendung des Beihilfeverbots im Unternehmenssteuerrecht, in: IStR 2008 S. 601–607.

Linn, Alexander/Müller, Stefan: Verfahrensrechtliche Geltendmachung von Anrechnungsansprüchen, in: IWB 2011 S. 576–584.

Linn, Alexander/Pignot, Benedikt: Mögliche Verstöße gegen das unionsrechtliche Beihilfeverbot in nationalen Begünstigungstatbeständen – Zentrale Merkmale des steuerlichen Beihilfebegriffs, in: StuB 2016, S. 573–579.

Lohse, Christian: Europäische Lücken in der Bestandskraft von Umsatzsteuer-Bescheiden? – Zugleich Anmerkung zum Urteil des EuGH in der Rechtssache Emmott, in: UR 1993, S. 288–291.

Loose, Matthias: Kommentierungen zu Vorbemerkungen zu §§ 130–133 AO (Kommentierungsstand: Januar 2014), § 130 AO (Kommentierungsstand: Januar 2014), § 131 AO (Kommentierungsstand: Januar 2014), Vorbemerkungen zu §§ 172–177 AO (Kommentierungsstand: April 2017), § 172 AO (Kommentierungsstand: April 2017), § 173 AO (Kommentierungsstand: April 2017), § 173a AO (Kommentierungsstand: Januar 2017), § 174 AO (Kommentierungsstand: Januar 2017), § 175 AO (Kommentierungsstand: Januar 2017), § 175b AO (Kommentierungsstand: Oktober 2017), § 176 AO (Kommentierungsstand: Januar 2017) und § 177 AO (Kommentierungsstand: Januar 2017), in: Tipke, Klaus/Kruse, Heinrich Wilhelm (Begr.), Abgabenordnung/Finanzgerichtsordnung, Band 2: §§ 108–232 AO, Köln, Loseblatt, Stand: 152. Lieferung, Juni 2018.

ders.: Kommentierung zu § 134 FGO (Kommentierungsstand: Februar 2018), in: Tipke, Klaus/Kruse, Heinrich Wilhelm (Begr.), Abgabenordnung/Finanzgerichtsordnung, Band 4: §§ 63–184 FGO, FVG, VwZG, VerfRS, EuRS, Köln, Loseblatt, Stand: 152. Lieferung, Juni 2018.

Maier, Moritz: Verfassungsrechtliche Aspekte der Digitalisierung des Besteuerungsverfahrens, in: JZ 2017, S. 614–619.

Maurer, Hartmut/Waldhoff, Christian: Allgemeines Verwaltungsrecht, 19. Auflage, München 2017.

Mayer, Otto: Deutsches Verwaltungsrecht, Erster Band, 2. Auflage, München/Leipzig 1914.

ders.: Deutsches Verwaltungsrecht, Erster Band, 3. Auflage, München/Leipzig 1924.

ders.: Zur Lehre von der materiellen Rechtskraft in Verwaltungssachen, in: AöR Band 21 (1907), S. 1–70.

Meilicke, Wienand: Nachlese zu den Schulgeld-Urteilen des EuGH, in: DStR 2007, S. 1892–1895.

Merten, Detlef: Bestandskraft von Verwaltungsakten, in: NJW 1983, S. 1993–1998.

Müller, Hermann: Die Aufhebung von Verwaltungsakten unter dem Einfluss des Europarechts, Berlin 2000.

Müller-Franken, Sebastian: Kommentierung zu Vorbemerkung vor Art. 1 GG, in: Schmidt-Bleibtreu, Bruno/ Hofmann, Hans/Henneke, Hans-Günter (Hrsg.), Kommentar zum Grundgesetz, 14. Auflage, Köln 2018.

ders.: Kommentierungen zu § 122 AO (Kommentierungsstand: März 2016) und § 124 AO (Kommentierungsstand: Februar 2017), in: Hübschmann, Walter/Hepp,

Ernst/Spitaler, Armin (Begr.), Abgabenordnung – Finanzgerichtsordnung, Band 5: §§ 111–154 AO, Köln, Loseblatt, Stand: 248. Lieferung, August 2018.

Münch, Lukas: Finanzbehördliches Risikomanagement im Rahmen der Einkommensteuerveranlagung, in: DStR 2015, S. 212–215.

Musil, Andreas: Aktuelle Fragen der Bestandskraft von Steuerbescheiden, in: DStZ 2005, S. 362–369.

Nagel, Sibylle/Waza, Thomas: Risikomanagement beim Steuervollzug – ein Weg aus der Krise!, in: DStZ 2008, S. 321–326.

Nieland, Michael: Gegenvorstellung gegen gerichtliche Entscheidungen zulässig, in: AO-StB 2009, S. 288–289.

Oellerich, Ingo: Grundsatz und Grenzen mitgliedstaatlicher Verfahrensautonomie beim Vollzug harmonisierten Steuerrechts, in: Schaumburg, Harald/Englisch, Joachim (Hrsg.), Europäisches Steuerrecht, Köln 2015, S. 911–929.

Potacs, Michael: Bestandskraft staatlicher Verwaltungsakte oder Effektivität des Gemeinschaftsrechts? – Anmerkung zum Urteil vom 13. Januar, Kühne & Heitz NV/Productschap voor Pluimvee en Eieren, Rs. C-453/00, in: EuR 2004, S. 595–602.

Rainer, Anno: Anmerkungen zum EuGH-Urteil „Meilicke", in: DStR 2007, S. 527–529.

Ramsauer, Ulrich: Kommentierung zu § 48 VwVfG, in: Kopp, Ferdinand/Ramsauer, Ulrich (Hrsg.), Verwaltungsverfahrensgesetz, 18. Auflage, München 2017.

Rätke, Bernd: Kommentierung zu § 351 AO, in: Klein, Franz (Begr.), Abgabenordnung, 13. Auflage, München 2016.

Ratschow, Eckart: Kommentierungen zu § 122 AO, § 125 und § 129 AO, in: Klein, Franz (Begr.), Abgabenordnung, 13. Auflage, München 2016.

ders.: Kommentierungen zu § 96 FGO, § 107 FGO, § 110 FGO und § 134 FGO, in: Gräber, Fritz (Begr.), Finanzgerichtsordnung, 8. Auflage, München 2015.

Rehm, Helmut/Nagler, Jürgen: Anmerkung zu EuGH, Urt. v. 30.6.2011 – Rs. C-262/09 – Wienand Meilicke u. a. II, in: GmbHR 2011, S. 881–884.

dies.: Europäisches Steuerrecht, Wiesbaden 2013.

Reichelt, Hatto: Anrechnung von im Ausland gezahlter Körperschaftsteuer nach den EuGH-Urteilen Meilicke I & II, in: SteuK 2011, S. 471–474.

Ritzer, Claus/Stangl, Ingo: Anrechnung ausländischer Körperschaftsteuer und die jüngste Änderung des § 175 AO, in: DStR 2004, S. 2176–2181.

Rosenberg, Leo/Schwab, Karl Heinz/Gottwald, Peter: Zivilprozessrecht, 18. Auflage, München 2018.

Rozek, Jochen: Kommentierung zu § 125 AO (Kommentierungsstand: November 2017), in: Hübschmann, Walter/Hepp, Ernst/Spitaler, Armin (Begr.),

Abgabenordnung – Finanzgerichtsordnung, Band 5: §§ 111–154 AO, Köln, Loseblatt, Stand: 248. Lieferung, August 2018.

Rüsken, Reinhart: Kommentierungen zu § 130 AO, § 131 AO, § 164 AO, § 172 AO, § 173 AO, § 175 AO und § 176 AO, in: Klein, Franz (Begr.), Abgabenordnung, 13. Auflage, München 2016.

Rust, Alexander: Rechtsfolgen EG-rechtswidriger Normen, in: IStR 2009, S. 382–386.

Sachs, Michael: Kommentierungen zu Art. 19 GG und Art. 20 GG, in: Sachs, Michael (Hrsg.), GG, 8. Auflage, München 2018.

Saßenroth, Anna: Die Bestandskraft deutscher Steuerbescheide im Licht der Rechtsprechung des EuGH, Berlin 2009.

Schacht, Klaus P./Steffens, Theresa: Möglichkeiten zur Durchbrechung der Bestandskraft von Steuerbescheiden – Aufhebung bestandskräftiger Umsatzsteuerbescheide gegen Automatenaufsteller, zugleich eine Besprechung des EuGH-Urteils vom 12.2.2008 – C-2/06 – Willy Kempter KG ./. Hauptzollamt Hamburg-Jonas, in: BB 2008, S. 1254–1261.

Schallmoser, Ulrich: Kommentierung zu § 199 AO (Kommentierungsstand: Februar 2011), in: Hübschmann, Walter/Hepp, Ernst/Spitaler, Armin (Begr.), Abgabenordnung – Finanzgerichtsordnung, Band 7: §§ 193–248 AO, Köln, Loseblatt, Stand: 248. Lieferung, August 2018.

Schaumburg, Harald: Rechtsquellen des Europäischen Steuerrechts, in: Schaumburg, Harald/Englisch, Joachim (Hrsg.), Europäisches Steuerrecht, Köln 2015, S. 38–52.

ders.: Das normative Mehrebenensystem, in: Schaumburg, Harald/Englisch, Joachim (Hrsg.), Europäisches Steuerrecht, Köln 2015, S. 53–93.

ders.: Umsetzung von Entscheidung des EuGH und der Kommission, in: Schaumburg, Harald/Englisch, Joachim (Hrsg.), Europäisches Steuerrecht, Köln 2015, S. 957–990.

Schmahl, Stefanie/Köber, Michael: Durchbrechung der Rechtskraft nationaler Gerichtsentscheidungen zu Gunsten der Effektivität des Unionsrechts?, in: EuZW 2010, S. 927–932.

Schmidt, Eckehard: Moderne Steuerungssysteme im Steuervollzug, in: Widmann, Werner (Hrsg.), Steuervollzug im Rechtsstaat, DStJG Band 31, Köln 2008, S. 37–57.

Schmidt-Aßmann, Eberhard: § 26 Der Rechtsstaat, in: Isensee, Josef/Kirchhof, Paul (Hrsg.), Handbuch des Staatsrechts der Bundesrepublik Deutschland, Band II: Verfassungsstaat, Heidelberg 2004.

ders.: Kommentierung zu Art. 19 Abs. 4 GG (Kommentierungsstand: Juli 2014), in: Maunz, Theodor/Dürig, Günter (Begr.), Grundgesetz, Band III: Art. 16–22, München, Loseblatt, Stand: 83. Lieferung, April 2018.

Schmieszek, Hans-Peter: Kommentierung zu § 37 AO (Kommentierungsstand: November 2011), in: Gosch, Dietmar (Hrsg.), Abgabenordnung/Finanzgerichtsordnung, Band 1: §§ 1–93d AO, Bonn, Loseblatt, Stand: 140. Ergänzungslieferung, Juli 2018.

Schnapp, Friedrich E.: Kommentierung zu Art. 20 GG, in: von Münch, Ingo/Kunig, Philip (Hrsg.), Grundgesetz, Band 1: Präambel bis Art. 69, 6. Auflage, München 2012.

Schneider, Anne: Die Wiederaufnahme rechtskräftig abgeschlossener nationaler Verfahren nach EuGH-Entscheidungen, in: EuR 2017, S. 433–452.

Schnitger, Arne: Grenzüberschreitende Körperschaftsteueranrechnung und Neuausrichtung der Kohärenz nach dem EuGH-Urteil in der Rs. Manninen, in: FR 2004, S. 1357–1373.

Schuhmann, Helmut: Untersuchungsgrundsatz und Mitwirkungspflichten der Beteiligten, in: DStZ 1986, S. 583–588.

Schulze-Fielitz, Helmuth: Kommentierung zu Art. 19 Abs. 4 GG, in: Dreier, Horst (Hrsg.), Grundgesetz, Band I: Präambel, Artikel 1–19, 3. Auflage, Tübingen 2013.

ders.: Kommentierung zu Art. 20 GG (Rechtsstaat), in: Dreier, Horst (Hrsg.), Grundgesetz, Band II: Artikel 20–82, 3. Auflage, Tübingen 2015.

Schwenker, Jörg: Das Gesetz zur Modernisierung des Besteuerungsverfahrens – ein Meilenstein auf dem Weg der weiteren Digitalisierung des Steuerrechts, in: DB 2016, S. 375–382.

Sedemund, Jan H.: Grenzüberschreitende Berücksichtigung von Betriebsstättenverlusten – Anmerkung zum EuGH-Urteil „Lidl" vom 15.5.2008, in: DB 2008, S. 1120–1123.

Seer, Roman: § 21 Durchführung der Besteuerung, in: Tipke, Klaus/Lang, Joachim (Begr.), Steuerrecht, 23. Auflage, Köln 2018, S. 1259–1419.

ders.: § 22 Rechtsschutz in Steuersachen, in: Tipke, Klaus/Lang, Joachim (Begr.), Steuerrecht, 23. Auflage, Köln 2018, S. 1421–1512.

ders.: Kommentierungen zu § 85 AO (Kommentierungsstand: Januar 2017) und § 90 AO (Kommentierungsstand: Oktober 2017), in: Tipke, Klaus/Kruse, Heinrich Wilhelm (Begr.), Abgabenordnung/Finanzgerichtsordnung, Band 1: Gesetzestexte, §§ 1–107 AO, Köln, Loseblatt, Stand: 152. Lieferung, Juni 2018.

ders.: Kommentierungen zu § 122 AO (Kommentierungsstand: April 2017), § 124 AO (Kommentierungsstand: Oktober 2015), § 125 AO (Kommentierungsstand: Oktober 2015), § 129 AO (Kommentierungsstand: Oktober 2015), § 164 AO (Kommentierungsstand: April 2017), § 165 AO (Kommentierungsstand: Juli 2017) und § 199 AO (Kommentierungsstand: Oktober 2013), in: Tipke, Klaus/Kruse, Heinrich Wilhelm (Begr.), Abgabenordnung/Finanzgerichtsordnung, Band 2: §§ 108–232 AO, Köln, Loseblatt, Stand: 152. Lieferung, Juni 2018.

ders.: Kommentierungen zu § 351 AO (Kommentierungsstand: Mai 2015) und § 40 FGO (Kommentierungsstand: Oktober 2014), in: Tipke, Klaus/Kruse, Heinrich Wilhelm (Begr.), Abgabenordnung/Finanzgerichtsordnung, Band 3: §§ 233–415 AO, §§ 1–62 FGO, Köln, Loseblatt, Stand: 152. Lieferung, Juni 2018.

ders.: Kommentierung zu § 110 FGO (Kommentierungsstand: Oktober 2014), in: Tipke, Klaus/Kruse, Heinrich Wilhelm (Begr.), Abgabenordnung/Finanzgerichtsordnung, Band 4: §§ 63–184 FGO, FVG, VwZG, VerfRS, EuRS, Köln, Loseblatt, Stand: 152. Lieferung, Juni 2018.

ders.: Modernisierung des Besteuerungsverfahrens, in: StuW 2015, S. 315–330.

ders.: Der Untersuchungsgrundsatz im heutigen Besteuerungsverfahren, in: SteuerStud 2016, S. 369–374.

ders.: Der Vollzug von Steuergesetzen unter den Bedingungen der Massenverwaltung, in: Widmann, Werner (Hrsg.), Steuervollzug im Rechtsstaat, DStJG Band 31, Köln 2008, S. 7–36.

Seibel, Wolfgang: Das Wiederaufnahmeverfahren – Ein selten genutzter Rechtsbehelf, in: AO-StB 2002, S. 318–320.

Seibert, Holger: Europarechtliche Frist- und Bestandskrafthemmungen im Steuerrecht – Die Folgen der Entscheidung des EuGH in der Rechtssache „Emmott", dargestellt am Beispiel der Umsatzbesteuerung von Geldspielautomaten, in: BB 1995, S. 543–550.

Siegers, Ellen: Kommentierung zu § 351 AO (Kommentierungsstand: Februar 2014), in: Hübschmann, Walter/Hepp, Ernst/Spitaler, Armin (Begr.), Abgabenordnung – Finanzgerichtsordnung, Band 9: §§ 322–368 AO, Köln, Loseblatt, Stand: 248. Lieferung, August 2018.

Sobanski, Sven: Anrechnung ausländischer Körperschaftsteuer nach den EuGH-Urteilen in den Rs. Meilicke und Meilicke II, in: DStR 2011, S. 1485–1489.

Söhn, Hartmut: Kommentierungen zu § 85 AO (Kommentierungsstand: August 2016) und § 90 AO (Kommentierungsstand: November 2012), in: Hübschmann, Walter/Hepp, Ernst/Spitaler, Armin (Begr.), Abgabenordnung – Finanzgerichtsordnung, Band 4: §§ 69–110 AO, Köln, Loseblatt, Stand: 248. Lieferung, August 2018.

ders.: Kommentierung zu § 118 AO (Kommentierungsstand: November 2013), in: Hübschmann, Walter/Hepp, Ernst/Spitaler, Armin (Begr.), Abgabenordnung – Finanzgerichtsordnung, Band 5: §§ 111–154 AO, Köln, Loseblatt, Stand: 248. Lieferung, August 2018.

Sommermann, Karl-Peter: Kommentierung zu Art. 20 Abs. 3 GG, in: v. Mangoldt, Hermann/Klein, Friedrich/Starck, Christian (Begr.), Kommentar zum Grundgesetz, Band 2: Artikel 20 bis 82, 7. Auflage, München 2018.

ders.: Taugt die Gerechtigkeit als Maßstab der Rechtsstaatlichkeit?, in: Jura 1999, S. 337–342.

Sonnenberger, Hans Jürgen: Recht und Gerechtigkeit, in: Jura 2000, S. 561–564.

Stapperfend, Thomas: Kommentierung zu § 56 FGO, in: Gräber, Fritz (Begr.), Finanzgerichtsordnung, 8. Auflage, München 2015.

Starck, Christian: Kommentierung zu Art. 2 GG, in: v. Mangoldt, Hermann/Klein, Friedrich/Starck, Christian (Begr.), Kommentar zum Grundgesetz, Band 1: Präambel, Artikel 1–19, 7. Auflage, München 2018.

Stern, Klaus: Das Staatsrecht der Bundesrepublik Deutschland, Band I: Grundbegriffe und Grundlagen des Staatsrechts, Strukturprinzipien der Verfassung, 2. Auflage, München 1984.

ders.: § 69 Die objektiv-rechtlichen Grundrechtsgehalte, in: Stern, Klaus (Hrsg.), Das Staatsrecht der Bundesrepublik Deutschland, Band III: Allgemeine Lehre der Grundrechte, 1. Halbband, München 1988, S. 888–994.

ders.: § 104 Die allgemeine Handlungsfreiheit, in: Stern, Klaus (Hrsg.), Das Staatsrecht der Bundesrepublik Deutschland, Band IV: Die einzelnen Grundrechte, 1. Halbband, München 2006, S. 871–993.

Sunder-Plassmann, Reinhard: Kommentierung zur Finanzgerichtsordnung, Einführung (Kommentierungsstand: November 2012), in: Hübschmann, Walter/Hepp, Ernst/Spitaler, Armin (Begr.), Abgabenordnung – Finanzgerichtsordnung, Band 11: §§ 1–42 FGO, Köln, Loseblatt, Stand: 248. Lieferung, August 2018.

Tappe, Henning: Kommentierung zu Vorbemerkungen zu §§ 347–368 AO (Kommentierungsstand: November 2014), in: Hübschmann, Walter/Hepp, Ernst/Spitaler, Armin (Begr.), Abgabenordnung – Finanzgerichtsordnung, Band 9: §§ 322–368 AO, Köln, Loseblatt, Stand: 248. Lieferung, August 2018.

Tipke, Klaus: Die Bestandskraft von Steuerverwaltungsakten, in: NJW 1962, S. 1040–1044.

ders.: Kommentierung zu § 93 AO, in: Tipke, Klaus/Kruse, Heinrich-Wilhelm, Reichsabgabenordnung, Band I: §§ 1–227 AO, Köln 1961.

ders.: Über Bestandskraft: Ein Beitrag zur Abgrenzung der §§ 94 und 96 AO, in: StuW 1960, Sp. 809–830.

Vogel, Klaus: Empfiehlt sich eine Anpassung der Vorschriften über Berichtigung und Änderung von Steuerbescheiden an das Allgemeine Verwaltungsrecht, und welche sonstigen Reformen sind auf diesem Gebiet in Betracht zu ziehen?, in: Ständige Deputation des Deutschen Juristentages, Verhandlungen des 46. Deutschen Juristentages, Essen 1966, Band I (Gutachten), Teil 5, München/Berlin 1966.

ders.: Berichtigung von Steuerbescheiden nach Erlaß eines rechtskräftigen steuergerichtlichen Urteils, in: DStR 1966, S. 387–390.

Vollkommer, Max: Kommentierung zu Vorbemerkungen zu § 322 ZPO, in: Zöller, Richard, Zivilprozessordnung, 32. Auflage, München 2018.

Waldhoff, Christian: Kommentierung zu Art. 110 AEUV, in: Calliess, Christian/Ruffert, Matthias (Hrsg.), EUV/AEUV, 5. Auflage, München 2016.

Wagner, Klaus J.: Kommentierungen zu § 110 AO, § 107 FGO und § 110 FGO, in: Kühn, Rolf/v. Wedelstädt, Alexander (Hrsg.), Abgabenordnung und Finanzgerichtsordnung, 21. Auflage, Stuttgart 2015.

Weber-Grellet, Heinrich: Europäisches Steuerrecht, 2. Auflage, München 2016.

ders.: Finanzgerichte als Motor der EuGH-Rechtsprechung, in: NJW 2004, S. 1617–1622.

von Wedelstädt, Alexander: Das Gesetz zur Modernisierung des Besteuerungsverfahrens, in: AO-StB 2016, S. 196–201.

ders.: Kommentierungen zu § 129 AO (Kommentierungsstand: Januar 2018), § 130 AO (Kommentierungsstand: April 2014), § 131 AO (Kommentierungsstand: Januar 2014), § 172 AO (Kommentierungsstand: April 2017), § 173 AO (Kommentierungsstand: August 2015), § 173a AO (Kommentierungsstand: November 2017), § 174 AO (Kommentierungsstand: September 2017), § 175 AO (Kommentierungsstand: August 2016) und § 176 AO (Kommentierungsstand: Mai 2018), in: Gosch, Dietmar (Hrsg.), Abgabenordnung – Finanzgerichtsordnung, Band 2: §§ 94–192 AO, Bonn, Loseblatt, Stand: 140. Ergänzungslieferung, Juli 2018.

ders.: Kommentierung zu § 165 AO, in: Kühn, Rolf/v. Wedelstädt, Alexander (Hrsg.), Abgabenordnung und Finanzgerichtsordnung, 21. Auflage, Stuttgart 2015.

de Weerth, Jan: Anmerkung zum EuGH-Urteil vom 6.3.2007 – Rs. C-292/04, Meilicke, in: DB 2007, S. 614–615.

ders.: Bestandskraft von deutschen Steuerbescheiden und europäisches Gemeinschaftsrecht, in: DB 2009, S. 2677–2681.

ders.: Grenzüberschreitende Körperschaftsteueranrechnung nach „Manninen"!, in: DStR 2004, S. 1992–1995.

ders.: Keine Bestandskraft des Steuerbescheids bei Verstoß gegen das EU-Beihilfeverbot? – Zugleich Anmerkung zu FG Sachsen-Anhalt vom 20.12.2007, 1 K 290/01, DStRE 2009, 940, in: IStR 2010, S. 172–174.

ders.: Neues zum Ende von § 13d UStG – Zugleich: Weiteres zum Vorgehen gegen gemeinschaftswidrige Verwaltungsakte, in: DStR 2008, S. 1368–1370.

ders.: Neues zur „Selektivität" im EU-Beihilferecht, in: DB 2017, S. 275–277.

ders.: Zur rückwirkenden Anwendung von EuGH-Urteilen am Beispiel der „Manninen"-Entscheidung des EuGH, in: DB 2005, S. 1407–1412.

Weiß, Wolfgang: Bestandskraft nationaler belastender Verwaltungsakte und EG-Recht, in: DÖV 2008, S. 477–487.

Wendl, Rainer: Kommentierung zu § 134 FGO (Kommentierungsstand: Januar 2018), in: Gosch, Dietmar (Hrsg.), Abgabenordnung – Finanzgerichtsordnung, Band 5: §§ 80–184 FGO, Bonn, Loseblatt, Stand: 140. Ergänzungslieferung, Juli 2018.

Werner, Fritz: „Verwaltungsrecht als konkretisiertes Verfassungsrecht“, in: DVBl. 1959, S. 527–533.

Wernsmann, Rainer: Kommentierungen zu § 129 AO (Kommentierungsstand: Mai 2017), Vorbemerkungen zu §§ 130–133 AO (Kommentierungsstand: Mai 2017) und § 130 AO (Kommentierungsstand: Mai 2017), in: Hübschmann, Walter/Hepp, Ernst/Spitaler, Armin (Begr.), Abgabenordnung – Finanzgerichtsordnung, Band 5: §§ 111–154 AO, Köln, Loseblatt, Stand: 248. Lieferung, August 2018.

Werth, Franceska: Kommentierungen zu § 122 AO, § 124 AO, § 125 AO, § 129 AO, Vorbemerkungen zu §§ 130–132 AO, § 130 AO und § 131 AO, in: Kühn, Rolf/v. Wedelstädt, Alexander (Hrsg.), Abgabenordnung und Finanzgerichtsordnung, 21. Auflage, Stuttgart 2015.

Wieland, Joachim: Kommentierung zu Art. 100 GG, in: Dreier, Horst (Hrsg.), Grundgesetz, Band III: Artikel 83–146, 3. Auflage, Tübingen 2018.

Wittmann, Rolf: Mitwirkungspflicht und Aufklärungspflicht in der AO, in: StuW 1987, S. 35–50.

Wolff, Hans Julius: Verwaltungsrecht I, Berlin/München 1956.

Wollenschläger, Ferdinand: Kommentierung zu Art. 3 Abs. 1 GG, in: v. Mangoldt, Hermann/Klein, Friedrich/Starck, Christian (Begr.), Kommentar zum Grundgesetz, Band 1: Präambel, Artikel 1–19, 7. Auflage, München 2018.

Wünsch, Doris: Kommentierung zu § 85 AO, in: Koenig, Ulrich (Hrsg.), Abgabenordnung, 3. Auflage, München 2014.

Zuck, Rüdiger: Kommentierung zu § 79 BVerfGG, in: Lechner, Hans/Zuck, Rüdiger (Hrsg.), Bundesverfassungsgerichtsgesetz, 7. Auflage, München 2015.

Finanz- und Steuerrecht in Deutschland und Europa

Herausgegeben von Klaus-Dieter Drüen, Hanno Kube
und Rainer Wernsmann

Band 1 Gordon Dreher: Das Alterseinkünftegesetz. Systematische Darstellung und verfassungsrechtliche Zweifelsfragen. 2007.

Band 2 Nils Meyer-Sandberg: Die Duale Einkommensteuer als Modell ungleicher Besteuerung von Arbeit und Kapital. 2008.

Band 3 Alexander Pfab: Die Behandlung von Bildungsaufwendungen im deutschen Einkommensteuerrecht. 2008.

Band 4 Christian Johannes Müller: Einnahmeverzicht im Einkommensteuerrecht – insbesondere durch verbilligte Wohnungsüberlassung an nahe Angehörige. 2009.

Band 5 Melanie Falkner: Die Einkunftserzielungsabsicht als subjektives Besteuerungsmerkmal. Eine Analyse subjektiver Tatbestandsmerkmale im Steuerrecht. Zugleich ein Beitrag zur Liebhaberei im Steuerrecht. 2009.

Band 6 Steffen Ott: Die Vertreterbetriebsstätte nach OECD-MA. 2009.

Band 7 Christoph Wagner: Steuergleichheit unter Standortvorbehalt? Verfassungsrechtliche Grenzen einer ungleichen Einkommensbesteuerung von Kapital und Arbeit. 2010.

Band 8 Andreas Goetze: Die Ersetzung der sieben Einkunftsarten des EStG durch eine einzige. Zur Gleichheit aller Erwerbsgrundlagen in einem vereinfachten Steuerrecht. 2010.

Band 9 Hanno Kube: Der bundesstaatliche Finanzausgleich. Verfassungsrechtlicher Rahmen, aktuelle Ausgestaltung, Entwicklungsperspektiven. 2011.

Band 10 Katharina Brauer: Abgrenzung der Lebensmittellieferung von der Restaurationsdienstleistung im Umsatzsteuerrecht. 2011.

Band 11 Marc Schubert: Die Verfassungswidrigkeit der Erbschaft- und Schenkungsteuer und die verfassungsrechtlichen Anforderungen an eine Neuregelung. 2011.

Band 12 Martin Rehberg: Der Zuzug und Wegzug von Kapitalgesellschaften in gesellschafts- und steuerrechtlicher Hinsicht. 2011.

Band 13 Dirk Wünschig: Perspektiven eines europarechtskonformen Gemeinnützigkeits- und Zuwendungsrechts. Eine Untersuchung nach „Stauffer“ und „Persche“ bei gleichzeitiger Kritik an der Neufassung des Gemeinnützigkeitsrechts nach dem Jahressteuergesetz 2009. 2011.

Band 14 Sebastian Grimm: Die negative Konkurrentenklage im Steuerrecht. 2011.

Band 15 Arne von Freeden: Minder- und Mehrabführungen nach § 14 Abs. 4, § 27 Abs. 6 KStG. Ausgleichspostenlösung und Einlagelösung. 2011.

Band 16 Anne Keller: Rechtsschutz gegen Maßnahmen der steuerlichen Außenprüfung. 2011.

Band 17 Larissa Maier-Bledjian: Sondervermögen des Bundes. 2011.

Band 18 Philipp Riedl: Die internationale Doppelbesteuerung im EU-Binnenmarkt. 2012.

Band 19 Anna Schwarz: Die Pensionszusage an den Mitunternehmer der Personengesellschaft im Einkommensteuerrecht. 2012.

Band 20 Carsten Höink: Nichtsteuerbare Vermögensübertragungen im Umsatzsteuerrecht. Eine rechtssystematische Analyse der Entwicklung des Rechtsinstituts der Geschäftsveräußerung im Ganzen. 2013.

Band 21 Christian Kniese: Europarechtlicher Rahmen einer steuerlichen Förderung von Forschung und Entwicklung. 2013.

Band 22 Katarina Günther: Vertrauensschutz bei Angaben Dritter im Umsatzsteuerrecht. 2013.

Band 23 Andreas Königer: Ertragsteuerrechtliche Behandlung grenzüberschreitender Spaltungen von Rechtsträgern. Unter besonderer Beachtung der Vorgaben des Unionsrechts. 2014.

Band 24 Matthias Diete: Das obligatorische Schiedsverfahren in der deutschen DBA-Praxis. Erweiterung des zwischenstaatlichen Rechtsschutzes bei Doppelbesteuerungskonflikten. 2014.

Band 25 Friederike Grube: Der Einfluss des unionsrechtlichen Beihilfenverbots auf das deutsche Steuerrecht. Dargestellt an den Beispielen der sogenannten Sanierungsklausel und der Steuervergünstigungen für gemeinnützige Unternehmen. 2014.

Band 26 Tobias Loscher: Präventive Aufsicht der Europäischen Union über den Bundeshaushalt. 2014.

Band 27 Jochen Lutz Tillmanns: Divergenz und Konvergenz von Umsatzsteuer und Einkommensteuer. Zur problematischen Verwendung ertragsteuerlicher Konzepte und Begriffe im Umsatzsteuerrecht. 2015.

Band 28 Cornelia Zirkl: Die Neutralität der Umsatzsteuer als europäisches Besteuerungsprinzip. Inhalt, Herleitung und der Umgang mit Neutralitätsverletzungen. 2015.

Band 29 Matthias Ernst: Die Dienstleistungsbetriebsstätte im Abkommensrecht. Begriffsbestimmung, Abgrenzung und Analyse eines alternativen Betriebsstättentatbestands. 2015.

Band 30 Michael Brandl: Mehrfachansässigkeit im Ertragsteuerrecht. 2016.

Band 31 Stephanie Krebbers-van Heek: Die mitunternehmerische Besteuerung der Komplementäre der Kommanditgesellschaft auf Aktien. 2016.

Band 32 Felix Klemt: Körperschaftsteuerliche Verluste junger innovativer Unternehmen. Rechtliche und wirtschaftliche Analyse, Alternativen de lege ferenda. 2016.

Band 33 Nina Erm: Personengesellschaften in Steuerverfahren. Verfahrensklarheit trotz Einheit und Vielheit. 2016.

Band 34 Christian Erich Rödel: Der Teilbetriebsbegriff in den Einbringungstatbeständen des Umwandlungssteuergesetzes. 2016.

Band 35 Florian Wenk: Einkünfte aus Leistungen nach § 22 Nr. 3 EStG. Eine Untersuchung zum Belastungsgrund der Einkommensteuer. 2017.

Band 36 Ralf Haendel: Treaty Overriding im Internationalen Steuerrecht als Verfassungsproblem. Insbesondere zur Reichweite der Völkerrechtsfreundlichkeit des Grundgesetzes. 2017.

Band 37 Nadine Schader: Fiskalische Immunität internationaler Organisationen und ihres Personals in der Bundesrepublik Deutschland. 2018.

Band 38 Sebastian Cloppenburg: Eine Finanztransaktionssteuer im „kleinen Kreis". Unionsrechtliche Zulässigkeit der Durchführung einer Verstärkten Zusammenarbeit im Bereich der Finanztransaktionsbesteuerung. 2018.

Band 39 Volodymyr Izrailevych: Der Begriff der Betriebsstätte im deutschen und im russischen Ertragsteuerrecht und im deutsch-russischen Doppelbesteuerungsabkommen. Ein Rechtsvergleich. 2018.

Band 40 Jan Popel: Das vorgeprägte und intendierte Ermessen im Steuerrecht. 2018.

Band 41 Marcel Sandberg: Internationale Vollstreckungshilfe im Besteuerungsverfahren. Insbesondere zum EU-Beitreibungsgesetz und zu Doppelbesteuerungsabkommen nach Art des Artikels 27 OECD-Musterabkommen. 2019.

Band 42 Sven Sobanski: Die Rechtsbeständigkeit von Steuerverwaltungsakten und finanzgerichtlichen Urteilen bei Verstößen gegen Unionsrecht. 2019.

www.peterlang.com